改变孩子一生的文理学院

点 路 教 育

江婕　刘晖◎主编

A Journey into the Colleges that Change Lives

经济管理出版社
ECONOMY & MANAGEMENT PUBLISHING HOUSE

图书在版编目（CIP）数据

改变孩子一生的文理学院/江婕，刘晖主编 . —北京：经济管理出版社，2022.7
ISBN 978-7-5096-8571-6

Ⅰ.①改… Ⅱ.①江… ②刘… Ⅲ.①高等学校—介绍—美国 Ⅳ.①G649.712.8

中国版本图书馆 CIP 数据核字（2022）第 118143 号

组稿编辑：丁慧敏
责任编辑：丁慧敏
责任印制：黄章平
责任校对：张晓燕

出版发行：经济管理出版社
　　　　　（北京市海淀区北蜂窝 8 号中雅大厦 A 座 11 层　100038）
网　　址：www.E-mp.com.cn
电　　话：（010）51915602
印　　刷：唐山昊达印刷有限公司
经　　销：新华书店
开　　本：720mm×1000mm/16
印　　张：24.75
字　　数：406 千字
版　　次：2022 年 8 月第 1 版　　2022 年 8 月第 1 次印刷
书　　号：ISBN 978-7-5096-8571-6
定　　价：98.00 元

前 言

"改变孩子一生的文理学院"是北京点路教育咨询有限公司（以下简称"点路"）自 2016 年开始做的一个家长讲座。2022 年已经是点路创办的第 6 个年头了，申请升学工作中的一个重点一直是美国的文理学院。

2020 年前，笔者一年去美国探校三四次，重点考察文理学院，点路 2017 年第一个探校线路就是文理学院。点路的美国本科文理学院录取案例，包括威廉姆斯学院、七姐妹中的曼荷莲学院、史密斯学院和哥伦比亚大学的巴纳德学院、贝茨学院、科尔盖特大学、里士满大学、克拉克大学、里德学院，还有盖提兹堡学院、厄勒姆学院、比罗伊特学院，等等，这些文理学院也更愿意发放国际生奖学金，我们收到了巴纳德学院全奖 20 多万美元 4 年、玛卡莱斯特学院 5 万美元 4 年、阿勒格尼学院半奖、穆伦堡学院半奖、普及桑大学校长奖学金。

2021 年，笔者和点路的藤子老师计划系统地分享一下美国文理学院的优势和劣势，所以更新了所有文理学院的数据。

为什么要花这么多心思来研究文理学院呢？因为美国的文理学院真的非常符合现在中产阶级的中国家庭和孩子的需求。美国有一个叫"改变孩子一生的文理学院"的联盟。很多中产阶级家庭放弃综合大学，锁定文理学院为主要目标。

一、什么是文理学院

文理学院（Liberal Arts College，LAC），主要是指美国一部分独立的、以本科生为主、以文理通识教育为核心的小型私立大学。

文理学院是美国通识教育的一个特色。虽然英国和加拿大也有文理学院，但美国文理学院最发达，因为美国的通识教育理念非常适合文理学院。

想了解文理学院就必须了解文理通识教育的历史。文理通识的概念来源于古希腊，图 1 呈现了文理通识最根本的特色，以及与其他学校院系的根本区别。图 1 中间坐着一个哲学家，下面有两个促膝而谈的人物，一位是苏格拉底，另一位是柏拉图。外圈不只包括哲学，还包括七个小圈，分别是文法、逻辑、修辞、算术、几何、音乐、天文，这七个小圈构成了文理通识的七个领域。这就是古代西方的"七艺"，和中国古代的"六艺"（礼、乐、射、御、书、数）相通。

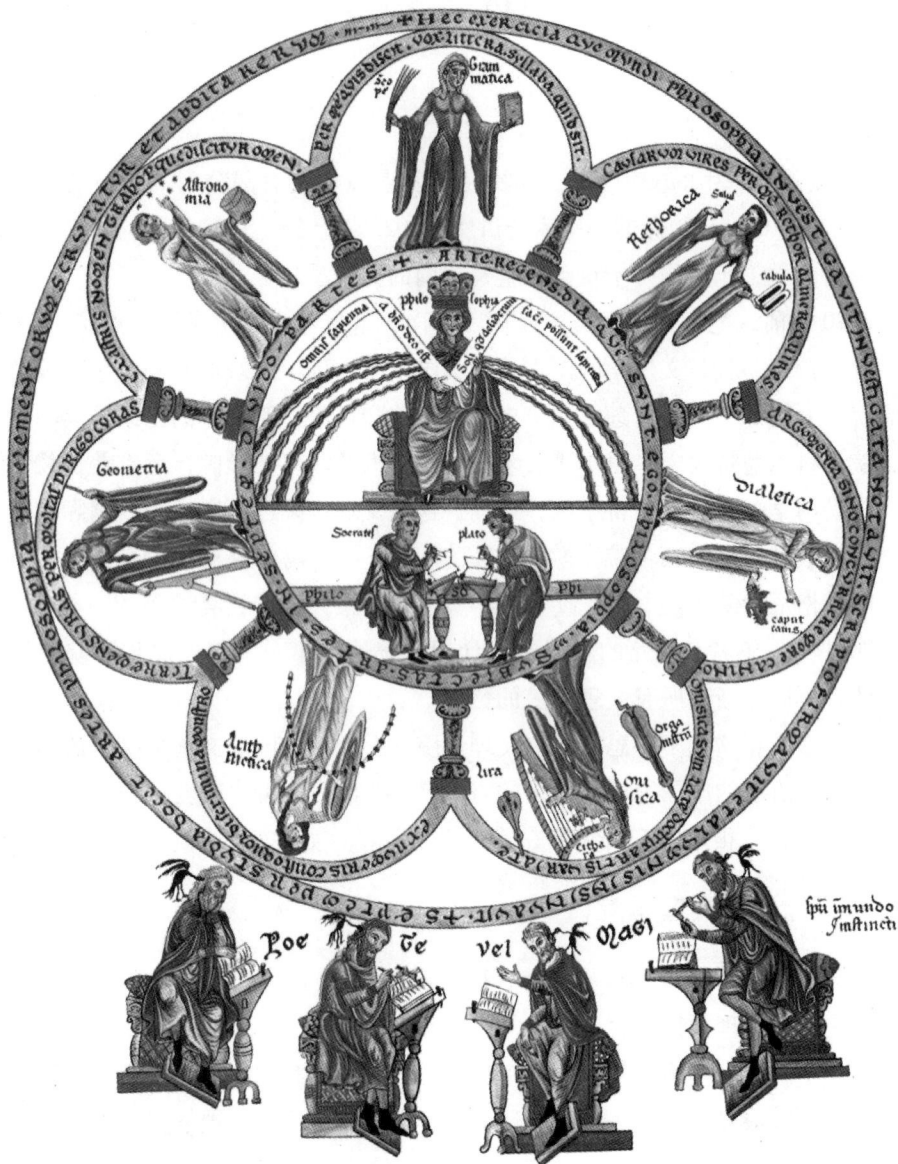

图1 哲学与自由七艺

资料来源：赫拉德：《哲学与自由七艺》，《喜乐花园》。

当然，今天的学科设置与古希腊不同，比如多了古希腊没有的社会科学的部分。今天的文理学院通常由人文与艺术、社会科学、科学、数学这四个最核心的学术部分构成。

还要澄清一个有关文理学院的概念混淆问题。很多人以为综合大学里的文理学部就是文理学院，比如宾夕法尼亚大学的文理学院，实际上宾夕法尼亚大学设有四个大的院系，其中最大的院系是 College of Arts and Sciences，直译是艺术与科学学院，也可以翻译成文理学部。比如哈佛大学下设好多学院，其中最重要的一个叫哈佛学院，就是哈佛的文理学部。对所有的综合大学来说，最重要的就是文理学部这个系。但是，这和本书研究的独立的文理学院是不一样的。我们介绍的 LAC（Liberal Arts College）是独立的文理学院，与综合大学里面的文理学部完全是两个概念。

二、文理学院的成果与地位

美国大概有几百所文理学院，每个文理学院的学生数量非常少，平均 2000 名。也就是说，全美国只有 3% 的大学生毕业于文理学院，这些人最后去了哪里呢？

不仅有 19% 的美国总统，还有 40% 的美国百强企业的 CEO，也就是美国的 Top100 企业的一把手，以及 70% 的 PhD 博士研究生，他们都是来自文理学院。

《华尔街日报》公布过一组数据，关于文理学院本科毕业后进入商学院、法学院、医学院研究生院的比例，这也间接说明了文理学院毕业生的优势。这三个职业学院在美国的教育体制下都比较适合研究生而不是本科生，法学院、医学院也基本没有本科生，而且这三个热门学院竞争都很激烈。

文理学院有很多系列或者联盟，包括七姐妹联盟、缅因三联盟、费城三联盟、马萨诸塞州五校联盟、加州 5C 联盟等，书中会一一介绍。

三、文理学院的六大优势

第一个优势是文理通识，也有人称其为博雅、元培。现在美国的商学院、法学院、传媒学院、艺术学院、医学院、护理学院、教育学院、工程学院，其实都是职业学院，从文理通识的理念来看，都是适合研究生阶段的。而文理学院鼓励学生打好通识的基础，学外语、音乐、数学，培养基础素质，职业训练到了研究生阶段再去做。

很多家长喜欢文理学院，也是因为相信本科阶段需要更多地去探索没有接触过的领域，而且扎实的通识教育能更好地为研究生阶段的学习做准备。他们也相信文理学院对学习管理得比较细致、严格，在这里学生的通识基础会打得比较扎实，将来的学术之路可以走得更远。

第二个优势是文理学院的师生比例高，能接触到教授资源。因为综合大学有博士研究生、硕士研究生，本科生优势就不太明显了。文理学院的教授没有研究生，写书、研究项目会请本科生参与，人均投入的教授时间和资源是非常多的。在综合大学，生物、化学专业本科生大一是很难进实验室的，大三、大四进实验室竞争也很激烈。但是在文理学院，化学和生物专业的很多学生，大一就可以去实验室了。

很多文理学院要求教授在8小时之内回复学生邮件，课程答疑是教授一对一答疑，答疑时间充足。在文理学院，学生更容易和教授亲密接触，能够拿到比较靠谱的推荐信，而这点到了申请研究生的时候就至关重要了。

第三个优势是文理学院的小班教学和"人盯人"的关怀。威廉姆斯学院设有一对二（Tutorial）的课程，学生上一对二的课程，需要充分准备、完全投入、全程发言和参与。此外，很多人觉得在文理学院获得学生会职务的机会和社团锻炼的机会也更多。

第四个优势是文理学院中国学生比较少。有些文理学院一年招二三十个中国学生，这些学生就会"被迫"融入环境。如果是公立大学，中国学生一年有好几千名，课余时学生可以完全生活在母语环境里。在文理学院，每天不得不讲很多英语，跟来自不同国家的人打交道，不论是语言能力还是跨文化沟通能力都得到了锻炼。

第五个优势是文理学院的环境特点。大部分文理学院都远离市中心，有的在城市边上的郊区，有的在远离都市圈的小镇。这也是早期学校创始人持有的理念，远离尘嚣、风景优美的地方，更有利于心无旁骛地学习。

第六个优势是很多美国家长认为文理学院比较注重可迁移的软技能的培养，如沟通能力、创造力和批判思维能力。未来，机器人可能取代部分的工作，但不论哪个岗位，只要具备批判思维能力、表达能力和创造力，一定是前途无量的。文理学院更注重读、说、写、分析这些通用技能，其学生被很多"大厂"和"名企"雇主青睐。

很多文理学院都是华尔街的生源学校，因为华尔街比较看重这些文理学院毕业生的思维能力和沟通能力。

正是上面的这些优势，让文理学院培养了很多商界、政界、文艺界的名人，也拥有了很高的"读博率"。文理学院有很多系列或者联盟，录取难度高的文理学院，录取率比常青藤还要低，但是也有一些相对比较友好的文理学院，针对不同专业的申请者，推荐的文理学院也不同。

当然，也不是所有人都适合文理学院，比如申请者本科一毕业就想工作，想要找工作气氛特别浓的学校；比如不太喜欢学术，喜欢比较具体的、贴近实际的专业，如设计、硬件工程、商科等；还有比较喜欢公立学校氛围的。帮申请者找到适合的学校还是很重要的。

目前关于文理学院的书籍很少，网络信息数量有限而且过时，使得中国家庭对于这类大学所知甚少。不同于其他的择校类书籍，本书呈现了点路精心挑选出来的53所文理学院，学校信息更加深入和细致，无论是优势学科、学校资金状况、录取平均分数还是毕业专业比例、学生年薪，都是不容易获得的信息。此外，本书还会向家长提供一些升学工具，比如适合就读文理学院的学生特征清单，工程和商科比较好的文理学院清单，以及美国不同地区的文理学院联盟清单。本书希望和读者分享点路这些年积累的对于美国文理学院的深入理解，以帮助更多的孩子找到适合自己的学校。

江 婕

2022 年 5 月于北京

目 录

1 东部的文理学院

19 世纪，美国女性高等教育刚刚起步，之后一发不可收，很多女学霸纷纷走进大学，女子学院如雨后春笋般涌现，其中最有名的是美国东部的七所女子文理学院，也被称为"七姐妹"。按照时间顺序，首先是马萨诸塞州最古老的曼荷莲学院（Mount Holyoke College，1837 年成立），其次是纽约州的贵族学校瓦萨学院（Vassar College，1969 年拒绝耶鲁的合并邀约，改为混校），接着是波士顿郊区的韦尔斯利学院（Wellesley College）、史密斯学院（Smith College），费城郊区的布林莫尔学院（Bryn Mawr College），再然后是纽约曼哈顿的巴纳德学院（Barnard College），还有已经被纳入哈佛大学的拉德克利夫学院（Radcliffe College）。

实际上"七姐妹"只剩下"四姐妹"了，因为拉德克利夫学院被并入了哈佛大学，而且本科不再招生了，瓦萨学院已经是一所混校了，巴纳德学院也并入哥伦比亚大学了。但是"七姐妹"所倡导的独立自主、坚韧不拔的学术理念一直流传了下来。

至于为什么要上女校，有些人说是因为校园美，有些人说是因为没有男女差别，以后女生的进取心、自信心以及选修理工科科目的概率都更高，也有些人说是因为女校能更容易获得同性榜样的力量，还有些人说是因为女校结下的那种姐妹的守望相助会滋养和影响人的一生。中国家庭也有一批女校的拥趸。

1.1 韦尔斯利学院（Wellesley College）

https：//www.wellesley.edu

韦尔斯利学院基本情况如表 1.1 所示。

表 1.1 韦尔斯利学院基本情况

U. S. News 美国文理学院排行榜	成立年份	校园面积	本科生人数	男女比例	国际生比例	美籍亚裔生比例
5	1870	500 英亩	2300 人	男：0 女：100%	13.5%	22.1%
每年本科生入学人数	师生比	录取率	学费/年	食宿/年	本科毕业生年薪起薪中值	整体捐赠金额
580 人	1：7	20.5%	60424 美元	18000 美元	53500 美元	32 亿美元

1.1.1 历史和排名

韦尔斯利学院成立于 1870 年，是"七姐妹"文理学院中排名第一的学校，也是美国最优秀的女校。

韦尔斯利学院由亨利和波琳·杜兰特创立，创校意图是提供女性受教育的机会，为"未来社会的重大改革"做好准备。原名是韦尔斯利女子学院，1873 年更名为韦尔斯利学院。学校格言：Non Ministari sed Ministare（非以役人，乃役于人），主要阐释的是"做自己人生的主人"的领导力精神。

韦尔斯利在 2022 年 U. S. News 美国文理学院排行榜中排名第 5，仅次于威廉姆斯学院、阿默斯特学院、斯沃斯莫尔学院和波莫纳学院。2011~2021 年韦尔斯利学院的排名稳定于 U. S. News 榜单前 5。同时，韦尔斯学院在 U. S. News 最佳本科教学排名中排第 11，在最有价值的学校中排名第 13。

1.1.2 位置和环境

韦尔斯利学院位于波士顿西边的韦尔斯利镇，距离市中心车程 40 分钟。既没有都市的繁华又距离城市不远，方便实习等课外活动。

学校一共 2300 名女学生，绝大多数是本科生。其中，13.5% 是国际学生，大约 300 人，亚裔美籍有 500 多人，白色人种 800 人。85% 的韦尔斯利学院学生来自本州之外，学生的构成还是很多元化的。

韦尔斯利学院的校园之美是学生们公认的，有一片被冰心取名为慰冰湖的大湖（Lake Waban），景色宜人。学生们可以在湖上划船，湖边一年四季都有跑步和遛狗的人。湖的对岸是亨内维尔庄园历史区（Hunnewell Estates Historic District），这里有一座私人住宅叫 Hill Crust，电影《利刃出鞘》中豪宅的外景就是在这里拍摄的。韦尔斯利学院曾被众多媒体杂志列为美国最美丽的大学校园之一。

韦尔斯利学院的图书馆也是学生们的最爱，这里有非常庞大的中文书籍资料，从金庸全集到冷门连续剧，一应俱全。

1.1.3 专业设置和学术活动

根据韦尔斯利学院招生办的数据，2020~2021 年毕业学生中，最热门的专业是社会科学（含经济和政治），其次是生物/生命科学、计算机/信息科学、地区/民族/性别研究、心理学和视觉/表演艺术。根据毕业生的学位统计，学院 2020 届毕业生专业分布如图 1.1 所示。

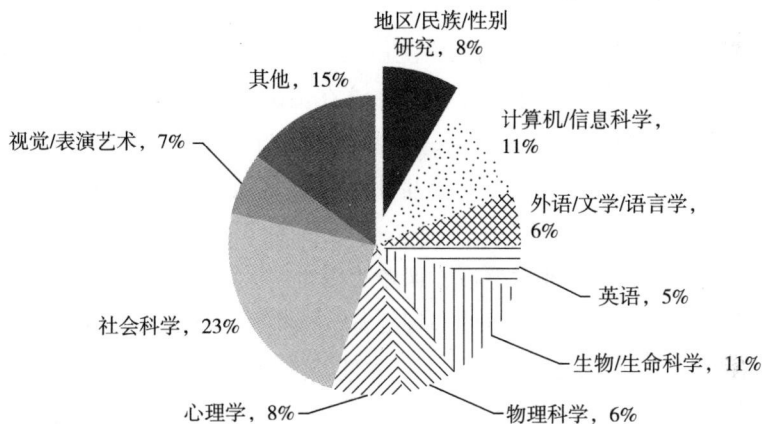

图 1.1　韦尔斯利学院 2020 届毕业生专业分布

电影《蒙娜丽莎的微笑》介绍了韦尔斯利学院的艺术史课程，人文和社科一直是文理学院最传统的科目，不过韦尔斯利学院的女生与时俱进，根据在读的亚裔学生反映，2020~2022 年申请金融和计算机的学生非常多。

韦尔斯利学院与麻省理工学院有合作关系，两校学生可分别选修对方学院的课程，学分无障碍转换，还有双学位项目。尤其是理工科专业的女生，基本都会选择去麻省理工学院修课，专用巴士来往于两所学校之间已经几十年了。此外，韦尔斯利学院的学生还可以到包括布兰迪斯学院、百步森商学院和欧林工程学院等附近的学校去修本校没有的课程，韦尔斯利学院和哈佛大学的关系也很密切。除了麻省理工学院，韦尔斯利学院在布兰迪斯学院、欧林工程学院也设置了双学位项目。当然，韦尔斯利学院也有其他文理学院常见的海外交换项目，学生在三年级时可以去一所海外大学学习一个学期或者一年。

韦尔斯利学院在总结"WHY WELLESLEY"七个亮点的时候，把学校的职业指导办公室列为第六个原因。学校提供的支持包括实习资助、社区公益活动资源、校友导师以及毕业后的奖助学金。每个人都可以享受到一对一的职业规划顾问指导，及号称"世界上最棒的女性校友网络"资源。大概70%的毕业生都曾经参加过实习。

1.1.4 师资及教学

办学初期，韦尔斯利学院只任用女教授，现在已经有很多男性教授加入了，但是学校的领导基本上都是女性。

20人以下的小班，在韦尔斯利学院占到了2/3。这里的师生比例是1：7，大一的保留率是96%，四年毕业率是84%。这在美国的大学里属凤毛麟角。因为在这里，60%的班级人数在20人以下，学生很容易与教授建立起亲密的私人友谊。学生都称赞教授重视教学，教授与学生用各种方式联系，上课时间也非常灵活，视学生们的方便而定。

韦尔斯利学院的治学非常严谨，课业难度也很大，尤其是对写作的要求到了苛刻的地步。国际生要做好充分的心理准备。这里的学生都是又努力又聪明的女学霸，稍有不慎GPA就会很难看。不仅如此，这里的女生上小班课都踊跃发言，积极表达自己，这个环境对提升学生的自信开朗和沟通技巧都是非常难得的。

韦尔斯利学院对毕业生的要求是32学分，其中必须有16学分以上是在韦尔斯利学院获得的（其他的学分可以在麻省理工学院等院校获得；最多只能置换4学分）。一个系内的学分最多不能超过14个，也就是至少18学分要在专业之外的院系选修。此外，还有写作的必修要求、多元文化相关课程的必修要求、数理的必修要求等。

韦尔斯利学院的学分要求和选课要求：https：//www. wellesley. edu/academics/theacademicprogram/requirements。

韦尔斯利学院的课程大纲：https：//www. wellesley. edu/academics/catalog。

1.1.5 申请条件

在2020~2021年申请季，一共有6581位申请者，其中1343位被录取，录取率是 20.5%。最后有 580 位学生成功入学。同年，有 2252 位学生被放在待定席位上，其中 926 位学生接受了待定，最后转正录取了 52 位。在申请者中，有 642 位选择了 ED 早申请，其中 253 位被早申请录取。早申请录取率高达 39.4%。还有 214 位转学申请者，最后录取了 16 位。

根据学校招生办的介绍，审核学生材料时最重要的是学校的课程难度、GPA 成绩、推荐信和个人品质，其次是班级排名、文书、课外活动和兴趣特长，最后才是标化考试成绩、面试、工作和公益经验，以及学生的背景、居住地和忠诚度等。

学校的文书是比较有趣的，不是普通的 Why School，而是 Wellesley 100，就是爱上学韦尔斯利学院的 100 个理由。这里面包括美丽的校园、独特的学术项目、优秀的教授、优秀校友的名字等。申请者需要从这 100 个理由中挑出最吸引自己的两个写两段文字。

2020~2021 年被录取的 1343 位学生里，有 371 位学生提交了 SAT，有 216 位学生提交了 ACT。SAT 成绩的中间 50% 区间为 1370~1510 分，ACT 的区间为 31~34 分。建议亚裔学生参考高值。根据点路 2018~2021 年的数据，录取的中国学生的平均托福分数是 110 分。

1.1.6 毕业生就业方向

调查 2020 届毕业生发现，毕业后 6 个月内，94% 的毕业生进入职场或被研究生院录取（见图 1.2），其中 20.6% 的毕业生进入研究生院，70.2% 的毕业生进入职场。在就业的毕业生中，商业资讯和金融行业占 28%，教育行业占 18%，互联网科技和工程行业占 14%，健康和生命科学行业占 13%，艺术传媒领域占 8%。

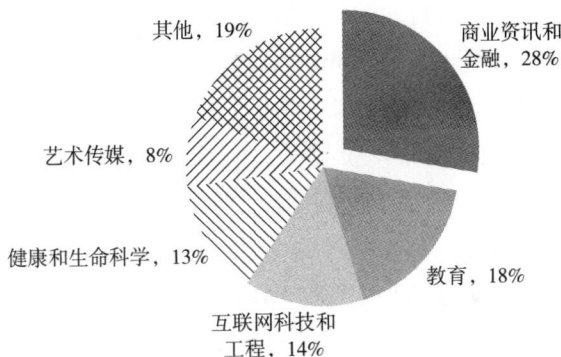

图 1.2 韦尔斯利学院 2020 届毕业生主要就业领域

注：雇主包括谷歌、Facebook、摩根大通、波士顿儿童医院、麻省医院、美洲银行、麻省理工学院等。

1.1.7　著名校友

许多名人从这所学院毕业，包括美国的前国务卿和第一夫人希拉里·克林顿（Hillary Clinton），前国务卿马德琳·奥尔布赖特（Madeleine Albright）。所以韦尔斯利学院有"盛产国务卿"的美名，事实上该学院的确是女政治家的摇篮。此外，美国著名电视台主持人黛安·索耶 Diane Sawyer，美国航空航天队（NASA）女宇航员 Pamela Melroy，哈佛大学肯尼迪学院女性和公共政策项目的创始人维多利亚·伯格斯曼（Victoria Budson），第一位获得数学博士学位的女性温妮弗雷德·埃哲顿·梅里尔（Winifred Edgerton Merrill），设计并建造了美国第一座太阳能住宅的建筑师 Leanor Raymond，雅虎前首席信托官 Anne Toth，美国物理学会创始人 Isabelle Stone 等也是校友。还有我们熟悉的宋美龄、中国作家冰心、女教育家包德明等。冰心当年到韦尔斯利学院读书时，曾校园的湖叫作慰冰湖，并把旅途和美国的见闻写成散文寄回国内发表，成集为《寄小读者》，其是中国早期影响最大的儿童文学作品之一。大名鼎鼎的《洛丽塔》的作者纳博科夫曾经是学院俄语系的教授和开山鼻祖。总之，到了优秀的女校，身边充满各种女性楷模，鼓励你去挑战自己。

学校的校友网络非常强大，并且有帮助学妹的传统，所以到韦尔斯利学院读书的女生，不论是申请研究生还是找工作，都可以获得校友的助力，比其他大学有更多优势。

宝拉·A. 约翰逊（Paula A. Johnson）博士于 2016 年成为韦尔斯利学院的第 14 任校长。她本科在哈佛大学拉德克利夫学院主修生物学。之后进入了哈佛医学院，发展感兴趣的临床流行病学，她还曾在哈佛公共卫生学院学习。1985 年，她在哈佛大学获得医学博士学位（MD）和公共卫生硕士学位（MPH）。毕业后，宝拉·A. 约翰逊博士在布莱根妇女医院担任内科和心血管内科住院医师，专攻心脏病学。1990 年，她成为第一位担任医院首席住院医师职位的非裔美国人。宝拉·A. 约翰逊博士在加入韦尔斯利学院之前，创立并担任妇女健康和性别生物学中心（Mary Horrigan Connors Center for Women's Heeuth and Gender Biology）的首任执行主任，她在泰德演讲（TED TALK）里面有一个非常著名的演讲——"His and hers…healthcare"，分析了男性和女性在健康医疗决策上的不同。

1.1.8 文化与生活

韦尔斯利学院虽然小，但是有 200 多个社团，是美国大学体育总会三级（NCAA Division Ⅲ），有 13 个体育校队，并且在几乎所有你能想到的女子体育运动方面都有俱乐部。每天校园里都有各种活动，每个宿舍也会组织活动来丰富大家的生活，帮学生们解压。

大部分学生都在学校住宿。学校有 21 栋宿舍楼，每栋楼都有独特的风格和特点。一些学生喜欢有湖景的 Stone-Davis，而另一些学生则喜欢 Freeman 的大壁橱。每个房间都配有书柜、书桌、椅子、梳妆台、镜子。

新生根据住房信息表被随机分配宿舍。第一年之后，学生可以自己选择房间。因为每栋楼的主题不同，比如有一栋楼就是西班牙语主题，住在这里的学生通常擅长西班牙语。这就使得学校可以打造一个大集体，既能兼顾每个人的个性，也促进了建立亲密的社区关系。

跟其他所有女校一样，韦尔斯利学院有一些自己的传统。其中一个就是毕业生滚圈比赛，就是 20 世纪六七十年代出生的人小时候滚过的圈。每一个大四学生都会收到一个从学姐传下来的木圈，毕业那天，她们要穿着毕业礼服滚这个圈，最快的那个人会得到校长颁发的一个奖。另外，每一届毕业生都会在学校种下一棵树。

其他的传统包括"周一马拉松""慰冰湖日"以及"鲜花周日"等。波士顿马拉松的路线正好经过韦尔斯利学院，所以每年去给选手加油鼓劲也成了学校的一个珍贵传统。过去是没有女性参加马拉松的，学生们亲历了第一个女性波士顿马拉松参加者后，每年都会回去加油。

此外，学校还有很多女权主题、社会变革主题的社团，学校参政议政气氛很浓，所以这里培养出了很多优秀的政治家。

学生社团：https://www.wellesley.edu/campuslife/community/studentorgs。

学校的校报是 The Wellesley News，网址：https://thewellesleynews.com，成立于 1901 年。

1.1.9 联系方式

招生办官网地址：www.wellesley.edu，邮箱：admissions@wellesley.edu，电话：001-781-283-2270。

招生办大楼名字：Weaver House。

学院提供校友面试，建议申请者在 11 年级结束的暑假就开始预约。学校提供有学分的夏校，很适合 11 年级的学生申请，校友面试是与学校建立联系、体验学校的好机会。按照惯例，韦尔斯利学院的夏校会同时开设无学分课程和有学分课程。

1.1.10 目标生源

韦尔斯利学院非常适合独立自主、想做女强人、个性比较鲜明的女学霸。这所学校也非常在意学生的写作能力和学术基本功，打好文理通识的基础才能去挑战排名第一的女校。在申请时如果能体现女权意识、公民意识、建言献策以及社会改良和进步的思想就更好了。

1.2 曼荷莲学院（Mount Holyoke College）

https：//www.mtholyoke.edu

曼荷莲学院基本情况如表 1.2 所示。

表 1.2 曼荷莲学院基本情况

U. S. News 美国文理学院 排行榜	成立年份	校园面积	本科生人数	男女比例	国际生比例	美籍亚裔生 比例
30	1837	800 英亩	2190 人	男：0 女：100%	27%	7.2%
每年本科生 入学人数	师生比	录取率	学费/年	食宿/年	本科毕业生 年薪起薪中值	整体捐赠 金额
608 人	1：9	52.4%	54618 美元	16580 美元	47000 美元	9.9 亿美元

1.2.1 历史和排名

曼荷莲学院是美国第一所女子文理学院。该学院严格意义上应该被翻译为霍山学院，但是很诗意浪漫的翻译者，根据音译把它翻译成了曼荷莲，这个名字就流传了下来。

曼荷莲学院创办于 1837 年，创始人玛丽·劳茵（Mary Lyon）女士是一位化学家和教育学家。她创建曼荷莲女子学院的时候，恰逢美国经济萧条期，四处奔走筹集善款，但是她毫不气馁，在她的努力下最后终于迎来了第一批学生。

19 世纪前叶，作为女性教育的先锋，玛丽·劳茵女士和她的曼荷莲学院在很多方面都是独树一帜的。第一，它设立了很高的门槛，学生必须通过非常严格的入学考试才能进入学校。第二，学校的教学制度非常严格，学业非常重。第三，取消了当时的家政课，强调女生也要学习自然科学。第四，也是最重要的，玛丽·劳茵女士看到后期很多抱有同样理想的女子学院，在创立者逝世以后，因为资金不足或者后继者影响力不够而关门，她清醒地意识到政治环境和经济条件的重要性，所以致力于组合社会资源，到处去宣讲以影响决策层的男性领导们以及教育界的男性同仁，让社会从思想上接受了女子学院，也保证了学校资金的来源。

曼荷莲学院的宗旨是玛丽·劳茵女士的一句话，"Go where no one else will go，do what no one else will do"，中译为"走没人走过的路，做没人做过的事"。

曼荷莲学院的校徽，描绘了片棕榈树丛，背景是一座宫殿，宫殿前有一块奠基石。它引用了《希伯来圣经》中的一句诗："我们的女儿可能像是那块基石，像一座宫殿那样被打磨了。"

曼荷莲学院在 U. S. News 美国文理学院排行榜中排第 30，在 U. S. News 最佳本科教学排名中排第 36，在最有价值的学校中排名第 78。

1.2.2 位置和环境

曼荷莲学院在马萨诸塞州，距离波士顿大概一个半小时车程，距离纽约大概三个小时车程。

曼荷莲学院占地 800 英亩。传说其校园是七姐妹里最美的。学校在 Holyoke 美国山脉下面，里面有上湖和下湖，不同落差的瀑布连接上湖和下湖，穿过主校区。校园附近就是美丽的山谷，有很多户外登山、滑雪和骑行场所。

曼荷莲学院是麻省五校联盟之一，其他四所是阿默斯特学院、史密斯学院、汉普郡学院、马萨诸塞州大学阿姆赫斯特分校。因为五校联盟的自由选课制度，所以曼荷莲学院经常有一些附近学校的男生来上课，曼荷莲学院的同学也会去其他大学上课。所以虽然这个学校是女校，学生却是在混校的教育环境里学习。

能到其他联盟学校里面去修课是非常好的资源。另外，五校联盟的图书馆、餐厅、校内活动都是向彼此开放的，曼荷莲学院学生的学习和社交生活可以延伸到更大的范围。

曼荷莲学院的本科生人数是 2190 名，来自 45 个州和 83 个国家，其中 31% 来自新英格兰地区。根据学校官网的统计数据，曼荷莲学院 28% 的学生是外国护照持有者，27% 是有色人种。

1.2.3 专业设置和学术活动

曼荷莲学院有 48 个科系专业，其中 1/3 是跨学科的专业，还可以自定义自己的专业。学校公布了毕业生的专业领域数据，28% 是人文，37% 是社会科学，34% 是自然科学和数学，其中最热门的四个专业是生物、经济、环境研究和心理学。计算机和数据科学这两个专业的增长率也很高。此外，国际关系、化学以及一些人文和艺术学科也是比较受欢迎的优势学科。

曼荷莲学院有几个特别有特色的项目，第一个是 12 校交换项目，因为曼荷莲学院加入了美国东北部 12 所顶尖学校组成的交换项目联盟，联盟成员包括麻省联盟的文理学院，达特茅斯学院，顶尖的文理学院韦尔斯利学院，鲍登学院（Bowdoin），卫斯理安大学（Wesleyan）等。在这 12 所顶尖大学里面，任何一所学校的大三学生只要办理很简单的手续，就可以去其他学校学习一个学期或者两个学期，在对方学校修的学分都是受到本校承认的。第二个是曼荷莲学院的工科"3+2"项目，如果你是学工程的学生，学业足够优秀的话，可以选择在曼荷莲学院学习三年，然后去达特茅斯学院、加州理工学院或者是马萨诸塞州大学阿姆赫斯特分校再学两年，最后拿到曼荷莲学院的学士学位以及上面三个学校之一的硕士学位。第三个是曼荷莲学院的女性领导力项目，曼荷莲学院邀请了将近 30 位来自世界各地的精英和专家来给学生讲课，比如设计 Google 搜索引擎的软件专家 Scott Hansen、曾经受美国前总统克林顿任命领导美国联邦通信安全委员会的 Read Hunt、YouTube 的营销副总 Lucas Watson、盖茨基金会的非营利教育机构负责人 Elizabeth Cochran 斯坦福的艾滋病研究专家等，这些专家都亲自来到学校，与参加女性领导力项目的学生分享他们的成就。第四个是曼荷莲学院的海外学习项目，每年大概有 40% 即 200 多名大三学生参加海外学习，海外学习一般是一个学期或者一整年，学校有 150 多个海外学习项目，分布于全世界 50 多个大学。

曼荷莲学院的就业办公室一年会举办五场就业会，学生也会参加暑假和 1 月的实习，很多学生在毕业前积累了 2~3 次实习经验。

1.2.4 师资及教学

曼荷莲学院师生比例是 1∶9，76% 的课程都是少于 20 位学生的，28% 的课程和专业设置都是跨学科的。四年毕业率接近 80%，这在美国大学里也是非常优秀的。

从学分的要求来说，学生要修满 128 学分才能毕业，一半多的学分必须从人文、科学数学以及社会科学这三大板块里面选修，必须有 16 学分是独立研究项目，非曼荷莲学院的学分最多只能算 12 个。学生需要要完成大一必修的 Seminar 课程，要求 GPA 最低为 2.0，此外还有一些外语等要求。只要满足 32 学分就可以达到专业的学分要求，有的课程同时满足好几个专业的学分要求被称为 Double counting courses。

曼荷莲学院的大部分学位都是文学学士学位（Bachelor of Arts），学校也有 Teaching 教学方向的硕士学位。

学校的选课要求：http：//catalog. mtholyoke. edu/bachelor－arts－degree－requirements/#themajortext。

学校的课程大纲：https：//wadv1. mtholyoke. edu/wadvg/mhc？TOKENIDX = 5290253696&SS = 1&APP = ST。

1.2.5 申请条件

根据学校 2020~2021 年的数据，一共有 3480 位学生申请该校，录取了 1826 位，最后 455 位接受录取办理入学。有 379 位早申者，最后录取了 253 位，早申的录取率是 67%，远远高于正常申请轮。同期一共 515 位同学被待定，最后 294 位接受了待定席位，其中转正了 52 位。转学方面，同年有 221 位申请转学，最后录取了 103 位，最终 33 位入学。

根据学校招生办的描述，对于申请者他们最看重的是高中的成绩和课程难度，其次重要的是文书和推荐信，然后才是面试、课外活动、才艺、个人品质、工作和公益经历等。学校要求申请者高中必须有 4 年的英语，3~4 年的数学、科学和外语，科学必须有 3 个包含实验室，同时还要求有 3 年的历史学习。

根据学校官网的统计，50% 的新生都曾是高中 GPA 排名前 10% 的学生。从标化成绩来说，中国被录取的学生托福成绩至少要 103 分（2020~2021 年的录取平均分），SAT 是 1320~1450 分，这是 2020~2021 年 SAT 从低的 25%到高的 75%的分数档，同理 ACT 是 27~30 分。

1.2.6 毕业生就业方向

根据学校对 2019 届毕业学生的调研，96%的学生在毕业 6 个月后工作或者进入研究生院学习。其中，23%的学生是在研究生院学习的。曼荷莲学院学生毕业后 10 年内进入研究生院的比例是 80%。

1.2.7 著名校友

知名校友有：前美国劳工部部长赵小兰，美国诗人 Emily Dickinson，美国历史上第一位联邦政府的女部长 Francis Perkins，以及奥巴马的政策副总参谋长 Mona Sutphen。此外还有布林莫尔学院的校长 Nancy Vickers；巴纳德学院的创始人 Clara Harrison Stranahan；贝茨学院前校长 Elaine Tuttle Hansen。

Sonya Stephens 博士在 2016 年被任命为曼荷莲学院的第 19 任校长，她在担任曼荷莲学院代理校长之前，曾经担任印第安纳布卢明顿本科生教育的教导主任及法语意大利语的系主任，且在英国的大学担任教授。Sonya Stephens 博士是 19 世纪法国文学和视觉文化的专家，出版过很多著作。她自己就是剑桥大学一个女子文理学院的本科生，在蒙特利尔大学获得硕士学位后，又回到剑桥大学取得了法语博士学位，所以深知女校对于培养人才的重要性。

1.2.8 文化与生活

曼荷莲学院拥有 100 多个社团，课外活动非常丰富。因为大部分学生都住在校园，所以他们可以 24 小时在一起体验丰富多彩的课外生活，社区关系也非常亲密。

曼荷莲学院拥有全美领先的职业指导中心，美术馆也非常有名，最值得一提的还是体育。学校有新英格兰地区数一数二的高尔夫球场，还有赛马场。曼荷莲学院马术中心是比较有名的，跑马道、室内外设施都非常好，是世界标准规格，提供优异的马术训练和课程。

曼荷莲学院的马术队获得了 2001 年"米勒大学杯马术大赛"的冠军，马术是该学院的特色项目。此外，棍球、足球、划船、篮球、垒球也是学校比较热门的体育运动。

学校还有很多历史悠久的传统，比如一年一度的 Mountain Day，一起去爬

Mount Holyoke；还有 Founder's Day，纪念学校的创始人。学校有一个年度最大的音乐会 Vespers Concert，有一个"牛奶与饼干日"（Milk and Cookies），一个庆祝女性精神和友谊的 Pangy Day。毕业生有一次正式的游行，每年新生和大四学生有一个 Disorientation 的结对子活动，新生还会在 Elfing 这个传统节日收到大二学生的小礼物。

96%的学生都在学校居住，学校的住宿条件非常好，普林斯顿对其的评价论杂志评为"像宫殿一样"，每栋住宿楼里都有机房、钢琴房、洗衣房等。

学校的学生社团：https：//www.mtholyoke.edu/studentlife/student_organizations。

学校的校报叫作 Mount Holyoke News（MHN），网址：http：//www.mountholyokenews.com。

1.2.9 联系方式

招生办的网址：www.mtholyoke.edu。

联系方式：50 College Street，South Hadley，MA 01075，电话：413-538-2023，传真：413-538-2409，邮箱：admission@mtholyoke.edu。

负责中国学生的招生官：Amy E. Markham，Director of International Admission。电话：001-413-538-2023。

建议所有的申请者提前预约招生官的面试，暑假就可以开始预约一对一面试时间。

1.2.10 目标生源

曼荷莲学院资金充裕，奖学金丰厚，就业指导和跨校选课方面的资源也是得天独厚的。相比一些保守的女子学院，该学院的理科也越来越强，适合比较务实的女生。如果在马术等特色体育运动方面有特长的话，就跟学校更匹配了。

1.3 史密斯学院（Smith College）

https：//www.smith.edu/

史密斯学院基本情况如表1.3所示。

表 1.3　史密斯学院基本情况

U. S. News 美国文理学院排行榜	成立年份	校园面积	本科生人数	男女比例	国际生比例	美籍亚裔生比例
17	1871	147 英亩	2183 人	男：0 女：100%	14.5%	10%
每年本科生入学人数	师生比	录取率	学费/年	食宿/年	本科毕业生年薪起薪中值	整体捐赠金额
527 人	1∶9	36.5%	55830 美元	19420 美元	47700 美元	26 亿美元

1.3.1　历史和排名

史密斯学院于 1871 年特许成立，1875 年秋季开学，当时有 14 名学生和 6 名教职员工。与今天一样，史密斯学院最初就致力于为女性提供最高质量的本科教育，使她们能够发展自己的智力和才能，并有效和充分地参与社会。

史密斯学院自 1871 年成立以来发生了很大的变化，但不变的是：毫不妥协地捍卫学术和知识自由，关注大学教育与世界秩序和人类尊严等更大的公共问题之间的关系，以及妇女的权利。

学校的价值观是让史密斯学院成为一个致力于学习、教学、学术、发现、创造力和批判性思维的社区；创建一个以自由和开放的思想交流为基础的包容、公平和开放的教育社区；通过参与人文、社会和科学思想，教育女性了解人类经历和世界文化的复杂性。

史密斯学院是历史悠久的七姐妹学院中最大的成员，也是五所学院联盟的成员。作为五所学院联盟的学生，每年可以从超过 5000 门本科课程中选课，每年约有 5000 名本科生在五个校区中的一个或多个交叉注册课程，五个校区在学年内有免费巴士提供交通服务。史密斯学院的本科课程只为女性提供，研究生课程是男女同校的，提供硕士学位和博士学位。

史密斯学院在 2020 年 U. S. News 美国文理学院排行榜中排名第 17。在最有价值的学校中排名第 51。

1.3.2　位置和环境

史密斯学院位于马萨诸塞州西部的康涅狄格河谷的北安普敦，最近的机场是布拉德利国际机场，45 分钟车程，距离波士顿约 2 小时车程，距离纽约市约 3 小时车程。

北安普敦是一个充满生机的小城，有大量定居北安普敦的移民群体，包括爱尔兰人、波兰人和法裔加拿大人等，这里有繁荣的文化中心，有俱乐部、画廊、商店、音乐厅、美食店等，是一个受欢迎的旅游目的地。

史密斯学院校园占地 147 英亩，校园内的植物园由该学院首任院长劳伦斯·克拉克·西利于 100 多年前创立，希望整个校园能够发展成为植物园，使其具有科学和美学价值。如今，植物园是新英格兰地区本土植物和全球生态系统的活博物馆，被评为美国 50 个最令人惊异的大学植物园之一。

史密斯学院的艺术博物馆收藏有 27000 件艺术品，此外，校区还有 10 多件可供公众访问的户外艺术品，可以在校园内随时参观。

学院总人数约 2504 人，其中本科生总人数为 2183 人，国际学生来自 70 个国家，占 14.5%，非国际学生中亚裔占 10%。

1.3.3 专业设置和学术活动

根据毕业生的学位统计，学校最受欢迎的专业是社会科学、生物生命科学、外语/文学/语言学、数学/统计学、心理学等。学院 2020 届毕业生专业分布如图 1.3 所示。

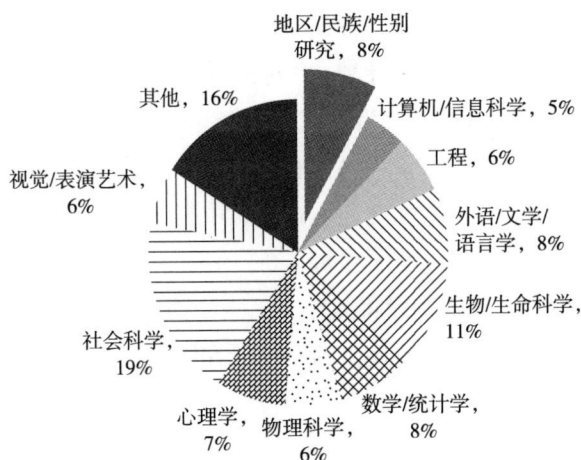

图 1.3 史密斯学院 2020 届毕业生专业分布

　　史密斯学院在 50 多个研究领域开设了约 1000 门课程，致力于满足当今女性新的智力需求，提供工程学、女性与性别研究、神经科学、电影和媒体研究、中东研究、统计和数据科学及其他新兴领域的专业或课程。

　　除了这些新兴课程外，史密斯学院还拥有广泛的创新计划和中心、跨学科计划以及实习和服务机会，帮助学生进一步深入对学科的追求。

　　环境、生态设计和可持续发展中心（CEEDS）为学生提供学术和应用经验，帮助他们出色地整合跨学科的知识，支持环境决策和行动。

　　伍特尔领导力中心提供一系列课程、研讨会、演讲活动等，为学生提供机会，提高他们的领导协作能力，学生还能从各个领域的领导者那里获得灵感。

　　吉尔·克·康威创新创业中心提供一系列项目和活动，专注于创造性思维、解决问题和跨学科团队合作，以及个人业务领导技能的发展，与校园以外的世界互动，让史密斯学院的学生成为不同类型的企业家、领导者和创新者。

　　史密斯学院的学生可以在大二第一学期之后到大四之前，申请史密斯学院学者计划，该计划允许学生花一两年的时间从事自己设计的项目。

　　雅各布森写作、教学及学习中心（Jacobsen Center for Writing, Teaching and Learning）为所有学生提供家教式辅导，帮助她们改进写作、数学及学习技巧。雅各布森写作、教学及学习中心对于那些第一语言不是英语的学生特别有帮助。

　　史密斯学院的许多课程，包括经济学、社会学、环境学和天文学，经常要求学生从定量数据中分析和得出结论。斯皮内利定量学习中心会通过入学辅导、小组和个人预约学习、复习讲习班等方式帮助学生学习。

　　史密斯学院提供广泛的留学计划，"刘易斯全球研究中心"帮助学生理解学术研究的国际背景和深远意义，为做有责任感的全球公民做好准备。在佛罗伦萨、日内瓦、汉堡、巴黎和普雷什科都有史密斯学院教授指导的课程，每门课程课时是一学年。另外，史密斯学院还与日本、中国、罗马、西班牙、南印度和俄罗斯等国家有 100 多个合作的留学项目。

　　每年，史密斯学院都会为即将入学的一年级学生提供福利——斯特里德计划，奖学金包括史密斯学院教授提供的有偿研究职位，即经过选拔的杰出学生在头两年作为付费研究助理与史密斯学院教授合作。大多数学院只向大三、大四和研究生提供此类研究机会。

　　该奖学金为期四年，每年 22500 美元，每年颁发给大约 50 名学生。除了奖学金外，学生每年还获得 2770 美元的津贴，为期两年，与教职员工的研究有关。

1.3.4 师资及教学

史密斯学院的师生比例是 1∶9，平均班级人数是 19 人。少于 20 人的小班课程占到了所有课程的 69.6%。有 332 名全职老师，98% 的老师拥有所在领域的最高学位。

所有史密斯学院的新生都需要参加史密斯阅读计划，即在抵达史密斯学院之前要阅读指定的书，参加客座作者的演讲活动和参与阅读的内部讨论，这样他们可以尽快与史密斯学院的老师进行学习互动。史密斯阅读计划 2021~2022 年的精选书目是《退出西部》（*Exit West*），作者是莫赫辛·哈米德，这本书被选中是因为其与史密斯学院 2021~2022 民主年主题非常吻合。

在史密斯学院，每个一年级学生必须至少完成一门写作强化（WI）课程。根据他们的熟练程度，学生将被引导到特定的写作课程。阿达康斯托克学者和转学生也被要求完成至少一门写作强化课程。

学生除了必须完成第一年的写作密集课程外，还必须有 4 个学期的课程在北安普敦完成，其中两个学期是在大三或大四。

每个专业的学生必须在 7 个主要知识领域中至少选择一门课程，以满足史密斯学院的通识要求。这七大领域是：文学、历史研究、社会科学、自然科学、数学和分析哲学、艺术、外语。

学校的选课要求：https：//www. smith. edu/academics/academic-program/curriculum/degree-requirements。

学校选课的课程目录：https：//catalog. smith. edu/？ _ ga = 2. 82297430. 1304725859. 1625118062-1645374826. 1624464133。

1.3.5 申请条件

在 2020~2021 年申请季，史密斯学院一共收到 5249 份申请，录取了 1917 位，录取率 36.5%，最后有 527 位新生正式入学。在 5249 份申请中，有 441 位是 ED 早申请，其中 285 位被录取，录取率 64.6%。学校同时还为 1155 位学生提供了待定席位，684 位接受待定，最终有 67 位转正。

根据官网的报告，在所有的申请材料中，招生办认为最重要的是中学的成绩评估、学术 GPA、申请文书、推荐信和个人品质，其次是班级排名、课外活动，再次是标化考试、面试、志愿者活动、工作经历等其他因素。学校对高中课程的要求是 4 年的英语，3 年的数学、科学、外语和实验室科学，2 年的历史。

中国学生可以参考的标化 75% 分数线是：SAT 1490 分（其中数学 770 分、语法阅读 740 分）；ACT 34 分（其中数学 32 分、英语 32 分）。67% 的申请者高中 GPA 在 4.0 以上，平均 4.0。可以提交的语言成绩包括托福、雅思、PTE 或 Duolingo 英语测试。学校对英语水平的具体要求参见：https：//www.smith.edu/admission-aid/how-apply/international。

史密斯学院每年都招收转学生，2020～2021 年有 201 份转学申请，最后录取了 83 位，有 28 位入学。

1.3.6　毕业生就业方向

140 多年来，史密斯学院的女性一直有着杰出的成就。在一些人认为女性无法接受高等教育的时代，早期的毕业生成为了医生、律师和科学家。现在，每年有 6600 个实习、工作、志愿者机会和奖学金发布在史密斯学院的在线职业机会数据库（Handshake）中。每年有超过 176 家公司在史密斯学院招聘。史密斯学院的学生从抵达校园的那一刻起，就有 6 名职业顾问可供她们咨询。

史密斯学院有项发给 20 年前毕业校友的民意测验，他们发现获得自然科学、历史、人文和社会科学学位的校友，在农业、物技术、教育等领域都取得了专业上的成功，调查结果显示了史密斯学院教育的学术深度和广度的真实价值。

根据学院统计，毕业 20 年后，10% 的史密斯学院毕业生担任首席执行官一职，另有 8% 担任高管级职位。史密斯学院的学生有 42% 在毕业后两年内进入研究生院学习，77% 在毕业后 10 年内进入研究生院或专业学校学习。2015～2016 年，申请法学院的史密斯学院学生的录取率为 82%，申请医学院的史密斯学院学生中 80% 达到了录取标准（GPA3.3 分或以上的理科全科成绩毕业，MCAT 成绩为 28 分或以上）。学生申请最多的研究生院包括哥伦比亚大学、哈佛大学、纽约大学、史密斯学院、波士顿大学等。

学院的普拉克斯实习计划（Praxis）保证所有学生都可以寻求无薪实习机会，以丰富他们的教育内容。每年有超过 350 名学生通过史密斯学院的普拉克斯实习计划获得资助。

史密斯学院一直鼓励学术成就高、社区参与力强的学生申请国际和国内奖学金。学院为本科生提供针对杜鲁门、基拉姆和乌德尔奖学金等国际机会的建议。学院也为国际学生提供奖学金，全校能拿到奖助学金的国际生有 131 人，总金额为 7276799 美元，人均奖学金金额为 55548 美元。

1.3.7　著名校友

史密斯学院的校友包括：美国前总统里根的妻子 Nancy Davis Reagan ；前总统乔治·布什的夫人 Barbara Pierce Bush；全国妇女组织的联合创始人、女权主义活动家、《女性的奥秘》作者 Betty Friedan；马丁·路德·金博士的女儿、民权活动家 Yolanda King。除此之外，史密斯学院还有很多校友都是各行业翘楚，如马萨诸塞州剑桥市第一位女市长 Barbara Hulley Ackermann；《纽约时报》（商业版）第一位女编辑 Marylin Bender；第一个驾驶喷气式飞机的女性 Ann Baumgartner Carl；第一位获得哈佛大学医学学位的女性 Victoria Chan-Palay；第一位任职美国外交部的女性 Lucile Atcherson Curtis；美国报纸编辑学会第一位女主席 Katherine Woodruff Fanning；普林斯顿学院第一位女院长 Nancy Weiss Malkiel；第一位担任白宫经济顾问委员会主席的女性 Laura D'Andrea Tyson；第一位乘坐划艇独自穿越大西洋并滑雪到地理南极的女性 Tori Murden；等等。

还有华特迪士尼公司的首席财务官 Christine McCarthy；通用动力公司董事长兼首席执行官 Phebe Novakovic；奥美前首席执行官兼董事长 Shelly Lazarus；《女士》杂志创始人，著名的女权主义者、活动家和记者 Gloria Steinem；普利策奖获得者、《乱世佳人》作者 Margaret Munnerlyn Mitchell；普利策奖获奖小说家和诗人、《钟罩》作者 Sylvia Plath；普利策戏剧奖得主玛格丽特·埃德森；两次奥斯卡奖得主 Sharmeen Obaid-Chinoy 等。

Kathleen McCartney 博士于 2013 年成为史密斯学院第 11 任校长。她于 1977 年毕业于塔夫茨大学，获得心理学学士学位，1979 年和 1982 年分别获得耶鲁大学心理学硕士学位和博士学位。2005～2013 年，McCartney 博士曾担任哈佛教育研究生院（HGSE）院长，她是哈佛历史上第五位女院长，她任期的一个标志性成就是哈佛商学院和哈佛肯尼迪学院合作，建立了为期三年的教育领导力博士学位。她还与哈佛艺术与科学学院合作开发了一门博士课程。McCartney 博士是性别、教育和育儿问题的思想领袖，是美国艺术与科学学院、国家教育学院、美国教育研究协会、美国心理学协会和美国心理学会的研究员。2009 年，她获得了儿童发展研究协会的杰出贡献奖。《波士顿环球报》于 2011 年将她评为马萨诸塞州 30 位最具创新精神的人物之一，2013 年获得哈佛大学女性专业成就奖，2016 年《波士顿商业杂志》将她评为"有影响力的女性"之一。

1.3.8　文化与生活

史密斯学院要求大多数本科生住在校内。与大多数同类机构不同，史密斯学院没有宿舍，而是 41 座独立的房屋，每座房屋都有自己的特色，可住宿人数为 10~100 人。

史密斯学院有 140 多个学生俱乐部和组织，主要类别有学术、语言和专业预科类，田径健身俱乐部，传播、视觉艺术和表演艺术团体，文化遗产与宗教团体，政治和学生政府团体，社区服务团体和其他类。

自 1876 年纪念乔治·华盛顿诞辰以来，史密斯学院的传统之一是"拉力赛日"，每年 2 月举行，已从爱国纪念活动演变为集会，并且自 1973 年以来，在这个全校的聚会中，校长会向杰出校友颁发史密斯学院奖章。

山地日（Mountain Day）是一个受欢迎的充满惊喜的传统项目，校长会在秋天选择一个阳光明媚的日子，在早上 7 点 15 分通过敲响钟声来宣布当天停课。传统的山地日庆祝活动可能包括新英格兰公路旅行或户外活动，大学餐饮服务中心会提供盒装午餐，供学生在校外享用，也有许多学生一起去摘苹果。

一年一度的史密斯学院世界大会探讨课堂教育和校外学习之间的关系，会议以演讲和小组讨论的形式呈现，学生在这里分享她们的故事，无论是在津巴布韦的一家医院做志愿者，还是在新奥尔良提供社区服务，学生分享的这些经历丰富了她们的学术课程。

克伦威尔日是纪念史密斯学院第一位非洲裔毕业生奥蒂莉亚·克伦威尔和她的侄女阿德莱德·克伦威尔的节日，每年有不同主题的讲座、研讨会和文化活动，为关于多样性、种族主义和包容性的反思和教育提供了专门的时间和空间。

"常春藤节"和"照明之夜"是传统的毕业活动。常春藤节是史密斯学院持续了一个多世纪的传统活动，在学年结束的前一天，大三学生带领游行队伍穿过校园，携带常春藤藤蔓，由即将离校的大四学生种植，作为她们与大学终生联系的象征。校友们（通常还有她们的孩子）会穿着白色服装，系着与班级颜色相同的腰带，沿路线两侧按班级以相反的顺序排列。大四学生在游行路线的尽头排队，穿着传统的白色服装，每人拿着一朵红玫瑰。当经过每个校友班级时，所有人都为她们欢呼，然后加入游行队伍。常春藤节庆祝活动在 Quad 结束，校长会发表特别讲话，结束学年。

在"照明之夜"，校园的路灯被五彩的纸灯笼取代，用真正的蜡烛点亮，学院沐浴在柔和的光芒中，非常适合回忆在史密斯学院四年的学习和生活。

1986 年以来，史密斯学院的运动队就被称为先锋队。史密斯学院也是第一所加入 NCAA（全国大学体育协会）的女子学院，第一场女子篮球比赛于 1893 年在史密斯学院举行，学校除了 11 支大学运动校队，还有户外探险队和 9 个运动俱乐部。

学校学生组织清单：https：//socialnetwork. smith. edu/organizations。

学校的校报是 The Sophian，网址：https：//www. thesophian. com/。

1.3.9　联系方式

史密斯学院的招生办联系电话：（001）413-585-2500。

负责国际学生的招生官：Meredith McDill（Associate Director）。邮箱：mmc-dill@ smith. edu，负责亚洲地区的招生工作。她来自佛蒙特州，2010 年 7 月加入史密斯学院，已在史密斯学院工作了 11 年。

史密斯学院的面试不是必需的，一年级学生和转学生可以选择是否进行个人面试，而所有申请艾达·康斯托克学者计划（Ada Comstock）的学生则必须进行个人面试。高中生可以在 11 年级的 4 月 1 日到 12 年级的 1 月 15 日之间进行面试。可以申请校园面试、在线面试和校友面试。

学校有适合高中生的夏校项目，网址是 https：//www. smith. edu/academics/precollege-programs/homepage，2022 年的暑期大学预科课程适合秋季进入 9～12 年级的女生，项目主要分为大学招生工坊，创意写作工坊，暑期科学与工程计划（SSEP），"可持续的未来"课程，"女性、性别和代表"课程。

1.3.10　目标生源

史密斯学院是培养专业女性人才的好学校，自身的理工科课程丰富，且还有马萨诸塞州五校联盟的学术资源。那些想成为专业人士并想选修 STEM 理工科的女同学，会在这里找到更好的学术资源和支持。

1.4　瓦萨学院（Vassar College）

https：//www. vassar. edu/

瓦萨学院基本情况如表 1.4 所示。

表 1.4　瓦萨学院基本情况

U. S. News 美国文理学院排行榜	成立年份	校园面积	本科生人数	男女比例	国际生比例	美籍亚裔生比例
22	1861	1000 英亩	2441 人	男：39% 女：61%	14%	12%

每年本科生入学人数	师生比	录取率	学费/年	食宿/年	本科毕业生年薪起薪中值	整体捐赠金额
594 人	1∶8	24.5%	60930 美元	14990 美元	49400 美元	13 亿美元

1.4.1　历史和排名

瓦萨学院是"七姐妹"之一。在拒绝了与耶鲁大学合并的邀请后，瓦萨学院在 1969 年决定向男性敞开大门实行男女同校教育，所以成为全美第一所由女子学院改为男女同校教育的文理学院。男性学生的比例随后逐年增加，现在已经占 2/5 了。

瓦萨学院由马修·瓦萨于 1861 年成立，是美国第二所女子高等教育机构。1865 年 9 月 26 日，该学院向 353 名学生开设了第一堂课，为年轻女性提供了与当时最好的男校相同的文理通识教育。

瓦萨学院的使命是向学生们提供全面、均衡的文理通识教育，激励每个人都要拥有"有理想、有追求、有品质的生活"。学院鼓励学生清晰表达，培养求知欲、创造力，尊重他人的思辨力和积极参与的公民意识。

瓦萨学院在 2022 U. S. News 的美国文理学院排行榜上排名第 22。在 U. S. News 最有价值的学校中排名第 30。在中国，很多家长和学生了解瓦萨学院可能都是因为她的校董和校友洪晃女士。她是陈凯歌的前妻，继父是乔冠华，生母是章士钊的养女。现在是知名媒体人和作家。洪晃 1984 年毕业于瓦萨学院的国际政治专业，在 2013 年成为了母校的校董。

1.4.2　位置和环境

瓦萨学院位于纽约州的首府奥尔巴尼（Albany）和纽约市之间，哈德逊河谷的波奇普西镇。哈德逊河谷被美国国会指定为国家遗产区，这里拥有比美国其他地区更多的历史遗迹，有众多的历史建筑、艺术作品、博物馆、自然保护区和国家公园等，如美国最伟大的建筑师亨利·霍布森·理查森于1882年设计的奥尔巴尼市政厅，拥有纽约北部最古老的布朗克博物馆，拥有超过100座经典雕塑的风暴王艺术中心，作为美国剧院和音乐史标志性场地的伍德斯托克剧场，纽约州唯一专门保存哈德逊河海洋历史的海事博物馆等。

波奇普西镇位于哈德逊河谷的中心地带，人口约75000，位于纽约市以北约75英里处，从纽约市中央车站坐火车约2小时可到达，开车一个半小时。因为距离曼哈顿非常方便，所以吸引了大量纽约州和东北部的家长和学生。

瓦萨学院的校园非常美丽。校区占地1000英亩，校园有200多种树木，校园包括瓦萨农场和生态保护区、九洞高尔夫球场、日落湖、莎士比亚花园、天文台、弗朗西斯·雷曼·勒布艺术中心和100多座不同风格的建筑。这里的天气也接近纽约市，气候温和，四季分明。冬季的平均温度约为2℃，夏季的平均温度约为27℃。

瓦萨农场和生态保护区占地415英亩，位于校园的南部，保护区包括溪流、湿地、池塘、森林和田野，栖息着种类繁多的动植物，瓦萨学院的教授和学生在生态保护区里开展科学研究，其他人可以在生态区里远足、骑自行车和在小径上跑步。

瓦萨学院的主楼是校园内现存最古老的建筑，也是学术生活的中心，由美国建筑师之一小詹姆斯·伦威克于1861年设计；主楼和瓦萨学院玛丽亚·米切尔天文台都是美国国家历史地标。学院的朗布特之家（Rombout House）于1982年被列入国家历史名胜名录。

学院目前的本科生总人数为2441人，其中男性学生占42%，女性学生占58%。国际学生来自55个国家和地区，约占14%，非国际学生中亚裔占12%。

1.4.3 专业设置和学术活动

根据毕业生的学位统计，学校最受欢迎的专业是社会科学、生物/生命科学、视觉/表演艺术、跨学科研究、数学/统计学、心理学等。瓦萨学院的历史、英美文学、艺术史、戏剧、认知科学、意大利语、天文学都有非常高的声誉。学校毕业生专业分布如图1.4所示。

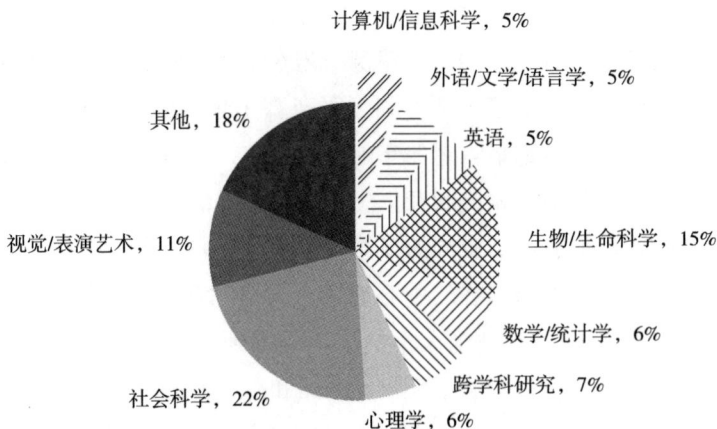

计算机/信息科学，5%
外语/文学/语言学，5%
英语，5%
其他，18%
生物/生命科学，15%
视觉/表演艺术，11%
数学/统计学，6%
跨学科研究，7%
社会科学，22%
心理学，6%

图 1.4　瓦萨学院 2020 届毕业生专业分布

瓦萨学院为学生提供了四种课程方式来完成个人在大学的教育：单一学科计划；跨院系计划（即不同院系共同参与的学术项目）；多学科计划（同一个学术课题会涉及不同的学科领域）；单独定制的独立学术计划（为特殊的学术课题定制的学习计划，如从法医考古学到生态科学的数学建模，从和平研究到跨领域研究技术发展与全球化发展等）。

此外，瓦萨学院还与哥伦比亚大学合作，提供为期 5 年的公共卫生学士/公共卫生硕士课程计划；和达特茅斯工程学院合作，提供为期 5 年的文学学士/工程学士计划。这就是瓦萨学院的"3+2"项目。

瓦萨学院有很多非常周到的学习资源：

（1）学习、教学和研究中心（LTRC）设有写作中心和定量资源中心（Q-Center），在写作中心，老师们指导学生撰写研究论文、实验室报告或创意写作等提高学生的写作和批判思维能力；定量资源中心则向学生提供数学和科学方面的学术支持，培养学生的个人学术技能。

（2）瓦萨天文学协会是凯克东北天文学联盟（KNAC）的成员，该联盟还包括卫斯理学院、威廉姆斯学院、卫斯理安大学、哈弗福德学院、斯沃斯莫尔学院、科尔盖特大学和明德学院。瓦萨学院学生可以申请在该联盟中的其他学校进行为期 10 周的有关天文学项目的实习。

（3）对科学学科有兴趣的瓦萨学院学生，可以参加在瓦萨农场和生态保护区进行的环境教育计划。

（4）瓦萨学院的"福特学者计划"鼓励教师和学生在人文和社会科学领域，

利用暑期进行研究合作。这个计划中，一年会有 18~20 个人文和社会科学项目获批，项目对大二至大四的学生开放，学习时间 4~8 周，1 个项目由 1 名教师和 1~2 名学生合作参与课程开发。"福特学者计划"催生出许多富有想象力的项目，进一步提高了瓦萨学院在学术界的声誉。

（5）瓦萨学院的本科研究暑期学院（URSI）是一个为期 8~10 周的深度研究计划，瓦萨学院学生在导师的指导下从事前沿的学术研究。每年大约 60 名学生与 30 多名导师合作，探索一系列的前沿科学主题。每年秋季，本科研究暑期学院的学生将会在区域或美国国内的科学研讨会上展示他们的研究成果，优秀的项目还有在科学期刊上发表作品的机会。

前往美国以外的国家和地区学习，是瓦萨学院教育的重要组成部分。除了为学生提供校园内无法获得的课程和学习体验外，身临其境的国外教育还促进学生与不同文化和群体交流。瓦萨学院学生可以在大三或大四第一学期，在海外学习一个学期或整整一个学年。大约 45% 的学生毕业前都会有出国学习的机会。瓦萨学院的出国留学项目中，有 2 个是和卫斯理安大学联合运营的，即"瓦萨-卫斯理安"计划，学习地点在法国的巴黎和西班牙的马德里，在那里，学生可以学习法国或西班牙当地的语言、艺术、文学、电影、历史等。此外，瓦萨学院在意大利的博洛尼亚、爱尔兰的克里夫登、俄罗斯的圣彼得堡、德国的柏林、英国的伦敦都有类似的项目。瓦萨学院的学生还可以通过参加其他大学的交换生项目申请出国留学，如中国北京大学元培学院项目，法国的巴黎政治学院、图卢兹经济学院，日本的立命馆大学、耶鲁-新加坡国立大学等。

因为特殊的地理位置，瓦萨学院学生有很多非常宝贵的机会可以在波奇普西、奥尔巴尼和纽约市进行实习学习。这些机会包括医院、律师事务所、文学出版社、非营利组织、教育机构、政府、艺术机构、博物馆和金融机构等。

1.4.4 师资及教学

瓦萨学院的师生比是 1:8，最常见的班级人数是 17 人，许多班级人数不到 10 人，所有的课程都由教授上课。共有 355 名全职老师。

瓦萨学院的课程一直以创新、广泛和灵活性等享誉全国，瓦萨学院是最早开设戏剧、心理学和俄语课程的学院之一，也是最早提供"认知科学"本科学位的学院之一。瓦萨学院 20 世纪初就开始尝试开设跨院系课程，也是美国首批尝试开设跨院系课程的学院之一。

现在，瓦萨学院的课程更加广泛、丰富和多样化，越来越强调对知识探究的多学科方法。由于瓦萨学院没有核心课程，学生可以在四年内完成双专业，有些学生结合了个人兴趣，创建自己的学科专业。瓦萨学院学生可以在 51 个专业、1000 多门课程中选择学习。

学生必须要满足一年级写作研讨会、定量课程和外语课程三类课程中的最低要求，以达到瓦萨学院的通识要求。此外，学校还要求四年制课程的学生至少要在学校住宿三年，所有学生必须在大三和大四至少在校园住宿 2 个学期。

总而言之，在瓦萨学院，学生有机会去定制自己的教育体验。

学校选课的课程目录：https：//catalogue. vassar. edu/content. php？catoid＝46&navoid＝8064。

学校的选课要求：https：//catalogue. vassar. edu/content. php？catoid＝46&navoid＝7998。

1.4.5 申请条件

在 2020~2021 年申请季，瓦萨学院一共收到 8663 份申请，录取了 2126 位，录取率 24.5%，最后有 594 位新生正式入学。在 8663 份申请中，有 660 位是 ED 早申请，其中 308 位被录取，录取率 46.6%。学校同时还为 867 位学生提供了待定席位，431 位接受待定，最后 60 位转正。

根据官网的报告，在所有的申请材料中，招生办认为最重要的是中学课程质量和 GPA；其次是个人品质、班级排名、标化成绩、推荐信、申请文书、课外活动经历；再次是面试、志愿者活动、工作经历等其他因素。学校期望学生在中学充分利用学校提供的资源，选择和尝试有挑战性的课程。高中课程的要求是 4 年的英语、数学、外语、自然科学类，2 年的历史和社会科学。

中国学生可以参考的标化 75% 分数线是 SAT 1490 分（其中数学 770 分、语法阅读 750 分）。ACT 34 分（其中数学 32 分、英语 35 分）。国际生的托福最低要求是 100 分，雅思成绩要求是 7 分。Duoling 可以与托福或者雅思成绩一起发送，但是无法代替托福或雅思成绩。Duolingo 的最低分数要求是 120 分。

学校对英语水平的具体要求：https：//www. vassar. edu/admissions/apply/international。

瓦萨学院每年都招转学生，2020~2021 年有 275 份申请，最后录取了 39 位，有 14 位入学。

1.4.6 毕业生就业方向

根据学院统计，瓦萨学院96%的毕业生在毕业后6个月内就业、进入研究生院学习，或做志愿者工作。

瓦萨学院学生在医学、牙科、兽医等学校接收率很高（每年在70~90%），最常进入的学校有范德堡大学、哥伦比亚大学、达特茅斯学院和哈佛大学等。

瓦萨学院学生进入法学院的录取率也很高（80%~90%），最多进入的学校有耶鲁大学、斯坦福大学、纽约大学、芝加哥大学和宾夕法尼亚大学等。

1.4.7 著名校友

瓦萨学院的知名校友包括：美国前第一夫人 Jacqueline Kennedy Onassis；计算机编程的先驱、第一个设计机器独立编程语言理论的 Grace Hopper；第一位从麻省理工学院毕业的女性 Ellen Henrietta Swallow；美国第一位电气工程女教授 Edith Clarke；佛罗里达州立大学第一位女校长、韦尔斯利学院的第十任校长 Barbara Warne Newell；鲁珀特·默多克的女儿 Elisabeth Murdoch；道尔顿投资有限责任公司联合创始人和管理合伙人 James B. Rosenwald Ⅲ；花生酱公司 Peanut Butter & Co 创始人 Lee Zalben；英格拉姆工业公司董事长 Martha Rivers Ingram；DDB 全球通信集团有限责任公司前首席执行官 Ken Kaess；美国第一个获得美术硕士学位的艺术家 Elizabeth Coffin；格莱美奖得主音乐家和制片人 Mark Ronson；艾美奖获奖电影和电视制片人 Jason Ferus Blum。获得过奥斯卡的瓦萨校友有：电影《苏菲的选择》《铁娘子》主演 Meryl Streep；《荣归》主演 Jane Fonda；《公主日记》《爱丽丝梦游仙境》和《悲惨世界》主演 Anne Hathaway 等；《老友记》演员 Lisa Kudrow。除了洪晃之外，瓦萨学院的华裔校友有：中国大学的第一位女性教授和中国白话文学的先驱作家陈恒哲；云科技的创始人、原阿里巴巴语言集团业务负责人刘宇。

Elizabeth H. Bradley 博士于2017年7月成为瓦萨学院第11任校长。她曾经和洪晃女士一起参加电视节目畅谈国际教育。Bradley 博士在康涅狄格州长大，本科毕业于哈佛大学经济学院并获 phi beta kappa，在芝加哥大学获得 MBA 学位，在耶鲁大学获得卫生经济学博士学位。在哈佛大学期间，Bradley 是女子壁球队队长。在成为瓦萨学院校长之前，她在耶鲁大学任教20多年，担任过布雷迪-约翰逊大战略教授和耶鲁全球卫生领导研究所教务主任。Bradley 博士已经发表了

320 多篇论文，并合著了三本书，包括 The American Healthcare Paradox：Why Spending More Is Getting Us Less。她是 2018 年威廉·格雷厄姆健康服务研究奖的获得者，2017 年当选为国家医学科学院院士。

1.4.8 文化与生活

瓦萨学院提供大学 4 年的住宿，有 98% 的学生住在校园，学校有 9 栋宿舍楼，8 栋男女混合，1 栋仅住女性学生。大约 90% 的学生每个周末都留在校园，受欢迎的校园聚会场所包括戈登广场、大学中心、宿舍区的客厅和多功能室等。全年都有知名的演说家、作家和音乐家出现在校园里。距离校园仅一个街区就有许多商店和餐馆，每个周末，学生都有机会参加无伴奏合唱音乐会、戏剧创作、讲座、舞蹈表演会和体育比赛等。

瓦萨学生在早上 7 点到凌晨 1 点都可以无限制进入学校的主餐厅用餐，此外，学生还可以在快餐店、桥咖啡、快餐车上购买食物，也可以自己动手烹饪美食。

瓦萨学院有超过 170 个活跃的学生组织，包括各种俱乐部、学生会、政治组织和一些学生出版物，甚至还有一个马戏剧团。

瓦萨学院的图书馆是校园知识生活的中心枢纽，拥有超过 100 万册书和 3500 种连续出版物、期刊和报纸，有收藏超过 50000 本稀有书籍，以及大量缩微胶卷和缩微胶片。主图书馆弗雷德里克·费里斯·汤普森纪念图书馆，被认为是美国最美丽的哥特式大学建筑之一，学院还有艺术图书馆、音乐图书馆、档案馆和特别收藏图书馆。

弗朗西斯·雷曼·勒布艺术中心是瓦萨学院的美术馆，被《纽约时报》称为"建筑的交响乐"，被《建筑文摘》评为"美国最好的大学艺术博物馆"之一。其藏品超过 22000 件，涵盖了从古代到当代的艺术史，包括绘画、雕塑、素描、版画、照片、纺织品以及玻璃和陶瓷制品。

瓦萨学院是全国大学体育协会（NCAA）第三分区、自由联盟和东部学院体育大会（ECAC）的成员，参加了姐妹锦标赛，有 27 个校队。校园内除了田径和健身中心、普伦蒂斯球场、沃克球场外，还有九洞高尔夫球场、橄榄球场和练习场。

学生组织：http：//vsa. vassar. edu/activities/organizations。

学校校报是 The Miscellany News，是该国历史最悠久的大学周刊之一，1866

年以来一直是瓦萨学院的学生报纸。网址：https：//miscellanynews. org/。

1.4.9 联系方式

瓦萨学院的招生办联系方式：admissions@ vassar. edu，电话：（001）845-437-7300 或（001）800- 827-7270。

瓦萨学院关于面试的要求是可选的，但是学院建议提交托福或雅思的申请人参加面试。申请人可以参加校友面试、学校面试官的面试或第三方的面试。可接受的第三方面试机构包括：InitialView、Vericant、Duolingo。面试很重要。

校友或招生官面试可以在官网申请注册：https：//www. vassar. edu/admissions/apply/requirements/interviews。

关于国际生的面试要求：https：//www. vassar. edu/admissions/apply/international。

瓦萨学院的暑期课程类型虽然很多，但是没有适合国际高中生的夏校项目。网址：https：//offices. vassar. edu/campus-activities/summer-programs/。

1.4.10 目标生源

瓦萨学院非常适合那些希望能够体验跨学科或者多学科研究、敬仰"七姐妹"的传统又想男女混校、喜欢美丽恬静的校园但是又不想离都市太远的申请者，尤其是心理学和认知科学、艺术史、戏剧、意大利语或英语等强势学科的申请者。

1.5 巴纳德学院（Barnard College）

https：//barnard. edu/

巴纳德学院基本情况如表1.5所示。

表 1.5 巴纳德学院基本情况

U. S. News 美国文理学院排行榜	成立年份	校园面积	本科生人数	男女比例	国际生比例	美籍亚裔生比例
17	1889	4 英亩	2631 人	男：0 女：100%	11%	15.3%

每年本科生入学人数	师生比	录取率	学费/年	食宿/年	本科毕业生年薪起薪中值	整体捐赠金额
632 人	1：9	11.7%	57668 美元	17856 美元	54700 美元	4.6 亿美元

1.5.1 历史和排名

巴纳德学院成立于 1889 年，是纽约市唯一的一所女子文理学院。学院由安妮·内森·梅耶（Annie Nathan Meyer）于 1889 年创立，以哥伦比亚大学第十任校长弗雷德里克·巴纳德（Frederick Barnard）的名字命名。

在纽约市曼哈顿距离中央车站几个街区的麦迪逊大道 343 号的别墅里，巴纳德学院开启了办学历程，当时只有 6 名老师和 14 名学生。9 年后，学院搬到了现在的晨边高地。

由于 19 世纪末，哥伦比亚大学只接受男性入学，因此在安妮·内森·梅耶的领导下，创办了一所女子学院，这就是巴纳德学院，算是对哥伦比亚大学只接受男性的回应。因此，巴纳德学院和哥伦比亚大学的关系非常特殊，巴纳德学院于 1900 年并入哥伦比亚大学，但仍保有自己独立的董事会和财政机构，也有自己的教授和图书馆。哥伦比亚大学共有 20 个学院，包含 4 个本科生学院，而巴纳德学院就是这 4 个本科生学院之一。巴纳德学院的学生可以共享哥伦比亚大学的图书馆、各种学术资源和活动，巴纳德学生获得由巴纳德学院校长和哥伦比亚大学校长盖章的文凭。

巴纳德学院的办学理念是提升女性对世界的贡献，鼓励女性更多地参与社会事务。从巴纳德学院毕业的女性在争取女性选举权、性别平等、社会正义，以及在维护世界和平与呼吁气候合作等方面做出了不懈努力。

巴纳德学院是文理学院协会的七姐妹成员之一。在 2022 U. S. News 美国文理学院排行榜上，巴纳德学院排名第 17。在 U. S. News 最具创新性学校中排名第 16。

1.5.2 位置和环境

巴纳德学院面积4英亩，位于纽约市曼哈顿上城中心地带的晨边高地。晨边高地内有哥伦比亚大学、巴纳德学院、茱莉亚音乐学院、曼哈顿音乐学校、犹太神学院、师范学院、联合神学院共7所高等教育机构，横跨15个城市街区，有45000名来自世界各地的学生，也被称为学术雅典卫城。

晨边高地还有圣约翰大教堂、河滨教堂、圣路加-罗斯福医院等国家或城市地标建筑，社区内还有300英亩的公园绿地，各种特色的餐馆和商店，这里是纽约市最安全的片区之一。

巴纳德校园郁郁葱葱，学生可以在草坪上闲逛，在树下聆听鸟叫的声音，还可以在米尔斯坦中心的绿色露台上休息。

由于地处曼哈顿核心地段，因此在巴纳德学院学习，仿佛整个纽约市都是校园，四通八达的地铁可以带你探索城市的各个角落，这里有世界一流的博物馆，有令人羡慕的实习机会，有源源不断的讲座、研讨会、音乐会、戏剧、电影和其他活动，会让你忙得不可开交。

巴纳德学院目前的本科生总人数为2631人，国际学生来自57个国家，国际学生占11%，非国际学生中亚裔占比15.3%。

1.5.3 专业设置和学术活动

巴纳德学院最受欢迎的专业是经济学、英语、政治学、历史、心理学、生物科学、神经科学、计算机科学、城市研究和艺术史。据统计，学院2019年颁发的680个学位中，超过1/3是STEM类。根据毕业生的学位统计，学院2020届毕业生专业分布如图1.5所示。

巴纳德学院和哥伦比亚大学有合作的"4+1加速计划"，学院期望通过该计划能让学生对学术专业有更深的学习和探索，并在哥伦比亚大学继续攻读研究生课程。学院简化了加速计划的申请流程，可以保证本科阶段成绩卓越的学生进入哥伦比亚大学的硕士课程，不需要提供标化成绩、推荐信和面试。

"4+1加速计划"项目包括：在哥伦比亚国际与公共事务学院，学生可以攻读国际事务硕士或公共管理硕士；在哥伦比亚工程与应用科学学院，学生可以在生物医学、化学、土木、计算机科学、电气、机械以及工业工程和运筹学等方面继续研究；在哥伦比亚哈里曼研究所，主要学习俄罗斯、欧亚和东欧研究项目；

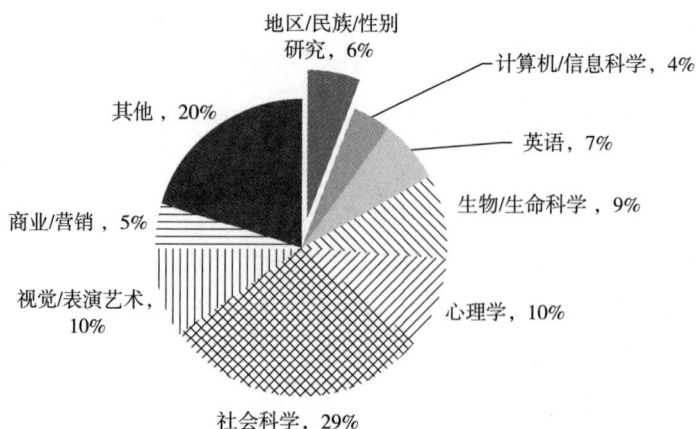

图 1.5 巴纳德学院 2020 届毕业生专业分布

在哥伦比亚艺术与科学研究生院，学习跨学科的研究生课程；学生还可以在美国公共卫生学院中排名前五的哥伦比亚大学梅尔曼公共卫生学院中继续学习。"4+1 加速计划"中的学生都会参加为其特别设计的课程，这些课程结合了本科和研究生课程，使学生能够得到来自巴纳德学院和哥伦比亚大学的教授和研究人员的指导。由于有了这个加速计划，在巴纳德学院主修 STEM 的学生数量与日俱增，例如 2019 年级毕业生中有 34% 的学生是数学和科学专业（美国全国这个比例约为 21%）。

巴纳德学院还有一系列"学生科研计划"，如贝克曼学者计划，选择科学专业的学生在两个暑假和一个学年中与导师一起从事科学研究项目并参加相关学术会议；克莱尔·布思·卢斯学者计划，为学生提供物理科学、数学和应用数学以及计算机科学方面的研究机会；科学途径学者计划，为希望主修科学的黑人、美洲原住民、拉丁裔和第一代大学生提供机会；暑期研究所，为进行 STEM 研究的学生提供暑期补助和学术支持。

巴纳德学院提供 57 个国家和地区的 120 多个出国留学项目，学生可以在当地学习语言，或者是沉浸到当地的文化中。结束后，学院还有 SNAP 国际摄影大赛，希望巴纳德学生带着探索性的眼光来看世界，并激励其他学生都能出国留学。

巴纳德学院和新加坡国立大学、新加坡耶鲁大学、韩国梨花女子大学、爱丁堡大学、墨尔本大学等 12 所大学有交换生计划，和巴黎政治学院有合作的学士/

硕士课程计划，学生可以在 5 年内获得学士学位和硕士学位。

除此之外，巴纳德学生还可以申请哥伦比亚大学的 10 个出国留学奖学金和 40 多个出国留学计划。在巴纳德学院，也有一系列国际学术机会可供学生们利用，包括在国外学习一个学期、学年或一个暑假，以及在国外从事研究、实习和工作的机会。

纽约市也是实习的好地方，每个学期都有纽约市的校友会为巴纳德学生提供各种实习机会。无论学生是什么专业，这里都有能让人施展空间的实习机会。

1.5.4　师资及教学

巴纳德学院的师生比例是 1∶9，75% 的班级是人数少于 20 人的小班。学院有 249 名全职老师，其中超过六成是女性，100% 的老师拥有所在领域的最高学位。

巴纳德学院和哥伦比亚大学的学生共享课程目录，学生可以在任一校区上课。

每个巴纳德大一学生都必须参加一年级研讨会（第一学期或第二学期均可），研讨会由学院各个部门的教师单独开发，以研究跨学科主题，旨在培养学生批判性思维能力和分析性阅读能力，清晰有效地表达自己观点的能力，以及有逻辑性和有说服力的写作能力等。例如 2021 年秋季，研讨会包括技术与社会、是非黑白和其他、像科学家一样思考、从柏拉图到霍金、不朽死亡和生命的意义等。

大二时，学院要求学生在语言、艺术与人文、社会科学和科学 4 个分类中必须参加 2 门课程，以满足通识课程的要求。

巴纳德学院创新课程的一个关键因素是"本地思考"（Thinking Locally），这是一系列充分利用纽约市各种资源的区域性学术课程。巴纳德学院的教师与纽约当地策展人、档案保管员、科学家和数字创新者等各界人士，合作设计课程，充分利用纽约市的资源，无论是博物馆、档案馆里有关潜水的发展史，还是对于运动的研讨，或是探索纽约市历史最复杂、文化最重要的街区哈莱姆快速发展的故事等，都可以为学生提供各类学术研究的项目。

学校选课的课程目录：https：//barnard. edu/departments-and-programs。

学校选课的要求：https：//catalog. barnard. edu/barnard-college/curriculum/requirements-liberal-arts-degree/。

1.5.5 申请条件

在 2019~2020 年申请季，巴纳德学院一共收到 9314 份申请，录取了 1097 位，录取率 11.7%，最后有 632 位新生正式入学。在 9314 份申请中，有 1221 位是 ED 早申请，其中 292 位被录取，录取率 23.9%。学校同时还为 1545 位学生提供了待定席位，最后 46 位转正。

根据官网的报告，在所有的申请材料中，招生办认为最重要的是个人品质、中学课程质量、GPA、申请文书和推荐信；其次是班级排名、标化成绩、课外活动经历、志愿者活动；再次是面试等其他因素。学校对高中课程的要求是 4 年的英语，3 年的数学、科学、外语和历史。

中国学生可以参考的标化 75% 分数线是：SAT 1500 分（其中数学 770 分、语法阅读 750 分），ACT 34 分（其中数学 33 分、英语 33 分）。英语是 35 分。84% 的申请者是学校高中毕业班的前 10%。如果学生的第一语言是英语，或在以英语为主要教学语言的学校学习 4 年，或已完成以英语授课的 IB 课程或 A Level 课程，或 SAT 语法阅读在 700 分以上，或 ACT 的英语阅读部分在 29 分以上，都可以申请免除英语语言成绩。

国际生的托福最低要求是 100 分，雅思成绩要求是 7 分，Duolingo 是 120 分。学校对英语水平的具体要求见 https：//barnard.edu/admissions/internationalstudents。巴纳德学院非常重视标化成绩，硬件条件必须达标才行。

巴纳德学院每年都招转学生，2019~2020 年有 803 份申请，最后录取了 179 位，有 95 位入学。

1.5.6 毕业生就业方向

学院对 2019 届的 668 名毕业生进行统计，有 75% 的学生就业，有 15% 的学生在毕业后 6 个月内就读研究生院或专业学院。2020 届毕业生就业领域如图 1.6 所示，最受欢迎的是新闻/媒体和出版业、金融服务业。

毕业生就业的雇主主要有：纽约时报、国际公共广播电台、大都会艺术博物馆、哥伦比亚广播公司、美国运通、卡内基基金会、普华永道、谷歌、微软、麦肯锡公司、华特迪士尼公司等。

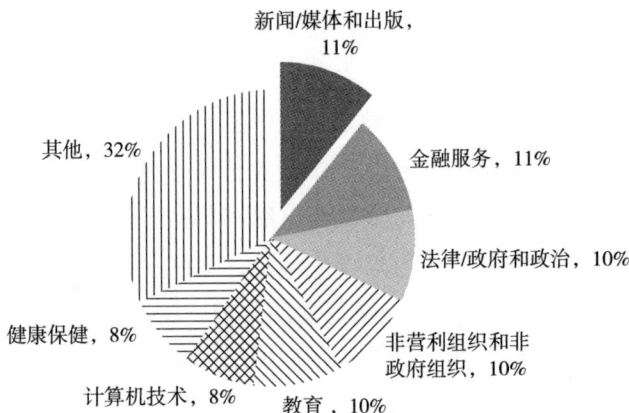

图 1.6　巴纳德学院 2020 届毕业生主要就业领域

2019 届毕业生中就有 6 位富布赖特学者，哥伦比亚大学是巴纳德学生的第一研究生目标学校，其他常见的研究生目标学校还有纽约大学、杜克大学、约翰霍普金斯大学、宾夕法尼亚大学、西北大学、牛津大学等。

1.5.7　著名校友

巴纳德学院的校友有：美国前第一夫人 Jacqueline Kennedy 的母亲、美国社交名媛 Janet Lee Bouvier；第一位毕业于哈佛法学院的黑人女性、联合国前官员 Lila Fenwick；第一位担任州司法机构最高职位的女性、纽约上诉法院首席法官 Judith Kaye；DNA 结构研究的先驱、美国国家科学奖章获得者、加州理工学院化学教授 Jacqueline Barton；第一位获得普利策奖的女性——《纽约时报》记者 Minna Lewinson；普利策公共服务奖和麦克阿瑟研究员计划"天才奖"获得者 Katherine Boo；普利策奖的获得者、《纽约时报》科学记者 Natalie Angier；布兰迪斯大学新闻学教授 Eileen McNamara；《新闻周刊》专栏作家 Anna Quindlen。还有 HBO 纪录片总裁、27 项黄金时段艾美奖和 3 项皮博迪奖得主 Sheila Nevins；纽约餐饮公司 Great Performances 创始人兼首席执行官 Liz Neumark；世界上历史最悠久、最具影响力的模特经纪公司——福特模特公司的联合创始人 Eileen Ford；《纽约先驱论坛报》总裁 Helen Rogers Reid；微软西欧总裁 Cindy Rose；美国自然历史博物馆院长 Ellen V. Futter；电视剧《欲望都市》演员 Cynthia Ellen Nixon 等。

除此之外，还有美国第一个获得哥伦比亚大学博士学位的女性，也是中国女权运动的倡导者李平华；熊希龄的大女儿熊芷；中国第一个官派出席世界妇女大会的妇女代表、中国最早的女权领袖之一、中国近代改良派代表人物康有为的女儿康同璧，她也是第一位被巴纳德学院录取的亚洲学生。

Sian Leah Beilock 博士于 2018 年成为巴纳德学院第 8 任校长。Beilock 博士在加州大学圣地亚哥分校获得认知科学学士学位，并在密歇根州立大学获得运动机能学和心理学博士学位。在加入巴纳德学院之前，Beilock 博士在芝加哥大学工作了 12 年，专门研究儿童和成人如何在压力下以最佳状态学习和工作。在她的研究中，特别关注在数学和科学方面取得成功的女性，以及教师、父母和同龄人如何减轻焦虑。Beilock 博士发表了 100 多篇论文，并获得了美国国家科学基金会、教育部和多个基金会的资助。Beilock 博士获得了美国国家科学院 2017 年颁发的 Troland 奖。此外，她还是美国科学促进会和美国心理学会的会员，以及美国国家运动机能学会的成员。Beilock 博士已出版了 2 本广受好评的书籍：*What the Secrets of the Brain Reveal about Getting It Right When You Have to*（2010）和 *How the Body Knows Its Mind：The Surprising Power of the Physical Environment to Influence How You Think and Feel*（2015）。她 2017 年的 TED 演讲已被观看超过 250 万次。[①]

1.5.8 文化与生活

巴纳德学院有 80 多个俱乐部，从职业前组织和戏剧俱乐部到文学聚会和气候行动组织，你都可以找到自己的兴趣，如果找不到，学生也可以申请开办自己的俱乐部；还有哥伦比亚大学的 500 多个俱乐部可供选择。

巴纳德学院不强制学生住宿在校园，但是学院建议学生至少在校园住宿一年，以更好地适应大学生活，98%的大一学生住在校园里，90%的学生四年都住在校园。

大一学生通常被分配到布鲁克斯、里德或苏尔茨贝格尔大厅的双人、三人或四人宿舍，所有住宿在校园的大一学生都必须参加"白金膳食计划"，即每周提供 19 餐（刷卡）。

---

① 资料来源：https：//www.ted.com/talks/sian_ leah_ beilock_ why_ we_ choke_ under_ pressure_ and_ how_ to_ avoid_ it? language＝en。

自 1896 年巴纳德学院创建自行车俱乐部以来，共有 15 支校队，包括射箭、篮球、越野、网球、田径和排球等。由于与哥伦比亚大学的合作，巴纳德学院是唯一一所可以参加 NCAA 第一分区田径比赛的女子学院。

纽约市永恒的活力和文化多样性使它成为世界上最令人兴奋的大都市，仅在皇后区，就能听到 800 多种语言，巴纳德学生把纽约市当作"自己的教室"。学生可以沿着哈德逊河进行实地考察，在大都会博物馆进行幕后工作，或在纽约表演艺术公共图书馆处理档案资料，或去不同的餐厅从食物中获得文化体验，还可以在纽约的 148 个百老汇和非百老汇剧院获得折扣门票。

1.5.9 联系方式

巴纳德学院招生办的联系方式：admissions@ barnard. edu，电话：（001）-212-854-2014。

负责国际学生的招生官：Ruby Bhattacharya，Director of Recruitment and Selection。Ruby 毕业于斯沃斯莫尔学院，主修政治学、法语和法语研究，并于 2011 ~ 2016 年担任斯沃斯莫尔学院招生助理院长。在斯沃斯莫尔学院工作期间，Ruby 获得了哈佛大学高等教育硕士学位，于 2017 年加入巴纳德学院招生办公室。她喜欢纽约的美食和去百老汇看演出，也是一个鸟类爱好者。联系方式：rbhattacharya@ barnard. edu。

学校有适合高中生的夏校项目，有写作课程、女性领导力课程和学分课程。网址：https：//precollege. barnard. edu/。

巴纳德学院为所有一年级申请人提供可选的面试。6 ~ 12 月提供面试，先到先得。学生只能安排一次面试，面试持续 20 ~ 30 分钟，并且会在申请审核中予以考虑。学院建议中国和韩国的学生可以安排 InitialView 的面试。

1.5.10 目标生源

巴纳德学院以"提升女性对社会的贡献"为办学理念，立志追求性别平等、社会正义，所以鼓励女性更多地参与社会事务的申请者更易获得青睐。由于和邻校哥伦比亚大学共享教育资源，更适合在大城市学习人文和社科专业，又想利用哥伦比亚大学教育资源的学生。

1.6 布林莫尔学院（**Bryn Mawr College**）

https：//www.brynmawr.edu/

布林莫尔学院基本情况如表1.6所示。

表1.6 布林莫尔学院基本情况

U. S. News 美国文理学院排行榜	成立年份	校园面积	本科生人数	男女比例	国际生比例	美籍亚裔生比例
30	1885	135 英亩	1384 人	男：0 女：100%	24%	11.5%
每年本科生入学人数	师生比	录取率	学费/年	食宿/年	本科毕业生年薪起薪中值	整体捐赠金额
359 人	1:9	38.3%	56610 美元	17720 美元	49000 美元	11.8 亿美元

1.6.1 历史和排名

布林莫尔学院成立于 1885 年，是七姐妹学院和三学院联盟之一，也是美国最早向女性提供研究生学位（包括博士学位）的女子学院。在威尔士语中，布林莫尔一词的意思是大山，以校园所在的布林莫尔镇命名。

1912 年，布林莫尔学院成为美国第一所通过社会经济和社会研究系提供社会工作博士学位的学院。该系于 1970 年成为社会工作和社会研究研究生院。

1931 年，布林莫尔学院开始招收男性研究生，而本科阶段只招收女性。

布林莫尔学院的使命是以最高的教育标准，带给学生"公平、包容、卓越、创新"，拒绝碌碌无为的人生。求学生涯激发出无限激情、全球视野以及独立的观点和正直的人格，这是布林莫尔学院办学的宗旨。

布林莫尔学院在 2022 U. S. News 的美国文理学院排行榜上排名第 30。在 U. S. News 最佳本科教学学校中排名第 7，最有价值的学校中排名第 37。

1.6.2 位置和环境

布林莫尔学院校园占地面积 135 英亩，位于费城以西 11 英里处，距离哈弗福德学院约 1 英里，距离斯沃斯莫尔学院和宾夕法尼亚大学约 30 分钟车程。

费城是美国宾夕法尼亚州人口最多、面积最大的城市之一，位列美国第五。费城也是美国最古老、最具历史意义的城市。费城仿佛一个庞大的大学城，有 80 多所学院、大学的超过 25 万名大学生在这里学习、生活，是美国高等教育机构人均密度最高的城市。费城也是美国最年轻化的城市之一，市中心 1/3 的居民年龄在 18~29 岁，整个城市充满活力，拥有丰富的学术资源和实习、工作机会。

布林莫尔校园由曾设计过纽约中央公园的景观设计师卡尔弗特·沃克斯和弗雷德里克·劳·奥姆斯特德设计，校园也是一个植物园，一直以来被认为是美国最美丽的校园之一，校园内有 40 多座建筑。

布林莫尔学院目前的本科生总人数为 1384 人，国际学生占 24%，非国际学生中亚裔占 11.5%。

1.6.3 专业设置和学术活动

根据毕业生的学位统计，布林莫尔学院最受欢迎的专业是：社会科学、数学/统计学、外语/文学/语言学、心理学、跨学科研究、英语、生物/生命科学等。学院 2020 届毕业生专业分布如图 1.7 所示。

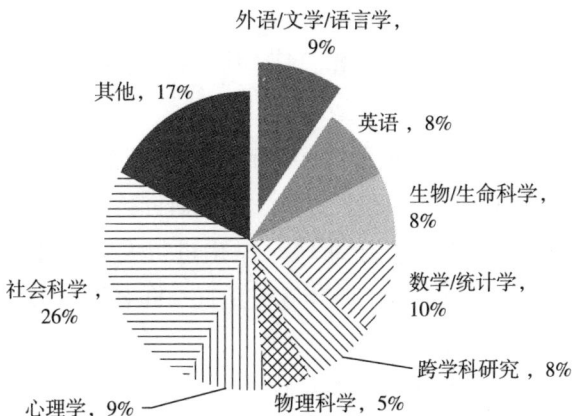

图 1.7 布林莫尔学院 2020 届毕业生专业分布

布林莫尔学院提供 35 个专业的学科，它和哈弗福德学院、斯沃斯莫尔学院同属 Tri-College Community 联盟，三校学生可以共用资源、自由选课。这极大地扩展了学生的学习资源。

布林莫尔学院有多个学士/硕士加速计划。布林莫尔学院的艺术和科学研究生院为本科生提供了化学，法语，古典和近东考古学，希腊、拉丁和古典研究，艺术史，数学，物理共 7 个专业的 5 年加速计划；布林莫尔学院社会工作和社会研究研究生院提供了社会服务硕士学位 5 年加速计划。

布林莫尔学院还和加州理工学院、哥伦比亚大学合作了"3+2"的工程双学位项目。

布林莫尔学院和宾夕法尼亚大学合作了"3+2"城市与区域规划硕士项目、"4+1"工程与应用科学学院工程硕士项目、"4+1"教育硕士和教师认证项目、佩雷尔曼医学院"4+1"生物伦理学硕士课程项目。

布林莫尔学院和波士顿大学合作了公共卫生学院"4+1"硕士项目。

布林莫尔学院和浙江大学合作了"4+2"中国国学硕士项目。

布林莫尔学院和罗切斯特大学合作了"4+2"光学硕士项目。

布林莫尔学院 70% 的本科生都具有国际学习的经验，大多数学生在海外都会有一学期的学习经历，学校有 24 个专业会深入探讨国际问题，有超过一半的布林莫尔学院教师从事全球事务教学或研究。布林莫尔学院和宾夕法尼亚大学合作，提供了十几种语言的教学。除了国际化课程，学生还可以参与国外课程和研究、出国实习、学期中或者暑期出国留学。特色的出国留学项目有：前往西班牙、哥斯达黎加或巴哈马进行当地的古生物学、地质学、地球物理学等领域的研究；或作为教授的研究助理，在希腊、土耳其、意大利、阿联酋和埃及的历史遗址进行考古研究等。

布林莫尔学院为本科生提供了许多进行学术研究的机会。学生在确定专业后，所在部门会提供研究方法课程，提高学生的研究技能以帮助学生完成高级论文。每年夏天，布林莫尔学院会有约 12 名学生进行人文学科的独立研究；会有 35~40 名学生进行暑期科学研究。每年春天，近 200 名学生参与 Praxis 计划，获得学院资助从事实习和研究。

布林莫尔学院为学生提供了众多的实习机会，学生常去的实习公司有：航空航天公司、高盛、布林莫尔医院、谷歌、花旗集团、古根海姆博物馆、美国哲学学会、美国红十字会、环境保护基金、中国银行、美国众议院等。

1.6.4 师资及教学

布林莫尔学院的师生比例是 1∶9，少于 20 人的小班课程占到了 72%。有 159 名全职老师。

布林莫尔学院认为学生在大学的第一年是充满挑战和快速成长的一年，学校有多个课程和项目来帮助学生成长。艾米莉·巴尔奇研讨会向所有一年级学生介绍了一种批判性、探索性、深刻思考的方法来看待世界和人在世界中的角色，研讨会更注重学生之间的讨论、密集的阅读和写作，让新学生进入文理通识教育的核心。为期十周的体育学分课程"THRIVE"，帮助大一学生了解社区、同龄人和她们自己。

学校还推出了"360°课程集群"，这是一种跨学科的体验，参与者与教授和学者合作，通过写作和研究磨炼她们的论点和见解，制定团队合作策略，推动自身的才能和创造力；所有 360°课程都包括某种非传统的课堂体验，可以采取多种形式，如国际旅行、国内旅行、实习、实验室体验、项目工作等。

Tri-Co 费城计划是一个为期一学期的计划，学生由"费城 Tri-Co 联盟"的教师教授两门不同学科的课程，课程以费城为重点，重在城市体验，有助于学生融入城市的多样性、复杂性、创新性和系统性。具有良好学术地位的 Tri-Co 大二、大三和大四学生有资格参加该计划。

布林莫尔学院要求所有学生必须学习至少一年的外语；必须在批判性思维、跨文化分析、研究历史和科学调查这 4 种指定的科研方法中每一种至少选修一门课程，以达到通识教育的要求。学校还要求本科生完成 8 个体育学分，以达到毕业要求。

学校选课的课程目录：https：//www.brynmawr.edu/academics/course-guides。

学校的选课要求：https：//www.brynmawr.edu/academics/college-requirements。

1.6.5 申请条件

在 2020~2021 年申请季，布林莫尔学院一共收到 3311 份申请，录取了 1270 位，录取率 38.3%，最后有 359 位新生正式入学。在 3311 份申请中，有 349 位是 ED 早申请，其中 169 位被录取，录取率 48.4%。学校同时还为 865 位学生提供了待定席位，531 位接受待定，最后 17 位转正。

根据官网的报告，在所有的申请材料中，招生办认为最重要的是中学课程质量、申请文书和推荐信；其次是个人品质、班级排名、GPA 和课外活动经历；最后是标化考试、面试、志愿者活动、工作经历等其他因素。学校对高中课程的要求是 4 年的英语、数学、科学、外语；2 年的社会科学、历史、专业学术；1 年的实验室科学。

中国学生可以参考的标化 75% 分数线是，SAT 1470 分（其中数学 760 分、语法阅读 740 分），ACT 32 分（其中数学 35 分、英语 30 分）。66% 的申请者在毕业班的排名是前 10%。如果学生第一语言是英语，或者在以英语为主要教学语言的学校学习至少 4 年，则无须提供托福成绩。国际生的托福成绩最低要求是 100 分，雅思要求是 7 分。学校对英语水平的具体要求见 https：//www. bryn-mawr. edu/admissions/standardized-testing-policy。

布林莫尔学院每年都招转学生，2020~2021 年有 94 份申请，最后录取了 20 位，有 3 位入学。

1.6.6　毕业生就业方向

布林莫尔学院对毕业生一年后的职业调查显示，60% 的学生选择就业，32% 的学生进入研究生院，2% 的学生在志愿者组织工作。

布林莫尔学院研究生院目标学校包括：布朗大学、约翰霍普金斯大学、剑桥大学、斯坦福大学、康奈尔大学、牛津大学、宾夕法尼亚大学、罗德岛设计学院等。

布林莫尔学院学生就业的雇主包括：波士顿咨询集团、费城儿童医院、国家公园管理局、领英、甲骨文、先锋、雅诗兰黛公司、美国参议院等。

1.6.7　著名校友

布林莫尔学院的校友在各自的领域非常引人注目，著名的校友包括：哈佛大学第一位女校长 Drew Gilpin Faust；芝加哥大学第一位女校长 Hanna Holborn Gray；诺贝尔和平奖获得者 Emily Greene Balch；发现性染色体的美国遗传学家 Nettie Maria Stevens 博士；医学教育和公共卫生领域的先驱 Martha Tracy 医生；印第安纳州第一位获得数学博士学位的女性 Ruth Gentry；经济学家、国家预算办公室第一主任 Alice Rivlin；四次获得奥斯卡奖的女演员 Katharine Houghton Hepburn；全球最大银行集团之一的桑坦德集团（Santander Group）主席 Ana Botín；全球儿童基金创始人 Maya Ajmera；美国作家马克·吐温的女儿 Olivia Susan Clemens；《纽约客》主编 Katharine Sergeant Angell White；史密斯学院前校长 Mary Maples Dunn；哈佛大学第 28 任校长、拉德克利夫研究所前院长 Catharine Drew Gilpin Faust；三届普利策奖得主、《华盛顿邮报》记者 Sari Horwitz 等。

Kimberly Wright Cassidy 博士于 2014 年成为布林莫尔学院的第 9 任校长。她以优异成绩获得斯沃斯莫尔学院心理学学士学位，在宾夕法尼亚大学获得心理学硕士学位和博士学位。Cassidy 于 1993 年加入布林莫尔学院心理学系，并于 2004~2007 年担任布林莫尔学院心理学系主任，从 2007 年起担任教务长，直到 2013 年成为临时校长。她是布林莫尔学院心理学系的成员，研究和教学侧重于发展心理学，她每年秋天都开设教育心理学课程。

1.6.8 文化与生活

布林莫尔学院洛克菲勒拱门的中心有一只猫头鹰石像，据说是学院的保护神，也是吉祥物。学院的守护神是雅典娜。她的雕像位于学校大会堂，学生们在参加期末考试、写论文、寻求个人帮助以及其他原因时，都会向雅典娜祈祷，试图寻求智慧和力量。

布林莫尔学院也有许多传统的日子和有点迷信的传说，有庆祝第一周课程结束的游行之夜，大三、大四的学生分别作为大一、大二学生的学长团，对她们进行学术辅导或生活指导。10 月下旬或 11 月初的灯笼之夜，大二学生会向大一学生展示班级颜色或 McBride 的紫色灯笼，这是对大一学生进入布林莫尔学术社区的欢迎仪式。五月节全天庆祝活动，在最后一周课程完成的周日，整个学院齐聚一堂，全天有音乐、舞蹈、戏剧表演等活动，最后以《费城故事》的传统演出结束。在五月节的前一天晚上，大四学生还会将纪念品传给大三、大二和大一学生。其中一些礼物已经传下来很长时间了。传统是，如果礼物已经被多次传递，你必须在毕业时再次传递下去，如果收到的礼物只传过一次，则可以保留。

布林莫尔学院和哈弗福德学院的 Bi-Co 合作不仅限于学术领域，许多学生团体完全是合作共享的，两个学校之间有每天运行 20 多次的 Blue Bus 穿梭连接，学生俱乐部有学术类、领导力类、媒体类、音乐表演艺术类、运动类、宗教类等，学生只要满足 5 名成员，就可以申请成立一个新的俱乐部。

学生共同生活和学习是布林莫尔学院教育的一个组成部分，校园有 13 栋宿舍楼，学校建议学生 4 年都在校园住宿，有兴趣住在校外的高年级学生必须先申请，然后通过住房抽签程序，才能有少数人获准在校外居住。学校没有按照年级分宿舍，所有的宿舍都混合了各个年级的学生。

布林莫尔学院有 12 支校队，其中猫头鹰队作为 NCAA 第三分会的成员参加比赛，布林莫尔学院也是百年纪念大会的特许成员。百年纪念大会成立于 1992 年，鼓励各文理学院进行体育竞赛，布林莫尔学院是 11 个会议成员之一，其他成员分别为迪金森学院、富兰克林和马歇尔学院、葛底斯堡学院、哈弗福德学院、约翰霍普金斯大学、麦克丹尼尔学院、穆伦堡学院、斯沃斯莫尔学院、乌尔辛纳斯学院和华盛顿学院。

学生组织的清单：https：//www. brynmawr. edu/activities/clubs。

学校校报 The Bi-College News 是布林莫尔学院和哈弗福德学院的官方报纸，网址：https：//bicollegenews. com/。

1.6.9　联系方式

布林莫尔学院招生办联系方式：admissions@ brynmawr. edu，电话：（001）610-526-5152。

负责中国学生的招生官有 2 位：①Jennifer Keegan，Associate Director of Admissions。邮箱：jkeegan@ brynmawr. edu，电话：（001）610-526-7877。Keegan 曾在美国多个大学工作，有 15 年的招生经验，最喜欢的城市是犹他州盐湖城、俄亥俄州哥伦布市和宾夕法尼亚州匹兹堡。②Libby Lakeman，Senior Assistant Director of Admissions。邮箱：elakeman@ brynmawr. edu，电话：（001）610-526-5508。Lakeman2016 年毕业于伊利诺伊州的森林湖学院（Lake Forest College），毕业后加入布林莫尔学院至今。

布林莫尔学院关于面试是可选的，但是学院鼓励所有申请人参加招生团队或校友面试。对于中国学生，由于申请人数多，学院建议安排 InitialView 面试。网址：https：//www. brynmawr. edu/admissions/visit-campus/interview-options。

1.6.10　目标生源

布林莫尔学院是贵格四校联盟和费城三校联盟之一，拥有丰富的学术和课外活动资源，适合读人文社科和数学物理的女生。长远的学术志向、能够承受严格学术训练和压力、思想独特的申请者，会在这里度过难忘的四年。

2 新英格兰地区的文理学院

2.1 贝茨学院（Bates College）

https：//www.bates.edu/

贝茨学院基本情况如表 2.1 所示。

表 2.1 贝茨学院基本情况

U. S. News 美国文理学院排行榜	成立年份	校园面积	本科生人数	男女比例	国际生比例	美籍亚裔生比例
25	1855	133 英亩	1876 人	男：49% 女：51%	9%	4.9%
每年本科生入学人数	师生比	录取率	学费/年	食宿/年	本科毕业生年薪起薪中值	整体捐赠金额
479 人	1：10	14.1%	57353 美元	16177 美元	55300 美元	4.6 亿美元

2.1.1 历史和排名

贝茨学院成立于 1855 年，是新英格兰第一所男女混合高校，招收的学生不分种族、宗教、国籍和性别。19 世纪中叶，达特茅斯学院（Dartmouth）毕业生、自由浸信会教派牧师奥伦·B. 切尼（Oren B. Cheney）提出了在路易斯顿建立缅因州立神学院的想法。在短短几年内，该神学院就变成了一所大学，而切尼（Cheney）则从波士顿制造商本杰明·贝茨（Benjamin E. Bates）处获得了经济支持，学院因此而得名。

贝茨学院致力于文理通识的本科学习，始终坚持学术严谨、对知识的热情、平等主义、社会正义和自由的理想。贝茨学院因其包容的社会特性和进步传统而得到认可，并被公认为美国最早接纳女性和有色人种的高等学府之一。

贝茨学院在 2022 U. S. News 的美国文理学院排行榜上排名第 25。在U. S. News 最佳本科学校中排名第 11，在最有价值的学校中排名第 31。

2.1.2 位置和环境

贝茨学院位于新英格兰地区缅因州的刘易斯顿-奥本地区（L-A），刘易斯顿-奥本地区是安德罗斯科金河上的双子城，也是缅因州第二大都市区，这里有许多公园和步行道，以及奥本湖和357英亩的桑克拉格鸟类保护区，这里非常适合户外运动爱好者：滑雪、独木舟、海滩、自然公园都在附近。

刘易斯顿-奥本地区是复兴时期的前磨坊城镇，拥有一流的专业剧院、交响乐团、多个艺术画廊和丰富多彩的庆祝活动，如大瀑布气球节。

贝茨学院主校园规模为133英亩，它还拥有600英亩的贝茨莫尔斯山保护区和一个80英亩的沿海中心淡水栖息地。东部校园位于安德罗斯湖周围，那里有许多宿舍。学院的整体建筑设计可以追溯到殖民地复兴建筑运动，具有鲜明的新古典主义、格鲁吉亚和哥特式特色。建筑物大多以杰出的学者、商人、校友等的名字命名。贝茨学院距离波特兰35英里，距离波士顿140英里，距离纽约市340英里。

贝茨学院目前的本科生总人数为1876人，其中男性占49%，女性占51%。家庭第一代大学生占12%，国际学生占9%，非国际学生中亚裔占4.9%。

2.1.3 专业设置和学术活动

根据毕业生的学位统计，学校最受欢迎的专业是社会科学、心理学、生物/生命科学、英语、视觉/表演艺术、数学/统计学、外语/文学/语言学、物理科学等。学院2020届毕业生专业分布如图2.1所示。

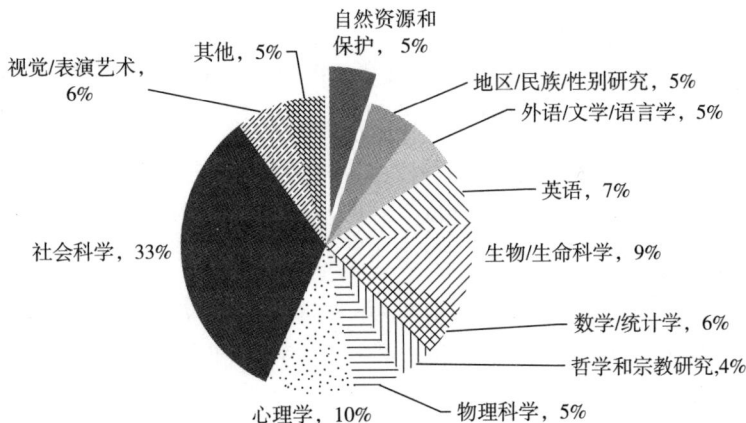

图 2.1 贝茨学院 2020 届毕业生专业分布

贝茨学院有 36 个专业，有些专业是比较少见的，如神经科学（Neuroscience）、修辞学（Rhetoric），许多是跨学科的，如美国文化研究、环境研究，还有许多课程是作为辅修课提供的。这些专业都旨在促使学生在特定学科或领域进行深入和身临其境的研究。

贝茨学院还提供了许多选择，学生可以设计自己的专业，还可以参加双学位工程课程，如在贝茨学院学习 3 年，在顶级工程学校学习 2 年（如凯斯西储大学、哥伦比亚大学、达特茅斯学院、伦斯勒理工学院、圣路易斯华盛顿大学）。还可以辅修以下课程：亚洲研究、德语和俄语研究、希腊语、拉丁语、教师教育。

大多数学生修读 2 组通识教育集中课程，一组 4 门课程，加起来可以持续探索一个主题。

贝茨学院的学术日历分为两个传统学期和一个为期四周的短期课程，第一学期在 12 月中旬结束，第二学期在 4 月中旬结束。短期课程通常在 5 月底结束，从 4 月下旬开始。

短期课程提供了不同寻常的机会，这些课程在常规学期是无法提供的。学生只能参加一门课程；还可以参加实习或进行实地调查；许多短期课程在校外进行，一般是对单个主题进行重点研究。比如包括缅因州海岸的海洋生物学和地质实地考察以及美国和墨西哥边境的移民研究等课程。最近的校外短期课程侧重于加拉帕戈斯群岛的生态学、中国的文学和文化、德国的可持续都市主义、伦敦的莎士比亚以及匈牙利的戏剧和电影。

贝茨学院大约60%的学生会出国留学。学校提供80多个国家，甚至包括喀麦隆、智利、古巴、印度、尼泊尔等的项目。曾经在中国做的项目有：FSA在中国的医疗保健是由一位经济学教授和一位生物学教授共同指导的，包括身临其境的语言课程，中医和越南医学的实践培训，农村健康实地考察，一周的独立旅行，以及中国医疗体系经济学和世界卫生生物学的课程。

贝茨学院也提供很多研究和实习机会，一年一度的学生研究节——大卫山峰会（Mount David Summit）设有海报会议、小组讨论和表演，是全校学生学术成就庆典，表彰本科生的研究。

学校还有艺术和视觉文化学生在博物馆的实习计划；有关移民的政治研讨会；包括加州/墨西哥边境的研究等。

贝茨学院通过有目的的工作实习计划，让学生可以在暑假期间探索兴趣，加深技能并建立人脉。其中拉德实习计划为贝茨学院大三学生提供了在许多企业和机构进行带薪夏季实习的独特机会，包括湖泊环境协会、斯隆-凯特琳癌症中心、美国环境保护署、人民遗产银行等。学校不仅会提供申请全球60多个核心公司的带薪暑期实习机会，也会帮助学生审核简历、审查求职信等。

2.1.4　师资及教学

贝茨学院的师生比例是1：10，最常见的班级人数是20人。少于20人的小班课程占到所有课程的69.1%。约有200名全职老师，100%的老师拥有所在领域的最高学位。贝茨学院的师资很强，尤其是在社会科学和人文方向。学校经济系教授论文常年在研究人员引用数量中排名美国所有高校第二，排名文理学院第一。

因为贝茨学院平均每班有20名学生，每个学生都在其高年级论文中与导师一起工作，因此教授不仅知道学生的名字，而且还知道他来自哪里、想去哪里以及如何到达那里，以期为学生未来写出详细的推荐信等。

贝茨学院也非常重视学术研究，学生至少需要一个主修和两个有主题的研究方向，每个方向至少有4门在该主题下的相关课程。这些方向可以在某个部门或者项目里，或者侧重于某个教授设计的也许不在项目之内的研究方向。

贝茨学院的学术课程从密集的、跨学科的一年级研讨会开始，第一年研讨会计划旨在帮助学生更好地向大学学习过渡，例如：提升学生大学级别的写作能力，让学生成为批判性思想家和沟通者；为新学生提供建议，第一年研讨会教授会担任学生的学术顾问，教授是一个可以和你谈论学术选择和方向的人，直到学生正式确定专业。每个贝茨学生都有一个或多个学术顾问，他们在学生规划课程中有特殊需求时提供建议。

贝茨学院课程最显著的特点之一是高级论文，该论文由所在部门和课程提供，并且是大多数专业所必需的。传统的高级论文涉及一两个学期的原创研究和写作，这要求学生对学科领域、理论基础和研究方法有深刻的理解。学生还必须能够全面地思考这个主题，并且必须能够提出一个精心拟定的争论焦点。高级论文写作借鉴了学生过去的学术经验，需要相当的独立思考能力和创造力、自律和有效的时间管理。

学校通识教育的要求是：除了专业外，学生需要同时完成一项通识教育课程的学习，这些课程由学校老师来设计。此外学生完成了三门写作专修课程：一门在一年级，一门在二年级或三年级，一门在四年级。学生要完成五类不同的课程：分析和批判（AC）、创作过程和生产（CP）、历史和社会探究（HS）、科学推理（SR）、定量和形式推理（QF）。

学校的选课要求：https：//www. bates. edu/orientation/academic-requirements/。

学校选课的课程目录：https：//www. bates. edu/catalog/。

2.1.5 申请条件

在2020~2021年申请季，贝茨学院一共收到7696份申请，录取了1085位，录取率14.1%，最后有479位新生正式入学。在7696份申请中，有838位是ED早申请，其中388位被录取，录取率46.3%。学校同时还为1995位学生提供了待定席位，676位接受待定，最后4位转正。

根据官网的报告，在所有的申请材料中，招生办认为最重要的是中学课程难度、GPA、申请文书、推荐信和课外活动经历；其次是申请者的兴趣、第一代大学生；再次是标化考试、面试、志愿者活动、工作经历等其他因素。学校对高中课程的要求是4年的英语，3年的数学、科学、历史和社会科学，2年的外语和实验室科学。

中国学生可以参考的标化75%分数线是：SAT 1420（其中数学710分、语法阅读710分），ACT 33分。

贝茨学院每年都招转学生，2020~2021年有125份申请，最后录取了13位，有 4 位入学。

2.1.6 毕业生就业方向

98%的贝茨学院毕业生在毕业后 6 个月内就职、毕业、进修或实习。84%的学生和校友从事医学研究行业。

2019 年申请法学院的学生 100%被录取。

根据贝茨学院对 2019 年毕业生的统计，76%就业，11%进入研究生院或专业学校，5%实习，37%工作地点在马萨诸塞州，30%在纽约州，8%在缅因州，7%在加州。

学院毕业生的研究生院目标主要有耶鲁大学护理学院、芝加哥医学院、哥伦比亚大学雅克医学院、波士顿大学高盛牙科医学院、杜克-新加坡国立大学医学院、约翰霍普金斯大学、苏富比艺术学院、弗吉尼亚大学、康涅狄格大学法学院等。

应届毕业生就业的热门行业：教育行业占 17%，医疗保健占 13%，金融/银行服务业占 10%，科技行业占 8%。常去的单位：西格技术生物、花旗银行、瑞士信贷、高盛、谷歌、汇丰银行、国际货币基金组织、哈佛大学先锋医疗协会、麻省总医院等。

2.1.7 著名校友

贝茨学院曾经荣登普林斯顿评论评选的美国"最有价值学院"排名中的第一名。学校的校友包括美国第 58 任国务卿 Edmund Muskie；美国司法部长 Robert Francis Kennedy；美国最高法院书记员 John F. Davis。该学院的校友中有 12 位美国国会议员：John Swasey、Daniel McGillicuddy、Carroll Beedy、Charles Clason、Donald Partridge、Edmund Muskie、Frank Morey Coffin、Robert Kennedy、Leo Joseph Ryan、Bob Goodlatte、Ben Cline 和 Jared Golden。还有第一个在美国最高法院面前辩论、蒙大拿第一个获得律师执照的女性 Ella Knowles Haskell；通用磨坊前首席执行官 E. Robert Kinney；富达基金董事总经理 Barry Allen Greenfield；分析咨询集团创始人 Bruce Edward Stangle；美林银行首席财务官 Joseph Willit；加拿大国家银行首席执行官 Louis Vachon；波士顿环球报总编辑 Brian McGrory；《纽约时报》助理总编辑 Carolyn Ryan；哈佛商业出版公司高级执行副总裁兼首席产品创新官 Joshua David Macht；加州哈佛西湖学校创始人 Grenville C. Emery 等。

Clayton Spencer 博士于 2012 年 7 月成为贝茨学院的第 8 任校长，她于 1977 年以优异的成绩和 Phi Beta Kappa 获得威廉姆斯学院的学士学位，于 1979 年获得牛津大学神学学士学位，并于 1982 年获得哈佛大学宗教研究文学硕士学位。2015 年，她获得魁北克舍布鲁克主教大学的民法博士荣誉学位。在职业生涯的早期，Spencer 博士曾在马萨诸塞州的美国地方法院担任书记员，在波士顿 Ropes & Gray 律师事务所执业，并在波士顿担任美国助理检察官起诉刑事案件。她于 1985 年从耶鲁法学院获得法学博士学位。在耶鲁期间，Spencer 博士是耶鲁法律杂志的编辑、模拟法庭竞赛的获胜者和公共利益委员会主席。在加入贝茨学院之前，Spencer 博士在哈佛大学担任了七年的政策副总裁，指导大学的政策举措，她曾担任哈佛大学高等教育政策副校长以及拉德克利夫高等教育研究所代理执行院长。Spencer 博士还是哈佛大学教育研究生院的讲师，教授联邦高等教育政策课程。

2.1.8 文化与生活

贝茨学院认为，校园生活在整个人的教育中起着不可或缺的作用，"整个过程使学生意识到自己在世界上的兴趣、社区和目的"。学院通过让学生参与学生俱乐部和组织、社交活动、技能培训班以及就业机会等，提供资源和机会来探索兴趣，从而加深学生的体验。

贝茨学院有大约 100 个学生俱乐部和组织。

乡村俱乐部（VCS）涵盖从艺术家选拔到演出制作全过程。喜欢音乐的学生有机会在贝茨合唱团唱歌，在管弦乐团演奏或加入完全由学生组成的爵士乐队。

贝茨学院也有许多校园活动和传统，包括工艺之夜、80 年代周末、冬季狂欢节、宾果和一年一度的秋季音乐会。冬季狂欢节时校友与学生一起参加火炬跑、滑雪和水坑跳跃等活动。

贝茨学院拥有 31 支大学队和 9 支俱乐部队，包括帆船、自行车、冰球、橄榄球和水球。冰球队是第一支连续四次获得 NESCAC 俱乐部冰球锦标赛冠军的球队。男子田径是缅因州历史上第一支七次夺得州冠军的球队，这一壮举于 2016 年完成。女子划艇队在新英格兰小学院田径赛中名列第一，在 NCAA 第三分区赛艇赛中名列第一。

贝茨学院大一的学生都将住在一年级中心，该中心由一年级学生组成，他们与一名高年级学生、一名初级顾问（JA）同住。学院在选房之前会调查学生的住宿偏好，并让学生访问每栋房子的平面图和详细描述后进行安排。每栋住宅大约 30 名学生。

学校的社团：https：//www. bates. edu/campus/student-clubs-organizations/。

贝茨学院的校报叫作 The Bates Student，网址：https：//scarab. bates. edu/bates_student/。

2.1.9 联系方式

贝茨学院的招生办联系方式：admission@ bates. edu，电话：（001）1-855-228-3755。

负责国际学生的招生官：Scott Alexander，邮箱：salexan2@ bates. edu。Scott 是土生土长的缅因州人，在本科阶段学习了政府和戏剧之后，在卫斯理安大学（Wesleyan University）获得了文科硕士学位。他最喜欢的活动包括 First Friday Art Walk、Back Cove trail、Saco Drive-In、food festivals。

如果英语既不是母语，也不是中学教学的主要语言，就需要提交英语水平测试（如 TOEFL 或 IELTS）的结果。

贝茨学院接受通过 InitialView 进行的面试，包括采访和写作样本。

计划在秋季入学的准学生可以进行面试。请注意，学生仅可进行一次面试。并有两种选择：

（1）贝茨在线面试：在线面试将由贝茨学院大四或招生代表主持。面试时间为周一至周五下午 1~6 点（东部时间）。访谈通常持续 25~30 分钟。

（2）贝茨校友面试：为了更灵活地安排时间，请考虑申请在线校友面试，这将使您与所在地区的校友志愿联系起来。访谈通常持续 25~30 分钟。校友面试的注册将于 8 月开始。

关于贝茨学院面试的详细说明：https：//www. bates. edu/admission/apply/interviews/。

2.1.10 目标生源

贝茨学院严谨的学术训练，尤其是高级学术论文方面的训练，即使在顶尖的文理学院里面也是非常扎实的。课程难度也很大，非常适合低调踏实的学霸和寻求高质量的学术挑战的申请者。如果你侧重人文和社科的话，那么就更加适合贝茨学院了。

2.2　鲍登学院（Bowdoin College）

https：//www.bowdoin.edu/

鲍登学院基本情况如表 2.2 所示。

表 2.2　鲍登学院基本情况

U.S. News 美国文理学院 排行榜	成立年份	校园面积	本科生人数	男女比例	国际生比例	美籍亚裔生 比例
6	1794	215 英亩	1805 人	男：49% 女：51%	10%	9.3%
每年本科生 入学人数	师生比	录取率	学费/年	食宿/年	本科毕业生 年薪起薪中值	整体捐赠 金额
464 人	1：9	9.15%	56350 美元	15360 美元	56900 美元	27 亿美元

　　美国的文理学院是小规模、高质量的精英教育的代表。许多文理学院的学术声誉往往不亚于哈佛大学、耶鲁大学等名校，因此文理学院成为很多美国贵族教育子女的首选。

　　文理学院的规模普遍不大，因此，同一地区的文理学院会形成校际之间的联盟，通过联盟，学生可以共享各个学校的资源和设施。让这些学校保持小型学校氛围的同时，能够享受到大型学校的资源。

　　常见的文理学院联盟有：七姐妹女子学院、东部马萨诸塞州五校联盟、西部克莱蒙特学校联盟、俄亥俄五校联盟和缅因州三校联盟，等等。

　　缅因州三校联盟（Colby-Bates-Bowdoin Consortium，也被称为 CBB 联盟），为科比学院（Colby College）、贝茨学院（Bates College）和鲍登学院（Bowdoin College），分别位于缅因州的沃特维尔（Waterville）、刘易斯顿（Lewiston）和布伦瑞克（Brunswick），由于三所学院所在的位置组成了一个三角形，所以也被称为美国的文理学院金三角。

缅因州三校联盟最初是个体育联盟，1870年就开始了体育竞赛，这三个文理学院在美国是极负盛名的文理学院，因此也被称为小常春藤。1961年三校共同投资成立了电视台，也就是后来的缅因公共广播网络。

三所学校之间既有合作又有竞争，平时有很多学术交流、文体比赛，还可以资源共享（甚至包括图书馆藏书，任何一个学院的学生都能方便地借阅另外两个学院的书籍）等，这三所学校间的合作为缅因州的学术界注满了活力。

2.2.1 历史和排名

成立鲍登学院的想法起源于美国独立战争之后，一群人希望在缅因州地区建立能够保证美德和社会稳定的民事机构。

经过6年的争论，鲍登学院于1794年6月24日由马萨诸塞州议会特许，以马萨诸塞州前州长詹姆斯·鲍登的名字命名，建在布伦瑞克小镇，比所在地缅因州大26岁，成立时，它是美国最东端的学院。

该学院的原始资金来自出售乡镇和联邦为建校捐赠的未开发土地。然而，荒地的出售时间比预期的要长，鲍登学院直到1802年9月2日才开学。它的第一座建筑——马萨诸塞州大厅矗立在一座可以俯瞰小镇的小山上。南部是通往马奎特湾的着陆之路，蓝莓田向哈普斯韦尔斯延伸。北面是"十二罗德路"（缅因州街），通往安德罗斯科金瀑布附近的木材厂和造船厂。在东边，校园被一片"呼啸"的白松树所遮挡，白松成为学院的象征。

学院1971年实行男女同校教育，最终将学院规模增加到1400名学生，并招收艺术类学生和有色人种学生，这些都大大改变了学生团体的组成，并开始推动课程变革，包括扩大艺术课程，鼓励环境研究，使教师多样化，使学院更全面地接受男女同校教育。鲍登学院被视为一所小型的、录取率极低的文理学院，在缅因州沿海有着令人羡慕的地理位置，拥有强大的教师队伍，愿意给予本科生密切的个人关注。

学院的使命是在为期四年的学习和生活中，让志趣相投的学生接受深入的全日制思想教育，探索他们的创造才能以及发展他们的社交和领导能力。

学院的价值观是：积极参与学习和研究、挑战与成长、沟通和言论自由、相互尊重和文明、关心他人、共同承担环境和社区责任、享受友谊和乐趣、为学院内外的公益服务、对鲍登学院的肯定。

鲍登学院在 2022 U. S. News 的美国文理学院排行榜上排名第 6。在 U. S. News 最佳本科教学学校中排名第 10，在最有价值的学校中排名第 7。

2.2.2 位置和环境

鲍登学院位于缅因州沿海的新英格兰小镇布伦瑞克，鲍登学院的学生可步行 5 分钟到达，布伦瑞克是一个拥有丰富历史和资源的小镇，交通便利，包括美国铁路公司（Amtrak）车站，这里可快速到达波特兰或更远的地方，比如前往波士顿。布伦瑞克有 22000 人口，在旅游旺季，来自世界各地的人们来这里参观缅因州著名的海滩、灯塔和森林。

从布伦瑞克南边驱车 25 分钟可到达缅因州波特兰市，这是一个独特而富有创意的城市，以美食、充满活力的工艺、当地音乐以及一系列视觉和表演艺术而闻名。波特兰的国际机场，每天都有直飞纽约、波士顿、芝加哥、亚特兰大、费城、丹佛等地的航班。

从鲍登学院校园向东大约 3 英里是卡斯科湾。一些学生利用沿海通道来放松、获得灵感或冲浪，许多鲍登学院的学生和教职员工来这里进行环境研究。

鲍登学院校园占地约 215 英亩，包括近 120 栋建筑物。除了布伦瑞克的校园外，鲍登学院还在距离校园 8 英里的哈普斯韦尔湾奥尔岛拥有一个占地 118 英亩的海岸研究中心，并在芬迪湾肯特岛拥有一个占地 200 英亩的科学考察站。

学院目前的本科生总人数为 1805 人，其中男性学生占 49%，女性学生占 51%。非国际学生中亚裔占 9.3%，国际学生占比 10%。

2.2.3 专业设置和学术活动

根据毕业生的学位统计，鲍登学院最受欢迎的专业是政府与法律研究、经济学、数学、生物学、神经科学、环境研究、历史、计算机科学、英语、社会学、心理学、生物化学。学院 2020 届毕业生专业分布如图 2.2 所示。

鲍登学院认为校外学习是为了促进改变生活的体验，学校会帮助学生找到正确的学习机会，并提供了 50 多个国家的 100 多个项目让学生出国学习，所有的专业都有机会出国留学。鲍登学院的学生不仅需要考虑他们想去的地方，而且需要思考他们想学习、体验和完成什么。

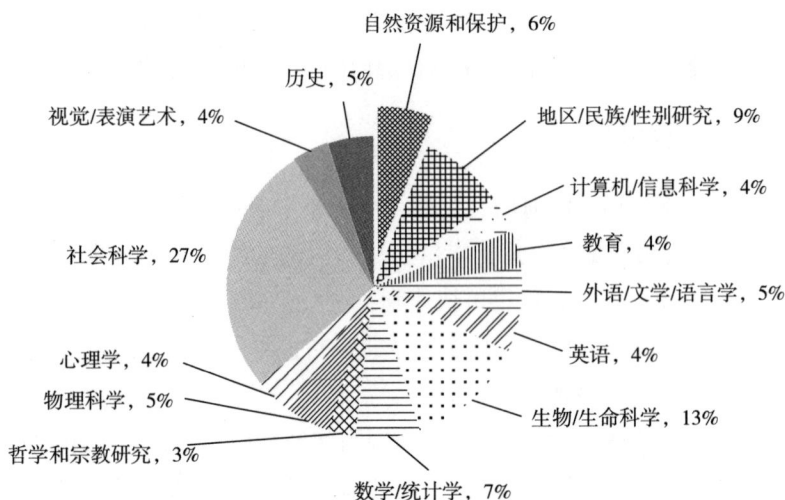

自然资源和保护，6%
历史，5%
视觉/表演艺术，4%
地区/民族/性别研究，9%
计算机/信息科学，4%
社会科学，27%
教育，4%
外语/文学/语言学，5%
英语，4%
心理学，4%
物理科学，5%
生物/生命科学，13%
哲学和宗教研究，3%
数学/统计学，7%

图 2.2 鲍登学院 2020 届毕业生专业分布

鲍登学院与缅因大学奥罗诺分校、哥伦比亚大学工程与应用科学学院、加州理工学院有"3+2"的工程双学位项目，学生在本科生涯的头 3 年完成鲍登学院的某些课程，然后，学生可以申请转学到哥伦比亚大学、加州理工学院或缅因大学进行为期 2 年的工程项目学习。除了"3+2"课程外，哥伦比亚大学还提供"4+2"项目，毕业于鲍登学院获取物理学士学位的学生可以在哥伦比亚大学继续学习 2 年，并从哥伦比亚大学获得工程学硕士学位。

达特茅斯学院的工程项目是 12 所大学交流计划的一部分，学生需要在达特茅斯学院完成大三的学业，大四顺利完成学业后，获得鲍登学院物理学学士学位。然后，如果学生在达特茅斯学院第一年的成绩都在 C 以上，该学生可以申请达特茅斯学院的第五年学习，第五年顺利完成学业后，该学生将获得达特茅斯学院工程学院学士学位。达特茅斯项目的录取竞争非常激烈，只有 25 个名额。成功的申请人在数学和科学课程中通常至少有 B+（3.3 GPA）的平均值。

鲍登学院每年有 200 多名学生从事教师指导的研究，是当今文理学院中最活跃的研究机构之一。每月小型研究补助金适用于所有学科的学生，每月颁发一次，高达 800 美元，以支持学术研究项目；秋季研究奖项在秋季颁发一次，高达 2000 美元，以支持学生旅行或作为与学生研究项目相关的费用，通常与荣誉项目或独立学习相关。

实习对于鲍登学院的学生来说同样很重要，学院的职业探索与发展中心（CXD）帮助学生了解自己的兴趣、技能和价值观并规划到职业。学生可以与中心的任何顾问一对一会面咨询，学校会发布鲍登学院的首选实习机会，并让学生从全国各地的组织获得数千个额外的实习机会，获得无薪实习的大一、大二和大三学生可以申请5000美元的助学金。学生可以在任何领域实习。校园里几乎每个学术部门都为学生提供暑期奖学金。

2.2.4 师资及教学

鲍登学院的师生比例是1∶9，最常见的班级人数是20人。少于20人的小班课程占到了所有课程的71%。有189名全职老师，99%的老师拥有所在领域的最高学位。

在鲍登学院学习的头两年，每个学生必须完成一个一年级写作研讨会，并在数学、计算或统计推理、自然科学探究、探索社会差异、国际视角以及视觉和表演艺术五个分布领域中的每个领域至少完成一门全学分课程。

学生可以在大二的春天最终确定专业，学校鼓励对医疗保健/医学、法律研究和工程等特定职业感兴趣的学生，提早探索并利用学院提供的资源开始准备。在鲍登学院最近的毕业班中，大约25%的学生选择双专业。

鲍登学院提供了33个专业，最特别的课程是北极研究计划、海岸研究及政府和法律研究。

鲍登学院位于北大西洋沿岸，该地区延伸至北极，被誉为世界上最具活力和挑战的环境之一。学院拥有158年参与北极和北大西洋研究的历史，并有对北极和北大西洋有特定兴趣的教师，为学生提供探索了解北极土地、人民、文化、社会和环境问题的机会。学院的皮里-麦克米伦北极博物馆不对公众开放，只对预约的鲍登学院学生和教师开放。

鲍登学院还有一些跨学科专业，比如艺术史与考古学、艺术史与视觉艺术、化学物理、计算机科学与数学、英语和戏剧、数学与经济学、数学与教育、物理与教育。学生也可以自己设计专业。

学校选课的课程目录：https://www.bowdoin.edu/academics/departments-and programs/index.html。

2.2.5 申请条件

在2020~2021年申请季，鲍登学院一共收到9402份申请，录取了861位，录取率 9.15%，最后 464 位新生正式入学。在 9402 份申请中，有 1123 位是 ED 早申请，其中 242 位被录取，录取率 21.5%。

根据官网的报告，在所有的申请材料中，招生办认为最重要的是中学课程难度、GPA、班级排名、申请文书、推荐信、课外活动和个人品质；其次是标化成绩；再次是面试、志愿者活动、工作经历等其他因素。学校对高中课程的要求是 4 年的英语、数学、科学、外语和社会科学，3 年的实验室科学。

中国学生可以参考的标化 75% 分数线是：SAT 1510 分（其中数学 770 分、语法阅读 740 分），ACT 34 分（其中数学 34 分、英语 35 分）。84% 的申请者是高中毕业班的前 10%。如果学生在以英语为主要教学语言的学校学习至少 4 年，则无须提供托福成绩。国际生的托福最低要求是 100 分，雅思成绩要求是 7 分。学校对英语水平的具体要求见 https：//www.bowdoin.edu/admissions/apply/inter-national-students/index.html。

鲍登学院每年都招转学生，2019~2020 年有 158 份申请，最后录取了 7 位，有 6 位入学。

2.2.6　毕业生就业方向

鲍登学院根据 2019 年秋季收集的调查反馈，2018 届毕业生中有 89% 的人报告他们已就业或正在就读研究生。其中 75% 的人已就业，15% 的人表示正在就读研究生。鲍登学院的毕业生追求更高的学位，根据过去五年的数据，一年内攻读高级学位的毕业生中，攻读硕士学位的占 45%，攻读博士学位的占 24%，攻读医学学位的占 12%，而攻读法律学位的占 10%。

学院研究生院目标学校主要包括：麻省理工学院、哈佛大学、哥伦比亚大学、宾夕法尼亚大学、耶鲁大学、西北大学、斯坦福大学、杜克大学、塔夫茨大学、纽约大学和波士顿大学等。

鲍登学院毕业生常去的公司包括：美国政府部门、亚马逊、苹果、马萨诸塞州综合医院、谷歌、波士顿儿童医院、高盛、巴克莱银行、花旗银行、汇丰银行、美林证券等。

2.2.7　著名校友

鲍登学院的校友包括：美国第 14 任总统 Franklin Pierce；美国大使和外交官 Thomas Pickering、Christopher Hill；美国参议员 George J. Mitchell；美国最高法院

首席大法官 Melville Weston Fuller；美国最高法院副法官 Harold Hitz Burton；美国众议院前议长 Thomas Brackett Reed；美国前财政部长 William Pitt Fessenden；奈飞公司 Netflix 联合创始人兼首席执行官 Wilmot Reed Hastings；美国运通董事长兼首席执行官 Kenneth Irvine Chenault；美联储前主席、经济学家 Lawrence B. Lindsey；美国第一家石油公司创始人 Jonathan Eveleth；华特迪士尼公司董事长 George John Mitchell；巴克莱首席执行官 Jes Staley；梅奥诊所的联合创始人 Augustus Stinchfield；斯坦利汽船的发明者、斯坦利酒店的建造者 Freelan Oscar Stanley；赛百味三明治连锁店的联合创始人 Peter Buck；橡树资本管理公司创始人和合伙人 Sheldon M. Stone；自称是第一个到达北极的探险家 Robert Peary；《雅虎财经》总编辑 Andrew E. Serwer；《财富》杂志总编辑 Andrew Serwer；获得奥斯卡奖的电影制片人、HBO 电影公司的前执行官 Kary Antholis；两次获得奥斯卡奖最佳剪辑奖的 Angus Wall；纽约大都会队总经理 Jared Porter 等。

Clayton Rose 博士于 2015 年 10 月成为鲍登学院第 15 任校长。Rose 博士来自加利福尼亚州的圣拉斐尔，在芝加哥大学获得了本科学位（1980 年）和 MBA（1981 年）。2003 年，在 20 年的金融领导和管理生涯后，进入宾夕法尼亚大学并获得社会学博士，研究美国的种族问题，2005 年获得硕士学位，2007 年获得博士学位。在被任命为鲍登学院校长之前，Rose 博士曾在哈佛商学院任职，在那里他就领导力、道德、始于 2008 年的金融危机以及企业在社会中的作用等问题进行教学，他还担任摩根大通的副董事长，管理着该银行多个全球部门。在鲍登学院，Rose 博士教授了"道德领袖"课程，这是一个为大一学生准备的跨学科研讨会，通过阅读和分析小说和非小说作品来提升写作能力。

2.2.8 文化与生活

鲍登学院的校园生活很丰富，有超过 100 个学生组织、体育俱乐部和学生政府。俱乐部包含：鲍登北极协会是一个关注北极地区问题的俱乐部，鲍登金融学院让学生为金融事业做好准备，TED 鲍登学院是独立的特许组织，致力于促进鲍登的创新讨论。鲍登电影协会每周放映电影，并帮助学生制作自己的电影。

鲍登学院有 30 个大学运动队，并参加 NCAA Division Ⅲ 新英格兰小学院田径大会，鲍登学院的吉祥物是北极熊，学校的官方颜色是白色。学校的运动俱乐部有各种技能水平的团队，鼓励学生尝试一些新东西，如橄榄球、马术比赛、自行车、排球或终极飞盘。因鲍登学院在缅因州海岸的独特位置还有一些季节性和户外活动，如高山滑雪、划船等。

鲍登学院的住宅为学生提供了一个安全、健康和温馨的环境，集中的校园环境意味着一切都在 5 分钟路程之内。

所有大一和大二的学生都必须住在校园里。大一不允许有车，但大多数鲍登学生使用自行车、滑板车或 Zipcar 共享服务在城里转来转去。

所有鲍登学院的住宅都拥有无线互联网、免费流媒体有线电视、电话服务等。

鲍登学院餐饮一直被公认为"最好的大学食品"，并获得了无数的奖项和荣誉。例如，鲍登学院的内部肉店使用当地的草食牛肉，蔬菜水果等都来自鲍登有机花园，这些蔬菜、水果是季节性供应的。

学校学生组织的清单：https：//students. bowdoin. edu/bsg/our-committees/student-organizations-oversight-committee/。

学校的杂志叫作 Bowdoin Magazine，网址：https：//www. bowdoin. edu/communications/publications/archives/2018-fall. html。

2.2.9　联系方式

鲍登学院的招生办联系方式：（001）207-725-3100，邮箱：admissions@bowdoin. edu，地址：5000 College Station，Brunswick，ME 04011。

负责国际学生的招生官：Ryan Ricciardi，Associate Dean of Admissions。

邮箱：rricciar@ bowdoin. edu，电话：（001）207-798-4218。

Ryan Ricciardi 本科毕业于鲍登学院，在辛辛那提大学获得哲学博士。从 2008 年开始在鲍登学院工作。

鲍登学院的任何面试都是可选的，接受来自 InitialView 或 Vericant 的独立面试，也接受 Duolingo 英语测验（DET）的面试。由于从中国收到大量的面试要求，因此只能对申请入学的学生进行面试。提交申请后，校友面试官会与学生联系。

鲍登学院的暑期课程主要有艺术营、日营（1~10 年级）和滑冰学校。详情查询 https：//www. bowdoin. edu/events/camps/index. html。

2.2.10　目标生源

鲍登学院是典型的文理通识的精英文理学院，学校的社科文科和理科都很强，不过学校最知名的还是政治学和政治方面的名人校友；而且 Pre-law 是学校的金学招牌。所以，有领导力和公民意识的、有改革社会理想的申请者，更容易获得鲍登学院的青睐。此外，学校的生物物理和经济也是很强的。从这里去藤校研究生会很有优势。

2.3　科尔比学院（Colby College）

http：//www.colby.edu

科尔比学院基本情况如表 2.3 所示。

表 2.3　科尔比学院基本情况

U. S. News 美国文理学院排行榜	成立年份	校园面积	本科生人数	男女比例	国际生比例	美籍亚裔生比例
17	1813	714 英亩	2003 人	男：46% 女：54%	10%	8%
每年本科生入学人数	师生比	录取率	学费/年	食宿/年	本科毕业生年薪起薪中值	整体捐赠金额
543 人	1：9	10%	59430 美元	15295 美元	56100 美元	12 亿美元

2.3.1　历史和排名

科尔比学院成立于 1813 年，是美国第 12 所历史悠久的文理学院。成立时是缅因州的文学和神学院，1821 年更名为沃特维尔学院，1828 年成为文理学院，著名的浸信会慈善家加德纳·科尔比于 1865 年向学院捐赠了 50000 美元解决了财务困境，因此学院在 1867 年 1 月由沃特维尔学院更名为科尔比大学（Colby University），1899 年，学院认为科尔比的未来是作为一所本科文理学院，因此将学校更名为科尔比学院（Colby College）。

自成立以来，学院在高等教育方面开创了若干重要举措，1833 年，科尔比的学生组织了第一届大学反奴隶制协会；1871 年成为新英格兰地区第一所招收女性的男性学院；1975 年参加首届校际女子大学冰球比赛；1983 年成为第一所向所有学生发放电子邮件账户的学院。2013 年 4 月，科尔比学院成为全国仅有的四所实现碳中和（carbon neutrality）的学院之一。

科尔比学院的座右铭是知识是心灵之光（Lux Mentis Scientia）。

科尔比学院在 2022 U. S. News 的美国文理学院排行榜上排第 17。在 U. S. News 最有价值学校中排名第 15，在最具创新性学校中排名第 36。

2.3.2　位置和环境

科尔比学院位于缅因州中部沃特维尔，距离波特兰 78 英里，约 1 小时车程，距离波士顿 180 英里，约 3 小时车程。

科尔比学院占地 714 英亩的五月花山校区被认为是全美最具吸引力的校区之一，校园的大部分地区包括 128 英亩的珀金斯植物园和鸟类保护区，都是缅因州野生动物管理区。学校还拥有附近的沼泽保护区和湖畔物业，用于环境研究。

科尔比学院一年四季都很美，秋天有深红色或金色的叶子，冬天可以在池塘上玩雪和滑冰，春天有苹果花、郁金香和候鸟，夏天有温暖的微风，7 月温度大约 26 摄氏度，1 月温度约零下 6~7 摄氏度，每年有 80~120 天的晴天。

科尔比学院的运动中心和 20 英亩的户外运动场，包括四个人造草皮场地，供休闲、俱乐部和大学田径运动以及社区使用。一个新的 350000 平方英尺的田径中心已于 2020 年秋季开放，其中包括一个带 200 米跑道的室内比赛中心、缅因州唯一的奥运会规格游泳池和新英格兰唯一的美莎游泳池（Myrtha Pools），这是一个多层、13500 平方英尺的游泳池，还有健身中心以及一流的冰球场、健身房和壁球场。

科尔比学院目前的本科生总人数为 2003 人，其中男性学生占 46%，女性学生占 54%。学生来自美国的 45 个州和世界 65 个国家和地区，国际学生占 10%，非国际学生中亚裔占比 8%。

2.3.3　专业设置和学术活动

根据毕业生的学位统计，学校最受欢迎的专业是社会科学、生物/生命科学、地区/民族/性别研究、物理科学、外语/文学/语言学等。学院 2020 届毕业生专业分布如图 2.3 所示。

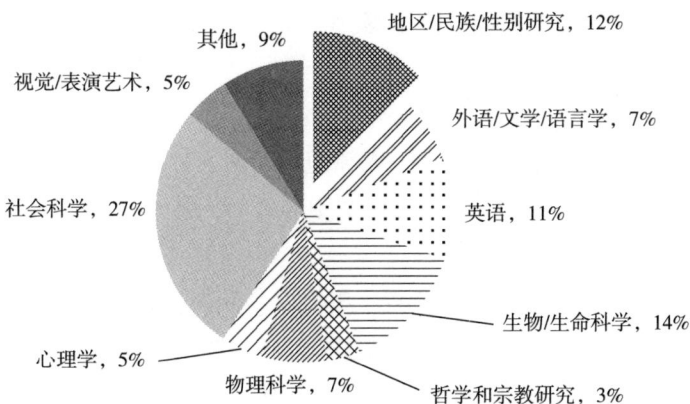

图 2.3　科尔比学院 2020 届毕业生专业分布

科尔比学院共有 23 个学术部门和 9 个跨学科项目，为学生提供 55 个专业和 35 个辅修专业。

科尔比学院为对海洋、实验室科学和环境科学感兴趣的学生提供了和缅因州东布斯贝的毕格罗海洋科学实验室合作的机会，学生可与科学家一起工作，研究缅因湾和世界各地的海洋学和气候变化。除了正常的学期计划外，学生还能和科学家一起在游轮上，深入海洋进行考察研究，攻读科学、数学和工程学位的学生也可以在暑期参加为期十周的实习，学生与导师一起确定研究问题、制定提案、进行研究并准备摘要和海报。在课程结束时，学生在学生座谈会上展示研究结果。

科尔比学院和达特茅斯学院、哥伦比亚大学都有工程双学位的合作，每年都有 8~10 名学生被录取。和达特茅斯学院是 5 年的计划，可以在大二的 1 月申请，大三开始在达特茅斯学院学习；和哥伦比亚大学有"3+2"计划或"4+2"计划，必须在完成科尔比专业的要求后才能进入哥伦比亚大学学习。

科尔比学院近 70% 的学生会出国留学，学生可以从包含日本、马达加斯加和乌拉圭在内的 60 多个国家和地区的 200 多个留学项目中进行选择。科尔比学院的留学项目非常丰富，有支持争取尊严、自由和正义的橡树人权研究所，有研究生态、生物和气象学的低纬度生活实验室，还有提高学生对国际和全球主题认识和参与度的全球创新课程和全球实验室项目。另外，所有全球研究专业的学生都必须出国留学，并可以与教授合作研究全球问题，比如非洲的生态变化、德国政治的席位差别、拉丁美洲的经济改革等。

2.3.4 师资及教学

科尔比学院的师生比例是 1∶9，最常见的班级人数是 20 人。少于 20 人的小班课程占到了所有课程的 73%。有 234 名全职老师，95% 的老师拥有所在领域的最高学位。

科尔比学院的学生都必须满足一年级写作、外语、艺术、历史研究、文学、定量推理、自然科学、社会科学和 1 月课程的特定要求。

所有学生都必须在第一年参加第一年的写作课程（指定为 W1）。W1 课程提供各种学科领域和主题，非常强调起草、论证发展和修订；密切关注个人写作技巧和需求；要求以多种形式书写。

科尔比学院在 1 月的探索性学期开设 1 月课程（Jan Plan），为学生提供对数百种不同的学术经历进行选择的机会。包含：①本科研究和独立学习：让学生有机会与科尔比教师密切合作，在科尔比教师的指导和监督下进行原创研究或学生设计的独立学习课程；②跨学科探索：鼓励科尔比学生和教师探索非传统学科和创新教学法，并突破学科和传统课堂的界限；③职业探索：为学生提供探索各种专业领域和职业道路的机会，主要是通过科尔比校园内外的资助和非资助实习和其他工作经验。学生需要完成 3 个 1 月计划课程，但 90% 的学生选择做 4 个。

科尔比学院的环境研究（ES）课程是国内历史最悠久的课程之一，从了解气候变化，到防止生物多样性丧失和自然资源的不可持续利用等，环境研究（ES）课程也是科尔比学院发展最快的课程之一，缅因州附近有海洋、湖泊、山脉、湿地等，让科尔比学院的许多环境研究课程都可以实地考察，而且也有去环境组织和联合国环境规划署的实习机会。

科尔比学院的人权研究所成立于 1997 年，每年都会接待一名橡树人权研究员，研究院全年组织关于人权项目的讲座和活动，并鼓励社区成员，尤其是学生，代表人权参与研究和实习等，实习机会包括人权协会、儿童基金会、联合国等。

2.3.5 申请条件

在 2019~2020 年申请季，科尔比学院一共收到 13922 份申请，录取了 1391 位，录取率 10%，最后有 543 位新生正式入学。

根据官网的报告，在所有的申请材料中，招生办认为最重要的是中学课程难度、GPA、推荐信和个人品质；其次是班级排名、标化成绩、申请文书和课外活动经历；再次是面试、志愿者活动、工作经历等其他因素。学校对高中课程的要求是 4 年的英语，3 年的数学、外语，2 年的科学、实验室科学和社会学学科。

中国学生可以参考的标化 75% 分数线是：SAT 1520 分（其中数学 780 分、语法阅读 740 分），ACT 34 分（其中数学 32 分、英语 35 分）。学生可以提交托福 IBT、托福家庭版、国际英语语言测试系统（IELTS）或 Duolingo 英语考试（DET）的成绩报告。

科尔比学院每年都招转学生，2019~2020 年有 4 位入学。

2.3.6 毕业生就业方向

科尔比学院对毕业生的调查显示，95% 的毕业生要么就业，要么在研究生院或专业学校就读。

学院研究生院目标学校包括：耶鲁大学、宾夕法尼亚大学、哥伦比亚大学、杜克大学、约翰霍普金斯大学、布朗大学、剑桥大学、密歇根大学、加州伯克利大学等。

学生就业的雇主类型主要是：17% 在金融服务行业，13% 在健康行业，10% 在技术工程科学类行业，12% 在教育行业，10% 在艺术和娱乐行业，7% 在传媒传播行业等。就业的雇主都是财富 500 强公司、全球非营利组织和行业的领先公司，包括麻省总医院、花旗银行、巴克莱银行、赛法特·肖律师事务所、丹娜法伯癌症研究所、道明证券、普华永道会计师事务所等。

2.3.7 著名校友

科尔比学院的校友包括：缅因州州长 Samuel Cony、Harris M. Plaisted、Nelson Dingley、Llewellyn Powers、Janet Trafton Mills；马萨诸塞州州长 Benjamin Butler；新罕布什尔州州长 George A. Ramsdell；佛罗里达州州长 Marcellus Stearns。

其他著名校友包括：哈佛大学教授、反恐医学先驱医师、白宫顾问 Gregory R. Ciottone；白宫前办公厅主任 Peter Mikami Rouse；巴克莱银行前首席执行官 Robert Diamond；波士顿联邦储备银行总裁兼首席执行官 Eric S. Rosengren；福布斯媒体首席执行官 Michael Federle；全国餐饮协会主席兼首席执行官 Dawn Sweeney；美国传记作家、历史学家 Doris Helen Kearns Goodwin；病理学家和作家

Stephen Sternberg；斯宾塞侦探小说的作者 Robert B. Parker；美国国家艺术基金会主席 Rocco Landesman；普利策奖得主 Gregory White Smith、Alan Shaw Taylor、Elliot G. Jaspin、Robert S. Capers、Edna Ann Proulx、Matt Apuzzo 等。

David A. Greene 博士于 2014 年 7 月成为科尔比学院第 20 任校长。Greene 博士在汉密尔顿学院获得了历史学士学位，在哈佛大学获得了人类发展和心理学硕士学位，然后在哈佛大学又获得了教育和社会政策的硕士和博士学位。除了教育经济学，他的研究兴趣还包括社会和政治运动及其对个人和机构的影响。在入职科尔比学院之前，Greene 博士是芝加哥大学的执行副校长，也曾在布朗大学和史密斯学院担任领导职务。Greene 博士在科尔比学院的一个主要事项是推动学院围绕多样性和包容性以及对项目的投资，以提高其全球关注度，保证科尔比学生获得更多的全球实习机会和研究机会，这也导致 2018～2021 年寻求入读科尔比的学生人数增加了一倍多。

2.3.8　文化与生活

科尔比学院有 100 多个学生经营的俱乐部，包含运动俱乐部、音乐团体、多元文化团体、政治组织、出版物、各种科学或学科俱乐部等。

另外，户外活动也是这里教育的一部分，COOT（Colby Outdoor Orientation Trips）是所有一年级科尔比学生都需要参加的一项户外的迎新计划，为学生提供经典的户外体验，如攀岩、背包旅行、划独木舟、激流漂流等。每个高年级学生通过与一群一年级学生一起进行密集的户外探险来开始对科尔比学院的认识和体验，让大家从秋季学期开始就建立友谊，为过渡到校园生活和学习做好准备，并体验缅因州的自然景观。COOT 的领导者整个学年都在校园内提供持续的指导。

科尔比学院拥有 32 支校队（15 支男子、16 支女子和 1 支男女混合校队），学院是新英格兰小型大学运动大会（NESCAC）的成员，参加 NCAA 第三赛区的比赛。

在科尔比学院，近 100% 的学生住在校园内的 30 栋宿舍楼内，学生有各种住宿选择，包括单人间、双人间、三人间和共用房间套房。整个校园，包括所有宿舍，都是无烟的。

科尔比学院的三个图书馆可以让学生轻松访问超过 170 万种图书，其中包括 530000 多本电子书，以及 22000 多份印刷品和 130000 份电子期刊和报纸。

科尔比学院艺术博物馆成立于 1959 年，是美国首屈一指的大学博物馆之一。26000 平方英尺的 Alfond－Lunder Family Pavilion 于 2013 年 7 月开放，增加了10000 英尺的展览空间和一个专用于学院艺术系的楼层，为摄影和美术基础课程提供了新的工作室。

学校学生组织的清单：http：//www. colby. edu/studentlife/student－organizations/。

学校的校报是 The Colby Echo，网址：http：//colbyechonews. com/。

2.3.9　联系方式

科尔比学院的招生办联系方式：admission@ colby. edu，电话：（001）207－859－4800。

负责中国学生的招生官：Lexie Sumner，Associate Director of Admissions。

邮箱：lexie. sumner@ colby. edu，电话：（001）207－859－4806。

Lexie Sumner 来自新泽西州，毕业于华盛顿学院，是经济学和商业管理双专业文学学士，辅修民族音乐，曾在华盛顿学院做过招生副主任。

面试不是申请过程的一部分。但学生提交申请后，将收到与校友或在读学生进行面谈交流的机会。

2.3.10　目标生源

科尔比学院的社会科学优势比较明显，适合对社会科学感兴趣、可以充分利用学校的联合国实习资源、不怕寒冷天气的学霸。

2.4　威廉姆斯学院（Williams College）

https：//www. williams. edu/

威廉姆斯学院基本情况如表 2.4 所示。

表 2.4　威廉姆斯学院基本情况

U. S. News 美国文理学院排行榜	成立年份	校园面积	本科生人数	男女比例	国际生比例	美籍亚裔生比例
1	1793	450 英亩	1962 人	男：49.8% 女：50.2%	10%	14%
每年本科生入学人数	师生比	录取率	学费/年	食宿/年	本科毕业生年薪起薪中值	整体捐赠金额
482 人	1：6	15.11%	59350 美元	16810 美元	84099 美元	42 亿美元

2.4.1　历史和排名

威廉姆斯学院成立于 1793 年，由殖民者埃弗拉伊姆·威廉姆斯的遗产资助成立，它是马萨诸塞州仅次于哈佛大学的第二古老的高等教育机构。威廉姆斯学院最初是一个男子学院，学院第一批学生有 18 名，直到 1970 年采用男女同校。1971 年 9 月威廉姆斯学院开设了第一门关于女性的课程，名叫"美国女性"，由历史学教授弗雷德·鲁道夫（Fred Rudolph）教授。

威廉姆斯学院以本科教学为主，研究生课程设有艺术史和发展经济学。

威廉姆斯学院的教育使命，是营造一个包容的环境，让学院的每一位成员都受到同样尊重，每个人都有发表自己观点和聆听别人声音的机会。学院崇尚鼓励每个人自由发表自己的见解，致力于建设一个人人都能生活、学习和繁荣的社区，这也是学院对每一位学子的用心承诺。

威廉姆斯学院在 2022 U. S. News 的美国文理学院排行榜上排名第 1。在 U. S. News 最有价值的学校中排名第 1，在最佳本科教学学校中排名第 15。

2.4.2　位置和环境

威廉姆斯学院校园面积 450 英亩，位于马萨诸塞州西北部的伯克希尔的威廉姆斯镇，北部与佛蒙特州接壤，西部与纽约州接壤，学校距离波士顿 135 英里，距离纽约市 165 英里，校园内拥有 100 多座学术、体育和住宅建筑。

威廉姆斯学院的霍普金斯天文台是美国现存最古老的天文观测站，建于 1836~1838 年，现在包含梅林天文学博物馆、著名制造者阿尔万·克拉克的第一台望远镜以及米勒姆天文馆，目前天文学的师生们可以用世界上最先进的望远镜进行研究。

威廉姆斯学院的查平图书馆拥有丰富的藏品，如中世纪手稿等宝藏；超过 525 本 15 世纪的书籍，包括欧几里得和荷马的第一版印刷版；莎士比亚戏剧第一对开本；雕塑家丹尼尔·切斯特·弗伦奇（Daniel Chester French）的论文；等等。

威廉姆斯学院的艺术博物馆（WCMA）作为美国最好的大学艺术博物馆之一，收藏了 12000 件艺术作品，如美国的建国文件的原版印刷品：《独立宣言》《美国宪法》《权利法案》等。

克拉克艺术中心与马萨诸塞州当代艺术博物馆（MassMoCA）和威廉姆斯学院艺术博物馆（WCMA），共同组成了马萨诸塞州伯克希尔郡艺术三角，每年参观人数超过 20 万人。威廉姆斯学院的艺术史研究生课程是与克拉克艺术中心一起合作开办的。

学院目前的本科生总人数为 1962 人，其中男性学生占 49.8%，女性学生占 50.2%，学生中亚裔占比 14%。国际学生来自 90 多个国家和地区，占 10%，中国学生占 1.6%。

2.4.3　专业设置和学术活动

根据毕业生的学位统计，学校最受欢迎的专业是经济学、数学、生物、政治、英语、心理学、历史、计算机等，大约 40% 的学生以双专业毕业。学院 2020 届毕业生专业分布如图 2.4 所示。

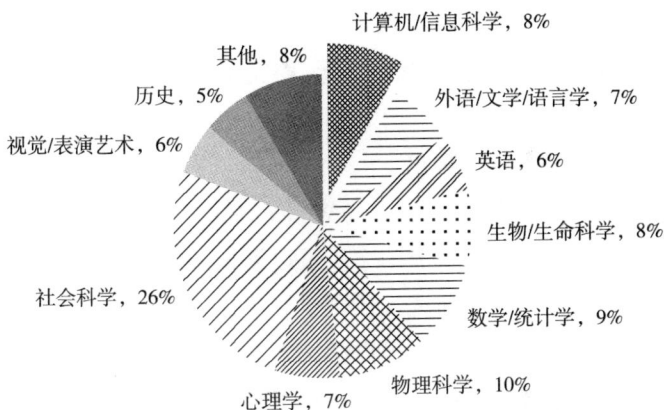

图 2.4　威廉姆斯学院 2020 届毕业生专业分布

威廉姆斯学院共有三个学术部门（语言与艺术、社会科学、科学与数学），包括 25 个学术系、36 个专业以及多个特殊的学术项目。

威廉姆斯学院的特殊学术项目办公室（OSAP）为学生提供了梅隆梅斯本科生奖学金（MMUF）、艾莉森戴维斯研究奖学金（ADRF）、公共人文奖学金以及暑期人文与社会科学（SHSS）等项目。

暑期人文与社会科学课程（SHSS）是一个为期五周的课程，面向对人文学科或社会科学有兴趣的大一新生；暑期的科学研究计划一般于 6 月中旬开始，180 名学生在校园内进行 10 周的科学研究。

除了校内的科研机会，威廉姆斯学院还提供多个校外科研机会。威廉姆斯夏季研究计划为学生提供了在暑假期间继续学习的机会。大二和大三学生可以申请暑期研究和旅游奖学金。大一到大三的学生都可以申请支持国外强化语言学习的助学金。

威廉姆斯学院与哥伦比亚大学有"3+2"和"4+2"的工程联合项目，和达特茅斯学院有工程的双学位项目，一般是"2+1+1+1"，即威廉姆斯学生第三年就读于达特茅斯学院，第四年回到威廉姆斯学院，毕业后，第五年继续在达特茅斯学院学习。

威廉姆斯学院注重学生通过全球化的思维和生活方式与世界互动，除了每学期近 1/4 的学生参加外语或外国文学课程外，海外学习是学生教育的一部分。海外学习计划涵盖从语言到政治再到艺术各个领域的课程。威廉姆斯学院还提供两个独家研究项目：威廉姆斯-神秘学，一个专注于海洋文学、历史和科学的跨学科项目；以及与牛津大学合作的威廉姆斯-埃克塞特项目，该项目为学生提供在牛津大学一年的学习计划。每年 1 月，超过 100 名学生选择冬季学习旅行课程或提出申请参加海外的冬季学习项目。

威廉姆斯学院的 1 月是冬季学习（Winter Study），始于 1967 年，旨在为学生和教师提供截然不同的教育体验。学生可以不拘一格地从冬季单月课程中选择课程，也可以进行协作或独立研究，还可以寻找实习机会或是旅行。教师可以探索不适合纳入常规课程的科目，也可以尝试新的科目，如果成功，这些冬季课程可能会在以后的常规学期中使用。此外，学生可以在冬季学习中开设课程参与教学。这为学生提供了更多独立和主动学习的机会，以及参与文化交流和了解彼此的机会。

威廉姆斯学院的职业探索中心和校友赞助实习计划为学生提供了多个领域的实习项目，学生能够根据自己的技能、兴趣和价值观在多个职业社区进行尝试。学生常去的实习雇主包括：IBM、橡树岭国家实验室、美国国家可再生能源实验室、人才青年中心、国家移民司法中心、亚裔美国人自我赋权联合中心领导学院、阿迪达斯、迪士尼、美国航空、福特、杜邦、通用电气等。

2.4.4　师资及教学

威廉姆斯学院的师生比例是 1:6，少于 20 人的小班课程占到了所有课程的75.1%。有 364 名全职老师，终身教职员工占总教职员工的 57%，95% 的老师拥有所在领域的最高学位。

威廉姆斯学院提供通向文学学士学位的学习课程，课程要求每个学生探索多个知识领域并主修一个领域。学生还必须在语言与艺术、社会研究、科学和数学 3 个领域中的每个领域中都完成 3 门课程，以达到通识教育的要求。

学院还要求学生在大二结束前完成两项不同的共 4 个学期的体育课，并通过游泳考核测试。此外，学院还要求学生在大三结束前完成两门写作技巧课程，并在毕业前通过 4 门冬季学习课程，在校园内至少度过 8 个学期，且最后一年的 2 个学期都住在校内。

课程目录：https://catalog.williams.edu/2122。

选课要求：https://catalog.williams.edu/degree-requirements/。

2.4.5　申请条件

在 2020~2021 年申请季，威廉姆斯学院一共收到 8745 份申请，录取了 1322 位，录取率 15.11%，最后有 482 位新生正式入学。在 8745 份申请中，有 634 位是 ED 早申请，其中 249 位被录取，录取率 30.9%。学校同时还为 1944 位学生提供了待定席位，846 位接受待定，最后 73 位转正。

根据官网的报告，在所有的申请材料中，招生办认为最重要的是个人品质、中学课程难度、班级排名、GPA、标化成绩和推荐信；其次是申请文书、课外活动经历、志愿者活动、工作经历等其他因素。学校对高中课程的要求是 4 年的英语、数学、科学、外语、社会学学科，3 年的实验室科学。

中国学生可以参考的标化 75% 分数线是：SAT 1540 分（其中语法阅读 770分），ACT 35 分。95% 的申请者在毕业班的排名前 10%。威廉姆斯学院不强制学生参加托福、雅思或多邻国等标化考试，但是中国录取者的平均托福成绩应在115分左右。学校对英语水平的具体要求见 https：//www. williams. edu/admission-aid/apply/international/。

威廉姆斯学院每年都招转学生，2020～2021年有356份申请，最后录取了9位，有7位入学。

2.4.6　毕业生就业方向

1980～2000年，61%以上的威廉姆斯校友至少获得了一个研究生或专业学位。最受校友欢迎的研究生学科是管理、教育、法律和医疗健康。

学院对2020届毕业生的调查显示，虽然受到了新冠肺炎疫情的影响，但威廉姆斯学生在毕业6个月以后，68%的学生已就业，15%的学生就读研究生院继续学习。每年大约有50名威廉姆斯本科生和校友申请医学院。三年期接受率平均为85%～90%。

威廉姆斯学生就业的热门地点主要是马萨诸塞州、纽约州、加州、华盛顿州。热门的就业行业主要是咨询类、互联网技术类、医疗保健类、银行金融类、教育类、法律服务类。学生就业的雇主主要包括谷歌、摩根大通、亚马逊、高盛、微软、丹娜-法伯癌症研究所、麻省综合医院等。

威廉姆斯学生的研究生院目标主要包括：哈佛大学、布朗大学、斯坦福大学、加州伯克利大学、剑桥大学、芝加哥大学、范德堡大学、纽约大学等。

毕业生相关数据：https：//careers. williams. edu/files/2020－Destinations－After－Williams. pdf。

2.4.7　著名校友

威廉姆斯学院目前有校友30965名，全球校友会74个。威廉姆斯学院校友会是美国现存最古老的校友会。学校的著名校友有：美国第20任总统 James Abram Garfield；美国最高法院前副法官 Stephen Johnson Field；前中央情报局局长 Richard McGarrah Helms；诺贝尔经济学奖得主 Robert Fry Engle；美国数学家、菲尔兹奖章获得者 Curtis McMullen；美国在线前首席执行官兼董事长 Stephen McConnell Case；纽约市现代艺术博物馆馆长 Glenn D. Lowry；纽约洋基队的管理合伙人 Harold Steinbrenner；克利夫兰诊所首席执行官兼总裁 Toby Cosgrove；以研究人机交互而闻名的美国计算机科学家 A. J. Bernheim Brush；创建了美国东南部第一个植物目录的植物学家 John M. Darby；第一个获得心理学博士学位的美国人、美国心理学之父 Granville Stanley Hall；美国自然协会的创始人 Arthur Newton Pack；《财富》杂志主编 Clifton Leaf；四届艾美奖得主、电视喜剧作家和剧作家 Rachel Axler；奥斯卡最佳电影导演获得者 Elia Kazan；普利策奖和托尼奖获奖作曲家和作家 Stephen Joshua Sondheim 等。

Maud S. Mandel 博士于 2018 年 7 月成为威廉姆斯学院的第 18 任校长。她于 1989 年获得欧柏林学院的英语学士学位，于 1993 年和 1998 年分别获得密歇根大学历史学硕士学位和博士学位，她以客座助理教授的身份进入布朗大学，最终成为历史和犹太学研究教授和学院院长，她一直担任该学院的院长，直到加入威廉姆斯学院担任校长。作为一位有成就的历史学家，Mandel 博士主要研究 20 世纪法国的包容和排斥政策和做法如何影响少数民族和宗教少数群体。Mandel 除了担任威廉姆斯学院的校长外，会在的日程安排允许的范围内尽可能地授课。

2.4.8 文化与生活

威廉姆斯学院的颜色是紫色。吉祥物是一头紫色的牛，吉祥物的名字是埃菲利亚。

威廉姆斯学院校园内有大约 150 个学生组织 RSO，学生也可以申请注册自己的组织 RSO。学校还有紫钥匙展开放日（Purple Key Fair），让学生可以与学生组织见面和沟通，确定自己是否要参加该组织。

学校要求在正常学期期间（秋季学期、冬季学期、春季学期），所有威廉姆斯学生都必须居住在校园内的学生宿舍。学院会额外批准一些大四学生住宿在由威廉姆斯物业管理公司管理的校外公寓（2021~2022 年的上限为 125 人）。

威廉姆斯学院提供多种餐饮选择，有 2 个每周 7 天供应餐点全方位服务食堂，还有 3 个在深夜都提供小吃的咖啡店或小吃吧。所有大一学生都必须参加学校的全膳食计划，其他年级学生可以参加学校每周 21 餐或 14 餐的膳食计划。

山地日是学校的传统项目，在 10 月的某个周五，钟声响起，学校课程取消，鼓励学生到户外去享受户外活动，有在格雷洛克山徒步、团队冒险比赛、全校野餐、攀岩探险、骑自行车和划独木舟等。

威廉姆斯学院运动队被称为"埃弗斯 Ephs"，是为了纪念埃弗拉伊姆·威廉姆斯上校。大约35%的学生参加校际体育活动，学校有32支校际校队（16支男子队和16支女子队）、5支初级校队以及24支俱乐部队，他们参加了NCAA的第三分区和新英格兰小学院体育会议NESCAC，威廉姆斯学院还参加NCAA第一赛区的滑雪和壁球比赛。

学生活动组织：https：//sites. google. com/williams. edu/purplekeyfair2020/purple-key-fair。

学校校报名称为The Williams Record，网址：https：//williamsrecord. com/。

2.4.9　联系方式

威廉姆斯学院招生办联系方式：admission@ williams. edu，电话：　（010）413-597-2211。

负责国际学生的招生官：Markus Burn，Associate Director of Admission。

邮箱：mhb1@ williams. edu。

Markus Burn来自奥尔巴尼地区，2006年毕业于威廉姆斯学院哲学系。2013~2016年在威廉姆斯学院担任招生助理主任，2016~2019年在普林斯顿大学任招生助理院长，2019年再次加入威廉姆斯学院。

威廉姆斯学院关于面试没有特别要求。

2.4.10　目标生源

对自己学术有信心、有卓越的学术背景和课外活动、价值观优秀的文理通识的学霸，都可以试试申请这所学校。这里有最丰富的人均教育资源支持，来这里会度过难忘的四年大学生活。

2.5　阿默斯特学院（Amherst College）

https：//www. amherst. edu/

阿默斯特学院基本情况如表2.5所示。

表 2.5 阿默斯特学院基本情况

U. S. News 美国文理学院排行榜	成立年份	校园面积	本科生人数	男女比例	国际生比例	美籍亚裔生比例
2	1821	1000 英亩	1850 人	男：50% 女：50%	10%	15.5%
每年本科生入学人数	师生比	录取率	学费/年	食宿/年	本科毕业生年薪起薪中值	整体捐赠金额
434 人	1：7	11.8%	60890 美元	15910 美元	57900 美元	37 亿美元

2.5.1 历史和排名

阿默斯特学院成立于 1821 年，前身是阿默斯特学院（Amherst Collegiate Institution），是一所中学，1825 年 2 月经马萨诸塞州政府特许成为阿默斯特学院（Amherst College）。

阿默斯特学院的首任院长泽法尼亚·斯威夫特·摩尔曾任威廉姆斯学院院长，因此阿默斯特学院和威廉姆斯学院之间的密切关系和竞争关系一直持续到今天。

阿默斯特学院是马萨诸塞州历史悠久的高等教育机构，最初是一所男子学院，学院在 1962 年开始聘用女性担任终身制教授，并于 1975 年成为男女同校的学院。学院有很多历史第一，包括 1859 年和威廉姆斯学院对阵的世界上第一场校级棒球比赛；1860 年设立的全美第一个大学体育和卫生计划；1973 年成立的全美第一个本科神经科学项目。

阿默斯特学院是五所学院联盟的成员，该联盟还包括附近的史密斯学院、霍利奥克山学院和汉普郡学院以及马萨诸塞大学。在该联盟中，学生可以选择任何一所大学上课，这大大丰富了阿默斯特学生的社交和课外生活。

阿默斯特学院在 2022 U. S. News 的美国文理学院排行榜上排名第 2。在 U. S. News 最佳本科教学学校中排名第 4。

2.5.2 位置和环境

阿默斯特学院位于马萨诸塞州康涅狄格河谷的阿默斯特镇，该镇还有汉普郡学院和马萨诸塞大学。学院距离波士顿市中心约 2 小时车程，距离纽约市 3 小时车程。离学校最近的是布拉德利国际机场，约 1 小时车程。阿默斯特镇是一个热闹的小镇，有各种餐馆、咖啡店、艺术馆、电影院、书店等，当地居民有 40% 的人都拥有研究生学位。

阿默斯特学院的校园面积约 1000 英亩，包括一个约 500 英亩的野生动物保护区。野生动物保护区位于校园以东，包括湿地、河流、高地森林、松树林和池塘，是休闲娱乐和研究的重要场所。距离保护区不远处，还有一个有机蔬菜园，方便学生"自给自足"。

学院的贝内斯基自然历史博物馆是新英格兰地区最大的自然历史博物馆之一，拥有三层楼规模，展出了 1700 多件物品。这里有从鱼类到恐龙再到冰河时代的巨型动物的化石和骨架，有来自世界各地的矿物标本，甚至还有来自地球外的陨石。

学院的罗伯特·弗罗斯特图书馆，是为纪念诗人罗伯特·弗罗斯特在阿默斯特学院 40 年的工作和教学而命名，馆藏有超过 150 万册书籍和超过 13 万种电子和印刷期刊，以及大量的珍贵历史资料。其他专业学术收藏位于校园周围的基夫科学图书馆、摩根音乐图书馆、奥尔兹数学阅览室和俄罗斯文化中心。

学校的学院街有校园内三座最古老的建筑，一座是 1827 年建成的约翰逊教堂，其两侧则是 1821 年建成的南学院楼和 1823 年建成的北学院楼。目前南北学院楼是大一新生宿舍楼，约翰逊教堂是英语系教室和学校办公室及电影和传媒研究项目的所在地，教堂二楼主要用于校园会议、讲座和音乐表演。

学院的科学中心于 2018 年秋季建成，提供最先进的设施和更广阔的空间，以支持越来越多的学生与教授在这里开展富有探索性的研究、实践，进行更密切的学术交流。

阿默斯特学院目前的本科生总人数为 1850 人，其中男性学生占 50%，女性学生占 50%。国际学生来自 56 个国家和地区，国际学生占 10%。

2.5.3 专业设置和学术活动

根据毕业生的学位统计，学校最受欢迎的专业是：社会科学、数学/统计学、生物/生命科学、心理学、计算机/信息科学等。学院 2020 届毕业生专业分布如图 2.5 所示。

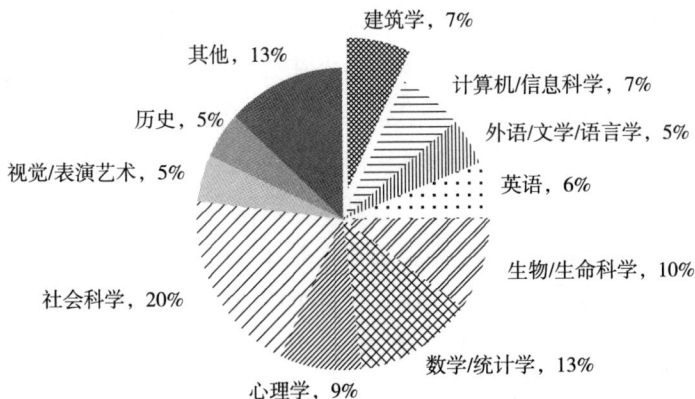

图 2.5 阿默斯特学院 2020 届毕业生专业分布

阿默斯特学院鼓励严谨且有活力的教育，针对学生会有更加个性化的教学方式，老师会引导学生从全新的角度看世界，提升学生的视野、格局，使他们通过学习来感受与承担推动世界发展的责任。因此，体验式学习是阿默斯特学院最为显著的特点之一。

何谓体验式学习？例如，学生从大一就有机会参与科研活动，学院可以为老师和学生提供跨自然学科、社会科学和人文学科的研究项目。仅 2020 年夏天，便有 73 名大二和大三学生与教授一起，在天文学、生物化学、生物学、生物物理学、化学、计算机科学、地质学、数学、统计学、神经生物学、物理学和心理学等领域，一起展开了科学研究。据统计，阿默斯特学院 2020 年用于资助师生科研项目的经费超过 150 万美元。

再如，本科生暑期科学研究计划（SURF）是一个为期 8 周左右的计划，学生在暑假结束时将要提交一份研究报告，学院会择优发布在其官方网站。在另一个研究计划——舒普夫研究计划（也是一个为期 8 周的夏季项目）中，学生在艺术、人文和社会科学方向，可以展开深入研究，每年大约有 20 名大二和大三学生通过选拔后参与项目，并有少数优秀者在大一结束时被邀请成为舒普夫研究员。阿默斯特学院的查尔斯·汉密尔顿·休斯敦实习计划（休斯敦计划），为学生提供在美国国内和国外各个行业领域的实习机会，这些均为有偿的实习。在这个实习计划中，会有专职工作人员为学生提供一对一的支持和建议。

阿默斯特学院还有很多不同类型的科研项目，如在瓦尔穆斯国际研究计划中，学生可以在美国以外的任何国家和地区从事 3~6 个月的学术科研。阿默斯特-福尔格本科奖学金计划中，学生有机会进入世界上首屈一指的福尔格莎士比亚图书馆，依托这里丰富的学术资料，能够在英语、历史、人类学、心理学等领域进行深入的探究。此外，学院还有格雷戈里·卡恩本科研究计划、梅隆梅斯本科奖学金计划等科研项目，以及 STEM 孵化器。

少数特别优秀的毕业生，还可以得到来自阿默斯特学院的健康专业计划和阿默斯特福尔格人文奖学金。阿默斯特健康专业计划面向当年的毕业生，至多有三名学生毕业后可以返回阿默斯特学院，完成短期的医学院课程，除了参加上述课程之外，学生还将参与健康、服务或与科学相关的科研或志愿者活动。阿默斯特福尔格人文奖学金，则每年为阿默斯特学院的一名毕业生提供极为难得的专业研究机会，研究地点则是在两个世界一流的学术机构：福尔格莎士比亚图书馆与邓巴顿橡树研究图书馆和档案馆。

阿默斯特学院鼓励学生勤于思考，特别是从他们自身经历中，获取对全球普遍性问题的认知与感悟。学院有超过45%的学生在大学期间出国留学，学生可以从世界各地50多个国家和地区的160个项目中进行选择，从古巴到斯里兰卡，从马里到马达加斯加，都有阿默斯特学院的合作项目。学生还可与学院的教授一起到合作大学参与研究。此外，学院每年都举办摄影展，通过出国留学生的照片来展示他们的海外学习经历。

阿默斯特学院的学生每年还可以参加特定设置的学术旅行，由学院教授带队，将学院不同背景的学生以有意义的方式聚在一起，让学生可以从不同的文化交流中进行思考，同时结交新的朋友。

2.5.4　师资及教学

阿默斯特学院的师生比例为 1∶7，每个班的学生人数平均为 19 个。在阿默斯特学院，少于 30 人的小班课程占到了所有课程的 93%。学院有 209 名全职老师，其中 74 名教师在阿默斯特学院任职超过 20 年，经验非常丰富。

阿默斯特学院提供艺术、科学、社会科学和人文学科等学术方向的 41 个专业和 850 多门课程，阿默斯特的学生也可以从五校联盟中的其他四所学校（史密斯学院、曼荷莲学院、汉普郡学院，以及马萨诸塞大学阿默斯特分校）的 6000 多门课程中选择课程。

阿默斯特学院自 1971 年以来一直以开放式教学而闻名，学生可以修读一个以上的专业，可以创建自己的跨学科专业，或从事独立奖学金项目。开放性课程的灵活性和跨领域性，让学生对课程充满着好奇心，能全神贯注地投入学习。少数大三或大四学生，甚至可以在导师的指导下自由规划个人学习方案，来代替传统的专业课程。

学校的课程目录：https：//www.amherst.edu/academiclife/college-catalog。

五学院的选课目录：https：//www.fivecolleges.edu/academics/courses。

学校的选课要求：https：//www.amherst.edu/academiclife/registrar/for-students/academic-policy-and-degree-progress。

2.5.5　申请条件

在2020~2021年申请季，阿默斯特学院一共收到10603份申请，录取了1254位，录取率11.8%，最后有434位新生正式入学。在10603份申请中，有598位是ED早申请，其中190位被录取，录取率31.7%。学校同时还为1640位学生提供了待定席位，1061位接受待定，最后7位转正。

根据官网披露的信息，学校会严格谨慎地审查每份申请，每份申请至少先由2名招生主管评估，再提交招生委员会讨论。在所有的申请材料中，招生办认为最重要的是中学课程难度和课程质量，以及GPA；其次是申请文书、写作补充、推荐信，还有标化考试成绩、课外活动经历和领导力体现。学校虽然对高中课程没有特定的要求，但是大多成功的申请者课程都包括4年的英语、数学、科学、社会研究和外语，学校尤其看重学生的写作能力。

中国学生可以参考的标化75%分数线是：SAT 1530分（其中数学790分、语法阅读760分），ACT 34分（其中数学34分、英语35分）。85%的申请者都是毕业班级的前10%。如果学生在以英语为主要教学语言的学校学习至少4年，则可以不提供托福成绩。国际生的托福最低要求是100分，每个部分至少25分；雅思成绩要求是7.5分，每个部分至少都是7.5分。学校对英语水平的具体要求见https：//www.amherst.edu/admission/apply/international。

阿默斯特学院每年都招转学生，2020~2021年有470份申请，最后录取了26位，有13位入学。

2.5.6　毕业生就业方向

学院对2019年毕业学生的统计显示，82%的学生在毕业后6个月内选择就业，12%选择研究生或继续教育，1%做志愿者服务。毕业生就业领域如图2.6所示，最受欢迎的是教育行业以及金融服务业。

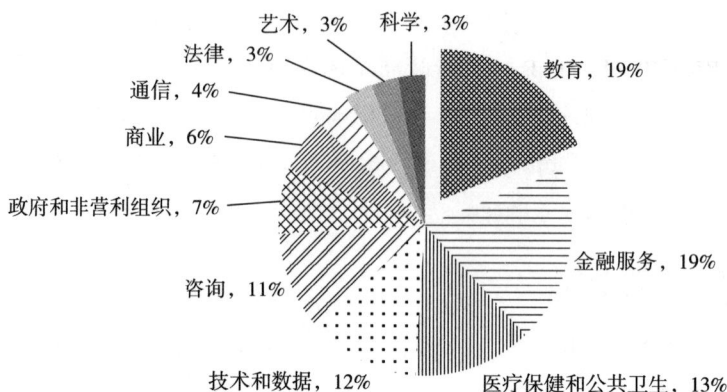

图 2.6 阿默斯特学院 2020 届毕业生主要就业领域

热门的工作地点主要包括：纽约占 25%，波士顿占 14%，剑桥占 3%，旧金山占 3%，芝加哥占 2%，华盛顿占 2%。

就业的雇主主要包括：亚马逊、巴克莱银行、丹娜-法伯癌症研究所、富达投资、高盛、谷歌、哈佛医学院、摩根大通、普华永道等。

学生最常去的研究生院有：哈佛大学、普林斯顿大学、斯坦福大学、耶鲁大学、宾夕法尼亚大学、纽约大学、莱斯大学等，物理和天文学专业的学生超过一半会攻读不同领域的博士学位。

2.5.7 著名校友

阿默斯特学院拥有众多成就卓著的校友，包括 5 位诺贝尔奖得主、9 位麦克阿瑟研究员、20 位罗德学者、众多普利策奖获得者，以及奥斯卡奖、托尼奖、格莱美奖和艾美奖获得者，几乎在各行各业都有代表。其中著名校友包括：美国第 30 任总统 Calvin Coolidge；美国第 12 任首席大法官 Harlan Fiske Stone；第 40 任众议院长 Henry Thomas Rainey；第 42 任国务卿 Robert Lansing；肯尼亚现任总统 Uhuru Muigai Kenyatta。诺贝尔生理医学奖的获得者 Harold E. Varmus、Jeffrey C. Hall；诺贝尔经济学奖获得者 Joseph Eugene Stiglitz、Edmund Strother Phelps；诺贝尔物理学奖获得者 Henry Way Kendall。波士顿科学公司创始人兼董事 John Abele；摩根士丹利亚洲区联席首席执行官 Wei Christianson；梦工厂动画公司高级主管、节目开发负责人 John Tarnoff；哈佛商业评论前总编辑、Fast Company 联合创始人 Alan Webber；四环素的发明者、化学家 Lloyd Conover；美国国家人类基因组研究所（NHGRI）所长 Julie Segre；血浆保存系统的发明者、建立了第一个红十字血库的 Charles R. Drew；小说《达芬奇密码》作者 Dan Brown 等。

Biddy Martin 博士于 2011 年 6 月当选为阿默斯特学院的第 19 任校长。她在弗吉尼亚州林奇堡郊外的坎贝尔县长大，本科毕业于弗吉尼亚州的威廉玛丽学院，主修英语文学，以 Phi Beta Kappa 毕业。她在明德学院获得德国文学硕士学位，在威斯康星大学麦迪逊分校获得德国文学博士学位。Martin 博士于 2008～2011 年担任威斯康星大学麦迪逊分校的校长，2000～2008 年担任康奈尔大学的教务长，她在康奈尔大学任教超过 20 年，最初担任德国研究和妇女研究的助理教授，于 1991 年获得终身教职，并在 2000～2008 年担任德国研究系主任、文理学院高级副院长和教务长，是康奈尔大学任职时间最长的教务长。

2.5.8 文化与生活

阿默斯特学院保证为所有学生提供 4 年的住宿，几乎所有的学生都会住在校园，校园内有 34 栋宿舍楼，其中 7 栋供大一学生使用，大一的学生享有四人房宿舍，且在校园中心位置，居住条件优越。大二、大三和大四的学生可以选择住在"主题宿舍"，主题宿舍有亚洲文化馆、拉丁文化馆、法国之家、德国之家、俄罗斯之家等。学生要在校外住宿，必须提交申请，但是学院每年最多允许 50 名学生住在校外，即便居住在校外也必须居住在距校园 20 英里范围内。

学院的餐厅包括：情人节大厅、施韦姆咖啡馆、科学中心咖啡馆，餐厅里蔬菜大多来自学校自己园地种植的新鲜蔬菜，如胡萝卜、洋葱、西红柿、南瓜、青菜、西葫芦等。

阿默斯特学院有 150 多个学生组织，如果你的兴趣并不在已有的学生组织中，你可以创建自己的学生组织，或者是加入五学院联盟中其他学院的学生组织。

在阿姆斯特学院，尽管学术是第一位的，但同样重视体育运动。学院有 27 支 NCAA 三级球队，赢得过 76 个 NCAA 冠军，学校的体育设施向所有学生开放，包括一个 8000 平方英尺的健身中心，游泳池、球场和溜冰场一应俱全。学生还可以在与校园接壤的诺沃塔克小径慢跑，在康涅狄格河上划皮划艇或在罗伯特·弗罗斯特小径骑山地自行车。

学院的秋季音乐节由比迪·马丁院长于 2013 年 10 月创立，这也是教职员工和学生体验新英格兰秋季美食和传统活动的机会。学院每年都会举办文学节，会邀请著名作家、编辑来分享和讨论语言与写作，分享文学创作的乐趣和挑战。

一年一度的本科生颁奖典礼，会表彰大一至大三中有杰出表现的学生；大四学生则拥有专门的颁奖典礼。每个阿默斯特毕业生都会收到一支深红褐色的手杖，手柄呈精致的"S"形曲线。根据阿默斯特传说，这些手杖象征着学院将永远支持它的毕业生。

学校学生组织的清单：https：//www. amherst. edu/campuslife/our-community/studentgroups。

学校校报的网址：https：//amherststudent. com/。

2.5.9　联系方式

阿默斯特学院的招生办联系方式：admission@ amherst. edu，电话：（001）413-542-2328。

负责国际学生的招生官：Xiaofeng Wan，Dean of Admission & Coord of International Recruitm。

Xiaofeng Wan 来自中国山东青岛。本科毕业于中国外交学院，获英文学士学位，研究生毕业于美国波士顿学院，获高等教育行政管理硕士学位。他在阿默斯特学院招生办负责学院全球招生录取事务，有多年美国大学招生办工作经验，译有《升学之道：美国大学申请全解析》。

学校对面试没有要求。

阿默斯特学院本身没有适合高中生的夏校和在线课程，但是每年夏天有 20 多个儿童或成人夏季项目在校园进行。暑期项目网站：https：//www. amherst. edu/campuslife/our-community/summer-programs。

2.5.10　目标生源

阿默斯特学院适合学术能力强尤其是写作能力很强的学霸。如果你未来想读法律、商科或传媒，这里相比威廉姆斯学院教的内容更接地气，阿默斯特学院也是少数有传媒专业的文理学院。

2.6 明德学院（Middlebury College）

http：//www. middlebury. edu

明德学院基本情况如表 2.6 所示。

表 2.6 明德学院基本情况

U. S. News 美国文理学院排行榜	成立年份	校园面积	本科生人数	男女比例	国际生比例	美籍亚裔生比例
9	1800	350 英亩	2580 人	男：47% 女：53%	15%	8.1%
每年本科生入学人数	师生比	录取率	学费/年	食宿/年	本科毕业生年薪起薪中值	整体捐赠金额
602 人	1：8	22%	59330 美元	17490 美元	55400 美元	15 亿美元

2.6.1 历史和排名

明德学院成立于 1800 年，是佛蒙特州运营的第一所大学，1800 年 11 月招收了 7 名学生，由来自耶鲁大学的创始人耶利米·阿特沃特教授授课。1823 年，亚历山大·暮光毕业于明德学院，是美国第一位黑人大学毕业生，明德大学也是美国第一个授予非裔美国人学士学位的学院。

明德学院创办之初，是新英格兰地区最早的全男性文理学院之一，在 1883 年决定接纳女性之后，成为新英格兰最早成为男女同校的文理学院之一。

明德学院的使命是通过致力于身临其境的学习，让学生成为敬业、有影响力、有创造力的人，并愿意为美好的生活和为社区更美好的未来作贡献，为解决世界上最具有挑战性的问题而努力奋斗。

明德学院在语言教学和全球研究方面处于领先地位，该学院的暑期语言学校能够为学生提供 11 种语言的学习课程。

明德学院在 2022 U. S. News 的美国文理学院排行榜上排名第 9。在 U. S. News 最佳本科教学学校中排名第 4，在最有价值的学校中排名第 12。

2.6.2　位置和环境

明德学院位于佛蒙特州中西部的尚普兰山谷，东面是佛蒙特州的绿色山脉，西面是纽约的阿迪朗达克山脉，校园位于明德镇以西的小山上，明德是一个以水獭溪瀑布（Otter Creek Falls）为中心的传统新英格兰村庄。明德镇距离蒙特利尔 2.5 小时车程，距离波士顿和哈特福德约 4 小时车程，距离纽约市约 5 小时车程。

明德教堂作为校园的主要地标，是一个重要的艺术场所，学院合唱团全年在此演出，这里还举办讲座、音乐会和其他公共活动。

克里斯蒂安·A. 约翰逊纪念大楼位于校园中心，包括众多工作室、数字制造实验室和专业计算机实验室，为常驻和客座艺术家、建筑师以及学生提供讲座和展览空间。

马哈尼艺术中心，也被称为 MAC，是校园艺术活动的中心，这里为表演艺术者提供了创作环境。明德学院艺术博物馆毗邻马哈尼艺术中心，这里既是学院的文化和教育组成部分，也是学习休息的休闲场所，其收藏的数千件物品从古代到当代都有，包括杰出的文物收藏、亚洲艺术、摄影、19 世纪欧美绘画和雕塑以及当代艺术。

除了主校区靠近明德镇外，学院在校园外围还拥有广泛的运动和娱乐空间，包括高尔夫球场。学院还包括明德以东 12 英里处的面包山校园。面包山校园位于佛蒙特州里普顿的 3 万英亩林地中间，校园内设有住宅楼和学术楼，夏季提供全日制暑期课程和举办美国最古老和最负盛名的"明德面包作家会议"（Middlebury Bread Loaf Writers' Conference）。冬季，面包山校园则是当地有名的滑雪旅游中心。

明德学院目前的本科生总人数为 2580 人，其中男生占 47%，女生占 53%。国际学生来自 70 多个国家和地区，国际学生占比为 15%，非国际学生中亚裔占比为 8.1%。

2.6.3　专业设置和学术活动

根据毕业生的学位统计，学校最受欢迎的专业是社会科学、生物/生命科学、计算机/信息科学、自然资源和保护、视觉/表演艺术、心理学、地区/民族/性别研究等。学校毕业生专业分布如图 2.7 所示。

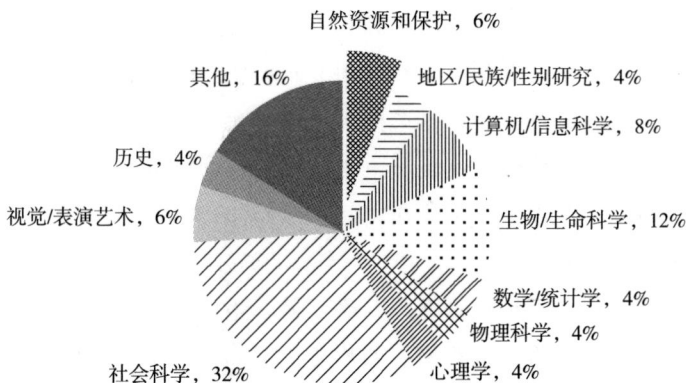

图 2.7 明德学院 2020 届毕业生专业分布

明德学院提供 44 个专业共 850 门课程，以环境研究项目闻名全国，学生可以通过明德国际研究学院的国际环境政策课程，在五年内获得学士学位和硕士学位。其中，约占 2/3 的环境研究专业，学院还会拿出一学期的时间，让学生在欧洲、亚洲、非洲、拉丁美洲和大洋洲的学校和项目中学习。

此外，明德国际研究学院还提供国际环境政策、恐怖主义研究、外语教学、向其他语言的讲者教授英语（MATESOL）四门课程的五年综合学位课程。

想要从事医学职业、确定未来就读医学院的学生，在大二就可以参加早期保障预科计划，参加计划的学生申请者，在大二有机会获得来自医学院的录取保证。对于完全致力于医学职业的高素质学生来说，这是一个很好的选择，学生在大学前两年的学习成绩至关重要。为明德学生提供早期保障的医学院有：达特茅斯学院盖塞尔医学院、奥尔巴尼医学院、康涅狄格大学医学院、布法罗大学医学院、纽约州立大学上州医科大学和罗切斯特大学医学中心。

明德学院和达特茅斯学院有双学位课程计划，如学生大三在达特茅斯学院学习工程学，大四回到明德学院以学士学位毕业，第五年回到达特茅斯学院读工程学学士学位，或读到第六年获得硕士学位。此外，明德学院也与哥伦比亚大学和伦斯勒理工学院合作，推出"3+2"的工程双学位计划，即学生在明德学院完成前三年学业，再进入哥伦比亚大学和伦斯勒理工学院读两年，最后取得明德学院学士学位和哥伦比亚大学（或伦斯勒理工学院）工程学院的学士学位。

　　明德学院为学生提供了很多跨学科研究和工作机会。学生与明德教师一起从事研究和工作，或与其他大学和研究机构的教职员工开展合作，或进行自己的独立项目的研究。学生可以在春季学生研讨会和专业会议上介绍他们的研究成果，学生也有机会在本科研究期刊和专业期刊上发表他们的论文。学院提供了六类科研奖学金及众多创业和创新项目供选择。每年夏天，明德学院有超过130名学生与教师一起从事校园内研究，主题从生物到化学再到哲学，范围广阔。

　　明德学院每年一半以上学生会在40多个国家的大学或研究机构、面向90多个不同的课程开展学习。

　　明德学院在中国、阿根廷、巴西、喀麦隆、智利、法国、德国、印度、意大利、日本、约旦、摩洛哥、俄罗斯、西班牙、乌拉圭和英国的40多所大学设有明德海外学校，学生在这些学校里以当地语言学习所有课程，与当地学生一起上课，感受地域文化。明德学生也可参加另外一些出国留学计划，可在澳大利亚、博茨瓦纳、捷克、丹麦、厄瓜多尔、加纳、希腊等国参加学术项目和开展学习。

2.6.4　师资及教学

　　明德学院的师生比例是1∶8，最常见的班级人数是16人。少于20人的小班课程超过六成。

　　明德学院大一学生第一学期都必须参加一年级研讨会（课程），这个课程仅由大一学生参加，课程是跨学科的，强调批判性思维和写作能力。学生在大二结束前还必须参加写作课程，该课程特别注重写作和修改的过程，且不能和一年级研讨会同时参加。

　　在通识教育方面，学生必须在8个学术类别中的7个类别里至少选修一门课程，以满足通识教育要求，这8个类别是：文学、艺术、哲学和宗教研究、历史、物理和生命科学、推理和分析、社会学、外语。此外，明德学院的学生还必须在毕业前修两门体育课，每个赛季的大学运动参与算作一门体育课。

　　明德学院每年1月的冬季学期课程（也称为J学期）为学生和教师提供独特的学习和教学机会，每个学生只能修一门学术课程（有学分），每位教师也只教一门课程；学生可以独立完成学科学习，也可以参与其他人的学科项目，这些项目可能涉及学生此前从未学习过的专业领域或学科课程。冬季学期课程包括从初级到高级的课程，涵盖各个级别的跨院系和院系内各种课程。

学校选课的课程目录：http：//www. middlebury. edu/academics/catalog；ht-tp：//www. middlebury. edu/academics/catalog/depts。

学校的选课要求：http：//www. middlebury. edu/academics/catalog/policies。

2.6.5 申请条件

在 2020~2021 年申请季，明德学院一共收到 9174 份申请，录取了 2022 位，录取率 22%，最后有 602 位新生正式入学。在 9174 份申请中，有 838 位是 ED 早申请，其中 392 位被录取，录取率 46.7%。学校同时还为 1338 位学生提供了待定席位，534 位接受待定，最后 104 位转正。

根据官网的数据，在所有的申请材料中，招生办认为最重要的是中学课程难度、GPA、班级排名、课外活动经历和个人品质；其次是申请文书、推荐信和标化成绩；再次是面试、志愿者活动、工作经历等其他因素。学校对高中课程的要求是 4 年的数学、科学和社会学学科，3 年的外语、历史和实验室科学。

中国学生可以参考的标化 75% 分数线是：SAT 1520 分（其中数学 770 分、语法阅读 750 分），ACT 34 分。如果学生在以英语为主要教学语言的学校学习至少 3 年，或者 IB 英语为 A，则无须提供托福成绩。国际生的托福最低要求是 109 分，雅思成绩要求是 7.5 分。学校对英语水平的具体要求见：https：//www. middlebury. edu/college/admissions/apply/international。

明德学院每年都招转学生，2020~2021 年有 211 份申请，最后录取了 35 位，有 5 位入学。

2.6.6 毕业生就业方向

明德学院对 2019 年毕业生的调查显示，81% 的学生毕业后选择在大型或新兴公司和组织就业，11% 的学生继续硕士或博士学位的教育，2% 的学生进行志愿者类的服务。

申请医学院或法学院的学生，有 94% 的人被录取。学院毕业生的研究生院目标主要有哥伦比亚大学、布朗大学、哈佛医学院、斯坦福大学、密歇根大学、约翰霍普金斯大学、牛津大学等。

毕业生就业领域如图 2.8 所示，最受欢迎的是金融服务、管理咨询，以及科学和医疗保健类。

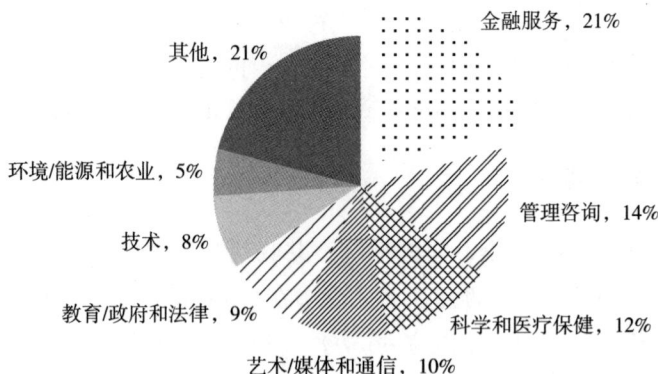

图 2.8　明德学院 2020 届毕业生主要就业领域

2.6.7　著名校友

明德学院的著名校友包括：佛蒙特州的 7 任州长（16 任 John Mattocks，17 任 William Slade，18 任 Horace Eaton，19 任 Carlos Coolidge，23 任 Stephen Royce，33 任 John Wolcott Stewart，80 任 James Holley Douglas）；美国最高法院大法官 Samuel Nelson；白宫前新闻秘书 Ari Fleischer；美国商务部前部长 Ronald Harmon Brown 和众多外交官和参议员等。还包括：GPS 的主要发明者和设计师 Roger Lee Easton；面部修复领域的先驱 Arthur H. Bulbulian；发现奈特移位而闻名的物理学家 Walter D. Knight；新百伦（New Balance）董事长、美国职业棒球大联盟联合创始人 Jim Davis；美国国家公共广播电台前总裁兼首席执行官 Vivian Schiller；贝宝（PayPa）总裁兼首席执行官 Dan Schulman；费城艺术博物馆馆长兼首席执行官 Timothy Rub；芝加哥艺术学院院长 James Rondeau；摩尔资本管理公司的创始人兼首席执行官 Louis Moore Bacon；微软（Xbox）联合创始人 Otto Berkes 等。

Laurie L. Patton 博士于 2015 年成为明德学院的第 17 任校长，也是该学院 218 年历史上第一位女性校长。Patton 博士是南亚历史和文化领域的领军人物，也是这些领域 11 本书的作者或编辑。她还为企鹅经典系列翻译了古代印度教文本《薄伽梵歌》，并撰写了三本诗集——最近的一本书《穿越家园》于 2018 年 5 月出版。Patton 博士是土生土长的新英格兰人，她在马萨诸塞州丹弗斯长大，1979 年毕业于乔特·罗斯玛丽学院，她在哈佛大学获得文学学士学位，在芝加哥大学获得博士学位，并于 2000 年获得富布赖特奖学金。Patton 博士曾是埃默里大学早期印度宗教的教授，之后曾担任杜克大学的宗教教授和文理学院院长。她的研究重点是早期印度的仪式、叙事和神话、宗教研究中的文学理论以及现代印度的印度教。

2.6.8 文化与生活

明德学院有许多年度活动，每年2月和9月都有迎新会，迎新会持续多日，学生会与学术顾问会面，参加各种校园活动，学习社区价值观，并和同学建立联系。

秋季家庭周末开放日，从秋季某一个周五的开放课程开始，邀请家庭成员参观校园和参加各种学术、文化和体育活动。

秋天是佛蒙特州一年中的美好时光，校友们也会在这个季节回到学校，看望老朋友，为明德学院的黑豹队加油，并享受佛蒙特州秋天的色彩。

自1987年开始，2月庆典已成为明德学院的一个重要传统，毕业生们穿着礼服，戴上帽子在明德学院的雪碗滑雪。

明德学院的冬季狂欢节是全美历史最悠久的学生狂欢节，始于1923年，冬季狂欢节一般在2月举行，为期3天，庆祝活动包括篝火、烟火、雪雕制作、冰上表演、舞会等。

明德学院有超过200个俱乐部可供选择，由于明德学院位于佛蒙特州的绿山和纽约的阿迪朗达克之间，是户外探索的绝佳场所，所以俱乐部有很多和户外探险相关的社团提供户外课程以及旅行、探险和急救课程。

明德学院校园内有60栋学生宿舍楼，所有大一和大二学生都必须和本年级学生住在一起，大三和大四学生可以从校园内的住房中进行选择。

学院主要通过3个餐厅提供每周7天的早餐、午餐和晚餐。阿特沃特餐厅拥有高高的天花板和窗户，提供自然光线，可欣赏到城镇和绿山的美景；普罗克特餐厅在校园的中心，为学生提供大量新鲜食物的选择；罗斯餐厅望向纽约的阿迪朗达克山脉，可欣赏日落美景。每餐饭期间，学生进入餐厅的次数没有限制。

明德学院是新英格兰小学院体育会议（NESCAC）的特许成员。其他成员是阿默斯特学院、贝茨学院、鲍登学院、科尔比学院、康涅狄格学院、汉密尔顿学院、三一学院、塔夫茨大学、威廉姆斯学院和卫斯理安大学。学院有31支NCAA大学队。

学校学生组织的清单: https://www.middlebury.edu/college/student-life/student-activities/student-organizations。

2.6.9　联系方式

明德学院的招生办联系方式: admissions@ middlebury.edu, 电话: (802) 443-3000。

负责国际学生的招生官: Karen Bartlett, Associate Director of International Admissions。

邮箱: kbartlett@ middlebury.edu, 电话: (802) 443-5731。

Karen Bartlett 本科毕业于明德学院, 拥有地理和环境研究学士学位, 在新罕布什尔大学获得教育硕士学位。她于 2009 年开始在招生办公室工作, 并在 2016 年开始担任国际招生副主任。

明德学院的面试不是必需的, 并且强烈建议国际申请者直接做 InitialView 或 Vericant 的申请面试。

学校有适合高中生的语言夏校项目——明德语言学校项目, 包含 11 种语言 (阿拉伯语、汉语、法语、德语、希伯来语、意大利语、日语、韩语、葡萄牙语、俄语和西班牙语)。网址: https://www.middlebury.edu/language-schools/covid19。

2.6.10　目标生源

明德学院是一所培养国际化人才的学院, 特别适合有二外、三外, 立志从事国际化交流、国际经济、政治、外交和文化的学生。

2.7　卫斯理安大学 (Wesleyan University)

https://www.wesleyan.edu/

卫斯理安大学基本情况如表 2.7 所示。

表 2.7　卫斯理安大学基本情况

U. S. News 美国文理学院 排行榜	成立年份	校园面积	本科生人数	男女比例	国际生比例	美籍亚裔生 比例
17	1831	316 英亩	3385 人	男：43.6% 女：56.4%	13.7%	7.7%
每年本科生 入学人数	师生比	录取率	学费/年	食宿/年	本科毕业生 年薪起薪中值	整体捐赠 金额
910 人	1：8	19.4%	61749 美元	17531 美元	54700 美元	17 亿美元

2.7.1　历史和排名

卫斯理安大学由卫理公会于 1831 年创立，以卫理公会创始人约翰·卫斯理安的名字命名，是美国最古老的卫理公会高等教育机构之一。

卫斯理安大学最初是一所男子学院，1872～1912 年曾录取过数量有限的女性并授予学位，但是直到 1970 年，学校才完全成为男女同校的学校。

卫斯理安大学是一个多元化、充满活力的文理学院，提供本科、研究生和博士学位课程，在 11 个研究领域可以授予文学硕士学位和哲学博士学位。

卫斯理安大学致力于培养学生独立思考能力和发自内在的学习动力，通过学术研究和创新实践，促使学生积极思考他们在社会上的参与度、贡献度，将公民意识和公民职责融入他们的职业生涯和个人生活，并在公共领域中发挥更加重要的作用。

卫斯理安大学在 2022 U. S. News 的美国文理学院排行榜上排名第 17，在 U. S. News 最有价值的学校中排名第 14。

2.7.2　位置和环境

卫斯理安大学位于美国东北部康涅狄格州中部康涅狄格河畔的米德尔敦市。米德尔敦是一个中等规模的制造业城市，城市和附近的社区拥有丰富的文化和自然资源，气候温和多雨，四季分明，冬季平均温度稍低于 0℃，夏季平均气温为 21℃～24℃，距离纽约市和波士顿约 2 小时车程，距离最近的机场是布拉德利国际机场，车程约 40 分钟。米德尔敦市中心距离卫斯理安大学校园仅三个街区，这里有意大利、墨西哥、日本、泰国、印度等多国风味餐厅以及素食餐厅。

卫斯理安大学校园面积 316 英亩，校园内有 300 多座建筑。校园内的罗素之家（Russell House）是一座新古典主义住宅，于 1970 年被列入国家历史名胜名录，于 2001 年被命名为美国国家历史地标，许多建筑史学家认为它是美国东北部最好的希腊复兴大厦之一。

卫斯理安大学的纪念教堂是哥特式棕色石头建筑，是校园内最大的空间之一，能够容纳超过 500 人。此外还有埃克斯利科学中心、尚克林实验室、哈里曼大厅、乌斯丹大学中心和费耶韦瑟等建筑，是学校经常举办讲座和研讨会的场地。

戴维森艺术中心（Davison Art Center）也是美国国家历史地标，收藏了超过 25000 件艺术作品，主要是印刷品和照片，印刷品收藏是美国大学中最好之一。

学院目前的本科生总人数为 3385 人，研究生约 200 人，其中男生占 43.6%，女生占 56.4%。国际学生来自 54 个国家和地区，国际学生占 13.7%，学生中亚裔占比 7.7%。

2.7.3 专业设置和学术活动

根据毕业生的学位统计，学校最受欢迎的专业是社会科学、心理学、地区/民族/性别研究、视觉/表演艺术、物理科学、生物/生命科学、跨学科研究等。学校 2020 届毕业生专业分布如图 2.9 所示。

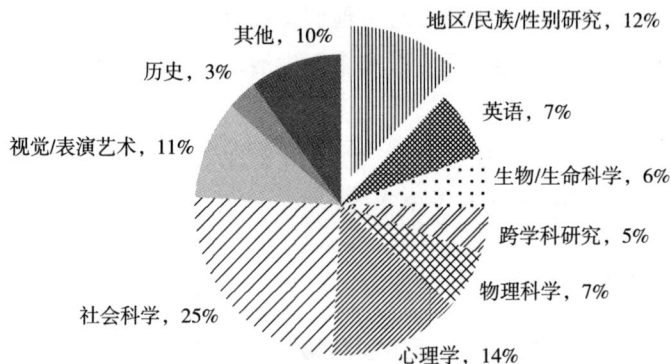

图 2.9　卫斯理安大学 2020 届毕业生专业分布

卫斯理安大学以大胆、严格的教育著称，提供 45 个专业 1000 多门课程。学校有 7 个学院 12 个学术中心。学院有：东亚研究学院、教育学院、环境学院、电影学院与移动影像学院、综合科学学院、文学院和社会研究学院。学术中心则包括：奥尔布里顿公共生活研究中心、非裔美国人研究中心、艺术中心、人文中心、犹太研究中心、教学创新中心、戴维森艺术中心、弗里斯全球学研究中心、公共事务中心、定量分析中心、服务式学习中心和夏皮罗创意写作中心。卫斯理安大学独特的课程和跨学科学术中心提供了深入挖掘跨学科、研究特定领域的机会，并将学术学习和社会实践紧密结合起来。

卫斯理安大学提供三年本科项目，即学生需要满足三年六个学期（三年的正常课程加上暑期课程）满 32 学分的本科毕业要求，对于那些能够提前确定专业、在暑期课程中获得学分的学生来说，这是一种更快捷、更经济的学业途径。

卫斯理安大学提供自然科学、数学和心理学的学士/硕士课程，本科生在完成学士学位后可以继续在大学攻读文学硕士学位（MA）。BA/MA 计划是学生在完成学士学位后立即进入两个学期的全日制研究生学习计划。研究生服务办公室将在研究生课程第一学期结束时，审查 BA/MA 学生的学习成绩。没有达到硕士学位课程要求（B-或以下）的学生可能会被退学。提供 BA/MA 计划课程的学科有：天文学、生物学、化学、地球与环境科学、数学与计算机科学、分子生物学与生物化学、神经科学与行为、物理、心理学。

卫斯理安大学与加州理工学院、哥伦比亚大学（工程与应用科学学院）和达特茅斯学院（工程学院）合作，推出了"3+2"双学位工程项目，学生在卫斯理安大学度过头 3 年，并在完成所有学位和课程要求后，再去这些大学读 2 年，5 年结束时获得两个学士学位。达特茅斯学院还提供"2+1+1+1"选项，允许参与的学生大三在达特茅斯学院上课，大四返回卫斯理安大学，第五年再返回达特茅斯学院。

卫斯理安大学与哥伦比亚大学合作，提供"4+2"学习计划，学生在卫斯理安大学完成 4 年学习，只要修读了必要的数学和科学课程，则可以攻读哥伦比亚大学工程学学士学位。

卫斯理安大学为学生提供了 150 多个出国留学项目，其中在意大利博洛尼亚、西班牙马德里和法国巴黎都有卫斯理安海外计划，即学生在当地的大学上课，学生可以申请所有学科。在留学项目中，近一半的卫斯理安学生会在美国之外学习一个学期或一年。

卫斯理安大学的红衣主教实习计划由卫斯理安大学的校友、家长和雇主提供资源，这些实习活动贯穿全年，有多个领域和行业，实习一般在夏季，且为有薪实习。

2.7.4　师资及教学

卫斯理安大学的师生比例是 1∶8，少于 20 人的小班课程占到了所有课程的 75%。有 400 多名全职教师。

卫斯理安大学自成立以来就以课程创新而闻名，学校的开放课程挑战学生去制定自己的通识教育计划，以实现他们的课程目标。学院没有核心课程要求，但学校制定了通识教育要求，鼓励学生体验教育的广度，学生需要和顾问在三个知识领域定制自己的学习路线，这三个领域是艺术和人文科学（HA）、社会和行为科学（SBS）以及自然科学和数学（NSM），学生需要在这三个领域中的每一个领域至少修读一门课程学分。到毕业时，学生须完成总共九个通识教育课程学分。

卫斯理安大学的一年级研讨会（FYS）将向学生介绍从希腊神话到神经科学的各种主题。研讨会课程强调大学水平写作的重要性。第一年研讨会仅限大一学生，最多可招收 15 名学生。

卫斯理安大学提供暑期课程，学生只需 5 周即可完成为期一个学期的课程。卫斯理安暑期课程对那些觉得自己有能力和毅力的学生开放，让他们在压缩的日程中完成这些挑战课程。暑期课程一般有 2 期，分别在 6 月和 7 月提供，课程包括写作、文学、政府学、生物学、数据分析等。

卫斯理安大学的冬季课程是一种强化学习体验，在 2 周或 4 周内完成一个学期课程，适合计划三年本科毕业，或想好好利用寒假，或想增加课程量的学生。冬季课程一般在 1 月提供。

学校选课的课程目录：https：//catalog. wesleyan. edu/majors/。

学校的选课要求：https：//catalog. wesleyan. edu/academic‐regulations/de-gree‐requirements/。

2.7.5　申请条件

在 2020~2021 年申请季，卫斯理安大学一共收到 13067 份申请，录取了 2640 位，录取率 19.4%，最后有 910 位新生正式入学。在 13067 份申请中，有 1114 位是 ED 早申请，其中 460 位被录取，录取率 41.3%。学校同时还为 2302

位学生提供了待定席位，1370 位接受待定，最后 133 位转正。

根据官网的报告，在所有的申请材料中，招生办认为最重要的是中学课程质量；其次是个人品质、班级排名、GPA、申请文书、推荐信；再次是标化成绩、课外活动经历、面试、志愿者活动、工作经历等其他因素。学校对高中课程的要求是 4 年的英语、数学、科学、外语、社会科学、历史，3 年的实验室科学。

中国学生可以参考的标化 75% 分数线是：SAT 1510 分（其中数学 770 分、语法阅读 750 分），ACT 34 分（其中数学 33 分、英语 35 分、写作 10 分）。68% 的申请者在高中毕业班的排名是前 10%。如果英语不是学生的第一语言，且学生居住在美国以外的地区，则需要提交英语标化成绩。国际生的托福最低要求 100 分，雅思 7 分，Duolingo120 分。学校对英语水平的具体要求见 https：//www. wesleyan. edu/admission/informationfor/international. html。

卫斯理安大学每年都招转学生，2020~2021 年有 487 份申请，最后录取了 120 位，有 22 位入学。

2.7.6 毕业生就业方向

截至 2020 年 12 月 31 日学校对 2020 届毕业生的统计显示，50% 的学生选择就业，19% 还在求职中，17% 进入研究生院继续学习。毕业生就业领域如图 2.10 所示，最受欢迎的是技术/工程/科学、教育以及金融服务。

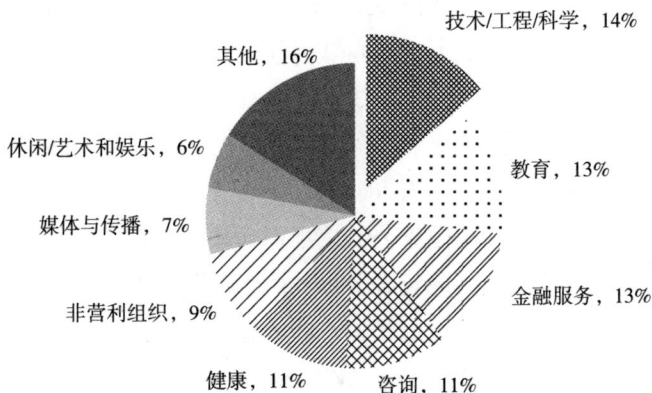

技术/工程/科学，14%
教育，13%
金融服务，13%
咨询，11%
健康，11%
非营利组织，9%
媒体与传播，7%
休闲/艺术和娱乐，6%
其他，16%

图 2.10 卫斯理安大学 2020 届毕业生主要就业领域

学生就业的雇主主要有：高盛、IBM、马萨诸塞州综合医院、亚马逊、苹果、波士顿儿童医院、麦肯锡公司、耶鲁医学院等。

学生进入的研究生院主要有：宾夕法尼亚州立大学、莱斯大学、加州理工学院、加州艺术学院、哥伦比亚大学、剑桥大学、牛津大学、耶鲁大学等。

卫斯理安大学有针对性地为亚洲学生设定了弗里曼亚洲学者奖学金，该奖学金计划为亚洲 11 个国家和地区（中国、中国香港、印度尼西亚、日本、马来西亚、菲律宾、新加坡、韩国、中国台湾、泰国和越南）最优秀的 11 名学生提供全额学费奖学金（11 个国家/地区各 1 名）。选拔标准包括：学业成绩；对学术的热情；优秀的个人品质；课外活动参与度，志愿者服务和英语语言能力。已经有超过 40 名学生获得过弗里曼亚洲学者奖学金。

2.7.7 著名校友

卫斯理安大学的校友包括：诺贝尔和平奖获得者 Gary Yohe 和 Thomas Woodrow Wilson；诺贝尔生理医学奖获得者 Satoshi Omura；诺贝尔文学奖获得者 V. S. Naipaul 和 T. S. Eliot。麦克阿瑟"天才"奖获得者有：现密歇根大学人类学教授 Ruth Behar；皮博迪奖获得者、公共广播主持人 Majora Carter；《加沙地带》等纪录片的制片人 James Bertrand Longley；3 个格莱美奖获得者、作词作曲家、百老汇演员 Lin-Manuel Miranda。普利策奖的获得者有：纽约时报前分社社长 Seth Faison；《纽约客》和《名利场》的编剧和制片人 Stephen Schiff；被评为 1989 年最好的 25 本书之一的《正义之战》作者 Ethan Bronner 等。

其他著名校友还包括美国前驻意大利、西班牙、黎巴嫩大使 Reginald Bartholomew；哈佛大学第 24 任校长 Nathan Pusey；范弗莱克天文台台长、第一位天文学教授 Frederick Slocum；符号动力学和拓扑动力学的创始人之一、数学家 Gustav Hedlund；使用计算机进行数学计算的先驱、美国国家科学院的 John Wrench；明尼苏达大学联合创始人 John W. North；西南航空公司联合创始人兼首席执行官 Herb Kelleher；美国国家公共广播电台前首席执行官 Douglas J. Bennet；路易·威登（北美）前总裁 David S. Daniel；《复仇者联盟》导演 Joss Whedon；《珍珠港》《变形金刚》导演 Michael Benjamin Bay；《美丽心灵》《达芬奇密码》编剧、奥斯卡最佳改编剧本奖获得者 Akiva Goldsman；《广告狂人》和《罗曼诺夫家族》创作者 Matthew Hoffman Weiner；《权力的游戏》共同创作者 Daniel Brett Weiss 等。卫斯理安大学的好莱坞校友是非常惊人的。

Michael S. Roth 博士于 2007 年 7 月成为卫斯理安大学第 16 任校长，他以历史学家、策展人、作家和通识教育的公众倡导者而闻名。Roth 博士出生于布鲁克林，1975 年进入卫斯理安大学，他设计了"心理理论史"的大学专业，撰写了题为《弗洛伊德与革命》的论文，并在三年内完成了本科学习，以大学荣誉、优等生和 Phi Beta Kappa 毕业，并于 1984 年在普林斯顿大学获得历史博士学位。Roth 博士于 1983 年在斯克里普斯学院开始了他的教学生涯，1989 年成为那里的哈特利伯尔亚历山大人文学科教授。他还是克莱蒙特研究生院的欧洲研究主任，在那里他帮助创立了文化研究博士学位课程。2000 年，Roth 博士成为加州艺术学院院长，在他的领导下，学校强调跨学科工作和通识教育，增加了新的学术课程，包括社区艺术、创意写作、视觉研究和动画的本科学位，以及设计、写作和建筑的硕士课程。Roth 博士已出版六本书，其中《超越大学：博雅教育何以重要》已有中文译本，在各大书店可以购买。

2.7.8　文化与生活

卫斯理安大学有 275 个学生组织，涵盖各种兴趣：武术、户外活动、无伴奏合唱、文学杂志、戏剧和舞蹈团等；还有 300 多个年度艺术活动以及无数与知名专家和思想领袖进行学习和互动的机会。

学生组织中的伍德罗威尔逊辩论协会由前美国总统，也是前卫斯理安大学教授伍德罗威尔逊于 1903 年创立，在议会辩论中，伍德罗威尔逊辩论协会已经获得了一年一度的哈佛大学、普林斯顿大学、布朗大学、乔治城大学、哥伦比亚大学和威廉姆斯学院锦标赛的第一名，并进入了所有其他主要赛事的半决赛。学生甚至参加过国际比赛。

卫斯理安大学认为，校园住宿是整个大学体验的重要组成部分。因此，本科生四年必须全部住在校园里，大一学生住在距离校园中心步行 5~10 分钟的宿舍楼，宿舍楼是男女混住的，某些宿舍楼提供单一性别的楼层，大一学生一般住双人间或三人间。大二、大三、大四学生对住宿会有更多的选择；学校所有宿舍楼都禁止吸烟，且都有烹饪设施。

卫斯理安大学的校内餐饮丰富多样，能够提供满足各种口味的选择——食肉动物和素食主义者、犹太教和非犹太教、麸质和无麸质等，所有本科生都必须参加四年的大学膳食计划。学生的 WesCard 可以在校园内的所有餐厅使用。

卫斯理安大学有 29 支校队，是新英格兰小型大学运动大会（NCAA 第三赛区的 11 名成员联盟）的成员，每年约有 700 名学生参加校际体育活动。

卫斯理安大学的代表色是红色和黑色；校歌是"战斗之歌"（The Fight

Song）；红衣主教在 20 世纪 30 年代初被采纳为卫斯理安运动队的昵称，红衣主教的标志是一个现代化而大胆的鸟，反映了学校坚定、大胆和勇猛的精神。

2.7.9 联系方式

卫斯理安大学招生办联系方式：admission @ wesleyan. edu，电话：（001）860-685-3000。

负责国际学生的招生官：James Huerta，Associate Dean of Admission。

邮箱：jhuerta@ wesleyan. edu，电话：（001）860-467-1388。

James Huerta 来自纽约州阿斯托里亚，毕业于波士顿学院，2011 年获得基础教育与人类发展学士学位，2013 年获得高等教育管理硕士学位。2018 年加入卫斯理安大学任招生副院长。

卫斯理安大学的面试是可选的，但是学校强烈建议面试，面试在录取过程中发挥重要作用，学生可以在探校时和招生官面谈，或者在 8 月中旬至 12 月与所在地区的校友/代表进行面试，鼓励国际申请人与 PrimView 机构进行面试。Prim-View 网址：https：//www. primeviewglobal. com/。

学校有适合高中生的暑期学分项目：Wesleyan PreCollege Study。

夏季课程网址：https：//www. wesleyan. edu/summer/precollege/index. html。

2.7.10 目标生源

卫斯理安大学拥有自由、前卫的校园文化，拥有比较激进的价值观，富有艺术气质、敢于创新和革新个性型学霸尤其适合卫斯理安大学。

3 中大西洋地区的文理学院

3.1 斯沃斯莫尔学院（Swarthmore College）

https：//www. swarthmore. edu/

斯沃斯莫尔学院基本情况如表 3.1 所示。

表 3.1 斯沃斯莫尔学院基本情况

U. S. News 美国文理学院 排行榜	成立年份	校园面积	本科生人数	男女比例	国际生比例	亚裔学生 比例
3	1864	425 英亩	1667 人	男：48.6% 女：51.4%	23%	16%
每年本科生 入学人数	师生比	录取率	学费/年	食宿/年	本科毕业生 年薪起薪中值	整体捐赠 金额
454 人	1：8	7.7%	56056 美元	17150 美元	61900 美元	29 亿美元

3.1.1 历史和排名

斯沃斯莫尔学院由宗教协会贵格会的成员于 1864 年创立，学校建立之初就决定应该由同等数量的男性和女性组成，并都可以接受通识教育。

学校在 1869 年 11 月 10 日正式招生开学，在录取的 199 名学生中，只有 25 名符合本科大一学生的要求，其中 15 名是女性学生。

与其他学院相比，斯沃斯莫尔学院的早期课程更侧重于科学，学院在 1874

年开始提供本科工程课程，并为工程课程提供理学学士学位。斯沃斯莫尔学院的学生还可以通过贵格四校联盟在布林莫尔学院、哈弗福德学院和宾夕法尼亚大学学习课程。

斯沃斯莫尔学院的使命是帮助学生充分发挥其智力和个人潜力，同时培养深厚的道德和社会关怀意识。

斯沃斯莫尔学院在 2022 U. S. News 的美国文理学院排行榜上排名第 3。在 U. S. News 最有价值的学校中排名第 2，在最佳本科学校中排名第 4。

3.1.2　位置和环境

斯沃斯莫尔学院位于美国第五大城市费城西南约 11 英里的斯沃斯莫尔镇，校园面积 425 英亩，校园与斯科特植物园共生，植物园共有 4000 多种树木、灌木、藤蔓和多年生植物，斯沃斯莫尔学院也被评为美国最美丽的大学校园之一。

从校园附近的斯沃斯莫尔火车站，乘坐直达火车 25 分钟即可到达费城市中心。费城国际机场距校园约 15 分钟车程。斯沃斯莫尔学院和宾夕法尼亚大学之间有直达车，方便斯沃斯莫尔学生在和宾夕法尼亚大学 UPenn 学习本科课程，斯沃斯莫尔学院和布林莫尔学院、哈弗福德学院之间还有连接三个校区的班车服务。

斯沃斯莫尔学院最古老的标志性建筑是帕里什大厅，位于校园中心，也是校园生活的中心，最底下两层是招生处、校长办公室、邮局，上方是宿舍，前面的草坪被学生称为帕里什海滩。

学院的迪恩邦德玫瑰园是校园 16 个花园之一，是为了纪念斯沃斯莫尔学院的第一位女院长伊丽莎白·鲍威尔·邦德而建的，花园有 200 多种玫瑰花，每年的毕业生会将这里的玫瑰花别在礼服上参加毕业典礼。

斯科特户外圆形剧场建于 1942 年，由著名的费城景观设计师托马斯·西尔斯设计，是新生第一次正式聚会和毕业生举行毕业典礼的场所，也是学校夏季音乐会、舞蹈、戏剧表演和非正式聚会的场所。

学院目前的本科生总人数为 1667 人，其中男性学生占 48.6%，女性学生占 51.4%，非国际学生中亚裔占 16%。国际学生占 23%，其中中国学生占 3.9%。

3.1.3　专业设置和学术活动

毕业生的学位统计显示，学校最受欢迎的专业是计算机/信息科学、生物/生命科学等。学校毕业生专业分布如图 3.1 所示。

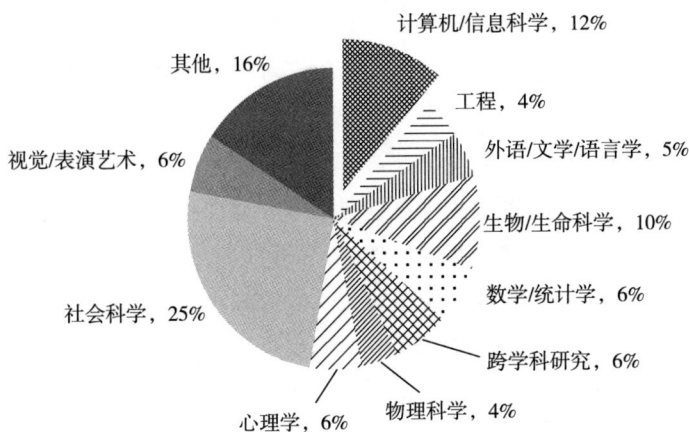

图 3.1 斯沃斯莫尔学院 2020 届毕业生专业分布

斯沃斯莫尔学院在 40 多个研究领域提供 600 多门课程，并为学生提供设计自己专业的机会；作为贵格联盟的学校之一，斯沃斯莫尔学院的学生还可以通过 Tri-College Consortium，在布林莫尔学院和哈弗福德学院进行选课学习。

斯沃斯莫尔学院参与本科研究或独立创意项目的学生占 66%，学院每年夏天提供超过 80 万美元的助学金来支持艺术人文部、社会科学部、自然科学和工程部的研究。

艺术人文部过去的研究包括考古挖掘，在国外进行密集的语言学习，前往历史建筑地标进行研究，或加入专业艺术家的工作室进行艺术实践等。

社会科学部近年来的研究有：探索了哥斯达黎加境内卫生服务的私有化，参与了发展心理学实验室的教师研究等。

自然科学和工程部的研究因为其独特性，学生很难进行独立研究，学生可以与斯沃斯莫尔学院的教授在校园或实地合作，或与校外其他机构的老师或研究人员合作。近年来的研究探索了青少年自杀、空间定向感知的认知偏差、雌性果蝇的求偶行为等。

斯沃斯莫尔学院的一些学生用荣誉课程计划来攻读学位，这在美国是独一无二的，该课程计划注重学生和教师之间的深入合作，以及由外校的该课程领域的专家来进行最后的考核。

学生通常在大二结束时申请荣誉课程计划，选择一个主要专业和一个辅修专业（或包含至少两个部门工作的跨学科专业），申请必须要得到所申请专业部门的批准。参加荣誉课程是获得斯沃斯莫尔荣誉学位的唯一途径。

斯沃斯莫尔学院的工程系与学院优秀的文理通识课程相结合，学生可获得工程科学学士学位。

在工程学方面，学生可以专攻土木/环境、计算机、电气或机械工程，或通过将这些领域与化学、生物学或计算机科学等领域课程结合来开发定制课程。

想在工程学上学习更多专业课的学生，还可以参加宾夕法尼亚大学工程和应用科学学院的课程，或者参加斯沃斯莫尔学院和哈维姆德学院的交流项目。

除了校园学习之外，斯沃斯莫尔学院还提供了各种各样的机会，帮助学生为未来走向世界做好准备；大约40%的学生在海外学习一个学期或一年。

斯沃斯莫尔学生可以在60多个国家/地区，300多个已获批准的课程或大学参与海外学习，包括斯沃斯莫尔管理的项目、互惠交流计划、附属项目和大学课程等。学生最常见的海外学习地包括澳大利亚、新西兰、英格兰、爱尔兰、苏格兰、波兰、南非和西班牙的学校。

学校每学期都举办校外摄影大赛，鼓励海外留学归来的学生通过照片、视频来讲述他们在海外留学的故事、反思、对项目的评估等。

斯沃斯莫尔学院为学生提供了多种类型的实习机会：SwatWorks微型实习项目是一个短期的、有偿的、给新员工或实习生提供专业任务的项目；实习内容可能是远程完成一项研究，或编写或编辑文章、通讯稿；或分析数据、完成编程、平面设计、市场调研、3D打印等。项目发布和招聘是滚动的，学生报名后由导师选择学生。

学院的"动手操作"实习计划还允许学生学期之间在专业环境中跟随校友实地实习一周，从而探索感兴趣的领域。每年，这个实习计划将200名学生与300多名校友相匹配，无论是在加利福尼亚的国家公园、华尔街的投资银行、欧洲的微生物实验室，还是在手术室上实时课程，学生们都会收集到宝贵的见解。

3.1.4 师资及教学

斯沃斯莫尔学院的师生比例是1∶8，少于20人的小班课程占到了所有课程的73%。有198名全职和终身职位老师，100%的老师拥有所在领域的最高学位。

斯沃斯莫尔学院要求学生必须在艺术人文部、社会科学部、自然科学和工程部3个部门中至少各完成3门课程，其中在斯沃斯莫尔校区的每个部门至少完成2门课程，且每门至少1个学分，以达到通识教育的基本要求。

斯沃斯莫尔学院要求学生在前2年必须完成2门写作课，在毕业前必须完成共3门写作课程，且这3门写作课程至少包含2个部门的学科知识。

所有学生还必须在自然科学和工程部门选修一门包含实验室部分的课程。

此外，学校希望学生都有强健的体魄，所有学生必须在大二结束前完成4学分的体育课，通过游泳生存测试或完成1门游泳课。

斯沃斯莫尔学院还要求所有学生至少学习一年的外语。

学校选课的课程目录：https：//catalog. swarthmore. edu/。

学校的选课要求：https：//www. swarthmore. edu/new-students/requirements-0。

3.1.5　申请条件

在2020~2021年申请季，斯沃斯莫尔学院一共收到11630份申请，录取了1054位，录取率7.7%，最后有374位新生正式入学。在11630份申请中，994位是ED早申请，其中237位被录取，录取率23.8%。学校同时为学生提供了待定席位，最后33位转正。

根据官网的报告，在所有的申请材料中，招生办认为最重要的是个人品质、中学课程质量、班级排名、GPA、申请文书和推荐信；其次是课外活动经历；再次是标化考试、面试、志愿者活动、工作经历等其他因素。斯沃斯莫尔学院不要求特定的高中课程，但建议学生学习4年英语，3年数学、科学、历史和社会研究课程，1~2门外语以及艺术和音乐课程。

中国学生可以参考的标化75%分数线是：SAT 1530分（其中语法阅读750分），ACT 34分（其中英语36分）。93%的申请者在高中毕业班的排名是前10%。斯沃斯莫尔学院不强制要求学生提供英语语言能力分数，但如果学生是在非英语语言课程中上课，学校建议学生提供托福、雅思或多邻国英语考试的成绩。中国学生录取者的平均托福成绩在113分左右。学校对英语水平的具体要求见https：//www. swarthmore. edu/admissions-aid/international-students。

斯沃斯莫尔学院每年都招转学生，2020~2021年有462份申请，最后录取了62位，有24位入学。

3.1.6　毕业生就业方向

斯沃斯莫尔学院毕业生会进入各种职业，包括商业、公共服务、科学研究、经济和政策研究、法律、写作/编辑、技术、工程和教育。毕业生最常去的目的地包括：纽约市 20%；费城 19%；华盛顿 14%；北加州 6%；美国以外 8%。

对 2018 届毕业生的统计显示，斯沃斯莫尔学院毕业生最常去的工作领域以商业、研究、技术/工程为主，如图 3.2 所示。

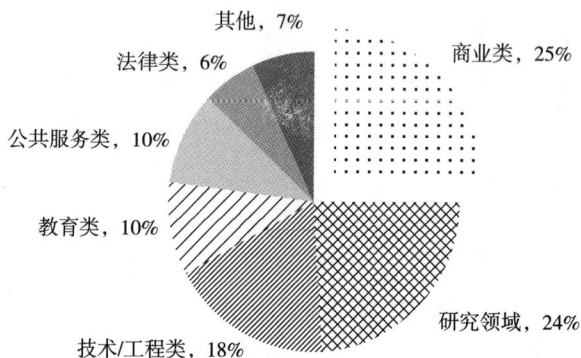

图 3.2　斯沃斯莫尔学院 2018 届毕业生主要就业领域

斯沃斯莫尔学生在毕业后 5 年内，75% 会进入研究生院和专业课程继续学习，申请医学院的学生有 87% 被录取，毕业生进入研究生院的热门院校有：哈佛大学、宾夕法尼亚大学、耶鲁大学、普林斯顿大学、斯坦福大学、麻省理工学院、康奈尔大学、牛津大学、哥伦比亚大学和芝加哥大学等。

美国国家科学基金会的调查显示，斯沃斯莫尔校友在所有学科中获得博士学位的人数比例在全美排名第 3（22.4%），科学和工程学博士排名第 5（15.3%）。

3.1.7　著名校友

斯沃斯莫尔的校友是各行业的领先专业人士，包括五位诺贝尔奖得主：2006年物理学奖得主 John C. Mather、2004 年经济学奖得主 Edward Prescott、1975 年生理学或医学奖得主 David Baltimore、Howard Martin Temin 以及 1972 年化学奖得主 Christian B. Anfinsen。斯沃斯莫尔学院的知名校友还有：马萨诸塞州前州长

Michael Dukakis；前美国司法部长 Alexander Mitchell Palmer；以研究星系演化而闻名的天文学家 Sandra Faber；美国第一位获得博士学位的女性 Helen Magill White；被同行学者评为过去 200 年最重要的 15 位哲学家之一的 David Lewis；美联储第八任主席，斯科特纸业公司总裁兼首席执行官 Thomas B. McCabe；世界银行前行长 Robert Zoellick；女权主义者和国家妇女党创始人 Alice Stokes Paul；第一位进入太空的美国女性 Sally Ride 等。

Valerie Smith 博士是斯沃斯莫尔学院的第 15 任校长，也是非裔美国人文学的杰出学者、美国艺术与科学学院和外交关系委员会的成员，并在美国教育委员会、高等教育融资财团、加拿大富布赖特和美国印第安人国家博物馆的董事会任职。Smith 博士毕业于贝茨学院，在弗吉尼亚大学获得硕士学位和博士学位。此前，她曾在加州大学洛杉矶分校担任英语和非裔美国人研究教授、伍德罗·威尔逊文学教授、非裔美国人研究中心创始主任和普林斯顿大学学院院长。她撰写了 40 多篇文章和 3 本关于非裔美国人文学、文化、电影和摄影的书籍。

3.1.8 文化与生活

斯沃斯莫尔学院的吉祥物是一只红色的凤凰，名叫菲纳斯（Phineas）。斯沃斯莫尔学院是"无现金校园"，学生的年度活动费用涵盖了校园内的所有活动，因此学生在校园内无须携带现金支付费用，活动费用还包括印刷和洗衣费用。

斯沃斯莫尔学院有许多的传统日子和项目，在迎新周期间，所有一年级学生聚集在斯科特圆形剧场参加 First Collection，这标志着他们在学院的时光正式开始。秋季课程开始前的周末，学生们涌向帕里什海滩观看 1967 年经典电影《毕业生》的年度放映，并在影片的高潮部分欢呼和鼓掌。

克鲁姆溪赛舟会是学校最与众不同的传统之一，特色是学生们自己设计的各种漂浮装置，如泡沫船、木筏、啤酒桶等，穿过校园内长 500 米深 3 英尺的小溪。

每年 10 月的翼手龙狩猎也是学院独特的传统。学生们聚集在一起，穿着垃圾袋服装，与怪物战斗（或自己扮怪物）。在学期末阅读周的最后一晚，学生们聚集在夏普勒斯食堂，并在午夜时分一起高声尖叫来发泄和放松。

1 月下旬是学校一年一度的冬季活动，也是学期最大的舞会之一。

生存辩论也是学校的传统之一，每年 3 位分别来自自然科学部、社会科学部和人文科学部的教授，就为什么他们的部门应该在世界末日的情况下生存进行辩论比赛。

每年春天，在课程结束后和考试开始前，学校还会在沃思霍尔草地庭院举办 Worthstock 音乐表演，学生可以观看现场乐队表演放松身心。

学校认为，宿舍生活是斯沃斯莫尔学院体验不可或缺的一部分，学校有 18 栋宿舍楼，大约 95% 的学生都住在大学宿舍里。大多数大一和大二学生与室友住在一起，而大多数大三和大四学生则住在单人间。

斯沃斯莫尔学院有 100 多个俱乐部和组织，每年秋季，学院都会组织一次俱乐部博览会，学生可以在那里了解斯沃斯莫尔学院的俱乐部并报名参加。如果学生感兴趣的俱乐部不在斯沃斯莫尔学院，可以向学院申请资金并自己创办俱乐部。国际学生会被自动邀请加入 i20 学生组织，这是斯沃斯莫尔学院最大的俱乐部之一。

斯沃斯莫尔学院的体育部门共有 22 支校际运动队，是百年纪念大会的特许成员，也是 NCAA 第三分部的成员。斯沃斯莫尔学院赢得了 26 个百年纪念大会团体冠军，并在 1900 年赢得了四次全国男子曲棍球冠军。

学校学生组织的清单：https：//www. swarthmore. edu/living – swarthmore/ clubs–activities。

学校的校报是 The Phoenix，网址：https：//swarthmorephoenix. com/。

3.1.9　联系方式

斯沃斯莫尔学院招生办联系方式：admissions @ swarthmore. edu，电话：（001）610-328-8300。

斯沃斯莫尔学院的中国招生官：Youkun Zhou，Assistant Dean of Admissions。邮箱：yzhou2@ swarthmore. edu。

Youkun Zhou 毕业于哈弗福德学院，获得西班牙语语言和文学学士学位，2018 年 9 月进入斯沃斯莫尔学院负责相关招生工作。

斯沃斯莫尔学院关于面试是可选的，但是学校认为面对面的交谈有助于更多地了解学生。对于在美国上高中的学生，可以在 12 年级的秋季，在官网注册参加虚拟面试。对于在美国以外上高中的国际学生，学校建议可以采用 InitialView 或 Vericant 面试。面试对录取非常重要。

学校关于面试的要求：https：//www. swarthmore. edu/admissions–aid/request– interview。

学校没有适合高中生的夏校项目。

3.1.10　目标生源

斯沃斯莫尔学院非常适合有理工优势的申请者，同时适合渴望接受智力挑战、拥有开放心态、不畏惧巨大学术压力和激烈竞争的学霸。

3.2　哈弗福德学院（Haverford College）

https：//www.haverford.edu/

哈弗福德学院基本情况如表 3.2 所示。

表 3.2　哈弗福德学院基本情况

U. S. News 美国文理学院排行榜	成立年份	校园面积	本科生人数	男女比例	国际生比例	亚裔学生比例
16	1833	200 英亩	1373 人	男：47% 女：53%	13.6%	26.6%
每年本科生入学人数	师生比	录取率	学费/年	食宿/年	本科毕业生年薪起薪中值	整体捐赠金额
414 人	1：9	18.2%	58900 美元	17066 美元	51300 美元	6.4 亿美元

3.2.1　历史和排名

哈弗福德学院由贵格会教友于 1833 年成立，旨在为年轻的贵格会男性提供基于贵格会价值观的教育，1835 年第一批来自新英格兰、新泽西和俄亥俄州的 21 名学生入读哈弗福德学院，1849 年，学校向贵格会之外的学生开放招生。

哈弗福德学院最初只对男性开放，1976 年允许女性作为转学生就读哈弗福德学院。第一批女性转学生于 1979 年毕业。1980 年，学校招收了第一届女性本科生，成为男女同校的学校。

哈弗福德学院致力于在宽容和相互尊重的环境中提供严格的学术课程，侧重于学生个人成长、智力探索和跨学科的融会贯通。

3.2.2 位置和环境

哈弗福德学院校园面积 200 英亩，校园的西北部位于特拉华州的哈特福德镇，校园的西南部位于蒙哥马利县的美浓镇。哈弗福德学院校园和植物园共生，这是美国最古老的大学植物园，园内有 400 种树木和灌木，一个 3.5 英亩的池塘，以及花园和林区。

校园内有 50 多座建筑，用于学术、运动和住宿。哈弗福德学院的 Magill 图书馆拥有超过 50 万册的藏书，并通过电脑检索系统与邻近的布林莫尔学院和斯沃斯莫尔学院的图书馆整合在一起，使得可阅览的图书达到近 200 万册。

哈弗福德学院距离费城市中心仅 8 英里，校园入口对面的火车站通过主线通勤铁路系统和诺里斯高速线与费城中心城相连。学年期间，哈弗福德学院、布林莫尔学院和斯沃斯莫尔学院间每天都有巴士穿梭。这三所文理学院和同在费城地区的宾夕法尼亚大学构成了贵格大学联盟。

3.2.3 专业设置和学术活动

根据毕业生的学位统计，学校毕业生专业分布如图 3.3 所示。

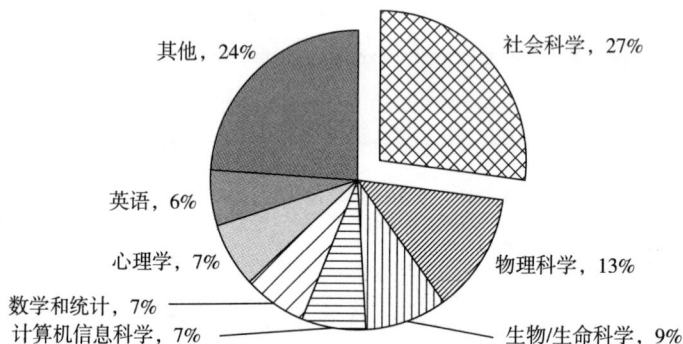

图 3.3 哈弗福德学院毕业生专业分布

哈弗福德学院有 3 个学术中心，通过这 3 个学术中心为学生提供研究机会：

在和平与全球公民中心（CPGC），学生可以进行更深入的高级论文研究，该中心会在学校组织演讲会或座谈会，与学生近距离沟通。中心设有暑期实习计划，学生可在全球范围内开展自主设计的项目。

在赫福德艺术与人文中心（HCAH），校园与当今的作家、艺术家、表演者、思想家、活动家和创新者密切联系，用多样化的艺术形式和想法、构思，涵盖了众多学科领域，这些都会启发学生用更加多元化的视野来看待世界。

在科什兰综合自然科学中心（KINSC），学生们可以感受到哈弗福德学院在科学学术卓越的前沿地位。该中心由天文学、生物学、化学、环境研究、物理、心理学、数学和统计学以及计算机科学等部门组成。

哈弗福德学院、布林莫尔学院和斯沃斯莫尔学院有着密切的合作关系，哈弗福德学生可以自由地在布林莫尔学院和斯沃斯莫尔学院上课，三所学院的学生可以访问三个校区的课程和大部分学术设施。布林莫尔学院和哈弗福德学院的主要课程对两个校区的所有学生平等开放。哈弗福德的学生也可以在宾夕法尼亚大学注册课程。

哈弗福德学院与五家机构合作，提供"学位加速计划"合作项目。

（1）宾夕法尼亚大学4+1生物伦理学计划，学生可以在宾夕法尼亚大学修读多达三门生物伦理学研究生课程，同时在哈弗福德学院完成本科学习，如果申请并被MBE计划录取，毕业后将获得佩雷尔曼医学院的宾夕法尼亚大学生物伦理学项目中的生物伦理学硕士学位（MBE）。

（2）宾夕法尼亚大学4+1工程项目，在哈弗福德学院学习四年，然后在宾夕法尼亚大学学习一年，并从哈弗福德学院获得科学学士学位和宾夕法尼亚大学工程硕士学位。哈弗福德学院是世界上第一所与常春藤盟校工程项目达成此类协议的文理学院。

（3）宾夕法尼亚大学3+2城市规划项目，在布林莫尔学院主修城市增长和结构的哈弗福德学生可以申请入读与宾夕法尼亚大学合作提供的3+2城市规划项目。学生在五年内获得布林莫尔学院城市发展和结构学士学位和宾夕法尼亚大学城市规划硕士学位（MCP）

（4）加州理工学院3+2工程项目，对工程感兴趣的学生可以在大三第二学期申请转入加州理工学院的工程项目，在五年结束时（哈弗福德学院三年，加州理工学院两年），学生将被哈弗福德学院授予文学学士学位或理学学士学位，被加州理工学院授予工程学学士学位。

（5）克莱蒙特麦肯纳学院4+1硕士课程，被罗伯特戴经济与金融研究生院录取的哈弗福德学生将在加州的克莱蒙特麦肯纳学院（CMC）校区获得为期一年的金融硕士学位的全额奖学金。该计划提供经济和金融方面的强化课程。

（6）乔治城大学拉丁美洲研究中心的 4+1 加速学位课程，为期五年的加速课程提供给专注于拉丁美洲、伊比利亚和拉丁裔研究的本科生，申请人必须在哈弗福德学院专注于拉丁美洲研究，学生在大二、大三期间提交申请合作学位课程的兴趣，并参加该中心的暑期留学计划。

（7）浙江大学中国研究硕士课程，在布林莫尔学院、哈弗福德学院和斯沃斯莫尔学院学习的学生有资格申请中国浙江大学（ZJU）中国研究硕士课程，这是一个为期两年的课程，以英语授课，供所有有兴趣了解中国的学生学习。

哈弗福德学院 49% 的学生有海外留学经历，学院规定学生 GPA 必须在 3.0 或以上才能申请海外学习一个学期或一年，学院的海外留学项目提供了 34 个国家的约 70 门课程。

哈弗福德学院还允许大三学生通过为期一年的初级海外课程（JYA）进入剑桥大学和牛津大学学习，学生所申请的学科科目的 GPA 必须在 3.7 或以上。

在哈弗福德学院，所有海外留学回来的返校学生必须提交强制性课程评估，并可以成为自己参与的海外计划的"学生联系人"（大使），以便和其他学生分享自己在海外的学习经验。

哈弗福德学院为学生提供了众多的实习和工作机会：

（1）Mini 实习项目是有报酬的，专业项目工作时间一般在 5~40 小时，可以远程完成。

（2）Extern 项目允许学生通过亲身了解感兴趣的领域，来探索不同的职业。实习时间可以是两天或两周，学生以"观察者"的身份来观察和学习。

（3）哈弗福德连接计划，将学校在校学生与哈弗福德校友建立联系，增加了社交互动，同时也借助校友资源为学生提供了实习机会。

（4）学生还可以通过费城合作伙伴计划直接向哈弗福德艺术和人文中心申请实习，与社区艺术和人文非营利组织合作，也可以提出自己设计的实习建议。

哈弗福德学生还组建了一个实习经验交流分享在线平台，大家可以在平台上分享各自的实习和工作经历。

3.2.4 师资及教学

哈弗福德学院的师生比例是 1:9，少于 10 人的小班课程占到 39%，少于 20 人的小班课程占 76%。全职老师约 137 名，99% 的老师拥有所在领域的最高学位。

哈弗福德学院提供了 675 门课程，大多数课程都以研讨会形式授课，强调讨论和辩论。通过三校联盟提供的课程有 2000 多门。

要从哈弗福德学院毕业，学生必须完成 32 个课程学分，其中 8 个课程学分必须在哈弗福德校区获得。

所有一年级学生都必须参加写作研讨会；所有学生在大三结束前完成两个学期的大学英语以外的外国语言学习；必须在大三结束时完成一门定量推理课程。

除了上述要求，学生还必须在三个知识领域课程中的每个领域至少完成两个课程学分，这三个领域是：思考和创造性表达领域；社会行为研究领域；物理、数学和计算领域。此外，所有学生都必须在大学前两年完成学校的体育要求。

学校选课的课程目录：https：//www. haverford. edu/academics/academic－departments－programs。

学校的选课要求：https：//catalog. haverford. edu/academic－regulations/requirements－degree/。

3.2.5　申请条件

在 2020~2021 年申请季，哈弗福德学院一共收到 4530 份申请，录取了 826 位，录取率 18.2%，最后有 334 位新生正式入学。在 4530 份申请中，有 427 位是 ED 早申请，其中 197 位被录取，录取率 46.1%。学校同时还为 1331 位学生提供了待定席位，741 位接受待定，最后 21 位转正。

根据官网的报告，在所有的申请材料中，招生办认为最重要的是个人品质、中学课程难度、GPA、申请文书、推荐信和课外活动经历；其次是班级排名、志愿者活动和工作经历；再次是标化考试、面试等其他因素。

中国学生可以参考的标化 75% 分数线是：SAT 1510 分（其中语法阅读 750 分），ACT 35 分（其中英语 35 分），录取的学生中 94% 在毕业班的排名是前 10%。国际生的托福最低要求 100 分，雅思最低要求 7 分，Duolingo 最低要求 120 分。中国学生录取者的平均托福成绩是 110 分。学校对英语水平的具体要求见 https：//www. haverford. edu/admission/applying/application－instructions。

哈弗福德学院每年都招转学生，2020~2021 年有 143 份申请，最后录取了 33 位，有 15 位入学。

3.2.6　毕业生就业方向

美国国家科学基金会的统计显示，2008~2017 年，哈弗福德学院毕业生博士学位的产生率为 14.35%，在所有院校中排名第十。

哈弗福德学院 2019 届毕业生的统计显示，64.1% 的学生选择就业、14.47% 进入研究生院继续学习。学生就业常去的城市有费城、纽约、波士顿、华盛顿、旧金山、洛杉矶等。

哈弗福德学院毕业生的雇主主要包括谷歌、苹果、IBM、西北医疗集团、美联社、纽约时报、M&T 银行、先锋领航集团、彭罗斯地产、归因资本等。

哈弗福德学院毕业生就业领域如图 3.4 所示。

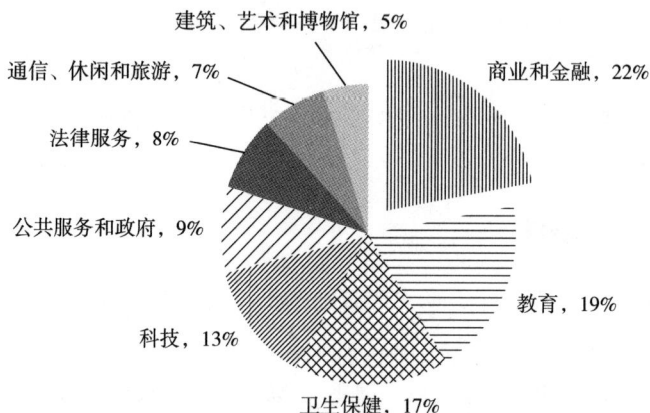

图 3.4　哈弗福德学院毕业生就业领域

学生进入的研究生院或专业学校有：哥伦比亚大学、康奈尔大学、杜克大学、哈佛大学、杰斐逊医学院、约翰霍普金斯大学、麻省理工学院、纽约大学、斯坦福大学、加州大学洛杉矶分校、芝加哥大学、宾夕法尼亚大学和耶鲁大学。

哈弗福德学院毕业生进入研究生院的专业方向如图 3.5 所示。

3.2.7　著名校友

哈弗福德学院校友包括 5 个诺贝尔奖获得者，分别是 1914 年诺贝尔化学奖得主，也是第一位获得诺贝尔化学奖的美国人 Theodore William Richards；1933 年诺贝尔和平奖获得者，美国之友服务委员会（AFSC）的创始人 Henry J. Cadbury；1959 年诺贝尔和平奖得主、英国政治家、外交官 Philip Noel-Baker；1993 年诺贝尔物理学奖得主，第一批麦克阿瑟研究员之一 Joseph Hooton Taylor；2018

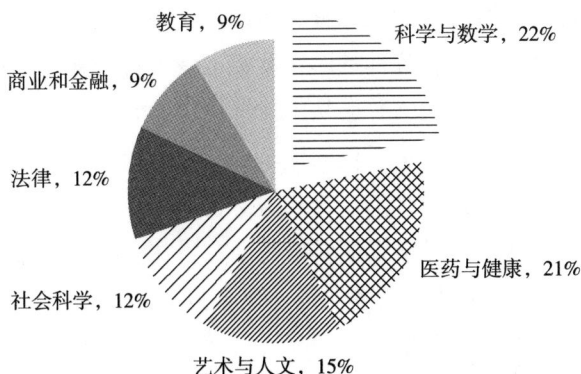

图3.5 哈弗福德学院毕业生进入研究生院的专业方向

年诺贝尔化学奖的获得者，密苏里大学生物科学荣誉教授 George Smith。其他著名校友还包括：坎特·菲茨杰拉德的董事长兼首席执行官 Howard Lutnick；时代华纳公司前首席执行官 Gerald M. Levin；MLB 棒球体育频道首席执行官 Tony Petitti；美国国家公共广播电台 NPR 首席执行官 Ken Stern；美国历史学会会长、哈佛大学历史学教授 Akira Iriye；美国图书馆协会主席、芝加哥大学图书馆科学学院的创始人 Louis Round Wilson；碳纤维发明家、物理学家 Roger Bacon；第一位（而且仍然是唯一一位）获得普利策评论奖的幽默作家 Dave Barry；《哈佛商业评论》主编 Adi Ignatius；《时代》杂志前总编，彭博社首席内容官 Norman Pearlstine 等。

Wendy E. Raymond 博士于 2019 年 7 月 1 日成为哈弗福德学院第 16 任校长。她是康奈尔大学的 Phi Beta Kappa 毕业生，在哈佛大学获得生物化学博士学位，随后在华盛顿大学获得美国癌症协会遗传学博士后奖学金。Raymond 博士于 1994 年开始在威廉姆斯学院教授分子遗传学专业。2004~2008 年，Raymond 博士是威廉姆斯霍华德休斯医学研究所本科科学项目的项目主任，涉及 K-12 学校的科学推广以及与其他学院的研究合作。在加入哈弗福德学院之前，她曾担任过戴维森学院学术事务副总裁兼教务长。

3.2.8 文化与生活

哈弗福德学院的吉祥物是黑松鼠，学校有超过 145 个俱乐部，与艺术相关的俱乐部有 30 个，校园有 6 个校园画廊和展览空间，校园由学生制作的各种节目、俱乐部和展览都让每个学生以全新的视角看待世界。

哈弗福德学院有一些特别的纪念日和传统，其中，劳埃德灯节是学校冬季的传统，劳埃德宿舍楼的学生用各种圣诞花装饰宿舍入口，并用驯鹿、圣诞老人和雪人等装饰在宿舍房顶或周围，并会从中评选出优胜者。

每年4月初的一个周五，是学校的风车日，校园的草坪上铺满了色彩鲜艳的小风车，学生通过画画、野餐、扔飞盘和演奏音乐来庆祝春天的开始。

每年愚人节，来自不同科学系的学生都会在科什兰综合自然科学中心（KIN-SC）大楼进行一场"恶作剧"改造，把这里变成一个以书本、电影和视频游戏为主题的乐园，以纪念这个假期。

Customs活动是哈弗福德学院最古老的传统之一，是所有哈弗福德人都拥有的为数不多的共同经历之一，哈弗福德学生的第一年新生活动，为期一年的项目以多种方式帮助大一学生成功地从高中生活过渡到大学生活。

哈弗福德学院98%的学生和40%的教职员工生活在校园里，学生宿舍绝大多数是共用的，学校提供各种各样的住宿，从4人公寓到套房和单人房。大一学生根据填写的住房问卷表来分配住房。

大一学生和所有住在校园宿舍的学生必须参加学校的全膳食计划，可以在哈弗福德学院所有餐厅和布林莫尔学院的餐厅用餐。

哈弗福德学院有34%的学生参加校际运动，学院在百年纪念大会上参加了NCAA赛区Ⅲ级比赛。哈弗福德学院拥有23支校队和运动俱乐部。哈弗福德学院是美国唯一的大学板球队的主场。其男子和女子田径队和越野队都是强队；男子足球队是美国历史最悠久的球队之一。

学校学生组织的清单：https://haverford.campuslabs.com/engage/organizations。

学校的校报是The Clerk，网址：http://haverfordclerk.com/。

3.2.9　联系方式

哈弗福德学院的招生办联系方式：admission@haverford.edu，电话：（001）610-896-1350。

负责中国学生的招生官：Christina Butcher，Admission Counselor。

邮箱：cbutcher@haverford.edu。

Christina Butcher来自新泽西州，毕业于布林莫尔学院，主修西班牙语语言文学。2021年8月加入哈弗福德学院。

哈弗福德学院面试是可选的，但是学校鼓励所有学生都参加面试，可以到学校参加面试或在线面试，或者校友面试，学校也接受 InitialView 面试。

学校关于面试的要求说明：https：//www. haverford. edu/admission/applying/ international-students。

学校关于在线面试的链接：https：//admission. haverford. edu/register/intvs2021。

哈弗福德学院没有夏校项目，但是有机构在学院举办夏令营，如 CTY、夏日发现、伟大的书等。有适合高中生的科学夏校项目。

3. 2. 10　目标生源

哈弗福德学院适合喜欢小班教学，自主研究，以学术为导向，未来申请顶尖学校研究生，对商科、政界等有职业兴趣的学生。你可以充分利用贵格联盟的学术资源。

3. 3　巴克内尔大学（Bucknell University）

https：//www. bucknell. edu

巴克内尔大学基本情况如表 3. 3 所示。

表 3. 3　巴克内尔大学基本情况

U. S. News 美国文理学院 排行榜	成立年份	校园面积	本科生人数	男女比例	国际生比例	美籍亚裔生 比例
38	1846	449 英亩	3695 人	男：47.7% 女：52.3%	6.9%	4.8%
每年本科生 入学人数	师生比	录取率	学费/年	食宿/年	本科毕业生 年薪起薪中值	整体捐赠 金额
986 人	1：9	37.5%	58202 美元	14670 美元	64400 美元	11 亿美元

3.3.1　历史和排名

巴克内尔大学成立于 1846 年，最初被称为刘易斯堡高中，是作为一所"大学预备学校"而创立的。这所学校在刘易斯堡第一浸信会教堂的地下室开办。学校为了感谢董事会创始成员威廉·巴克内尔一直以来对学校的慷慨捐赠，于 1886 年投票决定将刘易斯堡高中更名为巴克内尔大学。

巴克内尔大学的使命是培养学术、创造力和想象力的优秀人才，让他们拥有伴随一生的批判性思维和强大的领导力。

目前，巴克内尔大学发展成为拥有 3600 多名本科生、60 名研究生以及 350 多名全职终身教职员工的大学。

巴克内尔大学在 2022 U.S. News 的美国文理学院排行榜上排名第 38。在 U.S. News 最有创新力学校中排名第 7。

3.3.2　位置和环境

巴克内尔大学校园面积为 449 英亩，毗邻萨斯奎哈纳河和宾夕法尼亚州中部风景秀丽的历史小镇刘易斯堡，从小镇中心可以步行到大学，校园不到一小时的路程就有 8 个州立公园，丰富的自然资源让学生可以享受更多的户外活动，刘易斯堡也被评为美国"最宜居"的小城镇之一。学校距离哈里斯堡约 70 分钟车程，距离纽约、华盛顿和费城约 3 小时车程。

巴克内尔大学由 100 多栋建筑组成，这些建筑位于靠近萨斯奎哈纳河的缓坡上，校园分为下校区和上校区，上校区主要是学校的学术建筑，下校区主要是学生宿舍和大学的体育场所，校园曾被《普林斯顿评论》评选为美国十大最美丽的校园之一。

巴克内尔大学目前的本科生总人数为 3695 人，其中男性学生占 47.7%，女性学生占 52.3%，非国际学生中亚裔占 4.8%。国际学生来自 50 多个国家，国际学生占 6.9%。

3.3.3　专业设置和学术活动

巴克内尔大学提供 50 多个领域的文学学士和理学学士学位，包括 9 个跨学科课程，分别是：动物行为、细胞生物学/生物化学、比较人文、数理经济学、环境研究、国际关系、拉丁美洲研究、神经科学、女性 & 性别研究。大约 64% 的学生就读于文理学部，19% 就读于工程学部，17% 就读于弗里曼管理学部。

　　毕业生的学位统计显示，在文理学部最受欢迎的专业是经济学、生物学、政治学、心理学、神经科学；在工程学部最受欢迎的专业是机械工程、土木工程和计算机科学工程；在弗里曼管理学部最受欢迎的专业是会计与财务管理、市场、创新与设计。如图 3.6 所示。

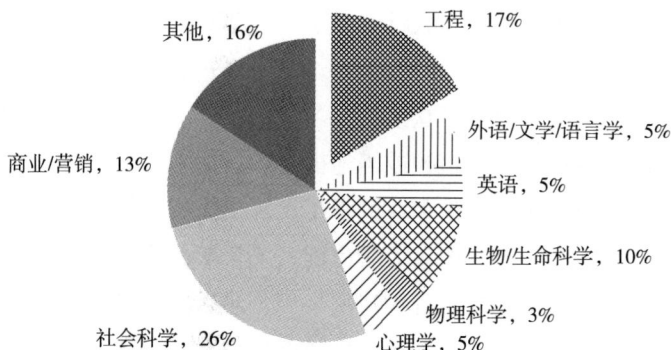

图 3.6　巴克内尔大学 2020 届毕业生专业分布

　　巴克内尔大学工程学院有学士/硕士加速计划，在巴克内尔大学完成三年工程课程并获得至少 3.0 GPA，可以申请化学工程、土木工程、电气工程、环境工程和机械工业专业的硕士，成功入读的学生第五年将获得全额奖学金。

　　巴克内尔大学为学生提供了许多参与学术研究的机会，从第一学期前的夏天开始，一直持续到第四年。

　　STEM 学者计划提供给对 STEM 有兴趣的大一学生，每年夏天大约有 10 名学生在校园内进行为期 5 周的科学研究。

　　工程 EXCELerator 计划提供给工程学院的大一学生，每年大约有 12 名学生参与该项研究。

　　巴克内尔本科研究计划（PUR）是一项全大学范围的计划，为学生在暑假期间进行研究、参与其他奖学金或与教师导师一起开展创意项目提供奖励。

　　克莱尔·布思·卢斯研究学者计划提供给主修 STEM 学科的本科女性，鼓励更多女性攻克物理科学和工程领域的高级学位和职业。

　　"新兴学者"暑期研究与其他研究计划不同，该计划侧重探索性、概念性和应用性研究。

　　巴克内尔大学 50% 的学生有海外留学经历，学校有 450 多个海外留学项目。

"Bucknell In"是由巴克内尔大学创建、组织的校外学习计划，课程是全年提供，通常限于10~15名学生，将国外经验和巴克内尔课程融合在一起，在西班牙、法国、希腊、英国和加纳都有该项目提供。

巴克内尔大学的短期计划，让学生可以自由选择跨学科和不同课程长度的课程。课程可能在南非、丹麦、希腊、爱尔兰、尼加拉瓜等。

巴克内尔大学还和香港中文大学、诺丁汉大学、加纳开普海岸大学有交换生计划等。

巴克内尔大学为学生提供了众多的实习机会。国会山实习计划为有兴趣了解更多立法部门的学生提供在华盛顿或当地国会选区的实习机会。校园剧院实习计划对于希望从事电影和媒体制作事业的学生，提供了在刘易斯堡市中心历史悠久的校园剧院的实习机会。巴克内尔大学出版社为学生提供了辛西娅·费尔学术出版业务的实习机会。学生可能负责创建两个原创项目，以及设计内容和评估手稿等工作。巴克内尔行政实习生计划使学生能够通过在校园行政办公室实习，提高他们的专业和人际交往能力。West Branch 杂志提供为期一学期的实习机会，为希望从事写作或出版事业的学生提供获得相关经验的机会。

3.3.4　师资及教学

巴克内尔大学的师生比例是1∶9，最常见的班级人数是20人。少于20人的小班课程占所有课程的55.1%。

在巴克内尔大学，如要获得文学、理学、工商管理、教育或音乐等学士学位的毕业生必须修满32个学分，工程学院学位的毕业生必须修满34个学分。工程学和文学学士双学位的毕业生必须修满42个学分。

文理学部和弗里曼管理学部都有核心课程的要求，以满足学校通识教育的要求。文理学部的核心课程包括第一年的大学写作课、一门实验室科学、一门外语课和一门跨学科课程。

弗里曼管理学部学生必须在第一年完成其中的3门管理课，管理类课程可能包括经济原理、管理探索、组织与管理导论、营销管理、财务管理等。

工程学部要求学生必须完成五门课程以达到通识教育要求，这五门课程中的一门必须是指定的社会科学课程，一门必须是指定的艺术与人文课程。其余三门课程可以通过社会科学、艺术与人文、技术学院课程或基础研讨会的任意组合来完成。

巴克内尔大学的学生为满足大学写作要求，必须成功完成三门写作课程：一门第一年的 W1 课程以及两门 W2 课程。

学校选课的课程目录：https：//www. bucknell. edu/academics/current-students/class-registration-grades/course-information。

学校的选课要求：https：//coursecatalog. bucknell. edu/academicstandardspolicies/degreeandgraduationrequirements/。

3.3.5 申请条件

在 2020~2021 年申请季，巴克内尔大学一共收到 9890 份申请，录取了 3712 位，录取率 37.5%，最后有 986 位新生正式入学。在 9890 份申请中，有 848 位是 ED 早申请，其中 468 位被录取，录取率 55.1%。学校同时还为 2942 位学生提供了待定席位，1180 位接受待定，最后 115 位转正。

根据官网的报告，在所有的申请材料中，招生办认为最重要的是个人品质、中学课程质量、GPA、申请文书和课外活动经历；其次是标化成绩、推荐信、志愿者活动、工作经历；再次是班级排名、面试等其他因素。学校对高中课程的要求是至少完成 4 年的英语，3 年的数学，2 年的科学、外语、历史和社会学学科，1 年的专业学术课。如工程学的申请者，必须有至少 1 年的化学或物理课，学校建议是 3 年的化学和物理课。

中国学生可以参考的标化 75% 分数线是：SAT 1390 分（其中语法阅读 690 分），ACT 31 分（其中英语 34 分）。67.54% 的录取者高中的 GPA 在 3.5 以上，平均是 3.61。如果学生英语不是第一语言或至少三年中学教学语言不是英语的申请人需要提交托福、雅思、培生英语考试（PTE）或多邻国英语考试成绩。国际生的托福最低要求网考不低于 100 分，笔试不低于 600 分，雅思成绩不低于 7 分，Duolingo 不低于 120 分，并要安排入学面试。

学校对英语水平的具体要求见 https：//www. bucknell. edu/admissions-aid/apply-bucknell/undergraduate-admission-requirements/international-students。

巴克内尔大学每年都招转学生，2020~2021 年有 222 份申请，最后录取了 83 位，有 33 位入学。

3.3.6 毕业生就业方向

学校对 2020 届毕业生毕业 9 个月后的调查显示，73% 的学生已就业，16% 的学生进入了研究生院或专业学校继续学习。学生就业和研究生院所在地点如下：纽约占 27%，华盛顿占 16%，宾夕法尼亚占 16%，马萨诸塞州占 7%，加利福尼亚占 4%，康涅狄格州占 4%，如图 3.7 所示。

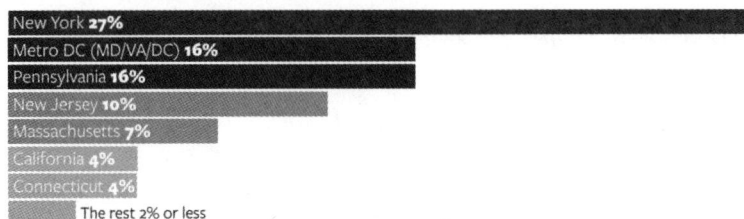

New York **27%**
Metro DC (MD/VA/DC) **16%**
Pennsylvania **16%**
New Jersey **10%**
Massachusetts **7%**
California **4%**
Connecticut **4%**
The rest 2% or less

图 3.7　2020 届毕业生工作地点

学生的就业行业如图 3.8 所示，金融类占 21%，顾问咨询类占 10%，工程类占 9%，信息技术占 9%，健康保健制药类 8%，教育类占 5%。

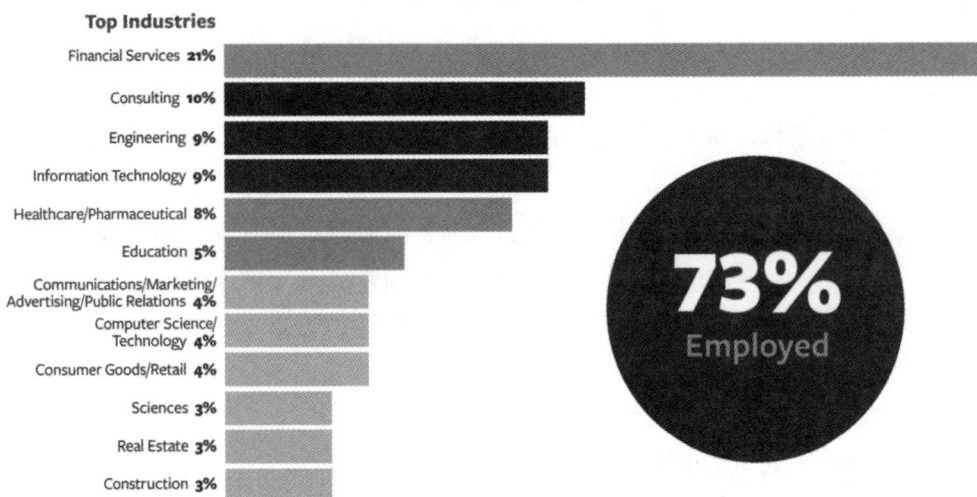

Top Industries

Financial Services **21%**
Consulting **10%**
Engineering **9%**
Information Technology **9%**
Healthcare/Pharmaceutical **8%**
Education **5%**
Communications/Marketing/ Advertising/Public Relations **4%**
Computer Science/ Technology **4%**
Consumer Goods/Retail **4%**
Sciences **3%**
Real Estate **3%**
Construction **3%**

73%
Employed

图 3.8　2020 届毕业生就业行业

巴克内尔大学学生的研究生院目标学校包括：哥伦比亚大学、康奈尔大学、加州大学伯克利分校、密歇根大学、圣母大学、宾夕法尼亚州立大学法学院、伊利诺伊大学芝加哥分校、约翰马歇尔法学院、达特茅斯盖塞尔医学院、杜克大学护理学院、宾夕法尼亚大学兽医学院、南加州大学牙科学院等。

巴克内尔大学学生就业的雇主包括：亚马逊、美国银行、普华永道、彭博、尼尔森、甲骨文、埃森哲、德勤咨询、克拉克建筑集团、安永会计师事务所等。

3.3.7 著名校友

巴克内尔大学在全球的校友约有55000人，其著名校友包括：普利策奖得主 Peter Balakian、Philip Milton Roth；布兰迪斯大学第9任校长、明德学院第16任院长 Ronald D. Liebowitz；维吉尼亚大学医学院院长 Steven T. DeKosky；沃尔玛电子商务公司总裁兼首席执行官 Marc Lore；哥伦比亚广播公司前董事长兼首席执行官 Les Moonves；五次被评为美国国家橄榄球联盟 NFL 年度最佳执行官、纽约巨人队总经理 George Bernard Young；奥斯卡最佳视觉效果奖得主 Bill Westenhofer；索尼公司前总裁兼集团首席运营官 Kunitake Andō 等。

John Bravman 博士于2010年7月1日成为巴克内尔大学第17任校长。Bravman 博士出生于1957年，在纽约长岛长大。他在斯坦福大学获得了材料科学与工程专业的学士、硕士和博士学位。他发表了160多篇同行评审文章，并被世界各地的科学家和工程师引用在近5000份出版物中。Bravman 博士是电气工程的终身教授，主要教授材料结构和分析、薄膜机械现象、微电子可靠性和高温超导性等；并获得了两种涂层的专利，使冠状动脉支架对心脏病患者更安全。

3.3.8 文化与生活

巴克内尔大学的代表色是橙色和蓝色。学校有许多年度活动和传统：

在第一天的入学典礼上，大一学生会收到一个别针，并在典礼结束后，沿着一条灯光小路穿过克里斯蒂·马修森纪念门，象征着学生正式进入了巴克内尔社区。

开课前的庆祝晚会结束后，大一学生会沿着马勒萨迪小广场的四周站立，校长点燃一支代表"知识之光"的蜡烛传给每位学生，最后齐唱校歌"亲爱的巴克内尔"。

第一学期结束时，会有班级的庆祝活动，每个大一的班级会有自己班级的代表色、座右铭和徽章，每个宿舍楼里，学生们都会用照片、图画和文字来讲述大一第一学期的学习和生活。

每年5月底或6月初，巴克内尔大学会邀请校友返回校园，这是学校的一项传统活动。

巴克内尔大学原则上要求本科学生 4 年都住宿在学校，每年只有少数大四学生获准在校外住宿。

大一的学生都住宿在一起，可以选择男女混合的宿舍楼，或是单一性别宿舍楼，通常都是双人间。大二、大三和大四的学生可以选择传统宿舍房或公寓式宿舍。

校园内有 6 个大小不同的餐食供应点，大一学生要求参加全膳食计划，即可以随时在博斯特威克自助餐厅用餐，大二、大三和大四的学生可以根据需要选择不同类型的膳食计划。

巴克内尔大学拥有 200 多个俱乐部和组织，学校的运动队被称为巴克内尔野牛队，有 27 支大学运动队（14 支女子队，13 支男子队），作为 NCAA 爱国者联盟第一分区成员 29 年中在爱国者联盟杯上夺冠次数最多，有 18 次。

学校学生组织的清单：https：//getinvolved. bucknell. edu/organizations。

学校的校报是 The Bucknellian，网址：https：//bucknellian. net/。

3.3.9　联系方式

巴克内尔大学的招生办联系方式：admissions@ bucknell. edu，电话：（001）570-577-3000。

负责国际学生的招生官：Brett Basom，Associate Director，International Recruitment。

邮箱：brett. basom@ bucknell. edu，电话：（001）570-577-1023。

巴克内尔大学的任何面试都是可选的，不是申请的必需组成部分。巴克内尔大学不提供面试，但接受来自 InitialView 或 Vericant 的独立面试，学校也接受 Duolingo 英语测试（DET）中的面试。这些面试将为学生提供一个展示沟通和推理能力的机会，以及成为一名成功学生的热情。

关于面试的具体说明：https：//www. bucknell. edu/admissions - aid/apply - bucknell/undergraduate-admission-requirements/international-students。

巴克内尔大学有适合高中生的科学夏校项目：Bucknell Academy Summer Experience（BASE）。

夏校的具体介绍：https：//www. bucknell. edu/meet - bucknell/plan - visit/camps - conferences - visit - programs/bucknell - academy - summer - experience；https：//www. bucknell. edu/academics/current-students/summer-session。

3.3.10　目标生源

巴克内尔大学的学生人数较一般文理学院多，但又远低于美国的综合大学，比较适合在文理学院和综合大学之间难以抉择的学生。另外，巴克内尔大学工科较强，比较适合喜欢工科专业又想就读文理学院的学生。该大学亚裔较少，白种人较多，适合性格外向、喜欢西方文化、容易打成一片的申请者。

3.4　拉斐特学院（Lafayette College）

https：//www.lafayette.edu/

拉斐特学院基本情况如表 3.4 所示。

表 3.4　拉斐特学院基本情况

U.S. News 美国文理学院排行榜	成立年份	校园面积	本科生人数	男女比例	国际生比例	美籍亚裔生比例
38	1826	340 英亩	2662 人	男：48.2% 女：51.8%	10%	4.4%
每年本科生入学人数	师生比	录取率	学费/年	食宿/年	本科毕业生年薪起薪中值	整体捐赠金额
606 人	1：10	35.56%	57052 美元	16874 美元	64000 美元	10 亿美元

3.4.1　历史和排名

拉斐特学院位于宾夕法尼亚州伊斯顿的学院山，学院成立于 1826 年 3 月。这一年，伊斯顿市民收到宾夕法尼亚州州长签署的成立拉斐特学院的章程，同意将拉斐特学院建立为文理学院。学院以著名的法国军官拉斐特将军的名字命名，这位军官被认为是美国独立战争的英雄。

1832 年，学院从伊斯顿购买了布什基尔溪对面一座小山上的 9 英亩土地，同年，长老会牧师乔治·容金将宾夕法尼亚州体力劳动学院的课程和学生，从日耳曼敦（费城附近）搬到伊斯顿，并成为了拉斐特学院的首位校长。

1970 年，学院开始招收女性学生，首批招收了 146 名女学生，学院也由此成为男女同校的学校。

促进思想自由交流，是拉斐特学院的教学使命之一。学院致力于培养学生的探究精神，不仅仅只在乎传授知识、启发智力，更是将求学与个人成长以及为社会的贡献融为一体，从而帮助学生建立成熟的世界观、人生观和价值观。

3.4.2 位置和环境

拉斐特学院所在地伊斯顿建于 1752 年，位于特拉华河和利哈伊河交界处，是宾夕法尼亚州最古老、历史最悠久的城镇之一。伊斯顿也是《独立宣言》通过后公开宣读的仅有的三个城市之一。

伊斯顿所在的利哈伊谷以北 35 英里处是风景秀丽的波科诺山脉，在温暖的天气里，人们可以在河边沿着树木繁茂的小径散步、远足、钓鱼和骑自行车；冬天可以在这里滑雪。

伊斯顿市中心也是许多餐馆、艺术画廊和古董店的所在地，人们可以在国家大剧院艺术中心观看音乐会、戏剧、舞蹈等演出，也可以参观绘儿乐蜡笔厂或美国运河博物馆。

伊斯顿的巴士站距离校园约一英里，每天都提供前往纽约、费城以及纽瓦克和肯尼迪机场等地的服务；纽约市和费城距离伊斯顿都只有 1 小时车程。

拉斐特学院校园面积 340 英亩，其中占地 230 英亩的运动校园位于主校区以北 3 英里处，校园内有 69 栋建筑，最古老的建筑是帕迪大厅 Pardee，目前是英语、外语和文学、国际事务、数学、哲学和宗教研究课程的所在地。

点路 2017 年探校曾经到访过拉斐特学院，一场大雪后，美丽的校园让我们记忆犹新。学校崭新的健身馆和室内外的体育设施也令人过目不忘。

3.4.3 专业设置和学术活动

拉斐特学院提供跨越四个学术部门（人文科学、社会科学、自然科学和工程学）共 51 个研究领域。拉斐特学院也是美国最早创建土木工程课程的大学之一，学院的工程学院被美国《新闻与世界报道》评为最佳本科工程项目之一。

根据毕业生的学位统计，学校毕业生专业分布如图 3.9 所示。

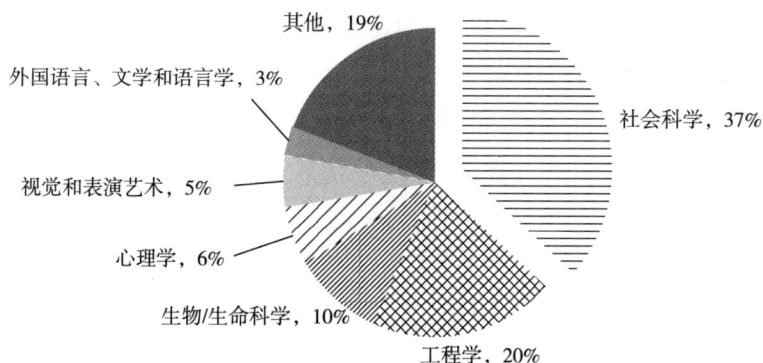

图3.9 拉斐特学院毕业生专业分布

在荣誉论文计划下，拉斐特学院的学生在教师的指导下进行学术研究，超过一半毕业生曾与教师共同进行过研究。

EXCEL学者计划向所有学科的大二、大三和大四的拉斐特学生开放，每年有160多名学生参加，学生的GPA至少在3.0以上，研究内容从阅读和分析文章到设计实验、检验假设，以及撰写有关主题的论文等，并有机会发表。曾经的研究计划包括：测量类固醇激素对雄性斑胸草雀的影响、分析经济增长因素、开发太阳能设备以对供水进行消毒、戏剧表演研究等。

拉斐特学院60%的学生有海外留学经历。学院提供在50多个国家和30多个合作机构的学期和暑期课程。学生只能在大二或大三期间，且GPA不低于2.8才能申请海外学习。

拉斐特学院在1月和5月的休息期间提供本校教师主导的海外学习体验。这是拉斐特学院与海外机构合作的项目。新西兰、中国、意大利、俄罗斯、英国、埃及、坦桑尼亚、南非、秘鲁、马达加斯加、日本、法国、巴哈马、加拉帕戈斯群岛、澳大利亚和肯尼亚都开设了合作的短期课程。

拉斐特学院为学生提供众多的实习机会，73%的学生参加过以下实习：

（1）虚拟工作体验计划：包含一系列资源和任务，模拟在职场上的真实体验，学生在线上完成虚拟实习的每个模块的同时，将解锁实际工作样本，样本中将展示该公司的员工如何完成每项任务。这样，学生能够自我评估工作效果，学习和建立自己的技能。完成每项职业体验后，学生可以将信息添加到简历中，向潜在雇主展示自己的经验和能力。

（2）微型实习：与传统的实习不同，微型实习是有薪的，通常用时 5~40 小时，而且大多数可以远程完成。

（3）影子实习计划：在 1 月的假期里，大二、大三和大四的学生，2~5 天沉浸式参与到学校的校友、父母或朋友的日常工作中，深入了解他们的工作、职业道路和整个行业。学生可能访问不同的部门，了解他们如何在组织中协同工作；从事短期项目；与人力资源代表讨论组织的招聘要求；或参观工作场所等。

3.4.4　师资及教学

拉斐特学院的师生比例是 1∶10，少于 20 人的小班课程占到了所有课程的 58.6%。有 229 名全职老师，99% 的老师拥有所在领域的最高学位。

拉斐特学院要求所有的学生除专业课程外，必须完成共同学习课程（CCS）。

共同学习课程（CCS），是一个通识教育计划，课程要求学生完成：一门人文学科（H）课程，一门自然科学与实验室（NS）课程，一门社会科学（SS）课程；以及学生所在院系以外两个不同院系的两门额外课程。

此外，共同学习课程还有"写作"要求（W），学生需要完成第一年研讨会和另外三门写作指定课程。在"定量推理"方面按要求完成一门数学课。在"全球和多元文化"方面按要求需要两个独立的课程，研究多样性以及全球背景的差异。在"第二语言"要求中，需要至少完成一年的语言学习。

学校选课的课程目录：https：//catalog. lafayette. edu/en/current/Catalog/Courses。

学校的选课要求：https：//catalog. lafayette. edu/current/Catalog/Academic - Programs/Graduation-Requirements。

3.4.5　申请条件

在 2020~2021 年申请季，拉斐特学院一共收到 8215 份申请，录取了 2922 位，录取率 35.56%，最后有 606 位新生正式入学。在 8215 份申请中，有 708 位是 ED 早申请，其中 362 位被录取，录取率 51.12%。学校同时还为 1881 位学生提供了待定席位，862 位接受待定，最后 79 位转正。

根据官网的报告，在所有的申请材料中，招生办认为最重要的是中学课程质量和 GPA；其次是班级排名、标化成绩、申请文书、推荐信、课外活动经历和面试；再次是志愿者活动、工作经历等其他因素。学校对高中课程的要求是 5 年的学术类课程，4 年的英语，2 年的数学、科学、外语和实验室科学。

中国学生可以参考的标化 75%分数线是：SAT 1420 分（其中语法阅读 710 分），ACT33 分（其中英语 35 分）。85%的录取者在毕业班的班级排名在前 15%。如果学生在以英语为主要教学语言的学校学习至少三年，可以申请免除英语水平测试。国际生需要提供托福、雅思或 Duolingo 成绩，中国录取者的平均托福成绩在 102 分左右。学校对英语水平的具体要求见 https：//admissions. lafayette. edu/apply/international-students/。

拉斐特学院每年都招转学生，2020~2021 年有 159 份申请，最后录取了 24 位，有 7 位入学。

3.4.6　毕业生就业方向

拉斐特学院对 2020 年毕业生的统计显示，68%的学生就业，13%的学生进入研究生院继续学习，3%的学生进入法学院，1%的学生进入健康专业领域。

拉斐特学院研究生院目标学校包括哥伦比亚大学、康奈尔大学、莱斯大学、哈佛大学、费城骨科医学院、圣约翰大学法学院、波士顿学院、布鲁克林法学院、卡内基梅隆大学等。

拉斐特学院学生就业的主要雇主包括：埃森哲、花旗集团、高盛、谷歌、微软、欧莱雅、特纳建筑公司、辛塔斯公司、彭博、美国银行、甲骨文、路创电子公司等。

3.4.7　著名校友

拉斐特学院的著名校友包括：1950 年诺贝尔生理学或医学奖的获得者 Philip S. Hench；1967 年诺贝尔生理学或医学奖的获得者 Haldan K. Hartline；前美国司法部长 John W. Griggs；前美国财政部长 William E. Simon；太阳能无线电的发明者 Sarkis Acopian；IBM 第一任董事长兼首席执行官 Thomas J. Watson；美国第一位心理学教授 James McKeen Cattell；Levis 牛仔裤的首席执行官 Chip Bergh；大联盟棒球经理 Joe Maddon 等。

Nicole Hurd 博士于 2021 年 7 月成为拉斐特学院第 18 任校长，她拥有弗吉尼亚大学宗教研究博士学位、乔治城大学自由研究硕士学位和圣母大学历史学学士学位。Hurd 博士是非营利组织美国大学入学计划（College Access Program）的创始首席执行官，该组织通过在全美 795 所高中安排 800 多名应届大学毕业生担任近同龄人顾问，帮助了超过 52.5 万名低收入、第一代的学生进入高等教育。Hurd 博士曾担任弗吉尼亚大学本科卓越中心主任助理和主任，成立了弗吉尼亚大学的大学指导计划，这也是大学咨询团的前身。Hurd 博士在 2016 年被比尔和梅琳达·盖茨基金会评选为特色创新者，被《华盛顿月刊》评为高等教育最具创新精神人物；2018 年被《时代》杂志评选为改变南方的 31 位人物。

3.4.8 文化与生活

拉斐特学院有一些传统节日：

（1）1000 Nights 是一个为大一学生举办的活动，1000 意味着学生距离毕业还有大约 1000 天，学生聚在一起吃饭、跳舞、娱乐和结交新朋友。

（2）竞争周是拉斐特学院和里海大学橄榄球队对阵的前一周，有各种充满乐趣的节目和活动。自 1884 年以来，拉斐特学院和里海大学橄榄球队的交锋次数达到 150 次。这场比赛是美国大学橄榄球历史上比赛次数最多的一场。竞争周除了有大型活动外，还会有许多小型快闪活动。

（3）校长舞会，秋季学期开始的时候，学生、校友、教职员工和学校管理人员聚集在一起，共度一个精致的现场音乐和美食之夜。

（4）舞蹈马拉松是一场才艺表演，汇集了个人和团体表演，学生在活动中可以展示才华。活动的所有收益都将用于帮助伊斯顿地区社区中心。

（5）年度盛会由国际学生协会举办。这个为期一周的活动展示了拉斐特校园国际学生的多元文化。活动包括讨论、品尝美食以及在威廉姆斯艺术中心举行的演出。

（6）全国服务日，每年 4 月，学生、教职员工和校友都会在拉斐特全国服务日为全国各地的社区服务，如植树、帮社区花园除草等。

拉斐特学院有 200 多个学生组织，其中艺术、传播和表演团体 24 个，文化、社会和服务组织 43 个，体育内俱乐部和校内运动 50 个，学生也可以根据自己的兴趣创建俱乐部。

拉斐特学院校园内有 21 栋宿舍楼，96%的学生住宿在校园里，大四学生经批准后才能住宿在校外。大一学生会被分配在双人间、三人间或四人间。

拉斐特学院参加爱国者体育联盟比赛，学校有 23 个校队参加 NCAA 第一分区比赛，运动队的名字是拉斐特豹队。

学校学生组织的清单：https://getinvolved.lafayette.edu/student-organization/

find-and-organization/。

学校的校报是 The Lafayette，网址：www. lafayettestudentnews. com，成立于 1870 年，是宾夕法尼亚州最古老的大学报纸。

3.4.9 联系方式

拉斐特学院的招生办联系方式：admission@ lafayette. edu，电话：（001）610-330-5000。

负责国际学生的招生官：Eugene Gabay, Senior Associate Director of Admissions。

邮箱：gabaye@ lafayette. edu，电话：（001）610-330-5950。

Eugene Gabay 来自俄亥俄州，毕业于俄亥俄州伍斯特学院，2008 年开始在拉斐特学院工作。他喜欢户外活动。

拉斐特学院关于面试是可选的，但是学校建议学生进行面试。学生在高中期间只能进行一次面试，可以选学校招生官的在线面试，或校友在线面试。面试很重要。关于面试的说明：https：//admissions. lafayette. edu/admissions-visits/admissions-interview-faqs/? utm_ referrer=https%3A%2F%2Fsearch. lafayette. edu%2F。

拉斐特学院没有适合高中生的夏校项目。

3.4.10 目标生源

和巴克内尔大学类似，拉斐特学院的理工科非常优秀，就业方面的优势很强。如果你喜欢文理学院，而且想读机械工程、计算机工程或者土木工程等工程科目，也不想折腾 2+2 的话，那么这个学校再适合不过了。亲身体验过学校的"人盯人"关怀和硬件设施后，肯定不会后悔的！

3.5 华盛顿与李大学（Washington and Lee University）

https：//www. wlu. edu/

华盛顿与李大学基本情况如表 3.5 所示。

表 3.5　华盛顿与李大学基本情况

U. S. News 美国文理学院排行榜	成立年份	校园面积	本科生人数	男女比例	国际生比例	美籍亚裔生比例
11	1749	430 英亩	1860 人	男：49% 女：51%	5%	3.7%
每年本科生入学人数	师生比	录取率	学费/年	食宿/年	本科毕业生年薪起薪中值	整体捐赠金额
462 人	1：8	18.5%	57285 美元	15810 美元	59700 美元	16.7 亿美元

3.5.1　历史和排名

华盛顿与李大学成立于 1749 年，最初被称为奥古斯塔学院，位于弗吉尼亚州奥古斯塔县。1776 年，奥古斯塔学院搬迁到距离列克星敦约 10 英里的 Timber Ridge，更名为自由厅学院，1782 年，学院搬进了现在的校园。

1796 年，美国总统乔治·华盛顿向这家陷入财政困境的学院赠送了一份股票礼物，这是当时送给教育机构的最大礼物之一，为了表示感谢，学校更名为华盛顿学院。

1865 年，在美国独立战争中南部联盟的将军罗伯特·爱德华·李担任大学校长。他在任期间对课程进行创新，合并当地法学院，开设了商业、工程和新闻学课程，引入现代语言和应用数学课程，将学校由古典学院变成了一所现代大学。罗伯特·爱德华·李 1870 年去世，此后学校更名为"华盛顿与李大学"。

华盛顿与李大学曾经是一所全男生学校，1972 年首次招收女性进入其法学院。1985 年第一批女性本科生入学。

华盛顿与李大学的教学理念突出"公民""责任"，彰显"荣誉""正直""谦逊"，致力于培养学生自由、批判、仁爱地思考的能力，强调终身学习，推崇个人成就。毕业生以成为"负责任的领袖"为己任，甘愿为他人服务，在全球化和多元化社会中体现公民责任。

华盛顿与李大学是美国第九古老的高等教育机构，是弗吉尼亚州第二古老的高等教育机构（仅次于 1693 年成立的威廉玛丽学院）。

3.5.2　位置和环境

华盛顿与李大学的 325 英亩校园位于弗吉尼亚州列克星敦，列克星敦是华盛顿与李大学和弗吉尼亚军事学院所在地。列克星敦位于群山环绕的雪兰多山谷，这里打响了美国独立战争第一枪，一直被评为美国最佳小镇之一，名胜包括石墙杰克逊故居、李教堂、乔治 C. 马歇尔博物馆和市中心的历史街区。小镇的街道拥有许多一流的艺术画廊，也是现场音乐会的表演场所。

华盛顿与李大学位于列克星敦市中心的中心地带，步行游览十分方便，学校的大学教堂和博物馆于 1961 年被命名为国家历史地标，里夫斯陶瓷博物馆是美国第四大陶瓷收藏馆，收藏了来自亚洲、欧洲和美洲跨越 4000 年的著名陶瓷收藏品。校园内有三个图书馆，两个在本科校园，一个在法学院。

华盛顿与李大学距离首府里士满州 2 小时车程，距离华盛顿 3 小时车程。

3.5.3　专业设置和学术活动

华盛顿与李大学包含三所学院：

（1）文理学院（The College），课程代表了大学的文理通识核心，包括美术、人文、社会科学、新闻和大众传播、自然科学和物理科学、计算机科学和数学。

（2）威廉姆斯学院（The Williams School），是美国唯一一所获得国家认可的本科商业课程的文理学院，提供会计、工商管理、经济学、政治学和公共会计课程。

（3）法学院（The School of Law），是美国顶级法学院中规模最小的学院之一，提供法学博士学位和法学硕士学位。

华盛顿与李大学提供 36 个本科专业（包括神经科学、中世纪和文艺复兴研究和俄罗斯地区研究的跨学科专业）和 40 个辅修专业，包括非洲研究、东亚研究、教育和教育政策等。学校提供超过 1100 门本科课程，有 12 种世界语言的课程。

根据本科毕业生的学位统计，学校毕业生专业分布如图 3.10 所示。

华盛顿与李大学在学生研究方面投入巨资，无论是独立研究还是与教师合作研究，学校鼓励学生参加大学半年一次的科学、社会和艺术研究会议，有特色的学术项目有：AIM 计划，专为大一学生而设计，该计划的目标是增强大一学生自信心和归属感，学生暑期在校园里开展为期五周的相关研究，计划中，学生在教

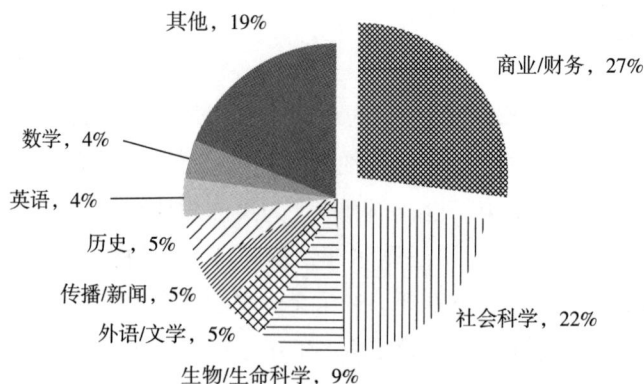

其他，19%

商业/财务，27%

数学，4%

英语，4%

历史，5%

传播/新闻，5%

外语/文学，5%

生物/生命科学，9%

社会科学，22%

图 3.10　华盛顿与李大学毕业生专业分布

师的带领下一同进行研究，或在特定学科的新项目上合作；参与领导力、职业和专业发展、志愿服务以及向大学过渡相关讨论和活动，并且每周会有 350 美元的津贴。

2020 年夏天主要进行了 5 个领域的研究：STEM；考古学；新闻与大众传播；戏剧、舞蹈和电影研究；体验式学习和相关的个人发展。

华盛顿与李大学的日历，2 个为期 13 周的学期和 1 个为期 4 周的春季学期组成。春季学期中，学生可以从大约 200 门课程中选择一门，其中许多课程仅在春季开设，这些课程可能在美国或海外进行，课程旨在提供变革性的学习体验，让学生深入探索一个主题并与同学、教授密切合作，让学生尝试一些以前从未做过的事情。

春季学期曾开设过的课程包括华盛顿的城市生态学、音乐物理学、幽默心理学、数学和历史中的密码破解等。

华盛顿与李大学通过课程、演讲项目和文化项目以及海外留学项目让学生成为全球化和多元化社会的参与者。

华盛顿与李大学 70% 的学生曾有过海外留学经历，在海外留学遍及 45 个以上国家和地区，海外留学可能是一个学期或全年，一个春季学期或暑期课程，一次实习、研究或服务。学校每年还会举办数十场全球主题活动。

在合作的海外计划中，有 2 个计划值得推荐：

（1）英国圣安德鲁斯大学的合作伙伴计划，优先提供给学习化学、生物学和卫生专业课程的学生，学生必须 GPA3.0 以上才能申请，这个计划让准备在美国读医学院的学生，既可以满足美国医学院申请服务（AMCAS）的学术要求，又可以收获高质量的出国留学经验。

（2）牛津大学的弗吉尼亚计划，参与的学生来自弗吉尼亚的六所学校联盟。牛津大学圣安妮学院的跨学科六周暑期计划，主要是研究文艺复兴时期英格兰的历史和文学，完成后学生将获得3个历史学分和3个英语学分。

华盛顿与李大学为学生提供了众多的实习机会：

（1）华盛顿实习：为期6周，包括学术课程，在华盛顿的政府办公室、智囊团或其他组织工作的经历，以及一系列讲座。学生每周要工作4天，周五有上午的课和下午的讲座。

（2）纽约实习：对工商管理感兴趣的大二学生，可以前往纽约并深入了解不同的职业选择。学生曾实习的公司包括高盛、安永、摩根大通、富国银行、德勤、彭博新闻、美国银行/美林、德意志银行、纽约证券交易所、花旗集团等。

（3）"AdMarComm"实习：2月放假期间，对广告、战略沟通和公共关系有兴趣的学生可以前往纽约市参观名为"AdMarComm"的广告、营销和公关公司，会向学生介绍在各个机构工作的校友，以及在公司和非营利组织担任内部职务的校友。

（4）北弗吉尼亚实习：对会计职业感兴趣的大二和大三学生可以前往北弗吉尼亚实习，安永、德勤和普华永道的校友会与学生讨论在大型会计师事务所工作时的期望，暑假期间学生可以在四大会计师事务所、一些主要投资银行担任实习生。

3.5.4 师资及教学

华盛顿与李大学的师生比例是1：8，最常见的班级人数是15人。少于10人的小班课程占到了所有课程的22%，少于20人的小班课程占到了所有课程的76.9%。有214名全职老师，94%的老师拥有所在领域的最高学位。

华盛顿与李大学的一年级研讨会通过学学生感兴趣的特殊主题、问题等，来介绍一个研究领域。课程仅限15名学生，研讨会以阅读和讨论为基础，重点是论文、项目或现场实践。

学校对学生毕业的基础要求是至少完成3个学分的写作课程、16个学分的外语课程和1门数学/计算机科学课程。学校提供的外语课程除阿拉伯语、希腊语、拉丁语、德语、法语等之外，还提供小众的梵语课程（梵语是印欧语系的一种语言,是该语系中最古老的语言之一)。

此外,学校还要求学生毕业前在人文、艺术、文学三类课程中每类至少完成3个学分;自然和物理科学课程至少完成2门6个学分;社会科学课程至少在2个不同领域完成6个学分来达到通识教育的要求。

除了以上学术要求,学校还要求至少在校园中住宿6个学期,体育必须通过游泳水平测试并完成4个学期的体育课程。

学校选课的课程目录:https://catalog.wlu.edu/content.php?catoid=18&navoid=1510)。

学校的选课要求:https://catalog.wlu.edu/content.php?catoid=18&navoid=1505。

3.5.5 申请条件

在2019~2020年申请季,华盛顿与李大学一共收到6178份申请,录取了1147位,录取率18.5%,最后有462位新生正式入学。在6178份申请中,有587位是ED早申请,其中253位被录取,录取率43.1%。学校同时还为1805位学生提供了待定席位,856位接受待定,最后31位转正。

根据官网的报告,在所有的申请材料中,招生办认为最重要的是个人品质、中学课程质量、班级排名和课外活动经历;其次是GPA、标化考试、申请文书和推荐信;再次是面试、志愿者活动、工作经历等其他因素。学校对高中课程的要求是4年的英语、学术课;3年的数学、外语;1年的科学、实验室科学、历史和社会学。

中国学生可以参考的标化75%分数线是:SAT 1500分(其中语法阅读730分),ACT 34分(其中英语35分)。82%的录取者在毕业班的班级排名是前10%。如果学生没有在以英语为主要教学语言的学校学习至少4年,则需要提供英语标化成绩,包括提交托福、雅思、多邻国或剑桥英语成绩;或提交SAT或ACT写作部分;或完成对InitialView、Vericant或Duolingo的面试。中国录取者的平均托福成绩是109分。学校对英语水平的具体要求见https://www.wlu.edu/admissions/applying/requirements/standardized-tests/。

华盛顿与李大学每年都招转学生,2019~2020年有80份申请,最后录取了10位,有5位入学。

3.5.6　毕业生就业方向

华盛顿与李大学对毕业生的统计显示，93%的学生在毕业后6个月内就业或进入研究生院学习，其中58%的毕业生进入研究生院继续学习，研究生院主要是法律、医学、牙科、兽医、商业和法律方向，申请医学院的学生平均90%被录取。

学生进入的研究生院或专业学校主要有：贝勒医学院、卡内基梅隆工程学院、哥伦比亚大学护理学院、康奈尔法学院、圣母大学法学院、威廉玛丽学院梅森商学院、弗吉尼亚大学工程学院、佐治亚大学兽医学院、华盛顿与李大学法学院等。

华盛顿与李大学本科生毕业就业领域如图3.11所示。

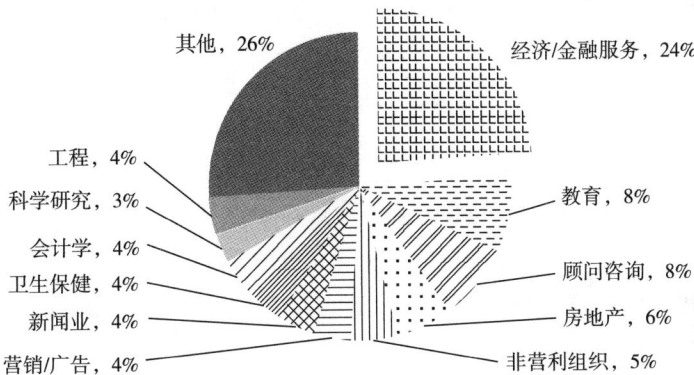

图3.11　华盛顿与李大学本科生毕业就业领域

学生就业的雇主主要包括：波士顿咨询集团，高盛集团，联合国，甲骨文，彭博社，华尔街日报，亚马逊公司，普华永道，摩根大通，麦肯锡，美国全国广播公司、黄石国家公园、世界自然基金会等。

3.5.7　著名校友

华盛顿与李大学的著名校友中有3名美国最高法院的大法官，分别是Thomas Todd、Joseph Rucker Lamar 和 Lewis F. Powell，还有犹他州州长 Spencer Cox；肯塔基州州长 Matt Bevin；弗吉尼亚州州长 Linwood Holton。其他著名校友还包括：

1985 年诺贝尔生理学或医学奖获得者 Joseph Leonard Goldstein；富兰克林资源公司副董事长、华盛顿与李大学 1 亿美元的捐赠者 Rupert Johnson；伦菲斯特集团首席执行官、华盛顿与李大学 3300 万美元的捐赠者 Harold FitzGerald；普利策奖得主、纽约时报前记者 Alex S. Jones；共同开发了恒星分类 MK 系统，以及星系和星团分类系统的天文学家 William Wilson Morgan；三度获得艾美奖的导演和制片人 Fielder Cook 等。

William Dudley 博士于 2017 年成为华盛顿与李大学第 27 任校长。他是土生土长的弗吉尼亚人，出生在夏洛茨维尔，在阿灵顿长大，1989 年以优异成绩获得了威廉姆斯学院的数学和哲学学士学位。1989～1990 年在剑桥大学学习。Dudley 博士于 1990～1992 年在 AES 工作，之后在西北大学攻读研究生，并在那里获得了哲学硕士学位和博士学位。Dudley 博士曾任威廉姆斯学院教务长和哲学教授，他在华盛顿与李大学继续任教，举办有关美德伦理和文理通识教育的研讨会。他是两本书的作者，《理解德国唯心主义》（2007 年）和《黑格尔、尼采与哲学：思考自由》（2002 年）。

3.5.8　文化与生活

模拟大会（Mock Convention）是华盛顿与李大学从 1908 年开始的一项校园传统，该会议四年举办一次，是由学生主导的、模拟预测下届总统候选人的大会。《华盛顿邮报》宣布华盛顿与李大学的模拟大会是"美国最古老、最负盛名的模拟大会之一"。

化妆舞会（Fancy Dress）是华盛顿与李大学一年一度的黑色领带舞会，由校园图书管理员安妮于 105 年前发起，也是学生们最喜欢的社交活动之一。

学校有 150 多个活跃的学生俱乐部和组织，每年都有俱乐部博览会，方便学生了解各个俱乐部。

华盛顿与李大学有 73% 的学生住在校内，所有大一学生都必须住在校内。大一学生都住在新装修的 2 栋宿舍楼。大二、大三学生将有多种住房选择，包括公寓、联排别墅、主题房屋等。大四学生通常会在校外住宿，也可以申请继续住宿在校园。

华盛顿与李大学有 24 支校队，其中 12 支男子校队、12 支女子校队，28% 的学生是校队运动员，学校的队伍被称为"将军"，参加 NCAA 第三赛区老多米尼克运动会（Old Dominion）和百年大会。

学校学生组织的清单：https：//my. wlu. edu/student‐life/student‐activities/clubs‐and‐organizations。

3.5.9 联系方式

华盛顿与李大学的招生办联系方式：admissions@ wlu. edu，电话：（001）540‐458‐8062。

负责国际学生的招生官：Nicole More，Associate Director of International Admissions。

邮箱：nmore@ wlu. edu，电话：（001）540‐254‐5814。

Nicole More 来自弗吉尼亚州，2006 年获得瓦特堡学院（Wartburg College）的国际关系学士学位，2012 年获得南达科他州立大学（South Dakota State University）教育咨询硕士，于 2017 年加入华盛顿与李大学。

华盛顿与李大学关于面试不是必须的，当然学校强烈建议。学生可以面试的方式有：5 月 1 日（G11）~11 月 30 日（G12）与招生人员进行电话面试，10 月 1 日（G12）至次年 1 月 31 日（G12）与校友志愿者面试。对于国际生，无法进行校友面试，学校鼓励国际申请者参加由招生人员、InitialView、Vericant 或通过 Duolingo English Test 进行的在线面试。

关于面试的说明：https：//www. wlu. edu/admissions/applying/interviews/。

学校没有适合高中生的夏校项目。

3.5.10 目标生源

华盛顿与李大学的文科和社科资源较多，非常适合攻读政、商、法等专业，并且想继续攻读研究生学位的学生。该大学在会计财务、传媒新闻、广告公关方面的资源也是非常独特的。学校活动丰富，适合会玩会学的外向孩子。

3.6 汉密尔顿学院（Hamilton College）

https：//www. hamilton. edu/

汉密尔顿学院基本情况如表 3.6 所示。

表 3.6 汉密尔顿学院基本情况

U. S. News 美国文理学院排行榜	成立年份	校园面积	本科生人数	男女比例	国际生比例	美籍亚裔生比例
13	1793	1300 英亩	1924 人	男：48% 女：52%	6.8%	7.2%

每年本科生入学人数	师生比	录取率	学费/年	食宿/年	本科毕业生年薪起薪中值	整体捐赠金额
438 人	1∶9	18.4%	58510 美元	14860 美元	59900 美元	14 亿美元

3.6.1 历史和排名

汉密尔顿学院成立于 1793 年，当时名为汉密尔顿-奥奈达学院（Hamilton-Oneida Academy），是一所神学院。

1812 年改名为汉密尔顿学院，在课程扩展为四年制大学课程后，成为继哥伦比亚大学和联合学院之后纽约州第三古老的学院。

汉密尔顿学院在 1968 年建立了女子学院柯克兰学院，两所学院于 1978 年合并。

汉密尔顿学院的座右铭："认识你自己"（Know Thyself），希望学生在充分了解自己的优势、技能和兴趣之后，为社会做出有意义的贡献，并实现自己所寻求的职业成功和个人成就感。

3.6.2 位置和环境

汉密尔顿学院校园面积 1300 英亩，位于纽约州柯克兰镇山顶，可以俯瞰风景如画的新英格兰风格的克林顿村。克林顿村建于 1787 年，以纽约州第一任州长乔治·克林顿的名字命名，学校到村庄 10~15 分钟车程，附近有各类餐馆、博物馆、艺术中心；距阿迪朗达克公园 1 小时车程，阿迪朗达克公园是远足、滑雪、露营和其他户外活动的热门目的地。

汉密尔顿学院在纽约州北部，距纽约市大约 4.5 小时车程，距雪城（锡拉丘兹）45 分钟车程，距纽约州首府奥尔巴尼 90 分钟车程。

汉密尔顿学院校园内有 50 多座建筑，其中，阿泽尔巴克斯之家是校园内最古老的建筑之一，建于 1802 年，原是学生公寓，现在翻新成教师餐厅；汉密尔顿学院教堂建于 1827 年，是一个三层楼的教堂，常用于公共讲座、音乐会和集会，已被收入美国国家历史名胜名录；埃利胡·罗特小屋原本是学院的杰出校友美国原国务卿埃利胡·罗特于 1893 年在校园购买的避暑别墅，是美国国家历史地标之一，目前已成为学院的招生办公室。

3.6.3 专业设置和学术活动

汉密尔顿学院提供 44 个专业和 57 个研究领域。根据毕业生的学位统计，学校毕业生专业分布如图 3.12 所示。

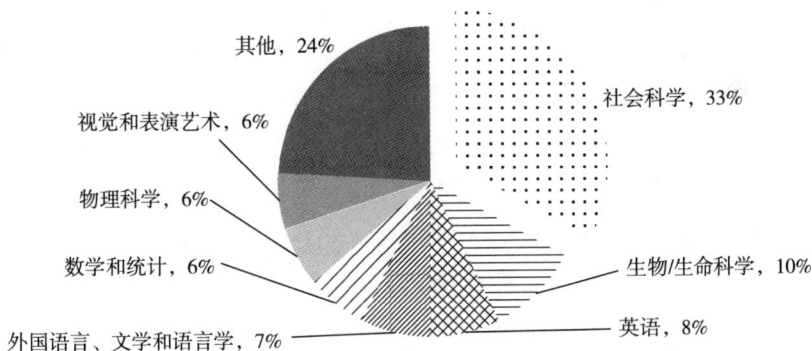

图 3.12 汉密尔顿学院毕业生专业分布

通过独立项目、高级项目和与教职员工的暑期研究，汉密尔顿学院为学生提供了众多参与本科阶段研究的机会，每年夏天大约 120 名学生会参与研究。具体包括：

（1）科学研究：每年夏天大约 75 名汉密尔顿学生在校园内与教师合作进行科学类研究，项目包括考古学、生物学、化学、计算机科学、地球科学、神经科学、物理学和心理学等，参与项目的学生有机会在专业会议上发表演讲，以及合作发表论文。

（2）莱维特研究员计划：提供给希望研究公共事务问题的学生，学生与教师合作，全职开展 10 周，提交一份 25 页的论文，并通过博客、海报或其他活动公开分享研究结果。

（3）柯克兰夏季研究：每年最多 4 名学生参加，在 10 周内，学生与教师合作，从事自己设计的研究或创意项目，并可获得 4000 美元的津贴。

（4）纽约州六校园联盟计划：由纽约州科尔盖特大学、汉密尔顿学院、霍巴特和威廉史密斯学院、圣劳伦斯大学、斯基德莫尔学院和联合学院合作提供的夏季研究项目，为期 6~10 周，学生将和联盟中的导师合作，探索纽约州北部的一系列主题。

学院还在春季学期和秋季学期中提供高年级学术基金，这些基金可以用于旅行、出席会议等，帮助学生完成高级项目。

汉密尔顿学院和哥伦比亚大学、伦斯勒理工学院和华盛顿圣路易斯大学有合作的 3+2 工程项目，学生在汉密尔顿学院完成三年学习，然后在合作的工程学院完成两年学习后，可获得汉密尔顿学院的学士学位和工程学院的学士学位。

汉密尔顿学院还和达特茅斯学院塞耶工程学院有 2+1+1+1 的联合计划，学生在汉密尔顿学院完成 2 年的学习，然后在达特茅斯学院完成大三课程，再返回汉密尔顿学院完成大四课程并获得汉密尔顿学士学位，第五年，学生返回达特茅斯学院完成为期一年的工程学习，最终获得工程学位。

汉密尔顿学院在中国北京、法国巴黎和西班牙马德里都有语言沉浸项目，学生参与时都必须签署保证书，在参与项目期间只说当地语言，非常有挑战性；在巴黎和马德里的项目中除了可以语言学习外，还可以学习其他专业课。

此外，学院还提供 54 个国家的 100 多个海外学习计划。

汉密尔顿学院为学生提供了众多的实习机会，81% 的学生毕业前至少实习了 2 次。

汉密尔顿-纽约计划中，学院在纽约市为学生提供了 150 多个实习机会，秋季实习课程提供给大三和大四的学生，大二~大四的学生都可以申请春季实习课程，学生实习期间都必须住在汉密尔顿学院在纽约的公寓中，公寓可以欣赏到纽约港、埃利斯岛、自由女神像和曼哈顿金融区的美景。在纽约实习计划中，学生曾去过的实习公司有：大都会歌剧院、米拉麦克斯影业、帝国发展公司、纽约公共利益律师协会、ABC 新闻、美林证券、外交关系委员会和国家地理等。

汉密尔顿-华盛顿计划，开始于 1969 年，在秋季和春季学期进行，每期约 16 名学生，从事各种实习，实习地主要包括政府的三个部门、咨询机构、非政府组织、非营利组织等。学生公寓位于伍德利公园。

汉密尔顿-新英格兰儿童中心计划，该计划位于马萨诸塞州的绍斯伯勒，是给儿童中心 200 名患有自闭症或其他发育障碍的儿童或青少年提供服务，除了春季和秋季学期可以实习外，这里也可以进行暑期的全职或兼职实习。每年汉密尔顿学院都有几名毕业生进入新英格兰儿童中心做初级教师。

此外，学校还定期举办实习研讨会、提供暑期实习基金、提供短期实习计划、提供校友影子实习计划等，帮助学生找到合适的实习项目。

3.6.4 师资及教学

哈密尔顿学院的师生比例是 1∶9，36% 的班级只有 9 名或 9 名以下学生，78% 的班级少于 20 人。有 194 名全职老师，94% 的老师拥有所在领域的最高学位。

汉密尔顿学院是为数不多的拥有开放课程的美国大学之一，这意味着学校没有核心课程的要求，学生可以根据自己的兴趣和技能选择课程。

学校鼓励大一学生参加第一年课程计划，这部分课程仅对大一学生开放，帮助学生从中学向大学过渡，并能与教师建立起紧密的联系，第一年的课程包括写作强化课、定量推理课和口语强化课。

学校的毕业要求是：每学期至少修 3 门课程；至少完成 3 门写作课，其中第一年必须至少参加 1 门写作课；至少完成 1 门定量推理课程；完成 2 项体育测试和 3 个体育课。

学校选课的课程目录：https：//hamilton. smartcatalogiq. com/。

学校的选课要求：https：//hamilton. smartcatalogiq. com/en/Current/College - Catalogue。

3.6.5 申请条件

在 2020~2021 年申请季，汉密尔顿学院一共收到 7443 份申请，录取了 1370 位，录取率 18.4%，最后有 438 位新生正式入学。在 7443 份申请中，有 552 位是 ED 早申请，其中 253 位被录取，录取率 45.8%。学校同时还为 1875 位学生提供了待定席位，1060 位接受待定，最后 17 位转正。

根据官网的报告，在所有的申请材料中，招生办认为最重要的是中学课程难度、GPA 和班级排名；其次是申请文书、推荐信和面试；再次是标化考试、课外活动经历、志愿者活动、工作经历等其他因素。学校对高中课程的要求是 4 年的英语，3 年的数学、科学、外语和社会学学科。

中国学生可以参考的标化 75% 分数线是：SAT 1500 分（其中语法阅读 750 分），ACT 34 分。86% 的录取者在毕业班的班级排名是前 10%。学校要求第一语言不是英语的学生提供托福、雅思或 Duolingo 成绩。学校建议国际生的托福水平是 100 分，雅思成绩是 7 分，Duolingo 是 120 分，中国录取者的平均托福成绩是 111 分。学校对英语水平的具体要求见 https：//www.hamilton.edu/admission/apply/international/english-language-proficiency。

汉密尔顿学院每年都招转学生，2020~2021 年有 229 份申请，最后录取了 47 位，有 12 位入学。

3.6.6 毕业生就业方向

汉密尔顿学院 2020 届毕业生的统计显示，74.4% 的学生选择就业、14.7% 进入研究生院继续学习；5.1% 参加学士后实习；2% 的学生处于过渡期。

学生毕业常去的城市有纽约、波士顿、华盛顿、费城、芝加哥等。毕业生就业的领域如图 3.13 所示。

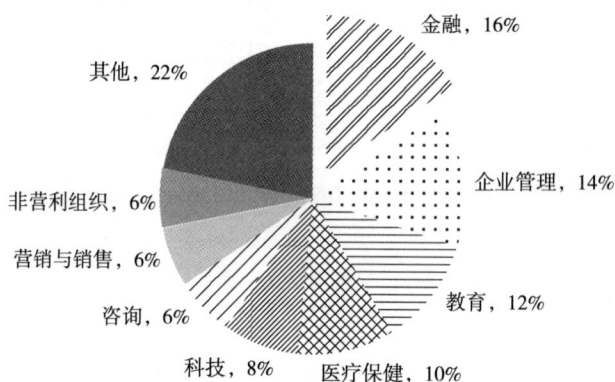

图 3.13　汉密尔顿学院毕业生就业领域

学生就业的雇主包括罗德公关公司、万博宣伟、曼哈顿中心、亚马逊、恒源能源、盖尔福斯勒集团、德勤咨询、思科系统、赫兹公司、巴克莱银行、彭博、美联储理事会、高盛、摩根士丹利、波士顿儿童医院、麻省总医院、谷歌等。

学生进入的研究生院有：耶鲁大学医学院、纽约大学、波士顿大学、塔夫茨大学、罗切斯特大学医学院、西北大学、密歇根大学、牛津大学、剑桥大学、爱丁堡大学等。汉密尔顿学院毕业生进入研究生院的专业方向如图 3.14 所示。

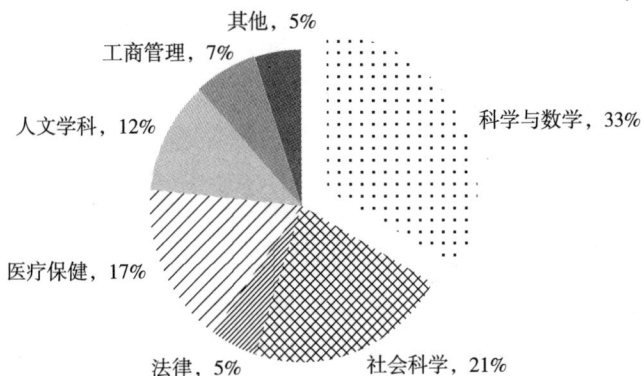

图 3.14　汉密尔顿学院毕业生进入研究生院的专业方向

3.6.7　著名校友

汉密尔顿学院的著名校友包括：美国副总统 James Schoolcraft Sherman；1912
年诺贝尔和平奖得主、美国国务卿 Elihu Root；2000 年诺贝尔生理医学奖得主、
美国神经科学家、洛克菲勒大学教授 Paul Greengard；Netflix 联合创始人 Marc
Randolph；高盛资产管理前首席执行官 David Blood；NBA 洛杉矶快船队业务运营
总监 Gillian Zucker；传奇娱乐传媒公司创始人 Thomas Tull；百时美施贵宝公司联
合创始人 William McLaren Bristol；宝洁公司首席执行官 AG Lafley；荷美尔食品公
司总裁兼首席执行官 Joel Johnson；LinkedIn 前首席执行官 Dan Nye；2012 年奥斯
卡最佳改编剧本奖获得者 Nat Faxon；1999 年普利策音乐作曲奖获得者 Melinda
Wagner；2000 年普利策奖获得者、作家 Henry Allen 等。

David Wippman 于 2016 年 7 月担任汉密尔顿学院第 20 任校长。他于 1976 年以
优异成绩获得普林斯顿大学学士学位，1978 年获得耶鲁大学英国文学研究生项目奖
学金并获得硕士学位，1982 年获得耶鲁法学院法律学位。在耶鲁大学期间，Wipp-
man 是《耶鲁法律杂志》主编。Wippman 于 2008 年 7 月成为明尼苏达大学法学院
院长。此前，他曾任康奈尔大学法学院教授和副院长，并担任康奈尔大学国际关系
副教务长。加入康奈尔大学之前，Wippman 在华盛顿执业了 9 年，专注于国际仲
裁、国际公法和私法问题的政治咨询以及在诉讼中代表发展中国家。

3.6.8　文化与生活

汉密尔顿学院有很多古老而特别的传统：

（1）入学仪式：自 1975 年以来，每位新生都会在学校的柯克兰小屋，在大学名册上签名，象征在汉密尔顿学院入学。

（2）青铜地图：学生不会从校园中心的青铜地图走过，传说从上面走过的学生无法毕业。

（3）哈姆特雷克：这是汉密尔顿学院的铁人三项赛，比赛会在春季课程的最后一个周末举行，包括 525 米游泳、14.5 公里的自行车和 5 公里长跑比赛。

（4）毕业手杖：每位毕业的大四学生都会获得一根手杖，作为学院和学生的感情联系。手杖的头部是一个三角帽，以纪念华盛顿大陆军的教官冯·斯图本男爵，他奠定了汉密尔顿-奥尼达学院的基石。

（5）二月节：这是学生们最喜欢的年度活动，活动包括雪雕比赛、品尝巧克力、雪地足球、音乐会等。

（6）颁奖日：自 1950 年起，在春季课程的最后一天举行集会，当天除了有与汉密尔顿学院的历史和传统相关的各种演讲外，还会向学生和教职员工颁发奖项。

汉密尔顿学院所有的学生都住校，学校有 29 栋宿舍楼，大一学生的宿舍是固定的 8 栋宿舍楼，一般都是双人间、三人间或四人间；大二、大三和大四学生可以选择单人间。

汉密尔顿学院有 2 个餐厅、1 个小餐馆、1 个酒吧、2 个咖啡厅和 1 个冷饮吧；学校的无限膳食计划让学生可以随时在 2 个餐厅和 1 个咖啡厅用餐，学校还提供每周 14 餐和每周 7 餐的膳食计划。

汉密尔顿学院有 200 个俱乐部和组织，校园每年举行约 1000 场活动，如音乐会、讲座、体育比赛、诗歌朗诵、派对、研讨会、辩论、电影、志愿者活动等。

汉密尔顿运动队被称为大陆人队，学校有 29 支校队（15 支女队，14 支男队），1971 年以来一直是新英格兰小型大学体育大会（NESCAC）的成员。

3.6.9　联系方式

汉密尔顿学院的招生办联系方式：admission@ hamilton. edu，电话：（001）800-843-2655。

负责国际学生的招生官：Anna Wise, Associate Dean of Admission/Director of International Recruitment。

邮箱：awise@ hamilton. edu。

Anna Wise 来自纽约州，是德鲁大学（Drew University）的哲学学士，特拉华州的卫斯理安学院（Wesley College）的工商管理硕士，和美国东北大学的教育博士。2019年加入汉密尔顿学院。

汉密尔顿学院的面试很重要，并为国际生提供虚拟面试。学生也可以提交 InitialView 或 Vericant 的面试视频。

关于面试的说明：https：//www. hamilton. edu/admission/apply/international/international-admission。

学校没有适合高中生的夏校项目。

3.6.10　目标生源

汉密尔顿学院的社会科学人文和理科相对比较均衡，注重实践，适合毕业后想去波士顿和纽约获得工作经历的学霸，纽约联盟的学校资源也可以拓展眼界。不过，这里民风比较淳朴。

3.7　里士满大学（University of Richmond）

https：//www. richmond. edu/

里士满大学基本情况如表 3.7 所示。

表 3.7　里士满大学基本情况

U. S. News 美国文理学院 排行榜名	成立年份	校园面积	本科生人数	男女比例	国际生比例	亚裔学生 比例
22	1830	350 英亩	3161 人	男：47% 女：53%	11%	6.74%
每年本科生 入学人数	师生比	录取率	学费/年	食宿/年	本科毕业生 年薪起薪中值	整体捐赠 金额
811 人	1：8	30.9%	56860 美元	13430 美元	56600 美元	33 亿美元

3.7.1 历史和排名

里士满大学成立于 1830 年，最初是一个神学院，校址在弗吉尼亚浸信会的邓洛拉种植园，故被称为邓洛拉学院。1840 年，神学院申请成为文理学院，于 1840 年 3 月获得批准，并改名为里士满学院（Richmond College）。

里士满学院于 1843 年 1 月 2 日正式开学，当时有 68 名学生、3 名教师、一个藏书 700 册的图书馆。1894 年，学院迁往里士满韦斯特汉普顿地区 350 英亩的新校区，并创建了韦斯特汉普顿女子学院。学院于 1920 年更名为里士满大学，男子学院称为里士满学院。

1987 年，佐治亚州的慈善家和商人小罗伯特·杰普森捐赠 2000 万美元促进创立了杰普森领导力研究学院，这是美国第一所完全致力于领导力研究的同类学院。

1990 年，里士满学院和韦斯特汉普顿女子学院合并，成为了里士满大学的文理学院。

里士满大学是一所以本科生为主的大学，包含文理学院、罗宾斯商学院、杰普森领导力研究学院、里士满大学法学院和专业与继续研究学院。

里士满大学教学理念崇尚挑战与活力，即学术上具有挑战性，智力上充满活力和协作性。里士满大学致力于学生的全面发展以及推动创造性的学术与工作，让学生能够在多元化的世界中有目标地生活、有思考地探索、做尽责的领导。

3.7.2 位置和环境

里士满大学位于弗吉尼亚州的里士满西部的郊区，距离里士满市中心约 7 英里，15 分钟车程，学校每天都有免费巴士到市区。里士满作为弗吉尼亚州的首府，是该州商业和政府活动的中心，从州立法机构、联邦法院，到联邦储备银行、财富 500 强公司和全国知名的创意机构，给学生提供了众多实习、研究和工作的机会。

里士满不仅是弗吉尼亚州的政治首府，还是艺术和文化之都。弗吉尼亚美术博物馆是美国顶级艺术博物馆之一，有国际知名艺术家的作品展览。里士满是交响乐团和芭蕾舞团、独立广播电台和全国最大的民间音乐节所在地，城市各处每晚都有大大小小的舞台表演。

里士满位于弗吉尼亚州的中心，交通出行方便，2 小时内车程可以到达弗吉尼亚海滩或壮观的蓝岭山脉，眺望大西洋；也可以到达华盛顿，沉浸在特区的文化和实习机会中。

里士满大学校园占地 350 英亩，以哥特式红砖建筑为主，多个建筑都由著名建筑师拉尔夫克拉姆于 1910 年设计，拉尔夫克拉姆还为普林斯顿大学、康奈尔大学、威廉姆斯学院等学校设计了建筑，2000 年和 2021 年，里士满大学校园被《普林斯顿评论》评为美国最美丽的校园之一。

3.7.3 专业设置和学术活动

里士满大学有 5 个学院：文理学院、罗宾斯商学院、杰普森领导力研究学院、里士满大学法学院和专业与继续研究学院。文理学院提供人文科学、视觉和表演艺术、社会科学、科学和跨学科课程；商学院提供会计、工商管理和经济学课程；领导力研究学院主修领导力研究，这三个学院共同提供 60 多个本科专业。根据毕业生的学位统计，学校毕业生专业分布如图 3.15 所示。

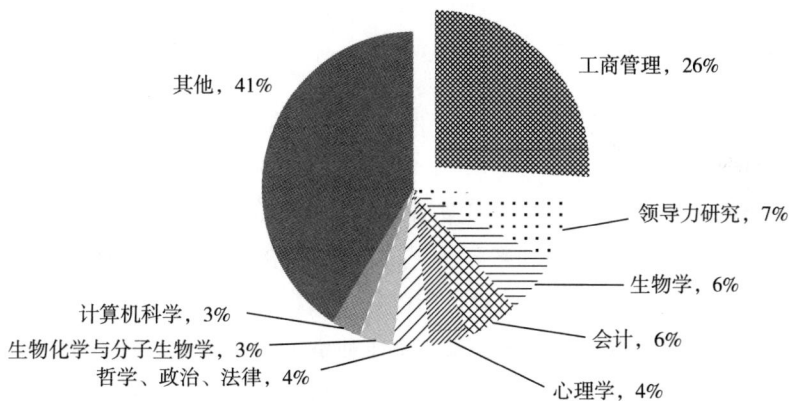

图 3.15　里士满大学毕业生专业分布

里士满大学 45% 的学生毕业前参与过研究项目，每年暑假超过 550 名学生参与暑期研究项目，文理学院暑期研究项目一般是 6~10 周，每周工作 40 小时，并且学生要参加 A&S 春季研讨会；杰普森夏季研究计划主要提供给领导力研究专业的学生，项目至少 6 周；RSB 研究计划主要提供给罗宾斯商学院的学生，学生需由教师指导进行研究。

学校的贝克曼学者计划，提供给研究化学、生物化学和生物医学的学生。每年的部门座谈会为各个部门提供了项目交流和研究展示的机会；学生座谈会上主要展示各学科学生的研究项目；9 月的科学研讨会展示学生夏天在 STEM 领域的研究成果。

里士满大学和哥伦比亚大学合作工程 3+2 双学位项目，学生获得里士满大学学士学位和哥伦比亚大学工程学士学位；或 4+2 双学位项目，学生在里士满大学完成学士学位，然后进入研究生院攻读工程学博士学位。

里士满大学 71% 的学生有过至少一次的海外学习经历，21% 的学生有两次，8% 的学生有三次或以上。海外学习计划包含学期计划、短期计划和暑期计划。学校提供了大约 75 个海外合作项目，学生最常去的海外项目所在地主要是英国、中国、丹麦、澳大利亚、西班牙。

里士满大学为学生提供了众多的实习机会，学校顾问团队会帮助学生审核实习简历和面试，通过学校的在线数据库搜索在校园招聘的雇主并申请实习，学校还有短期的微型实习机会、校友提供的影子实习计划和蜘蛛实习基金等帮助学生实习。毕业前有 81% 的学生参加过至少一次实习类项目。

3.7.4 师资及教学

里士满大学的师生比例是 1∶8，每个本科班的平均学生人数是 16 人，98% 的班级人数少于 30 人。

里士满大学要求大一学生必须参加第一年研讨会，学校每学期提供 40 多个主题的研讨会，从生物伦理和数学到艺术史和英语等。学校还有第二外语的要求，并要求学生在二外中达到听说读写的能力。

里士满大学要求学生在历史研究、文学研究、自然科学、社会分析、定量推理、视觉和表演艺术这六个学习领域中至少各修一门课程以达到通识教育要求。

除专业课程要求外，学生必须完成健康教育主题课程才能满足学位要求。

学校选课的课程目录：https：//undergraduatecatalog. richmond. edu/。

学校的选课要求：https：//undergraduatecatalog. richmond. edu/curriculum/degree-req. html#general-education-requirements。

3.7.5 申请条件

在 2020~2021 年申请季，里士满大学一共收到 12060 份申请，录取了 3727

位，录取率 30.9%，最后有 811 位新生正式入学。在 12060 份申请中，有 736 位是 ED 早申请，其中 358 位被录取，录取率 48.6%。学校同时还为 3406 位学生提供了待定席位，1717 位接受待定，最后 113 位转正。

根据官网的报告，在所有的申请材料中，招生办认为最重要的是中学课程难度和 GPA；其次是班级排名、标化考试、申请文书、推荐信和课外活动经历；再次是面试、志愿者活动、工作经历等其他因素。学校对高中课程的要求是 4 年的英语，3 年的数学，2 年的科学、外语、实验室科学和历史。

中国学生可以参考的标化 75% 分数线是：SAT 1440 分（其中语法阅读 710 分），ACT 33 分。81.9% 的录取者在毕业班的班级排名是前 15%。学校要求第一语言不是英语的学生提供托福、雅思或 Duolingo 成绩。学校建议国际生的托福水平是 100 分，雅思成绩是 7.5 分，Duolingo 是 125 分。对于国际学生，可以提交 InitialView 面试视频作为英语能力的补充。学校对英语水平的具体要求见 https：//admissions. richmond. edu/process/international/english-proficiency. html。

里士满大学每年都招转学生，2020～2021 年有 259 份申请，最后录取了 116 位，有 28 位入学。

3.7.6 毕业生就业方向

里士满大学对 2019 年毕业生的统计显示，23% 的毕业生就读研究生院或专业学院，求职者中 94% 的人在一年内找到工作，大学毕业一年的平均工资范围为 50000～54999 美元。排名前五的就业领域是金融服务/保险、会计、咨询、医疗保健和教育，如图 3.16 所示。

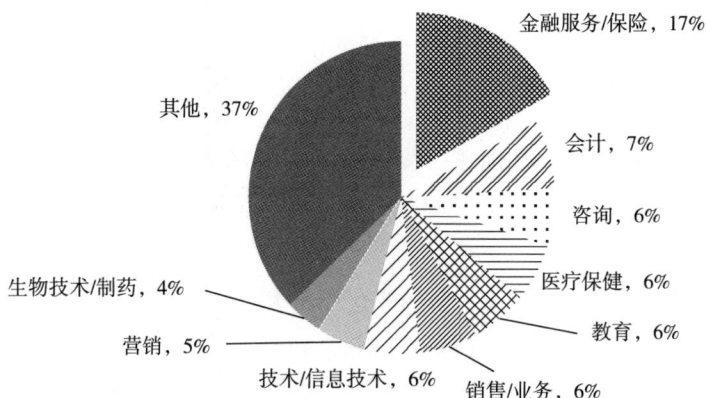

图 3.16 里士满大学毕业生主要就业领域

里士满大学研究生院目标学校包括：哥伦比亚大学、哈佛大学、纽约大学、西北大学、牛津大学、宾夕法尼亚州立大学医学院、塔夫茨医学院、乔治城大学、杜克大学等。

里士满学生就业的雇主包括：埃森哲、亚马逊、巴克莱银行、瑞士信贷、德勤、安永、多米尼克能源、联邦储备委员会、高盛、波士顿儿童医院、NBC 环球媒体、宝洁、美国国家卫生研究院等。

3.7.7 著名校友

里士满大学的著名校友包括：弗吉尼亚州最高法院法官 Teresa Chafin；弗吉尼亚州总检察长 Mark Herring；弗吉尼亚州第 44 任州长 Andrew Jackson Montague；瓦乔维亚公司前总裁兼首席执行官 Leslie M. Baker；菲利普莫里斯美国公司前董事长兼首席执行官 Frank Resnik；两届普利策奖得主、作家和历史学家 Douglas Freeman；密西西比大学第一任校长 George Frederick Holmes；前妇女数学协会主席 Alice Schafer 等。

Kevin F. Hallock 博士于 2021 年担任里士满大学第 11 任校长，也是学校的经济学教授。Hallock 博士于 1991 年获得马萨诸塞大学阿姆赫斯特大学经济学学士学位，1993 年获得普林斯顿大学经济学硕士学位，1995 年获得普林斯顿大学经济学博士学位。Hallock 博士曾在伊利诺伊大学厄巴纳-香槟分校任教 10 年，教授经济学课程，在加入里士满大学之前，他是康奈尔大学约翰逊商学院院长，在康奈尔大学还担任过大学金融政策委员会主席、薪酬研究所创始主任和劳资关系学院院长等。Hallock 博士目前也是美国国家经济研究所研究员和美国国家人力资源学院研究员。

3.7.8 文化与生活

里士满大学的吉祥物是蜘蛛，学校有超过 190 个学生组织和俱乐部，包括 32 个运动俱乐部、7 个荣誉社团、28 个政治类团体、16 个兄弟会或姐妹会以及 6 个学生媒体组织。

学校每年的传统有类似泼水节的彩色颜料大战，秋节学期开始的时候，学生穿上白色 T 恤，在学校的河路球场互投彩色颜料，现场还有音乐节等活动。

蜘蛛节则是让学校各个俱乐部在一个轻松、有趣的环境中展示自己的博览会，学生在这个活动中享受音乐、社交和了解学校的社团。

里士满大学91%的学生四年都住在校园里，大一学生会被分配到5栋固定的宿舍楼，学生不能指定宿舍，大部分都是双人间，也有少部分单人间和三人间；大二~大四学生在住房上有更多的选择权，包括宿舍类型、室友等。学校的主要用餐地点是海尔曼餐饮中心，有5种膳食计划供学生选择。

里士满大学有17支校队，参加NCAA第一分区的运动。

学校学生组织的清单：https：//richmond. presence. io/organizations。

学校的校报是The Collegian，网址：https：//www. thecollegianur. com/section/news。

3.7.9　联系方式

里士满大学的招生办联系方式：admission@ richmond. edu，电话：（001）800-700-1662或（001）804-289-8640。

国际招生：intladm@ richmond. edu。

负责国际学生的招生官：Amanda Gearhart，Senior Assistant Director of Admission。

邮箱：agearhart@ richmond. edu，电话：（001）800-700-1662或（001）804 289-8640。

Amanda Gearhart毕业于特拉华大学昆虫学专业。关于她的介绍见https：//admissions. richmond. edu/contact/profiles/gearhart-amanda. html。

里士满大学的面试不是必须的，可以预约与在校学生的在线面谈，15~20分钟；美国和英国学生也可以在6月1日~11月15日提交校友面试申请。对于国际学生，可以提交InitialView面试视频作为英语能力的补充。

关于面试的说明：https：//admissions. richmond. edu/contact/alumni-interview. html。

学校没有适合高中生的夏校项目。

3.7.10　目标生源

适合想要就读商科专业，但又喜欢文理学院学习氛围，对未来的职业和就业比较关注的学生。里士满大学的商科教授很多有500强从业经历，教授的课程内容能够很好地联系实际，所以里士满大学的学生在实习和就业方面都比较受雇主的欢迎。

3.8 科尔盖特大学（Colgate University）

https：//www.colgate.edu/

科尔盖特大学基本情况如表 3.8 所示

表 3.8 科尔盖特大学基本情况

U.S. News 美国文理学院 排行榜	成立年份	校园面积	本科生人数	男女比例	国际生比例	美籍亚裔生 比例
17	1819	575 英亩	3042 人	男：45% 女：55%	17%	5.3%
每年本科生 入学人数	师生比	录取率	学费/年	食宿/年	本科毕业生 年薪起薪中值	整体捐赠 金额
765 人	1：9	17%	61594 美元	18566 美元	62200 美元	12 亿美元

3.8.1 历史和排名

科尔盖特大学成立于 1819 年，最初由 13 名男子成立，叫纽约州浸信会教育协会，所以 13 也被认为是学校的幸运数字；1820 年，学校的第一堂课在纽约州汉密尔顿镇的一栋建筑中开始。

1823 年，纽约州浸信会神学院与浸信会教育协会合并，更名为汉密尔顿文学与神学院。1846 年，学校更名为麦迪逊大学。1890 年，更名为科尔盖特大学，并使用至今。

该大学的第一个全职女学生，名叫玛贝尔·达特，1878~1882 年就读该大学（当时称为麦迪逊大学），直到 1970 年，科尔盖特大学才终于成为男女同校的学校。

科尔盖特大学的使命是培养那些尊重知识、充满活力和理性光辉并有挑战精神的思想者。科尔盖特大学更喜欢自信谦逊并具有全球视野的学生，因为这与科尔盖特大学的价值观完全符合——致力于营造一个独特的、充满活力和友好的地方，学生在这里可以自由畅快地学习，并被培养成一个对世界、对社会有用的人。

3.8.2　位置和环境

科尔盖特大学位于纽约州的汉密尔顿镇，这个小镇建于1795年，被《福布斯》杂志评为美国最友好的城镇之一。汉密尔顿镇的历史街区于1984年被列入美国国家历史遗迹名录，许多建筑建于1895年，外墙都带有"1895"字样。

科尔盖特大学校园面积575英亩，校园内的88栋建筑物坐落在阿勒格尼高原北缘的山坡上，校园内有2300多棵树，最常见的是糖枫树和北方红橡树。

科尔盖特大学校园里几乎所有的建筑都是用采自科尔盖特自己的采石场的石头建造的。校园内的哈斯卡尔大厅建于1884年，并于1973年被列入美国国家史迹名录。校园内最具特色的建筑可能是科尔盖特纪念教堂，建于1918年，用于讲座、表演、音乐会和宗教仪式。校园内还有2个博物馆、2个画廊和3个剧院及礼堂。

学校到康奈尔大学1.5小时车程，到奥尔巴尼和罗切斯特约2小时车程，到纽约城和费城约4小时车程，到波士顿约5小时车程。

最近的机场是汉密尔顿机场，约10分钟车程，最近的国际机场是雪城机场，约1小时车程。

3.8.3　专业设置和学术活动

科尔盖特大学提供56个专业领域的学习，最受欢迎的专业有经济学、政治学、儿童发展与心理学、计算机科学和神经科学。根据毕业生的学位统计，学校毕业生专业分布如图3.17所示。

科尔盖特大学学者计划为成绩优异的学生提供机会，通过独立研究、全球旅行和其他丰富的经历来完成学业。

校友纪念学者计划（AMS）和本顿学者计划，无须单独申请，学生进入大学时就有可能被选入计划。

被选入校友纪念学者计划的学生有机会获得总计6000美元的奖学金，可用于独立研究、学术会议和实习。

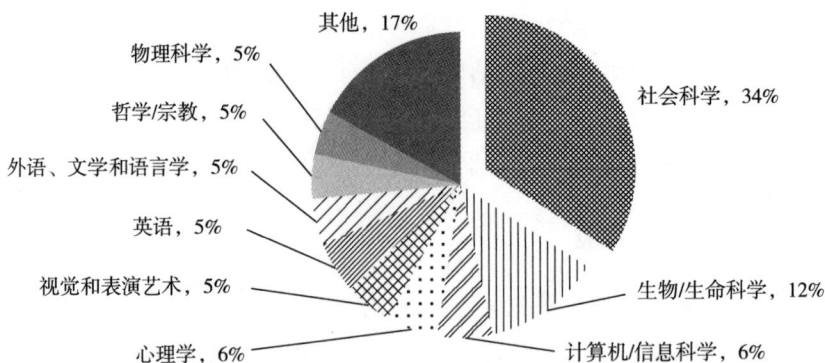

图 3.17 科尔盖特大学 2020 届毕业生专业分布

本顿学者计划，参与的学生会在大一期末和一位教授一起旅行，亲身体验并进一步探索他们整个学年所研究的科目。如 2018 年的学者乘船前往大西洋，研究海洋学和气候变化；2019 年的学者前往南非开普敦和荷兰阿姆斯特丹研究殖民主义和后殖民主义。

OUS 本科生学者计划，学生需要申请进入，OUS 课程重点是批判性阅读、分析性写作和定量识字技能，范围从癌症生物学到教育研究到社会学。该计划持续四年，学生会有更多科研和学术机会。

每年夏天，大约有 200 名本科生直接与教师合作开展研究项目。

学生利用暑假在校园里参与研究或创意项目，有两种途径：一种是学校老师发起的科研项目，长达 10 周，并有科研津贴，学生每次最多可以申请三个项目；另一种是学生自选主题发起，由老师监督的科研项目。

此外，学校还有其他学术研究机会，如：

（1）自由与西方文明中心：提供给 3 名大二或大三学生，与教师一起开展与西方自由和文明遗产相关主题的暑期研究。

（2）野外研究院计划：学生研究员与社区或非营利组织合作，创建和完成对纽约北部地区产生积极影响的项目。

（3）贝克曼学者计划：提供给神经科学、化学、生物学、分子生物学或生物化学领域的学生，与教师一起从事独立研究，并提供 15 个月的研究津贴。

（4）兰伯特公民和全球事务研究计划：为有兴趣撰写高级荣誉论文的学生提供了机会，学生可以在教师的指导下设计研究项目、开展研究和完成独立研究项目。

（5）纽约州六校园联盟计划：由科尔盖特大学、汉密尔顿学院、霍巴特和威廉史密斯学院、圣劳伦斯大学、斯基德莫尔学院和联合学院合作提供的夏季研究项目，为期6~10周，学生将和联盟中的导师合作，探索纽约州北部的一系列主题。

（6）科尔盖特大学与哥伦比亚大学、伦斯勒理工学院和圣路易斯华盛顿大学有合作的"3+2工程双学位"计划，在科尔盖特大学学习三年，在工程学院学习两年，从这两所院校获得学士学位。

科尔盖特学习小组是学生在本校教师指导下进行一个学期的校外学习，学习小组通常招收15~18名学生，每个学习小组都有自己的学术重点，从苏格兰圣安德鲁斯的宗教和哲学研究到马里兰州贝塞斯达国立卫生研究院的科学研究。一些学习小组春季或秋季定期提供，一些学习小组根据教师的时间来提供。学生可以申请任何一个学习小组。

除华盛顿特区学习小组外，其他所有学习小组都满足学校全球参与GE课程的学分。学习小组的地点主要有中国、澳大利亚、英国、意大利、日本、新加坡、西班牙、德国、牙买加等。

虽然科尔盖特学习小组覆盖了全球许多地区，但学生也可以参与50个国家和地区的100多个合作的项目实现海外学习。

科尔盖特大学为学生提供了众多的实习机会，除了短期带薪实习、影子实习计划外，学校还提供：

（1）Colgate Premier招聘计划：让来自不同行业的雇主通过校园和虚拟信息会议等方式来专门招聘科尔盖特的学生进行实习和工作。

（2）Handshake：是科尔盖特大学的在线工作和实习平台，提供实习和工作机会。

（3）校友网络：学生可以搜索校友名录并加入以专业、个人兴趣为中心的讨论组，进行职业探索或建立专业联系网络。

（4）约翰·金奖学金计划：为攻读法学院或医学院的学生提供咨询和暑期实习资金。

（5）吉姆·曼齐奖学金计划：一个带薪暑期实习计划，学生被分配到波士顿地区的非营利组织实习10周。

（6）克利夫兰夏季计划：向八所合作学校的学生开放，分别是科尔盖特大学、凯斯西储大学、康奈尔大学、丹尼森大学、奥伯林音乐学院、俄亥俄卫斯理大学、史密斯学院和芝加哥大学。该计划每期招收 50~70 名学生，提供具有挑战性的带薪实习、公民参与、校友联系和社交活动。

3.8.4 师资及教学

科尔盖特大学的师生比例是 1∶9，平均班级人数 18 人。近七成的班级人数少于 20 人。有 325 名全职老师，95%的老师拥有所在领域的最高学位。

跨越知识边界（Crossing Boundaries）是科尔盖特大学文理通识课程的核心思想，要求学生跨越时间界限，跨越学术和学科界限，实现知识结构多元化。

学校要求学生完成共同核心课程、研究领域的课程和全球参与课程，以达到学校通识教育的要求。

四门必修的共同核心课分别是"古代世界的遗产""现代性的挑战""科学世界观"以及"社区和身份"，原则上需要大二结束前修完。

学生还要在人类思想和表达，社会关系、机构和代理领域，自然科学和数学这三个研究领域至少各修 2 门课。

此外，通过全球参与课程（Global Engagements）可以参与学术部门的项目，或参加科尔盖特学习小组的相关课程。

学校选课的课程目录：https：//catalog. colgate. edu/index. php？catoid＝11。

学校的选课要求：https：//catalog. colgate. edu/content. php？catoid＝11&navoid＝493。

3.8.5 申请条件

在 2020~2021 年申请季，科尔盖特大学一共收到 8583 份申请，录取了 2362位，录取率 17%，最后有 765 位新生正式入学。在 8583 份申请中，有 1061 位是 ED 早申请，其中 478 位被录取，录取率 45%。学校同时还为 1630 位学生提供了待定席位，1009 位接受待定，最后 97 位转正。

根据官网的报告，在所有的申请材料中，招生办认为最重要的是中学课程质量、GPA 和班级排名；其次是标化考试、申请文书、推荐信和课外活动经历；再次是志愿者活动、工作经历和面试等其他因素。学校对高中课程的要求是 4 年的英语，3 年的数学、科学、外语和社会学学科，2 年的实验室科学。

中国学生可以参考的标化 75% 分数线是：SAT 1460 分（其中语法阅读 720 分），ACT 33 分（其中英语 35 分）。90% 的录取者在毕业班的班级排名是前 15%。学校要求第一语言不是英语的学生提供托福、雅思或 Duolingo 成绩。学校建议国际生的托福水平是 100 分，雅思成绩是 7 分。学校对英语水平的具体要求见 https://www.colgate.edu/admission-aid/apply/international-applicants。

科尔盖特大学每年都招转学生，2020~2021 年有 320 份申请，最后录取了 92 位，有 25 位入学。

3.8.6 毕业生就业方向

科尔盖特大学对 2020 届毕业生的统计显示，在毕业 9 个月内，73.7% 的学生已就业，18.7% 的学生进入研究生院或继续学习，73.7% 的学生就业的热门职业领域主要有：商业服务、通信和媒体、咨询服务、教育、金融服务、法律、健康与医学、科学/能源、计算机技术（见图 3.18）。

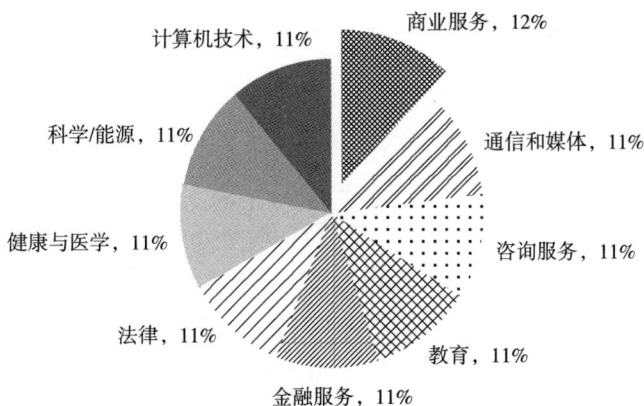

图 3.18　科尔盖特大学毕业生就业的热门职业领域

学院学生就业的雇主包括：美银美林、安永、指南针、麦格理集团、摩根士丹利、美国国立卫生研究院、纪念斯隆凯特琳癌症中心、布莱根女性医院、剑桥协会、NBC 环球、高盛、摩根大通等。

毕业生进入研究生院的主要学科领域如图 3.19 所示，有：生物/生命科学、商业/工商管理、教育教学、工程、人文/文化、法律、医学/护理、物理/化学和地球科学、公共事务/政策、社会学/行为科学。

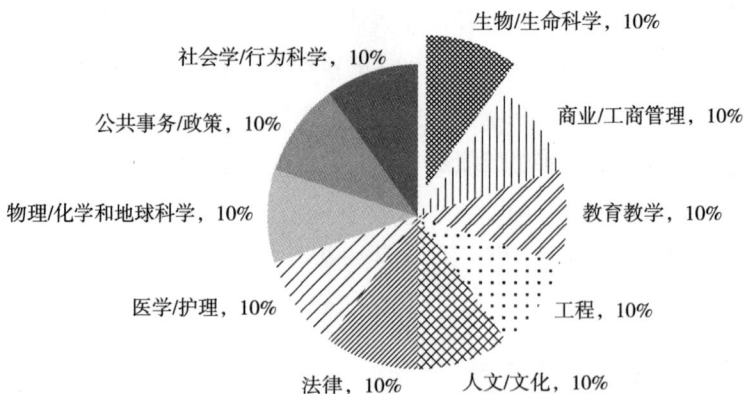

图 3.19　科尔盖特大学毕业生进入研究生院的热门学科领域

科尔盖特大学研究生院目标学校包括：波士顿学院、波士顿大学、布朗大学、哥伦比亚大学、康奈尔大学、哈佛大学、纽约大学、莱斯大学、加州大学洛杉矶分校、宾夕法尼亚大学、华盛顿大学、牛津大学等。

3.8.7　著名校友

科尔盖特大学的著名校友包括：美国第 11 任首席大法官、第 36 任纽约州州长、第 44 任美国国务卿 Charles Evans Hughes；美国财政部发言人兼公共事务助理部长、福克斯新闻撰稿人 Monica Crowley；安永全球董事长兼首席执行官 Carmine Di Sibio；NBC 环球总裁兼首席执行官 Steve Burke；摩根大通互联网和媒体业务全球主席 Noah Wintroub；渣打银行首席执行官 Bill Winters；巴克莱银行美国公司负责人和全球资本市场主管 Joseph P. McGrath；CBS 新闻前主席 Jeff Fager；《新闻周刊》首席记者、高级编辑 Howard Fineman；普利策奖得主、洛杉矶时报记者 Michael Hiltzik；美国数学协会前会长 Cyrus Colton MacDuffee 等。

Brian W. Casey 博士于 2016 年 7 月成为科尔盖特大学第 17 任校长。Casey 博士在圣母大学获得哲学和经济学文学学士学位，然后在斯坦福大学法学院获得法律博士学位。他曾在纽约市和伦敦律师事务所执业，后来进入哈佛大学，并获得美国文明史博士学位。Casey 博士从哈佛大学毕业后，在布朗大学担任了约四年的助理教务长，2005 年，回到哈佛大学，担任文理学院学术事务副院长。Casey 博士于 2008 年成为德保大学第 19 任校长，直至 2016 年加入科尔盖特大学。Casey 博士在获得哈佛大学美国文明史博士学位后过渡到高等教育，特别关注美国高等教育史和美国思想史。

3.8.8 文化与生活

13 是科尔盖特大学的幸运数字。据说学校是由 13 个人用 13 块钱、13 次祈祷和 13 篇文章创立的。学校的地址是 13 Oak Drive，邮政编码是 13346，以 13 开头，后三位数相加也是 13。

科尔盖特大学提供超过 200 个学生俱乐部和组织，包含学术组织、校园文化、舞蹈、创业、服务、户外和娱乐等。其中科尔盖特十三（Colgate Thirteen），是科尔盖特大学的全男生无伴奏合唱团，成立于 1942 年，也是美国第二古老的大学无伴奏合唱团，每年都在美国各地有巡回演出。The Colgate Maroon-News 是科尔盖特大学的学生报纸，成立于 1868 年，是美国最古老的大学周刊。

科尔盖特大学的学生大一、大二时都住在一起，学生被分配在 4 个固定的宿舍区。每个宿舍区都提供一系列活动，比如早餐会、嘉宾演讲、周末郊游等，来促进学生与学生之间、学生与社区之间的联系。大三、大四学生住宿会有更多选择，有公寓、别墅和主题宿舍等。

校园的主要用餐地点是弗兰克餐厅，从早上 6 点半到晚上 12 点都有餐食提供，大一、大二学生参加无限膳食计划，大三、大四学生可以根据需要选择其他膳食计划。

科尔盖特大学校队叫突袭者队，学校有 25 支校队，是 NCAA 第一分区的成员。学校还有 50 多个俱乐部和校内体育项目，大约 25% 的学生参与大学运动，80% 的学生参与俱乐部或校内运动。学校位于阿迪朗达克山脉的山脚下，为学生探索户外活动提供了众多的机会。

学校学生组织的清单：https：//getinvolved. colgate. edu/organizations。

学校的校报是 The Colgate Maroon-News，网址：https：//thecolgatemaroon-news. com/。

3.8.9 联系方式

科尔盖特大学的招生办联系方式：admission@ colgate. edu，电话：（001）315-228-7401。

科尔盖特大学负责中国学生的招生官：Mari Prauer, Associate Dean of Admission。邮箱：mprauer@ colgate. edu，电话：（001）315-228-6903。

科尔盖特大学的面试不是必须的，但学院建议学生参加面试。学生可以在官网注册与高年级学生的一对一面试，也可以申请校友面试。国际生也可以提交 InitialView 或 Vericant 的面试视频。

关于面试的说明：https：//www. colgate. edu/admission-aid/apply/interviews。

科尔盖特大学有适合高中生的夏校项目。

关于夏令营：https：//www. colgate. edu/community/summer-academic-arts-and-sports-programs#。

3.8.10　目标生源

科尔盖特大学的经济和心理专业都很强，还有计算机这样的时髦专业，这方面就业的机会很丰富，人文和生命科学也很不错。近年来开始重视中国地区的招生。如果想多交一些纽约州当地中产和富裕家庭孩子的朋友，毕业后在美东工作的话，学校以及纽约联盟的资源可以很好地帮到你。

3.9　富兰克林·马歇尔学院
（Franklin & Marshall College）

https：//www. fandm. edu/

富兰克林·马歇尔学院基本情况如表 3.9 所示。

表 3.9　富兰克林·马歇尔学院基本情况

U. S. News 美国文理学院排行榜	成立年份	校园面积	本科生人数	男女比例	国际生比例	亚裔学生比例
42	1787	220 英亩	2254 人	男：46% 女：54%	17%	4%
每年本科生入学人数	师生比	录取率	学费/年	食宿/年	本科毕业生年薪起薪中值	整体捐赠金额
579 人	1:9	36.5%	61062 美元	14739 美元	50900 美元	4.5 亿美元

3.9.1 历史和排名

富兰克林·马歇尔学院是美国最古老的高等学府之一，学院于 1787 年在宾夕法尼亚州兰开斯特的一家啤酒厂的旧址上成立，学院最初以美国开国元勋之一本杰明·富兰克林的名字命名，叫富兰克林学院。富兰克林学院以英语和德语授课，它是美国第一所双语学院。

马歇尔学院以美国第四任最高法院首席大法官约翰·马歇尔的名字命名，于 1836 年在宾夕法尼亚州默瑟斯堡成立。1853 年，马歇尔学院迁至宾夕法尼亚州的兰开斯特，并与富兰克林学院合并成为富兰克林·马歇尔学院。

1969 年，富兰克林·马歇尔学院接收了第一批女性，成为男女同校的学校；第一批大约 125 名女同学加入了 1850 名男学生的行列。

学校目标是激发不同背景的年轻人对学习真正和持久的热爱，教他们阅读、写作和批判性地思考问题，培养学生的智力、创造力和性格品质，使他们能够为他们的职业、社区和世界做出有意义的贡献。

校训为 Lux et Lex（光明与法律）。

3.9.2 位置和环境

富兰克林·马歇尔学院位于宾夕法尼亚州中南部的兰开斯特市，这里是美国最古老的内陆城镇之一，大约有 6 万人口，市中心的中央市场是美国最古老的持续经营的农贸市场，其塔楼为罗马复兴式风格，被列入美国国家史迹名录，许多游客前来购买其他地方并不常见的阿米什人手工商品。WW Griest 大厦，也被称为兰开斯特联邦大厦，建于 1924～1925 年，以意大利文艺复兴风格建造，是该市第二高的建筑，被列入美国国家史迹名录。兰开斯特的富尔顿歌剧院建于 1852 年，是美国最古老的剧院，是美国国家历史地标的八家剧院之一。每个月的第一个星期五，兰开斯特市中心都有画展，校园外就是快船杂志体育场，也是兰开斯特市棒球队兰开斯特巴恩风暴队（Lancaster Barnstormers）的主场。

富兰克林·马歇尔学院校园面积 220 英亩，包括 26 英亩新开发用地；此外，学院在英国巴斯设有校园，用于英国高级研究项目。

绿树成荫的校园距离兰开斯特市中心仅几步之遥，距离宾夕法尼亚州费城和马里兰州巴尔的摩约 1.5 小时车程，距离华盛顿约 2 小时车程，距离纽约市约 3 小时车程。学校距离哈里斯堡国际机场约 40 分钟车程。

3.9.3 专业设置和学术活动

富兰克林·马歇尔学院提供 63 个学习领域，根据毕业生的学位统计，学校毕业生专业分布如图 3.20 所示。

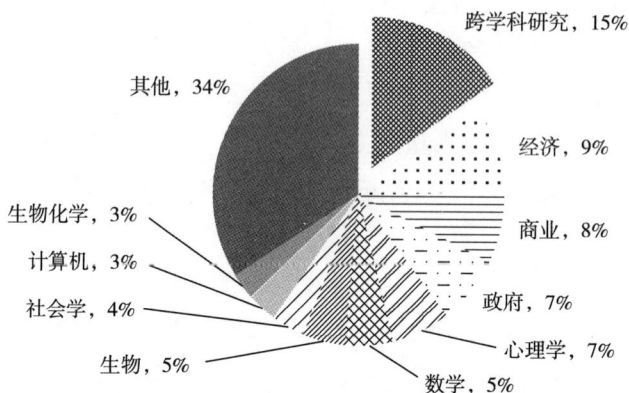

图 3.20 富兰克林·马歇尔学院毕业生专业分布

富兰克林·马歇尔学院教师和学生联合研究的核心是暑期研究学者计划，每年夏天 80~100 名学生和 50 多名教职员工共同参与暑期的高水平研究项目，从天体物理学和化学到社会学和艺术等项目。参与的学生可获得 5 周、8 周或 10 周的全职研究津贴，学生还有机会在专业期刊上发表论文，学生从暑期研究中得到了多达六份合著的论文。

学校还有"爱丽丝不列颠群岛夏季计划"，优先提供给英语专业的学生在不列颠群岛的夏季研究。"米歇尔·卡亚尔计划"提供给生物专业的学生进行生物科学研究。学校另设有科研基金提供给需要独立研究的教师和学生。

富兰克林·马歇尔学院的英国高级研究计划与牛津大学合作，位于英国巴斯。该计划在秋季和春季学期以及夏季学期提供文学、政府、历史、创意写作、戏剧和电影课程。在该计划学习的学生也有机会参加学术实习。

除了富兰克林·马歇尔学院的学生外，该计划还招收其他学院的学生，如欧柏林、巴克内尔、丹尼森和葛底斯堡。

富兰克林·马歇尔学院与凯斯西储大学凯斯工程学院、哥伦比亚大学工程与应用科学学院、伦斯勒理工学院工程学院、华盛顿大学麦凯维工程学院有合作的 3+2 本科双学位计划；有兴趣攻读工程学硕士学位的学生，华盛顿大学麦凯维工程学院还提供了 3+3 双学位计划。

学院与杜克大学在环境科学、管理和政策领域提供合作项目。学生在富兰克林·马歇尔学院学习三年，在杜克大学尼古拉斯环境与地球科学学院学习一年后，获得富兰克林·马歇尔学院授予的本科学位；在杜克大学完成两年的学习后，学生还将获得杜克大学林业硕士（MF）或环境管理硕士（MEM）专业学位。

MF 学位是森林资源管理。MEM 学位有 8 个选项：沿海环境管理；保护科学与政策；生态系统科学与管理；能源与环境；环境健康与安全；全球环境变化；环境经济学和政策；水和空气资源。

富兰克林·马歇尔学院提供 50 个不同国家的 150 多个不同的海外学习计划，包括由学院教师主导的项目。大多数学生大三期间参加海外学习，学院要求参加海外学习的学生 GPA 至少在 2.5 或以上。

学院有特色的海外计划有：

（1）巴格达萨里安项目：提供给从事志愿活动的学生，并优先考虑前往发展中国家和第三世界国家的学生。

（2）莫里班克暑期项目：提供给专注于犹太研究的学生在暑期进行海外学习。

（3）杰夫·皮威尔纪念计划：提供给大二或大三学生，在暑期学习表演或导演。

（4）航海奖计划：优先提供给公共卫生、人道主义工作或教育方向的学生进行暑期的海外学习。

（5）马奥计划：提供给创意艺术或公共服务方向的学生进行海外学习。

富兰克林·马歇尔学院除了有短期有薪的微型实习计划、校友影子实习计划外；学校的夏季体验分享博览会上高年级同学会分享暑期实习、海外学习和研究经历；年度工作和实习博览会上有来自全国的雇主提供全职、兼职等实习或就业机会；学校的真蓝网（True Blue Network）把学生和雇主联系起来，并在线随时提供各种机会。

学院的西德尼·怀斯公共服务实习计划：为学生提供政府方面实习信息和指导，让学生在政府或与政府相关的非营利机构进行全职实习。凯克暑期实习计划则提供给进行地球科学研究的学生。

3.9.4 师资及教学

富兰克林·马歇尔学院的师生比例是 1∶9，班级平均人数 18 人。

富兰克林·马歇尔学院的第一年研讨会也叫连接研讨会，每班 16 名学生，学生将分别在大一的第一和第二个学期参加 2 个连接研讨会。第一个研讨会中，学生学习批判性思维、写作、辩论。第二个学期，学生在前面一个学期的基础上，提高阅读能力、推理和辩论的能力，并将这些技能运用到学术分析。

学生需要在艺术、人文科学、社会科学、自然科学和外语类学科中完成指定课程，才能达到学校通识教育的要求。此外，2021 年秋季及以后入学的学生还需要完成"世界视角"（World Perspectives）课程，这是一个跨学科课程，课程以全球化、安全、移民、人权、可持续性等全球性研究话题为主。

学校选课的课程目录：https：//www. fandm. edu/catalog。

学校的选课要求：https：//www. fandm. edu/academics/student-resources/graduation-requirements。

3.9.5　申请条件

在 2020~2021 年申请季，富兰克林·马歇尔学院一共收到 9062 份申请，录取了 3308 位，录取率 36.5%，最后有 579 位新生正式入学。在 9062 份申请中，有 555 位是 ED 早申请，其中 381 位被录取，录取率 68.6%。

根据官网的报告，在所有的申请材料中，招生办认为最重要的是个人品质、中学课程质量、GPA 和班级排名；其次是标化考试、申请文书、推荐信、面试、课外活动经历和志愿者活动；再次是工作经历等其他因素。学校对高中课程的要求是 4 年的英语，3 年的数学，2 年的科学、外语、历史和实验室科学，1 年的社会科学和艺术。

中国学生可以参考的标化 75% 分数线是：SAT 1418 分（其中语法阅读 700 分），ACT 32 分。86% 的录取者在毕业班的班级排名是前 15%。学校要求第一语言不是英语的学生和英语学习少于三年的学生提供托福、雅思或 Duolingo 成绩。学校对英语水平的具体要求见 https：//www. fandm. edu/admission/apply/application-checklist。

富兰克林·马歇尔学院每年都招转学生，2020~2021 年有 130 份申请，最后录取了 40 位，有 18 位入学。

3.9.6　毕业生就业方向

富兰克林·马歇尔学院对 2020 届毕业生的统计显示，在毕业 6 个月内，

68%的学生已就业，25%的学生进入研究生院或继续学习，学生去的是宾夕法尼亚州、纽约州、加州、马萨诸塞州、康涅狄格州和华盛顿州。

富兰克林·马歇尔学院 2020 届毕业生就业领域如图 3.21 所示。

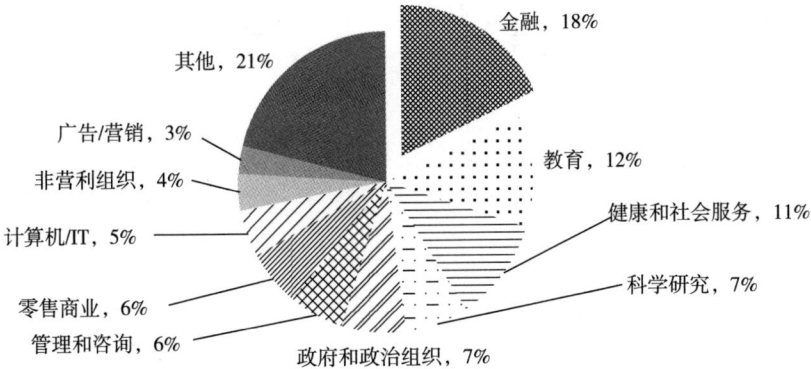

图 3.21　富兰克林·马歇尔学院 2020 届毕业生就业领域

富兰克林·马歇尔学院毕业生就业的雇主包括：SEI 投资公司、德勤、M&T 银行、欧陆集团、先锋、亚马逊、西北互助保险、疾病预防控制中心、布莱根妇女医院、美国银行、谷歌、毕马威国际会计师事务所、仲量联行等。

富兰克林·马歇尔学院 2020 届进入研究生院和专业学校的毕业生中，60% 攻读硕士学位，14%攻读博士学位，12%进入法学院，4%进入医学院，10%在其他专业学校学习。

毕业生进入的研究生院主要包括：哥伦比亚大学、宾夕法尼亚大学、南加州大学、约翰霍普金斯大学、华盛顿大学、匹兹堡大学、纽约大学、乔治城大学、波士顿大学、耶鲁大学、清华大学、香港中文大学等。

3.9.7　著名校友

富兰克林·马歇尔学院校友会成立于1840年，是美国历史最悠久的校友组织之一。校友来自全美50个州和70多个国家，共计27000多名校友。

学院著名的校友有：罗纳德·里根总统的前参谋长 Kenneth Duberstein；航天公司前总裁兼首席执行官 Wanda M. Austin；列 2009 年福布斯全球最有权势的女性排行榜第 56 位、美国证券交易委员会主席 Mary Schapiro；彭博慈善基金会现任首席执行官 Patricia Harris；美国心理学会前主席 William Bevan；HBO 首席执行官 Richard Plepler；普利策奖获得者和托尼奖获得者、剧作家 James Lapine；奥斯卡最佳电影导演奖获得者、《巴顿》《人猿星球》导演 Franklin James Schaffner 等。

Barbara K. Altmann 博士于 2018 年 8 月成为富兰克林·马歇尔学院第 16 任校长。Altmann 博士是加拿大人，在阿尔伯塔大学获得罗曼语言荣誉学士学位，在多伦多大学获得了法语语言文学硕士学位和中世纪法语语言文学博士学位。Altmann 博士曾在俄勒冈大学服务超过 25 年，是俄勒冈大学法语教授、罗曼语系主任和俄勒冈人文中心主任。她还曾担任达特茅斯学院的助理客座教授。在加入富兰克林·马歇尔学院之前，Altmann 博士一直担任巴克内尔大学教务长，在专业领域撰写和编辑了 4 本书，并撰写了大量文章、评论和论文。

3.9.8　文化与生活

富兰克林·马歇尔学院有 90 多个学生经营的俱乐部和组织，从表演团体、音乐合奏和多元文化俱乐部，到学生出版物、服务团队等，都能找到独特的归属之地，也可以申请新的俱乐部或组织。

春季艺术节，每年春天在校园中心的 Hartman 草坪举行，这也是一个周末的校园狂欢节。有现场演唱会、各社团组织会提供免费的食物和娱乐，非常热闹。

草坪冲浪夜（Surf &Turf Night）每学期末举行一次，学校在这天会提供无限量的现烤牛排和新鲜蟹腿，质量直逼高档西餐厅。

煎饼节（Flapjack Fest），也是在每学期末，学校教授和学校工作人员会亲自到食堂为学生提供煎饼、香肠等早餐。学校还会请来城里的按摩师为学生提供免费按摩，为他们进入期末考试周加油。

富兰克林·马歇尔学院要求大一、大二学生必须住在校园，大一学生统一住在 7 栋宿舍楼，大二~大四学生可以选择住宿舍、套房或公寓。所有大一学生都必须参加每周 20 餐的膳食计划。

富兰克林·马歇尔学院有 27 支校际球队，其中 14 支女队，13 支男队，学院的运动队被称为外交官，是 NCAA 第三赛区百年体育大会的成员，在男子篮球和女子长曲棍球比赛中尤其具有竞争力。

学校学生组织的清单：https：//www.fandm.edu/campus-life/clubs。

学校的校报是 The College Reporter，网址：https：//www.fandm.edu/campus-life/clubs/college-reporter。

3.9.9　联系方式

富兰克林·马歇尔学院的招生办联系方式：admission@ fandm. edu，电话：(001) 877-678-9111（免费电话）或（001）717-358-3951（本地）。

负责国际学生的招生联系方式：intladmissions@ fandm. edu，无单独招生官。

富兰克林·马歇尔学院的面试是可选的，并为国际生提供 20 分钟的 Skype 面试，可以在线预约，学校尤其建议中国学生预约在线面试，增强竞争能力。学生也可以提交 InitialView 或 Vericant 的面试视频。

关于面试的说明：https：//www. fandm. edu/admission/apply/international - student-admission。

学校没有适合高中生的夏校项目。

3.9.10　目标生源

富兰克林·马歇尔学院的社会科学很优秀，很适合想要学习政治、经济、法律和商科的学生。这里很多毕业生的志向都是将来为政府、公共事务、政策机构服务。学校的英国和其他海外计划也很有针对性。

富兰克林·马歇尔学院的教学理念是 Learn While You Do（在实践中学习）。非常注重知识的实践，并且敢让学生们参与一切可以参与的工作。

哈利波特式的学院制是这里的特色。富兰克林·马歇尔学院的 5 个学院分别是 Ware、Bonchek、Weis、Brooks 和 New，每个新生进入校门后都会被随机分到一个学院。如果你是哈迷，重感情，100%投入，那么就来富兰克林·马歇尔学院吧！

3.10　斯基德莫尔学院（Skidmore College）

https：//www. skidmore. edu/

斯基德莫尔学院基本情况如表 3.10 所示。

表 3.10　斯基德莫尔学院基本情况

U. S. News 美国文理学院排行榜	成立年份	校园面积	本科生人数	男女比例	国际生比例	美籍亚裔生比例
38	1903	890 英亩	2662 人	男：40% 女：60%	10%	5.4%
每年本科生入学人数	师生比	录取率	学费/年	食宿/年	本科毕业生年薪起薪中值	整体捐赠金额
700 多人	1：8	32.2%	58128 美元	15524 美元	48700 美元	3.57 亿美元

3.10.1　历史和排名

斯基德莫尔学院的前身是青年妇女工业俱乐部（Young Women's Industrial Club），由露西·斯基德莫尔·斯克里布纳于 1903 年创立。1911 年，该俱乐部被特许为"斯基德莫尔艺术学院"，作为一所专业培训年轻女性的职业学院，当时只允许提供中学课程。

1922 年，斯基德莫尔艺术学院成为斯基德莫尔学院，并成为一所四年制授予学位的学院。

1971 年，该学院开始招收男性参加其常规本科课程，成为男女同校学校。同期，学校还推出了"无墙大学"（UWW）计划，允许 25 岁以上的非居民学生获得学士学位，该计划于 2011 年 5 月结束。同样在 1971 年，斯基德莫尔学院成立了 Phi Beta Kappa 分会。

斯基德莫尔学院致力于培养创造力，并体现在斯基德莫尔学院的方方面面，不仅体现在艺术领域，还体现在科学、商业、经济、人文科学和其他领域。

之所以鼓励创造力，是因为能让学生尝试从不同角度看世界，并在学习和实践中创造性和批判性地思考。这一切都始于斯基德莫尔学院对创造性思维的承诺。

3.10.2　位置和环境

斯基德莫尔学院位于纽约州萨拉托加斯普林斯，城市拥有约 30000 名居民，距离纽约州首府奥尔巴尼 30 英里，纽约州北部的阿迪朗达克山脉和佛蒙特州南部的绿山山脉仅 1 小时车程，距纽约市、波士顿和蒙特利尔仅 3 小时车程。

　　萨拉托加斯普林斯是座美丽而繁华的小城，城中的萨拉托加赛马场有 150 多年的历史，被认为是美国最古老的体育场馆之一，每年夏天的赛马比赛都会吸引大批人群来到这座城市；萨拉托加斯普林斯也是美国人均餐厅最多的五个城镇之一，每年秋季都有"餐厅周"优惠活动；万圣节前夕，这里还有斯基德莫尔学院图书馆举办的南瓜创意比赛等，萨拉托加斯普林斯被《普林斯顿评论》称为"完美的大学城"，距离校园仅 10 分钟步行路程。

　　斯基德莫尔学院校园面积 890 英亩，包含占地 250 英亩的北伍兹树林，树林中有稀有蕨类植物、红斑蝾螈和锦龟以及各种鸟类。

　　校园内有 50 多座建筑，大部分建筑在 1960 年后建造，35% 的校园建筑采用地热加热和冷却；校园电力的 20% 由学校自己的太阳能场（9%）和水电大坝（11%）组合提供。

3.10.3　专业设置和学术活动

　　斯基德莫尔学院提供 44 个本科专业，允许学生自己设计专业。根据毕业生的学位统计，学校毕业生专业分布如图 3.22 所示。

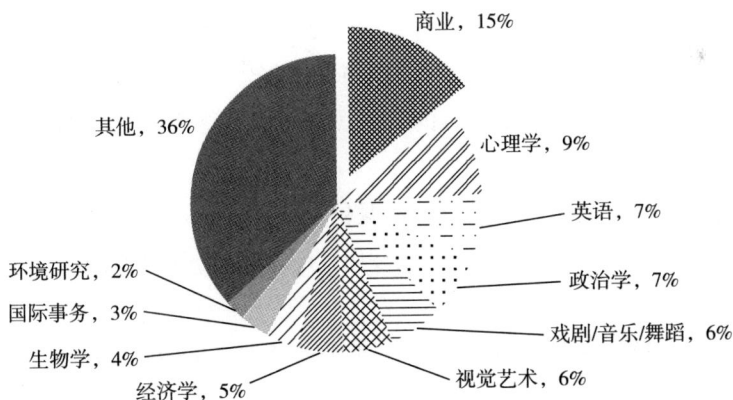

图 3.22　斯基德莫尔学院毕业生专业分布

　　每年，有近 500 名学生（占学生总数的 20%）与教师一起从事专业水平的研究。

　　暑期研究计划：自 1989 年以来，斯基德莫尔学院为学生提供与教师一对一工作的独特机会。在5~10周的时间里，学生与教师一起从事生物学、管理和商业等学科的原创研究，也包括英语、物理、舞蹈和经济学。2021年夏季，有88名学生和36名教职员工参与了学院的教师学生暑期研究计划。

阿克塞尔罗德-波尔格斯学者研究计划，成立于2006年，支持科学领域的师生团队。

舒普夫学者研究计划，成立于2008年，提供给在STEM学科进行项目研究的学生。

韦格学者研究计划，成立于2010年，主要提供给从事科学和社会科学项目的学生。

纽约州六校联盟计划：由斯基德莫尔学院、科尔盖特大学、汉密尔顿学院、霍巴特和威廉史密斯学院、圣劳伦斯大学和联合学院合作提供的夏季研究项目，为期6~10周，学生将和联盟中的导师合作，探索纽约州北部的一系列主题。

斯基德莫尔学院与达特茅斯学院、伦斯勒理工学院都合作有3+2或2+1+1+1的工程双学位计划；和克拉克森大学合作有3+2工程双学位计划。

斯基德莫尔学院与克拉克森大学、罗切斯特理工学院合作有4+1MBA计划，学生在斯基德莫尔学院毕业后第二年获得斯基德莫尔学院的学士学位和克拉克森大学/罗切斯特理工学院的工商管理硕士学位。通常，MBA需要两年或更长时间才能完成。

斯基德莫尔学院与纽约大学罗里梅耶斯护理学院合作，符合条件的学生可以通过15个月的加速课程或18个月的课程，获得斯基德莫尔学院的学士学位和纽约大学的护理学士学位。

斯基德莫尔学院与圣人学院研究生课程合作，学生可以通过4+2计划获得职业治疗（OT）理学硕士学位，或通过合作4+3计划获得物理治疗（DPT）博士学位。

斯基德莫尔学院还与雪城大学合作有4+1会计学硕士（MSA）和金融学硕士（MSF）项目。

斯基德莫尔学院提供49个国家和地区的120多个海外学习项目，60%的学生毕业前有过海外学习经历，学校有特色的海外项目有：第一年伦敦体验计划。每年秋季，36名斯基德莫尔大一学生可以在伦敦度过第一学期，由2名学校老师带队，学生将在IES Abroad伦敦中心参加额外的、被斯基德莫尔学院认可的课程，也要参加在伦敦的各种团体文化游览、活动和研讨会。

除了第一年伦敦体验计划，斯基德莫尔学院还和英国 7 所大学有合作计划，除伦敦政治经济学院只能申请全年课程外，其他 6 所学校都可以参加春季、秋季或全年课程。

在新西兰，斯基德莫尔学院的项目适合专注于地质学或地球系统研究领域的学生，可以在奥克兰大学或坎特伯雷大学学习一学期。

在法国蒙彼利埃，学生将在明尼苏达大学至少参加一门法语课程，并可以选择商业、心理学、人文科学和社会科学等课程。

在西班牙，具有高级西班牙语能力的学生可以参加马德里自治大学（UAM）或阿尔卡拉德埃纳雷斯大学（UAH）的课程。

每年，斯基德莫尔学院都会有教师带队的、具有挑战性的短期旅行研讨会，2022 年旅行研讨会的计划地点有：中国、芬兰、意大利、瑞典等。

斯基德莫尔学院 84% 的学生在毕业前至少有过 1 次实习，74% 的学生有 2 次或 2 次以上的实习。学校的职业发展中心（CDC）为学生提供了众多的实习机会：如在学校组织的华尔街 101、咨询 101、职业咨询、健康专业小组、纽约市媒体和娱乐等活动，学生与成功的校友、家长和朋友以及他们所代表的公司直接沟通，增加了实习和就业机会。

学校还提供在萨拉托加斯普林斯的约 70 个本地实习机会，还提供帮助学生海外实习的暑期体验基金，学生海外实习的地点从美国到厄瓜多尔、尼加拉瓜、德国、越南、挪威、斯里兰卡等。

学生曾去过的实习公司有：美国自然历史博物馆、猎鹰艺术家团体、HBO、希尔顿酒店、阿尔文·艾利美国舞蹈剧院、HBO、萨拉托加生活杂志、圣山财富管理、萨拉托加儿童博物馆、BET 娱乐电视台、NBC 环球集团和谷歌等。

3.10.4 师生比例及课程

斯基德莫尔学院的师生比例是 1∶8，班级平均人数 16 人，94% 的班级少于30 人。有 320 名全职员工，80% 拥有所在领域的最高学位。

学校要求所有学生必须在第一年完成斯克里布纳研讨会，即第一年研讨会，该研讨会都是跨学科主题，大一学生可以从 45 门课程中选择。

斯基德莫尔学院的基础要求是学生在大二结束前，至少完成一门指定的写作课；在大一结束前完成定量推理考试，或大二结束前完成定量推理课；或大三结束前完成指定为 QR2 的定量推理课。

斯基德莫尔学院的通识要求是在自然科学、艺术、人文科学和社会科学领域中至少各完成一门课程。

此外，学生还要完成一门外语课程，一门非西方文化或文化多样性的课程。

学校选课的课程目录：http：//catalog. skidmore. edu/content. php？ catoid = 24&navoid = 1695。

学校的选课要求：https：//www. skidmore. edu/registrar/current/degreereq. php。

3.10.5　申请条件

在2020~2021年申请季，斯基德莫尔学院一共收到10433份申请，录取了3356位，录取率32.2%，最后有718位新生正式入学。在10433份申请中，有685位是ED早申请，其中411位被录取，录取率60%。学校同时还为1595位学生提供了待定席位，595位接受待定，最后0位转正。

根据官网的报告，在所有的申请材料中，招生办认为最重要的是中学课程质量；其次是GPA、班级排名、申请文书、推荐信、课外活动经历、志愿者活动和工作经历；再次是标化考试和面试等其他因素。学校对高中课程的要求是4年的英语、数学、科学、外语和社会学，3年的实验室科学。

中国学生可以参考的标化75%分数线是：SAT 1390分（其中语法阅读700分），ACT 31分（其中英语34分）。70%的录取者在毕业班的班级排名是前15%。国际生托福的最低分数为97，雅思的分数为7.0，DET的分数为120。中国录取者的平均托福成绩是102分。学校对英语水平的具体要求见https：//www. skidmore. edu/admissions/apply/international. php。

斯基德莫尔学院每年都招转学生，2020~2021年有166份申请，最后录取了71位，有18位入学。

3.10.6　毕业生就业方向

斯基德莫尔学院对毕业生的统计显示，82%的毕业生会选择就业或上研究生院，其中15%~20%的毕业生选择进入研究生院或继续学习，在毕业后5年内，这个数字增加到45%~55%。在申请医学院、牙科和兽医学校的学生中有72%被录取。

斯基德莫尔学院2020届毕业生就业领域如图3.23所示。

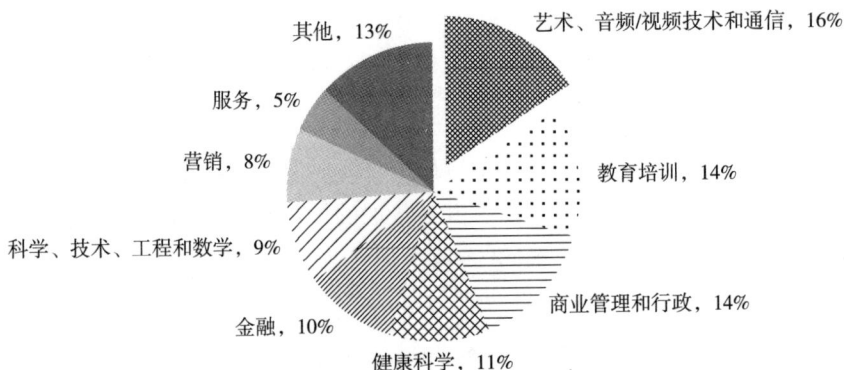

图 3.23　斯基德莫尔学院 2020 届毕业生就业领域

斯基德莫尔学院 2020 年毕业生报告显示，学生进入的研究生院主要包括：哥伦比亚大学、布朗大学、达特茅斯学院、约翰霍普金斯大学、芝加哥大学、纽约大学、波士顿大学、华盛顿大学等。

斯基德莫尔学院就业的雇主包括：安永、瑞银集团、波士顿生物医学顾问、纪念斯隆-凯特琳癌症中心、美国国立卫生研究院、普华永道、德勤、麻省总医院、威嘉律师事务所、菲顿出版社、莎士比亚书店、波士顿美术博物馆、古根海姆博物馆等。

3.10.7　著名校友

斯基德莫尔学院的著名校友包括：康涅狄格州诺沃克市第一位女市长 Jennie Cave；加州圣巴巴拉前市长 Helene Schneider；哥伦比亚广播公司日间频道高级副总裁 Barbara Bloom；2010 年被《福布斯》评为全球第 14 位最有权势的女性，英美资源集团首席执行官 Cynthia Blum Carroll；《时尚》前主编 Grace Mirabella；伍斯特集团联合创始人兼董事、麦克阿瑟研究员 Elizabeth LeCompte；电视剧《行尸走肉》和电影《华尔街的狼》演员 Jon Bernthal；美国小说家和文学评论家 Molly McGrann 等。

Marc C. Conner 博士于 2020 年 7 月成为斯基德莫尔学院第 8 任校长。Conner 博士就读于华盛顿大学，1989 年获得哲学学士学位和英国文学学士学位。1994 年，他在普林斯顿大学获得英国文学博士学位。在加入斯基德莫尔学院之前，Conner 博士在弗吉尼亚州的华盛顿与李大学工作了 24 年，于 2007 年共同创立了华盛顿与李大学的非裔美国人研究项目，并担任该项目的主任直到 2012 年；2013～2015 年担任副教务长兼英语系主任，并担任 Ballengee 英语系主任；2016～2020 年，Conner 博士是华盛顿与李大学历史上任职时间最长的教务长和首席学术官。

3.10.8　文化与生活

斯基德莫尔学院有许多传统活动：

（1）披头士音乐节：一年一度的向经典摇滚乐队致敬的音乐会会在校园最大的音乐厅举办，并通过现场直播供世界各地的校友和歌迷观看。

（2）学术节：学生会在校园里展示他们最新的论文、科学研究、舞蹈和纪录片视频等，学术节是对学生成就和智力的庆祝。

（3）全国大学喜剧节：于1990年开始，每年冬天在斯基德莫尔学院举行，活动还包括专业研讨会，参加喜剧节的学院和大学有巴德学院、贝茨学院、布兰迪斯大学、布朗大学、哥伦比亚大学、康奈尔大学、哈佛大学、耶鲁大学、纽约大学等，斯基德莫尔学院的4个喜剧团体每年演出，并共同主办活动。

（4）欢乐日：每年春天课程结束的时候，学校会举办"欢乐日"活动，包含弹跳帐篷、弹跳滑梯、美食、人体彩绘和现场音乐表演等，学生聚在草坪上开心地度过一天假期。

斯基德莫尔学院有130多个学生俱乐部和组织，其中运动俱乐部约有20个，每年学校都会评选一个年度最佳俱乐部。

斯基德莫尔学院94%的学生住在校园，9栋传统住宿楼提供给大一和大二的学生，大部分房间为单人间和双人间；2个公寓区主要提供给大三、大四的学生；学校的宿舍按照整个学年住宿来申请，不允许年中搬离校园。大三、大四的学生还有有限的名额，可以申请校外住宿。

斯基德莫尔学院有1个餐厅、2个咖啡厅和1个小吃快餐店。学校的烹饪团队在美国烹饪联合会举办的年度烹饪比赛中连续七年获得金牌，学校的无限膳食计划让学生可以从早上7点到晚上11点，在学校餐厅享用无限量餐食。

斯基德莫尔学院有19支校队，是自由联盟的创始成员和NCAA第三赛区、新英格兰曲棍球会议的成员。

学校学生组织的清单：https：//www. skidmore. edu/leadership/clubs/index. php。

学校的校报是The Skidmore News，网址：http：//skidmorenews. com/。

3.10.9　联系方式

斯基德莫尔学院的招生办联系方式：admissions @ skidmore. edu. ，电话：（001）800-867-6007。

负责国际学生的招生官：Darren Drabek，Associate Director and Coordinator of International Admissions。

邮箱：ddrabek@@skidmore.edu，电话：（001）518-580-8331。

Darren Drabek 来自纽约州萨拉托加斯普林斯，1997 年毕业于刘易斯克拉克学院，获国际事务学士学位；2007 年在圣人研究生院（Sage Graduate School）获硕士学位。1997 年 7 月~2005 年 9 月在斯基德莫尔学院担任招生官，后离开。2007 年 7 月~2017 年 8 月在斯基德莫尔学院担任国际招生官，2017 年 8 月~2019 年担任森林湖学院国际招生官，2019 年 8 月再次回到斯基德莫尔学院担任国际招生官。

斯基德莫尔学院的面试不是必须的，但是学院建议学生面试，学校为非本地学生提供在线面试，对于中国学生，学校也建议提交 InitialView 或 Vericant 的面试视频。

在线面试预约链接：https://admissions.skidmore.edu/register/online_interview。

关于面试的说明：https://www.skidmore.edu/admissions/apply/international.php。

学校有适合高中生的夏校项目，一般是 12 月开闸申请。

夏校链接：https://www.skidmore.edu/precollege/。

3.10.10　目标生源

斯基德莫尔学院的商科和人文艺术都是非常优秀的，录取也比较友好。学校的艺术博物馆、喜剧节都很有名，学生的风格也很文艺。此外，学校的大一研讨会和本科研究也非常扎实，很适合希望玩得好、学得好的申请者。

3.11　圣约翰学院（St. John's College）

https://www.sjc.edu/

圣约翰学院基本情况如表 3.11 所示。

表 3.11 圣约翰学院基本情况

圣约翰学院安纳波利斯校区

U. S. News 美国文理学院 排行榜	成立年份	校园面积	本科生人数	男女比例	国际生比例	美籍亚裔生 比例
67	1696	36 英亩	494 人	男：54% 女：46%	19%	4%
每年本科生 入学人数	师生比	录取率	学费/年	食宿/年	本科毕业生 年薪起薪中值	整体捐赠 金额
140 人	1：8	61%	35935 美元	13386 美元	47200 美元	1.33 亿美元

圣约翰学院圣达菲校区

U. S. News 美国文理学院 排行榜	成立年份	校园面积	本科生人数	男女比例	国际生比例	美籍亚裔生 比例
75	1696	250 英亩	317 人	男：53% 女：47%	18%	2%
每年本科生 入学人数	师生比	录取率	学费/年	食宿/年	本科毕业生 年薪起薪中值	整体捐赠 金额
95 人	1：7	69%	36410 美元	13570 美元	46900 美元	0.84 亿美元

3.11.1 历史和排名

圣约翰学院在马里兰州安纳波利斯和新墨西哥州圣达菲设有双校区，是美国第三古老的学院（仅次于 1636 年成立的哈佛大学和 1693 年成立的威廉玛丽学院）。

圣约翰学院起源于 1696 年成立的威廉国王学院，1784 年，马里兰州特许成立圣约翰学院，将其与威廉国王学院合并。美国南北战争期间，学院关闭，校园被用作军事医院，直到 1920 年，圣约翰学院成为独立的私立机构。

1951 年，圣约翰学院招收了第一批女性学生，成为男女同校学校。

1964 年，学院在新墨西哥州的圣达菲校区开学，第一届新生有 81 名。

1967 年，圣约翰学院为教师开设了一个暑期学院，该学院现在是圣约翰学院的研究生院。

2018 年，圣约翰学院宣布了新的慈善计划，2019~2020 学年开始，本科生的学费从超过 52000 美元降至 35000 美元。

圣约翰学院的官网上，把自己称为"伟大的书（Great Books）的学院"，以西方经典文献的课程著称。学院的教学宗旨是致力于人文教育，目的是让人们摆脱偏狭和无知，能够透过现象看本质，了解这个世界的终极意义和真善美所在。学校通过阅读和解析人文科学，培养学生的探索精神和独立思考的能力，让学生以更加多元化的视角看待这个世界，善待这个世界。

3.11.2 位置和环境

圣约翰学院安纳波利斯校区位于历史悠久的马里兰州首府安纳波利斯市中心，校园占地 36 英亩，靠近切萨皮克湾，校园不大，校园内各处的步行距离都在 5 分钟之内，学校的麦克道尔大厅（McDowell Hall）是美国最古老却连续使用的学术建筑之一。校园距美国海军学院和马里兰州议会大厦仅数分钟路程。

安纳波利斯校区位于华盛顿以东 30 英里，巴尔的摩以南 25 英里，都是大约 40 分钟车程。

圣约翰学院圣达菲校区坐落在圣克里斯托山脉的山脚下，占地 250 英亩，位于美国历史最悠久的州首府以及新墨西哥州最古老的城市圣达菲最美丽的地区。步行不久便可抵达六个博物馆，再步行一段距离便可抵达数百家画廊，海拔 7300 英尺（2225 米）的圣达菲校区完美地融合了山区生活和文化，成为新墨西哥州最好的大学之一。

圣约翰学院圣达菲校区最近的机场是圣达菲机场，从丹佛国际机场和凤凰城国际机场过来约 1 小时航程，从达拉斯沃斯堡国际机场过来约 2 小时航程。

3.11.3 专业设置和学术活动

圣约翰学院提供文科学士学位。实际上，圣约翰学生没有特别定向的专业，学生学习所有科目，共享一个共同的课程计划。他们学习古典研究和希腊语；法语；历史、政治、法律和经济；文学；数学和自然科学；音乐与艺术；哲学、神学和心理学等。

美国国家科学基金会的数据调查显示，在美国各本科大学对博士生的贡献率（本科学校毕业生获得博士学位）排行榜上，圣约翰学院的位置十分突出。特别是英语文学、政治学和历史学这三门学科，圣约翰学院的毕业生对博士学位的贡献率，英语文学排第三位，政治学排第七位，历史学排第 20 位。

如果说"伟大的书"经典西方文献阅读开启了每个学生的大学生涯，那么毕业论文则是学生在圣约翰学院大学生涯完美结束的标志。每位大四学生都必须完成一篇高级论文，论文要在校长办公室举行的聚会上上交，每篇完成的论文都被分配给一个由三名导师组成的委员会，他们在一小时的公开对话中考评学生的论文。提交令人满意的高级论文和完成口试是获得学位的必备条件。

圣约翰学院两个校区的学习计划几乎相同，学生从一个校区可以转学到另一个校区，在不同的环境中体验大学生活。当然，学生也可以在一个校区度过四年。大约10%的学生在大学期间有过校际转学。

圣约翰学院为学生提供本校的 BA/MA 计划，

文学士（BA）+东方古典文学硕士（MAEC）计划，提供给获得学士学位的圣约翰学生，一年内获得东方古典文学硕士学位。

文学士（BA）+文科硕士（MALA）计划，提供给获得学士学位5年或以上的圣约翰学生，一年或两年内获得文科硕士学位。

JD-MALA 双学位计划：圣约翰学院与马里兰学院凯里法学院合作，向所有在圣约翰学院接受 MALA 课程的学生开放，允许学生在四年内获得硕士和法学博士学位。

虽然圣约翰学院课程不允许在学年期间进行海外学习机会，但学生可以在暑假或利用间隔年出国进行海外学习。

卡帕（CAPA）是一家国际教育组织（IEO），圣约翰学院和卡帕合作为学生提供暑期海外学习机会，海外留学的地点主要是巴塞罗那、都柏林、佛罗伦萨、伦敦、悉尼。

罗马文理学院（RILA）是由圣约翰学院的一位导师创建的，每年都为圣约翰学生设立奖学金。

许多圣约翰学生和导师都曾在法国普罗旺斯艾克斯的马尔库茨艺术学院工作过，这里也为圣约翰学生提供奖学金和特别研讨会。

圣约翰学生除了可以在社交平台上寻找实习机会，学校制作的 Horizons 通讯每月也会发布两期，提供有关职业发展机会、研究生院和实习规划的信息。实习的领域涵盖传播、艺术、商业、通信、教育、环境、农业、政府、新闻、法律等。如果学生需要兼职或临时工作，可以随时在 Horizons 通讯的 Facebook 页面查询。

大约一半的圣约翰学生都获得了霍德森实习基金和阿里尔实习计划提供的奖学金。

学生常去的实习公司有：美国国会图书馆、外交政策协会、哈德逊研究所、环境保护局、美国宇航局、国家地理、自然保护协会、史密森尼自然历史博物馆、纽约青年交响乐团、纽约大学出版社、巴尔贝克资本、桑堡投资管理公司等。

3.11.4 师资及教学

圣约翰学院安纳波利斯校区的师生比例是 1∶8，近九成的班级少于 20 人，有 57 名全职老师。

圣约翰学院圣达菲校区的师生比例是 1∶7，100% 的班级少于 20 人，有 35 名全职老师。

圣约翰学院以"伟大的书"必修课程著名（另外两所以"伟大的书"闻名的学校是芝加哥大学和哥伦比亚大学），课程的重点是西方文明最重要的书籍和思想，包含许多伟大的书的阅读清单，所有课程都以研讨会的形式进行，教师促进学生讨论。

圣约翰学院的研讨会课程从 1937 年开始，研讨会班有 17~19 名学生，周一和周四晚上开会，两位导师共同主持研讨会，学生课前需要阅读大量材料。

每个年级都有研讨会，大一研讨会一般从《伊利亚特》和《奥德赛》开始，探索埃斯库罗斯、索福克勒斯和欧里庇得斯的戏剧。

大二研讨会的读物跨越了四年中最长的时间顺序——从古代圣经世界到早期现代性的诞生。

大三研讨会从一个更小的年代（主要是 17 世纪、18 世纪和 19 世纪初）开始，并包含对启蒙和现代思想的持续审查。

大四研讨会的阅读包括伟大的文学作品，如《战争与和平》《浮士德》和《卡拉马佐夫兄弟》。大四学生还有一些最具挑战性的哲学阅读任务：黑格尔、尼采和海德格尔。

此外，关于研讨会主题的论文是学院的写作作业，在圣达菲校区，学生每学期需要提交一篇写作论文；在安纳波利斯校区，每年提交一篇。

安纳波利斯校区的阅读清单：https：//www. sjc. edu/academic－programs/undergraduate/classes/seminar/annapolis－undergraduate－readings。

圣达菲校区的阅读清单：https：//www. sjc. edu/academic－programs/undergraduate/classes/seminar/santa－fe－undergraduate－readings。

3.11.5 申请条件

在 2020~2021 年申请季,圣约翰学院安纳波利斯校区一共收到 777 份申请,录取了 473 位,录取率 61%,最后 140 位新生正式入学。

圣约翰学院圣达菲校区一共收到 476 份申请,录取了 328 位,录取率 69%,最后 95 位新生正式入学。

圣约翰学院对高中课程的要求是:建议 2~3 年自然课程、2 年代数、1 年几何和 2 年外语。建议学生额外学习数学和外语,高中参加最具挑战性的课程,无论是 AP、IB 还是荣誉课程。

根据官网的报告,在所有的申请材料中,招生办认为最重要的是中学课程质量、推荐信和标化成绩;其次是 GPA、班级排名、申请文书、面试;再次是课外活动经历、志愿者活动、工作经历等其他因素。

中国学生可以参考的标化 75% 分数线:SAT 1420 分,ACT 30 分。

学校要求第一语言不是英语的学生提供托福、雅思或 Duolingo 成绩。

学校对英语水平的具体要求见 https://www.sjc.edu/admissions-and-aid/undergraduate/apply/international-students。

3.11.6 毕业生就业方向

学院对毕业生的统计显示,圣约翰学院毕业生在毕业 6 个月内有 74% 的学生已就业,自 2012 年以来,申请法学院的毕业生 100% 被录取,70% 的校友有中级或高管级别的职位。

圣约翰学院毕业生就业职业领域如图 3.24 所示。

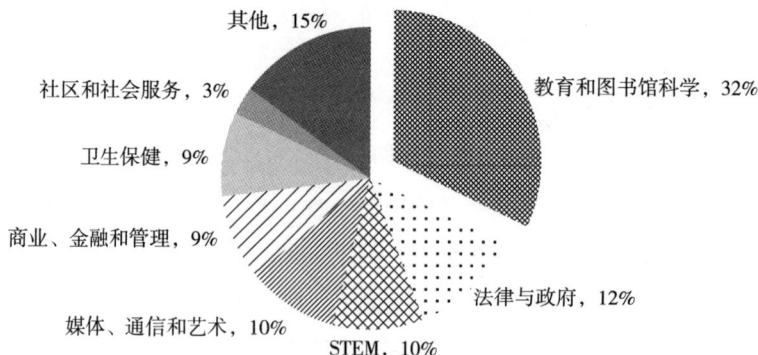

图 3.24 圣约翰学院毕业生就业职业领域

圣约翰学院学生就业的雇主包括：谷歌、圣达菲研究所、洛杉矶儿童医院、纽约公共图书馆、国会山、纽约时报、彭博新闻、华尔街日报、纽约客、路透社、桑迪亚国家实验室、洛斯阿拉莫斯国家实验室、桑堡投资等。

圣约翰学院毕业生升入的研究生院如下：

（1）法律和政府专业进入的研究生院主要包括：耶鲁大学、哈佛大学、普林斯顿大学、斯坦福大学、哥伦比亚大学、得克萨斯大学等。

（2）语言文学专业进入的研究生院主要包括：剑桥大学、牛津大学、普林斯顿大学、巴黎大学、哈佛大学、伦敦大学、康奈尔大学、埃默里大学、爱荷华大学等。

（3）STEM 专业进入的研究生院主要包括：约翰霍普金斯大学、加州理工学院、麻省理工学院、达特茅斯学院、伦斯勒理工大学、杜克大学等。

（4）艺术、建筑和传播专业进入的研究生院主要包括：罗德岛设计学院、南加州大学、纽约大学、耶鲁戏剧学院、茱莉亚音乐学院、芝加哥艺术学院、萨凡纳艺术与设计学院等。

3.11.7 著名校友

圣约翰学院的著名校友包括：美国第七任司法部长 William Pinkney；内布拉斯加州第 18 任州长 Morell Keith Nevill；马里兰州第 20 任州长 Daniel Martin，第 26 任州长 Francis Thomas，第 48 任州长 Emerson Harrington；美国哥伦比亚特区检察官、美国国歌的词作者 Francis Scott Key；乔治城大学校长 Joseph J. Himmel；国家公共广播电台主持人 Lisa Simeone；大西洋唱片公司的创立者 Ahmet Ertegün；IBM 计算机编程先驱、ITT 软件前副总裁 James H. Frame 等。

Nora Demleitner 博士于 2022 年 1 月成为圣约翰学院安纳波利斯校区第 25 任校长，也是该校第一位女校长。Demleitner 博士于 1980 年从德国来到美国，在贝茨学院获得美国研究学士学位，在乔治城获得国际法和比较法法学硕士学位，在耶鲁大学获得法学博士学位。Demleitner 博士曾担任霍夫斯特拉大学和华盛顿与李大学法学院的院长。

Mark Roosevelt 博士于 2016 年 1 月成为圣约翰学院圣达菲校区的校长，是该校区第 7 任校长。Roosevelt 博士在哈佛大学获得了本科和法学博士学位，是美国总统西奥多·罗斯福的曾孙，作为美国历史的狂热粉丝，Roosevelt 博士特别钦佩亚伯拉罕·林肯。Roosevelt 博士曾任匹兹堡公立学校（PPS）校长，在任期间创

立了匹兹堡承诺，并获得了有史以来对美国公立学校系统的最大捐款之一——1
亿美元的捐款。

3.11.8　文化与生活

圣约翰学院有很多有特色的传统：

（1）每个新生入学时，都要在大学名册上签名，与校长握手并收到一本课堂用书。

（2）每个新生都被要求参加合唱团，合唱团在全年的活动中会有演出。

（3）几乎每个周五晚上，两个校区都会有访问学者、艺术家、诗人或教职员工的演讲或讲座。主题可能与研讨会、教程或阅读密切相关，也可能是关于一个新领域的探究。

（4）"Don Rag 评估"是圣约翰学院的传统，学生在大一～大三每个学期快结束时，都会跟五位导师会面，每个导师报告并互相讨论学生一个学期的学习表现——课堂参与、论文质量和其他方面的表现，以获得关于他们进步的口头报告。

（5）Collegium 为圣约翰学院学生、导师和工作人员提供了展示他们音乐才华的机会，活动在安纳波利斯校区和圣达菲校区同时举行，庆祝每个学期的结束，总共有 20 多场演出将在两个校区上演。

（6）Intramurals 是安纳波利斯校区和圣达菲校区两个校区的运动比赛，所有学生和教师都要参加，包括飞盘、足球、篮球、手球和排球等。

（7）每年春天，安纳波利斯校区都会与海军学院举行门球比赛，圣约翰学院已经赢得了 37 场比赛中的 30 场，圣约翰学院的球衣每年都更换，每场比赛前几分钟才会揭晓。过去几年的球衣有迷彩服、燕尾服、维京服装、苏格兰短裙等。

圣约翰学院安纳波利斯校区有 85% 的学生会住宿在校园，校园有 8 栋宿舍楼，许多宿舍楼楼下是教职员工办公室或餐厅，楼上是学生宿舍。大一学生一般是双人间，大二～大四学生一般都是单人间。

圣约翰学院安纳波利斯校区所有新生都在兰德尔餐厅用餐，大一学生要参加每周 21 餐的膳食计划，大二～大四学生可以自由选择膳食计划。学校还有一个咖啡厅，提供披萨、三明治、咖啡、寿司等，大多数宿舍还配有厨房供学生使用。

安纳波利斯校区有多个学生组织和俱乐部，分为视觉/表演艺术类、新闻/文学类、政府/政治类、志愿服务类、田径+户外活动类、文化宗教类和社交类。有特色的俱乐部包括戏剧俱乐部（King William Players），每年都会制作几部作品；Energeia 是校园内最大的艺术刊物，以散文、摄影和绘画为主。

安纳波利斯校区只有三个校际运动，其中一个是门球（槌球），还有击剑和帆船。

圣达菲校区要求所有的本科生四年都要住校，学校有 19 栋宿舍楼、9 间两卧室公寓，每栋宿舍楼有 12~18 名学生。学校餐厅每周 7 天从早上 8 点到下午 7 点提供餐食。

圣达菲校区有 40 多个学生组织和俱乐部，俱乐部每年都有变化，通常包括学生报纸（The Moon）、文学杂志（The Grout）、戏剧俱乐部、Mock Trial 队（参加校际比赛）、小合唱团、滑雪俱乐部、射箭俱乐部、国际俱乐部等。

圣达菲校区每个学生都会被分配到一个运动团队中，一直到毕业，常见的运动项目包括足球、排球、飞盘、篮球、乒乓球等。

安纳波利斯校区学生组织的清单：https：//www. sjc. edu/annapolis/campus－life/clubs－activities。

安纳波利斯校区的校报是 The Gadfly，网址：https：//digitalarchives. sjc. edu/items/show/7522。

圣达菲校区学生组织的清单：https：//www. sjc. edu/student－life/santa－fe/clubs－organizations/student－groups。

圣达菲校区的校报是 The Moon，无网址。

3.11.9 联系方式

圣约翰学院招生办信息如下：

马里兰州安纳波利斯校区联系方式：annapolis. admissions@ sjc. edu，电话：（001）410-626-2522 或（001）800-727-9238。

新墨西哥州圣达菲校区联系方式：santafe. admissions@ sjc. edu，电话：（001）505-984-6060 或（001）800-331-5232。

负责国际学生的招生官：Dwayne Okpaise，Assistant Director of Admissions for Diversity Recruitment。

邮箱：dwayne. okpaise@ sjc. edu，电话： （001）800-331-5232 或（001）505-364-3862。

Dwayne Okpaise 来自加州洛杉矶，2015 年毕业于里德学院，获艺术史学士学位，曾任匹泽学院招生助理。

圣约翰学院的面试是可选的，但是学院强烈建议学生面试，学生可以在线预约所在区域的招生官面试，也可以进行校园面试。

关于面试的说明：https：//www.sjc.edu/admissions-and-aid/undergraduate/apply/international-students。

学校有适合高中生的夏校项目，面向高中生（15～18 岁）的大学暑期课程，课程以阅读和批判性思维为主。

圣约翰学院暑期课程：https：//www.sjc.edu/academic-programs/summer-programs。

3.11.10 目标生源

如果你喜欢"伟大的书"经典人文课程，对人文社科感兴趣并希望在本科阶段打好扎实的基础，毕业直接报考研究生的话，那么圣约翰学院是非常友好的。

3.12 伊萨卡学院（Ithaca College）

https：//www.ithaca.edu/

伊萨卡学院基本情况如表 3.12 所示。

表 3.12 伊萨卡学院基本情况

U.S. News 美国文理学院排行榜	成立年份	校园面积	本科生人数	男女比例	国际生比例	美籍亚裔生比例
10 in Regional Universities North	1892	670 英亩	4957 人	男：42% 女：58%	1.9%	4%
每年本科生入学人数	师生比	录取率	学费/年	食宿/年	本科毕业生年薪起薪中值	整体捐赠金额
992 人	1：10	76%	46610 美元	15844 美元	48800 美元	3.34 亿美元

3.12.1　历史和排名

伊萨卡学院成立于 1892 年，最初叫伊萨卡音乐学院，本地人威廉·格兰特·埃格伯特（William Grant Egbert）在伊萨卡地区租了 4 个房间，1892 年 9 月 19 日第一批 8 名学生开始在这里上课，第一个晚上，伊萨卡音乐学院的教师和学生在教会举行了一场免费音乐会，这是学校公开表演传统的开始。

伊萨卡学院在 1897 年开设了演讲和修辞课程，学院在并入一些其他学院后，于 1931 年被政府特许为私立学院，1943 年成立了研究生院。

1961 年，伊萨卡学院从市中心毗邻德威特公园的意大利联排别墅中，逐步搬往现在的校园所在地南山（South Hill），1968 年所有学术部都搬到了南山。

伊萨卡学院自成立以来一直是男女同校和无教派的。

伊萨卡学院的使命是让每一位毕业生都成为具有全球视野和使命担当的思想者和践行者。学院尊重实践与创新，尊重批判性思维的培养，尊重世界的可持续发展，尊重多元化构架下的包容与平衡，并将上述理念转化为学术课题和探索方向，通过良好的教育，为学生传导"学术卓越、尊重和责任、创新、可持续性、公平"的价值观，最终为自己的人生使命奋斗，造福社会，造福人类。

伊萨卡学院在 U. S. News 最佳本科教学中排名第 3，在最有价值的学校中排名第 10。

3.12.2　位置和环境

伊萨卡学院位于纽约州伊萨卡镇南山。伊萨卡位于纽约州美丽的手指湖中最大的卡尤加湖的南端，卡尤加湖是几十家酒庄所在地。可以沿着卡尤加湖葡萄酒小径（美国最长的葡萄酒小径）进行葡萄酒之旅。伊萨卡学院及其周边 10 英里范围内有超过 150 个瀑布，这些瀑布由上千年的冰川蚀刻形成的峡谷汇集水流而成。

伊萨卡的人均餐厅数量超过纽约市，伊萨卡被 Bon Appetit 杂志评为美国"最美食"的城镇之一。伊萨卡也是冰淇淋圣代的发源地。

伊萨卡也是美国排名第一的大学城，作为伊萨卡学院和康奈尔大学所在地，这里吸引了世界各地的游客、学生和学者，伊萨卡市中心与大学城仅几步之遥，全年各种活动和节日众多。

伊萨卡位于纽约西北约 200 英里处，约 4 小时车程，距离雪城 55 英里，约 1 小时车程。距离伊萨卡学院最近的机场是伊萨卡·托普金斯国际机场，约 20 分钟车程。

伊萨卡学院校园面积 670 英亩，从南山可以俯瞰伊萨卡市中心，除了主校区，伊萨卡学院在洛杉矶和伦敦都有卫星校园项目。

3.12.3　专业设置和学术活动

伊萨卡学院分为 5 个院系，文理学院（School of Humanities & Sciences），健康科学与人类表现学院（School of Health Sciences & Human Performance），罗伊 H. 帕克传播学院（Roy H. Park School of Communications），商学院（School of Business）和音乐学院（School of Music），共提供 90 多个本科专业和文科课程，除了本科学习之外，学院还提供传播学、健康科学和音乐方面的硕士学位课程。

伊萨卡学院以罗伊·帕克传播学院闻名于世，该学院被多个组织评为新闻、电影、媒体和娱乐等学科领域的顶尖学校。伊萨卡学院提供 50 多个本科课程，是伊萨卡规模最大的学院。

根据毕业生的学位统计，学校毕业生专业分布如图 3.25 所示。

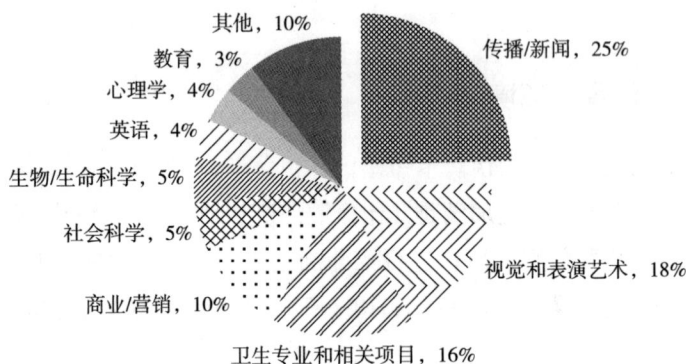

图 3.25　伊萨卡学院 2020 届毕业生专业分布

伊萨卡学院的探索计划，让学生最多有 4 个学期来探索 5 个院系的课程，学生将得到教师顾问的专业指导，参加探索计划的学生中，大约一半会在一两个学期后宣布确定专业，也有同学大二继续探索。伊萨卡学院校友、普利策奖得主卢克·布罗德沃特就曾参与了伊萨卡学院的探索项目，选择了写作专业。

伊萨卡学院的暑期学者计划一般为期 8 周，学生可以设计自己的独立项目，或者参与学校教师主导的、STEM 领域的研究项目。

独立项目：主要是学生在创意艺术、教育、人文、政策和社会科学领域提出自主设计的项目。曾有过的项目有：辐射后的文明、通过佛教调和唯物主义和理想主义、世界文学中的魔幻现实主义——孤独与时间等。

STEM 领域的研究：对实验室 STEM、行为科学或者计算机感兴趣的学生，在教师的带领下，进行调查性研究项目。

暑期学者计划要求参与的学生 GPA 不低于 3.0，而且专业是文理学，每年大约有 50 名学生参加。

伊萨卡学院与康奈尔大学、克拉克森大学、伦斯勒理工学院和纽约宾厄姆顿州立大学有合作的 3+2 工程双学位计划，学生在伊萨卡学院三年内完成物理学士学位或应用物理学士学位的所有要求，并申请转学到相应的工程学校学习两年，以获得工程学学士学位。

伊萨卡学院和康奈尔大学、纽约奥罗拉的威尔斯学院都有交流项目，即伊萨卡学院的全日制学生每学期可以在康奈尔大学或威尔斯学院注册一门课程，同样康奈尔大学和威尔斯学院的学生每学期也可以在伊萨卡学院注册一门课程。

伊萨卡学院每年约有 500 名学生参加学期或短期的海外学习计划。

（1）伊萨卡学院伦敦中心：伊萨卡学院伦敦中心自 1972 年以来由伊萨卡学院拥有和经营，是伦敦历史最悠久的海外学习项目之一，提供以文理通识为重点的课程、强化戏剧课程、荣誉课程和文化实习课程。秋季、春季和夏季，学生都可以在伦敦中心学习。

（2）交换生项目：伊萨卡学院与世界各地的多所大学有交换生计划，伊萨卡学院将自己的学生派到海外，以换取来自合作机构的学生。该项目要求学生GPA3.0 或以上（在某些情况下为 3.2 或更高），且名额有限。合作交换生项目的学校有中国的北京体育大学、成都体育大学、香港大学，新加坡的南洋理工大学，瑞典的延雪平大学，西班牙的瓦伦西亚大学，韩国的汉阳大学等。

（3）短期学习计划：短期学习计划由学院教师主导，适合无法在国外学习一整个学期的学生，学习计划的主题每年都不同，可能在寒假、春秋假或夏季举行。

（4）海外合作项目：伊萨卡学院还和多个组织有海外学习项目，每个项目的录取要求不同，要求学生 GPA2.5 或以上。

在秋季学期开始时，学校会有海外学习博览会，方便学生了解海外学习项目。

伊萨卡学院的职业服务网站为学生提供了大量与职业相关的资源，学院每年会开展几次专业职业博览会，为学生提供寻找工作、实习和志愿者的机会。寒假期间，学校会组织纽约或波士顿的校友与学生会面和分享经验。IC 职业网络是校友和学生建立联系和提供帮助的平台。

伊萨卡学院洛杉矶分校项目是一个为期一学期的实习项目，提供给主修或辅修传播学的大三和大四学生，分秋季、春季和夏季学期，每学期最多 75 名学生，上课地点距伯班克和好莱坞仅数分钟路程，在电影、摄影、电视、广播、新媒体、企业传播、广告、公共关系和印刷/广播新闻领域提供实习机会。

伊萨卡学院伦敦中心会在秋季、春季和夏季提供多个领域的实习机会，在秋季和春季学期，学生参加 3 学分的工作实习，并参加伦敦中心提供的几门课程；在夏季，工作实习与文化实习研讨会一起进行。伦敦中心所有的工作实习都具有很强的跨文化重点，被视为学术课程。

学生常去的实习公司有：大西洋唱片公司、哥伦比亚广播公司、迪士尼、梦工厂、NBA、时代华纳、环球音乐、摩根大通、三菱银行、花旗银行、美林证券、康奈尔大学出版社、厨房剧院公司、保护纽约联盟、纽约鸟巢基金会、费城老鹰队体育媒体、匹兹堡海因茨历史中心、拉斯维加斯米高梅度假村等。

3.12.4　师资及教学

伊萨卡学院的师生比例是 1：10，63.3% 的班级少于 20 人。有 532 名全职老师。

伊萨卡学院的所有学生都必须参加综合核心课程（ICC），综合核心课程是让学生从多个角度研究一个主题。

学生要先从身份，探究、想象和创新，思想、身体和精神，追求可持续的未来，系统世界，权力与正义这 6 个主题中选择一个；然后从 4 个不同的视角来研究该主题。这 4 个不同的视角是：创意艺术、人文科学、自然科学和社会科学。

综合核心课程包括伊萨卡研讨会，这是结合学术学习和向大学过渡的第一学期体验，研讨会分为两类：多元化主题的研讨会和以学术写作为主的研讨会。

综合核心课程还包含：多样性的课程，为学生提供另一种世界观，如犹太裔美国作家、美国的拉丁艺术、种族和民族等；定量素养的课程，侧重于衡量个人、社会和科学问题，如基本统计推理、健康研究与分析、大众传媒研究方法等；写作的课程，和专业相关的文理课程。

另外，所有学生都必须完成和专业相关的"顶石课程"（Capstone）。

学校选课的课程目录：https：//catalog. ithaca. edu/undergrad/coursesaz/。

学校的选课要求：https：//catalog. ithaca. edu/undergrad/academic－information/graduation-program-regulations/。

3. 12. 5　申请条件

在 2020~2021 年申请季，伊萨卡学院一共收到 12825 份申请，录取了 9767 位，录取率 76%，最后有 992 位新生正式入学。在 12825 份申请中，有 116 位是 ED 早申请，其中 107 位被录取，录取率 92%。学校同时还为 188 位学生提供了待定席位，76 位接受待定，最后 65 位转正。

根据官网的报告，在所有的申请材料中，招生办认为最重要的是中学课程难度、GPA 和申请者的兴趣程度；其次是申请文书、推荐信、课外活动经历；再次是标化考试、班级排名、面试、志愿者活动、工作经历等其他因素。学校对高中课程的要求是 4 年的英语，3 年的数学、科学、社会科学，2 年的外语和 1 年的专业课。

中国学生可以参考的标化 75% 分数线是：SAT 1310 分（其中语法阅读 670 分），ACT 31 分（其中英语 33 分）；59. 3% 的录取者在毕业班的班级排名是前 15%。学校要求第一语言不是英语的学生提供托福、雅思或 Duolingo 成绩。学校建议国际生的托福水平 80 分，雅思成绩 6 分，Duolingo 105 分。学校对英语水平的具体要求见 https：//www. ithaca. edu/admission/undergraduate－admission/international-applicants。

伊萨卡学院每年都招转学生，2020~2021 年有 413 份申请，最后录取了 233 位，有 64 位入学。

3. 12. 6　毕业生就业方向

伊萨卡学院对 2019 届毕业生的统计显示，在毕业 9 个月内，52% 的学生已就业，23% 的学生进入研究生院或继续学习。

伊萨卡学院进入研究生院的主要学科领域有：临床健康研究、会计学、职业治疗、营销、语言病理学等。

伊萨卡学院多个专业的学生被法学院录取，包括历史、哲学、政治和心理学等专业，以及工商管理、新闻学和法律研究等。

自2011年以来，伊萨卡学院每年有35~60名学生申请法学院；申请学生的录取率为85%~90%（全国为78%）。

伊萨卡学院研究生院目标学校包括：康奈尔大学、圣母大学、北卡罗来纳大学教堂山分校、哥伦比亚大学、波士顿大学、雪城大学、伊萨卡学院、曼哈顿音乐学院、新英格兰音乐学院、联合大学奥尔巴尼法学院、纽约法学院、美国大学华盛顿法学院等。

学院学生就业的雇主包括：德勤、毕马威、摩根士丹利、苹果、西门子、卢尔德医院、麻省总医院、卡尤加医疗中心、亚马逊、美国国立卫生研究院、克利夫兰研究所、桑坦德银行、汇丰银行、纽约大都会等。

3.12.7 著名校友

伊萨卡学院的著名校友包括：华特迪士尼公司董事长兼首席执行官 Robert Allen Iger；伯奇创意资本的创始人兼首席执行官 Chris Burch；美国空军乐队名誉指挥 Arnald Gabriel 上校；拥有超过20项有机发光二极管材料和设备架构的专利、化学家、发明家 Steven Van Slyke；波士顿红袜队副主席兼合伙人 Les Otten；艾美奖获奖记者 David Brody；美国首席民族音乐学家和音乐家 Robert Brown；普利策编辑写作奖 Mark Mahoney；美国广播公司世界新闻的主播 David Muir；普利策奖和乔治·波尔克奖得主、《纽约时报》记者 Luke Broadwater 等。

La Jerne Terry Cornish 博士于2002年3月成为伊萨卡学院第10任校长。Cornish 博士拥有马里兰大学的语言和文化博士学位、古彻学院的教育硕士学位和英语学士学位。Cornish 博士2018年7月加入伊萨卡学院担任教务长和学术事务高级副总裁。在她职业生涯的早期，曾担任巴尔的摩古彻学院本科学习副教务长（2014~2018年）。在加入古彻学院之前，她在巴尔的摩市公立学校系统工作了15年，担任各种职位，她在三所中学教授英语，并担任中学的助理校长。Cornish 博士致力于解决本地和全球的教育问题。

3.12.8 文化与生活

伊萨卡学院有200多个学生俱乐部和组织，尤其以几个著名的学生经营的媒体工具而闻名，包括：

（1）The Ithacan 是伊萨卡学院的官方周报，由学生撰写、编辑和出版。该报及其工作人员赢得了 200 多个大学新闻奖，被认为是美国学生经营的最好的报纸之一。该报曾五次获得哥伦比亚大学学术新闻协会颁发的金冠奖。在 2018 年《普林斯顿评论》的最佳大学报纸排名中列第三。

（2）伊萨卡大学电视（ICTV）是世界上由学生运营的最古老的大学电视频道。自 1958 年开播以来，ICTV 可供 26000 个有线电视家庭使用。它也是获奖最多的学生经营的电视台之一，其新闻节目 Newswatch 获得了纽约州美联社广播协会、专业记者协会和大学广播公司等组织的最佳新闻电视广播奖。

（3）WICB 是一个由学生运营的 FM 电台，从宾夕法尼亚州北部到安大略湖，潜在观众超过 250000 人。WICB 的大部分节目是现代摇滚，但该电台也播放许多专业节目，包括多种通常在公共广播中听不到的流派。《普林斯顿评论》将 WICB 列为全国第一大大学广播电台。

伊萨卡学院对学生有三年的住宿要求，大一～大三学生都必须住在校园，大四的学生可以申请住在校外。所有大一学生都住在固定的几栋宿舍楼，这些宿舍楼距离餐厅、校园中心、图书馆、学术办公室、健身中心等有很短的步行路程。

伊萨卡学院的运动队叫"轰炸机"，学校有 27 支校队，参加 NCAA 第三分区体育项目，伊萨卡学院还拥有 60 多个运动俱乐部。

学校学生组织的清单：https：//ithaca. campuslabs. com/engage/organizations。

学校的校报是 The Ithacan，网址：https：//theithacan. org/。

3.12.9　联系方式

伊萨卡学院的招生办联系方式：admission@ ithaca. edu. ，电话：（001）607-274-3124。

负责国际学生的招生官：Sandy Kelley，Associate Director。

邮箱：skelley@ ithaca. edu. ，电话：（001）607-274-3124。

Sandy Kelley 毕业于威斯康星大学拉克罗斯分校，获得社区健康教育学士学位和 College Student Personnel 硕士学位。

伊萨卡学院的面试不是必须的，某些专业如戏剧艺术有面试要求。所有学生都可以在线预约虚拟面试。

可以在线预约面试的链接：https：//www. ithaca. edu/admission/undergraduate-admission/staff。

需要面试的专业说明：https：//www. ithaca. edu/academics/school - humani-ties-and-sciences/theatre-arts/interviews-auditions/interview-audition-requirements。

学校有适合高中生的夏校项目，具体见 https：//www. ithaca. edu/academics/extended-studies/pre-college-programs。

3.12.10　目标生源

如果你对艺术以及传媒感兴趣，有志向去康奈尔大学选课或者争取大三之后转学，那么美丽的伊萨卡学院一定会给你的人生留下美丽的印象！

4 南部的文理学院

4.1 戴维森学院（Davidson College）

https：//www.davidson.edu/

戴维森学院基本情况如表4.1所示。

表4.1 戴维森学院基本情况

U.S. News 美国文理学院 排行榜	成立年份	校园面积	本科生人数	男女比例	国际生比例	美籍亚裔生 比例
13	1837	665	1983 人	男：48% 女：52%	7%	5.8%
每年本科生 入学人数	师生比	录取率	学费/年	食宿/年	本科毕业生 年薪起薪中值	整体捐赠 金额
520 人	1：9	19.99%	55000 美元	15225 美元	53100 美元	14 亿美元

4.1.1 历史和排名

戴维森学院由北卡罗来纳州康科德长老会于 1837 年创立，最初是一所体力劳动学院，该学院的名字是为了纪念威廉·李·戴维森将军，他的儿子提供了最初的校园土地。

虽然起源于长老会，但戴维森学院从一开始就坚持教育学生的初心，戴维森学院作为一个多元化的教育机构，欢迎持任何信仰的学生和教师。

1972 年，女性首次被录取进入戴维森学院被授予学位的课程，学校由此成为男女同校的学校。

戴维森学院的教学宗旨是引领学生不断追求真理，追求"不分贫贱、人人平等"的价值观，帮助学生培养创造性思维，鼓励学生不断启发智力潜能探索这个世界，将"为社会作贡献、为人类谋福祉"视为学校最宝贵的精神财富。

戴维森学院在 2022 U. S. News 最有价值的学校中排名第 8，在最佳本科教学学校中排名第 9。

4.1.2 位置和环境

戴维森学院位于北卡罗来纳州戴维森镇，距北卡罗来纳州最大的都市区——夏洛特以北约 20 分钟车程。

有趣的是，戴维森镇建于 1879 年，晚于学院成立的时间。学生可以从校园步行到历史悠久的戴维森市中心，这里被评为北卡罗来纳州最佳居住地之一，小镇被绿道小径穿过并环绕，适合户外活动和放松。

戴维森镇所在的夏洛特，被称为皇后城，建于 1755 年，是北卡罗来纳州最大的城市，也是美国第二大金融中心，是美国银行、劳氏公司（Lowe's）、古德里奇公司（Goodrich Corporation）和金吉达品牌国际公司（Chiquita Brands）等 10 家财富 500 强公司总部所在地。

夏洛特每年举办超过 65000 场表演和活动，夏洛特也有许多当地酿酒商，夏洛特地区周围有 100 多家提供旅游和品酒的酒庄。

夏洛特还是 NFL 北卡罗来纳黑豹队、NBA 夏洛特黄蜂队、小联盟棒球队夏洛特骑士队和 NASCAR 的主场。黑豹队、黄蜂队和骑士队的比赛场地都位于夏洛特市中心。

戴维森学院包含 665 英亩的主校区和 110 英亩的湖畔校区。湖畔校区距离主校区 7 英里，位于美丽的诺曼湖畔，为戴维森学院的学生提供了参与各种水上活动的独特机会。

夏洛特道格拉斯国际机场（CLT）距离戴维森学院 25 分钟车程，该机场是美国航空公司的第二大枢纽。

4.1.3 专业设置和学术活动

戴维森学院提供 31 个研究领域，受欢迎的学术课程包括政治学、生物学、经济学、神经科学、计算机科学和医学预科。

根据毕业生的学位统计，学校毕业生专业分布如图 4.1 所示。

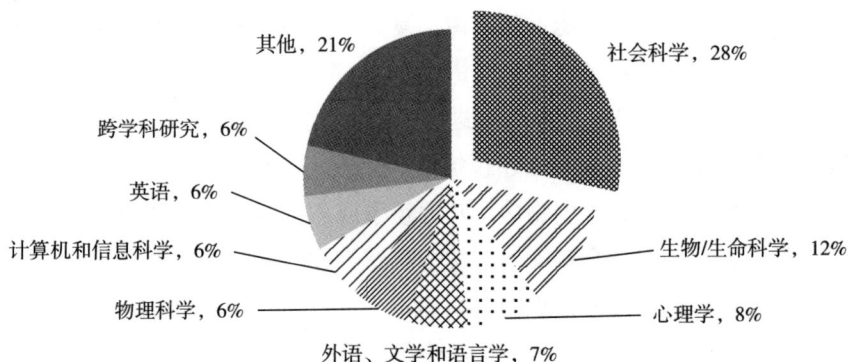

图 4.1 戴维森学院 2020 届毕业生专业分布

戴维森学院为学生的科学、社会科学和人文学科研究提供最先进的研究设施，拥有一流的实验室、仪器仪表、学生工作室空间和隔音音乐空间。戴维森教师将原创研究和学术融入课堂，并鼓励学生在学年和暑期参与对原创作品的广泛探索。

乔治·阿伯内西研究计划支持人文科学或社会科学领域的独立研究。研究可以在学期或暑期进行，也可以在美国或海外进行跨文化的研究。

戴维森研究网络计划（DRN）为计划从事健康科学职业的戴维森学生提供大约 8 周的校外夏季研究体验，项目都是在该研究领域的研究科学家的指导下进行的，许多导师都是戴维森学院的毕业生，该计划的站点遍布美国全国，包含学科有：肿瘤学、传染病学、免疫学、气道疾病、新生儿学、神经科学等。

科学体验研究（RISE）计划，是一项针对戴维森学院对科学或医学职业感兴趣的大二学生的暑期计划，计划为期 4 周，参与的学生将获得 2500 美元奖学金，外加一笔额外的金额以支付校内住宿费用，学生在 9 月举行的戴维森学院夏季研究研讨会上展示他们的研究结果。

坎普学者计划是由美国银行资助的，目的是纪念戴维森校友弗朗西斯·坎普。该计划支持学生在美国或海外任何学科的独立研究。过去的研究包括：减少对肥胖者偏见的方法；中国台湾学生组织的起源；冰岛金融危机的影响等。

梅奥诊所生物医学伦理研究暑期计划，为期约 10 周，每年招收 4~6 名学生，每个学生都由一名教师导师负责暑期的特定研究项目，该项目对大一~大四的学生开放，已参加过的学生不能重复申请。夏季研究结束后，学生可能需要在梅奥诊所作报告，并于秋季在戴维森学院进行 1~2 次演讲。

戴维森研究计划（DRI）在夏季进行，大一~大三的学生可以申请任何学科的 DRI 暑期研究奖学金。该计划还包括：2 个 Mimms 夏季研究奖学金，指定给探索生物化学、遗传学、分子生物学、基因组学或生物信息学研究的学生；罗斯夏季研究奖学金指定给对社会科学或人文学科感兴趣的学生。史蒂文斯夏季研究奖学金指定给有研究化学属性兴趣的学生。

戴维森研究计划中，学生可能会以小组的形式，与教职员工一起前往校外地点进行与课程相关的实地研究。如"后墙"（Post-Wall）德国的小组在寒假期间前往柏林；另一个小组前往克利夫兰和芝加哥研究城市衰落和更新。小组也可能留在校园里研究学院的文物、稀有书籍、艺术品等。

戴维森学院与纽约哥伦比亚大学和圣路易斯华盛顿大学合作，提供"3+2"或"4+2"双学位工程计划，学生在戴维森学院学习 3 年或 4 年，在合作的大学学习 2 年，获得文科学士学位和合作大学的工程学学士学位。

戴维森学院近 80% 的学生参加过学期或短期的海外学习计划，学院提供全球50 多个国家和地区超过 125 个课程，其中包括 10 个戴维森教师领导的非洲、亚洲、拉丁美洲和欧洲项目。

戴维森学院在中国的项目设在上海，课程内容是中国大学教师教授的当代中国研究课程。

戴维森学院在法国的项目中，学生在图尔大学和语言学院学习，高年级学生可以直接进入大学学习历史、文学、哲学和社会科学等学科，课程以英语或法语授课。

戴维森学院在西班牙的项目中，学生在马德里修读四门课程，包括一门由戴维森驻地教师教授的课程和一门西班牙语课程，其他课程是由马德里康普顿斯大学（西班牙语授课）和马德里卡洛斯三世大学提供的课程（英语 STEM 课程），这两所大学都被评为西班牙顶尖大学。

戴维森学院在秘鲁的项目的总部设在阿雷基帕市（是秘鲁南部的大城市，仅次于首都利马），学生住在秘鲁寄宿家庭，学习大约 14 周的课程，还可以在阿雷基帕市中心参加课外活动。

戴维森学院的一些课程和计划包括海外学习计划，如艺术史专业的学生经常出国学习原创艺术品，修读赞比亚医疗保健问题的学生则在课程结束后的夏天去赞比亚实地考察，学院还在西班牙加的斯、英国剑桥、加纳等地有暑期的海外学习项目，学生在当地进行4~7周的学习。

戴维森学院为学生提供了众多的实习机会，74%的毕业生曾参加过至少一次实习，特色实习项目有：

（1）戴维森华盛顿实习计划，为期8周，每年夏天提供，包含政治科学研讨会和政府实习。为学生提供在美国首都获得真实政府实习经验的机会，同时还可以获得戴维森政治学教授讲授的政治研讨会的课程学分。

（2）戴维森东亚实习计划，弗里曼基金会向20名学生提供共5000美元的助学金，用于参加为期2个月的暑期东亚和东南亚地区实习。实习地点包括文莱、柬埔寨、中国（包括中国香港和中国澳门）、东帝汶、印度尼西亚、日本、韩国、朝鲜、老挝、马来西亚、新加坡等国的企业、政府、研究机构或非营利组织等。

学生常去的实习公司有：毕马威、摩根大通、汇丰、瑞士信贷、新加坡疾病控制中心、联合利华、三星重工、美国骨病组织、普利策中心、哈德逊研究所、列克星敦研究所、法拉利、梅西百货、百事可乐、沃尔沃等。

4.1.4 师资及教学

戴维森学院的师生比例是1:9，平均班级人数15人，71%的班级人数少于20人。有207名全职老师，98%的老师拥有所在领域的最高学位。

戴维森学院的学生必须在历史思想，文学研究、创意写作和修辞学，数学和定量思维，自然科学，哲学和宗教观点，社会科学思想，视觉和表演艺术之中至少各学习一门课程，以达到学校通识教育的要求。

此外，学校还要求学生：第一年参加写作课程；完成至少3个学期的外语课程；完成一门侧重于一种或多种不同于美国或西欧主要文化的、文化多样性的课程；完成一门侧重于分析、聚焦或补救不公正和不平等实例的方法和理论的，正义、平等和社区要求的课程；达到体育要求的三门课程。

学校选课的课程目录：https：//course-schedule. davidson. edu/#/。

学校的选课要求：https：//www. davidson. edu/offices-and-services/registrar/graduation-requirements。

4.1.5 申请条件

在 2020~2021 年申请季，戴维森学院一共收到 5621 份申请，录取了 1124 位，录取率 19.99%，最后有 520 位新生正式入学。在 5621 份申请中，有 655 位是 ED 早申请，其中 307 位被录取，录取率 46.8%。

根据官网的报告，在所有的申请材料中，招生办认为最重要的是个人品质、中学课程质量、推荐信和志愿者活动；其次是申请文书和课外活动经历；再次是 GPA、班级排名、标化考试、面试和工作经历等其他因素。学校对高中课程的要求是 4 年的英语，3 年的数学，2 年的科学、外语和社会科学或历史。

中国学生可以参考的标化 75% 分数线是：SAT 1460 分（其中语法阅读 720 分），ACT 33 分。76% 的录取者在毕业班的班级排名是前 10%。学校对来自英语为官方语言的国家的学生，或高中的所有课程都是英语教授的；或在 IB HL 课程中获得 A；或 SAT 中英语得分在 670 分或以上的学生，可以申请免除英语标化的要求。建议国际生的托福 100 分，雅思 7 分，Duolingo 120 分。学校对英语水平的具体要求见 https：//www. davidson. edu/admission－and－financial－aid/apply/international－applicants。

戴维森学院每年都招转学生，2020~2021 年有 126 份申请，最后录取了 23 位，有 9 位入学。

4.1.6 毕业生就业方向

戴维森学院对 2019 届毕业生的统计显示，在毕业 6 个月内，有 93% 的学生已就业或进入研究生院学习，其中 76.39% 的学生已就业，18.03% 的学生进入研究生院；80% 的戴维森校友表示预计在未来 5 年内会报名进行研究生学习。

戴维森学院毕业生就业或进入研究生院的目的地主要有：北卡罗来纳州、纽约州、华盛顿、马里兰州、佐治亚州、加州、马萨诸塞州和伊利诺伊州。

戴维森学院毕业生就业领域分布如图 4.2 所示。

戴维森学院毕业生就业的雇主包括：美国银行、麻省总医院、波士顿咨询集团、德勤、美国联合航空、夏洛特健康诊所、杜克人类疫苗研究所、杰克逊实验室、麦肯锡、贝莱德、艾姆科资本、富国银行证券、克拉多克集团等。

戴维森学院毕业生进入研究生院的主要学科领域有：医疗；法律；技术、工程、数学；制药、生物技术、实验室科学；社会科学、人文学科。主要分布如图 4.3 所示。

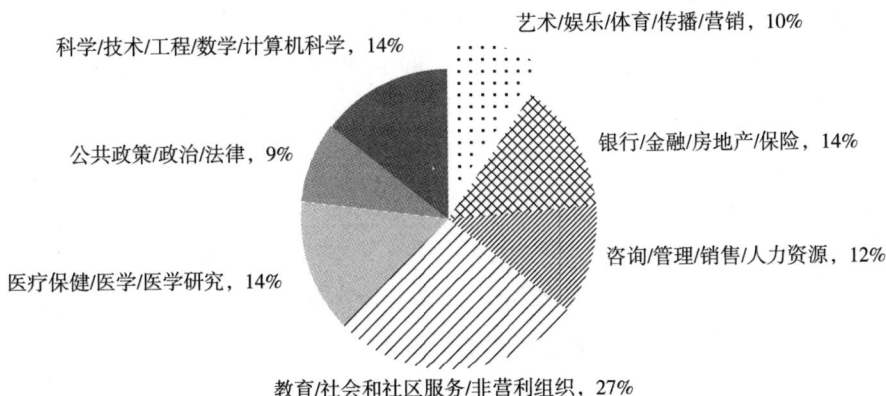

图 4.2　戴维森学院毕业生就业领域分布

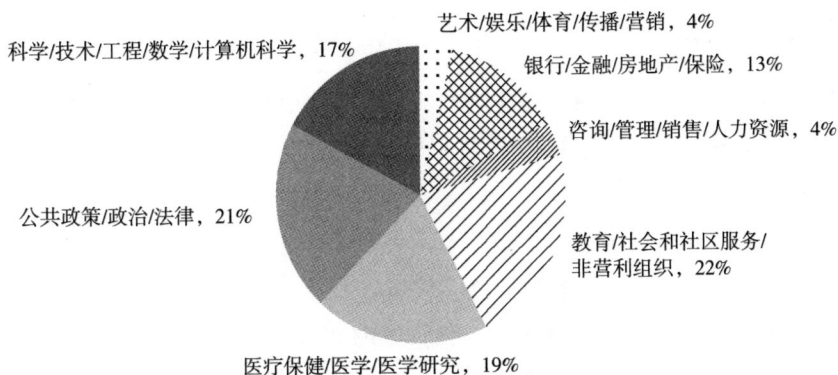

图 4.3　戴维森学院毕业生进入研究生院的学科领域分布

戴维森学院研究生院目标学校包括：哥伦比亚大学、杜克大学、埃默里大学、麻省理工学院、密歇根大学、圣母大学、宾夕法尼亚大学、范德堡大学、卡内基梅隆大学等。

全校能拿到奖助学金的国际生有 69 人，总金额为 3169670 美元，人均奖学金金额为 45937 美元。

4.1.7　著名校友

戴维森学院有许多著名的校友，尤其是在政治、体育和艺术领域。包括：美国国务卿 Dean Rusk；北卡罗来纳州和南卡罗来纳州的几位州长；前白宫新闻秘书

Tony Snow；前美国交通部长 Anthony Foxx；比尔·克林顿政府的白宫副顾问 Vincent Foster；汉堡王公司首席执行官 John Chidsey；宝洁公司前首席财务官 Clayton Daley；史崔克公司董事会主席、前首席执行官、总裁 Stephen MacMillan；伯克利音乐学院院长 Roger Brown；北卡罗来纳大学校长 Thomas Ross；《时代》杂志主编 Jason McManus；普利策奖获得者、美国诗人学会的会长 Charles Wright；哥伦比亚雄狮队棒球主教练 Brett Boretti；NBA 篮球运动员 Wardell Stephen 和 Dick Snyder 等。

Douglas A. Hicks 博士于 2022 年 8 月成为戴维森学院第 19 任校长。他在杜克大学获得了神学硕士学位，在哈佛大学获得了宗教和经济学的硕士和博士学位。他的领导力研究和宗教教学始于里士满大学，后来担任邦纳公民参与中心的创始主任。Hicks 博士还曾在科尔盖特大学担任教务长和首席学术官，在加入戴维斯学院之前，担任埃默里大学牛津学院院长一职。

4.1.8　文化与生活

戴维森学生受到严格的荣誉守则的约束，每个学生在大一开始时都签署了该守则。作为荣誉守则最明显的体现之一，戴维森学生参加自行安排的、无须监考的期末考试。

戴维森学院有 200 多个学生俱乐部和组织，包含文化、政治、艺术、娱乐、出版物、宗教、体育、公民参与等诸多领域。

戴维森学院有四年的居住要求，超过 95% 的学生都住在校园里，学院有 12 栋传统宿舍楼和 7 栋校内公寓楼。大一学生都在一年级专用的宿舍，大多是双人房。从大二开始，学生可以选择自己的室友，并通过抽签程序选择自己的住房。

戴维森学院主要有 3 个用餐地点，维尔食堂、戴维斯咖啡厅和野猫小食店。大一学生必须参加全膳食计划，可以在维尔食堂无限次用餐。

戴维森学院运动队的吉祥物是卢克斯野猫（Wildcat），运动队被称为野猫队，代表色是红色和黑色。学院有 21 支大学运动队，是 NCAA 第一分区的成员，参加太平洋十校联合 Atlantic10、先锋橄榄球联盟（足球）、南方联盟（摔跤）。超过 25% 的学生参与大学运动。

学校学生组织的清单：https：//www. davidson. edu/offices - and - services/student-activities/student-organizations。

学校的校报是 The Davidsonia，网址：https：//library. davidson. edu/archives/davidsonian/davidsonian_ collection. asp。

4.1.9 联系方式

戴维森学院的招生办联系方式：admission@ davidson. edu，电话：（001）800-768-0380。

负责国际学生的招生官：Kaye-Lani Laughna，Director of International Admission & Financial Aid。

邮箱：kalaughna@ davidson. edu。

Kaye-Lani Laughna 毕业于戴维森学院，获得经济学学士学位。

戴维森学院的面试是可选的，学生包括国际生都可以预约一对一的学生大使的虚拟面试。学校强烈建议国际学生提交 InitialView 的面试视频。

关于面试的说明：https：//www. davidson. edu/admission-and-financial-aid/apply/international-applicants。

关于面试的预约地址：https：//www. davidson. edu/admission-and-financial-aid/connect-davidson/ask-international-wildcat。

学校有适合高中生的夏校项目，叫 July Experience，项目地址：https：//www. davidson. edu/offices-and-services/july-experience。

4.1.10 目标生源

戴维森学院非常适合想要有都市生活和丰富文体活动资源的学生，尤其是学习社会科学以及生物/生命科学的学生。如果申请材料中能够强调你对社会公正和文化多元化的思考以及贡献，就比较容易打动招生官，如果有体育特长的话，更是锦上添花。

4.2 伯里亚学院（Berea College）

https：//www. berea. edu/

伯里亚学院基本情况如表 4.2 所示。

表 4.2 伯里亚学院基本情况

U. S. News 美国文理学院 排行榜	成立年份	校园面积	本科生人数	男女比例	国际生比例	美籍亚裔生 比例
30	1855	140 英亩	1432 人	男：40.4% 女：59.6%	6.4%	2.5%
每年本科生 入学人数	师生比	录取率	学费/年	食宿/年	本科毕业生 年薪起薪中值	整体捐赠 金额
414 人	1：10	33%	0	7484 美元	37600 美元	1.6 亿美元

4.2.1 历史和排名

伯里亚学院由反奴隶制的牧师约翰·格雷格·费于 1855 年创立，学院名取自《圣经》中的小镇名字，伯里亚学院的第一批教师是从俄亥俄州反奴隶制据点欧柏林学院招募的，学院招收黑人和白人学生，是美国南方地区第一所跨种族和男女同校的学院，学生主要来自肯塔基州和阿巴拉契亚州，还有 41 个州和 76 个国家和地区的学生。

伯里亚学院的课程设置多样，满足不断变化的需求。20 世纪 20 年代初期，除了学院部外，伯里亚还有一所高中、一所小学、一所职业学校和一所教师培训师范学校。1968 年，伯里亚学院停止了小学和中学课程，现在完全专注于本科大学教育。

伯里亚学院是美国唯一一所对所有入学学生做出免学费承诺的顶尖大学。

信守承诺，是伯里亚学院对世人的承诺。这所学院传承着美国南北战争时期的自由与革新精神，希望学院的每一位教职员工和学生都能够为自己的理想而奋斗，为促进世界的正义、和平与爱而奋斗，并将这种积极向上的精神转化为工作和学习中谦虚、严谨的态度，以及不断激发自身潜能，知行合一落实到行动之中。

伯里亚学院在 2022 U. S. News 的最具创新性学校中排名第 2，在最佳本科教学学校中排名第 13。

4.2.2 位置和环境

伯里亚学院位于肯塔基州伯里亚镇，校园面积 140 英亩。伯里亚镇位于肯塔基州的蓝草地区与坎伯兰山脉的山麓交汇处，该镇以艺术节、历史悠久的餐馆和建筑而闻名，每年要举办几个手工艺术节，是"肯塔基州民间工艺美术之都"。伯里亚学院位于镇中心附近。

伯里亚学院距离肯塔基州第二大城市列克星敦约40英里，约50分钟车程。距离肯塔基州第一大城市路易斯维尔、田纳西州东部城市诺克斯维尔或俄亥俄州第三大城市辛辛那提，都是大约2小时车程。距离校园最近的机场是列克星敦蓝草机场，辛辛那提/北肯塔基机场和路易斯维尔机场均是国际机场，也是肯塔基最繁忙的2个机场。

伯里亚学院的林肯音乐厅是肯塔基州第一座获得能源与环境设计领先（LEED）认证的建筑，Deep Green 宿舍楼在2013年建成时，号称世界上"最环保"的宿舍，并获得了 LEED 白金级认证以及 Living Building Petal 认证。

学院还管理着9000多英亩森林和超过1200英亩农田（包括学院花园和温室），农田用于种植当地食物，并提供农业和自然资源方面的学习机会。

4.2.3　专业设置和学术活动

伯里亚学院提供33个学科领域，根据毕业生的学位统计，学校毕业生专业分布如图4.4所示。

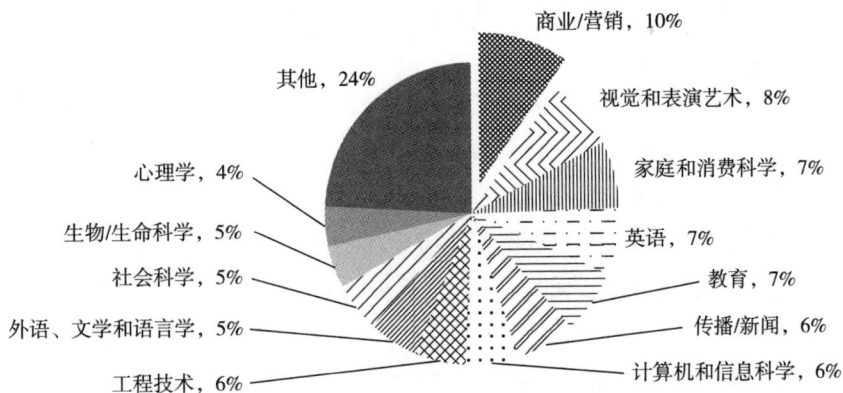

图4.4　伯里亚学院毕业生专业分布

伯里亚学院是美国仅有的9所"工作学院"之一，即要求学生工作并将其融入大学学习体验的学院。伯里亚学院也是肯塔基州两所拥有强制性工作学习计划的大学之一（另一所是爱丽丝劳埃德学院）。

学生在超过 125 个劳动部门工作，每周至少工作 10 小时，每个部门都由至少一名教职员工或专业人员监督。此外，大多数院系都有劳动导师，他们不直接承担监督责任，但积极参与学生的培训和发展。

就业机会包括在 Boone Tavern Hotel（学院拥有的一家历史悠久的企业）工作，以及编辑、撰写、出版和管理学院的独立学生报纸 The Pinnacle，其他工作职责包括清洁工、楼宇管理、教学协助、食品服务、园艺和场地维护等，向学生支付的时薪为 5.60~8.60 美元。由于学术要求和劳动力要求，不允许学生从事校外工作。

伯里亚学院与肯塔基大学工程学院合作提供 "3+2" 或 "4+2" 工程双学位课程。双学位学习项目获得伯里亚学院的学士学位（通常是应用科学和数学专业）和肯塔基大学的工程学学士学位。与肯塔基大学合作提供的工程项目有：生物系统工程；化学工程；土木工程；计算机工程；电气工程；材料工程；机械工业；采矿工程。

伯里亚学院每年约有 170 名学生名额，参加学期或短期的海外学习计划。

伯里亚学院与以下大学有交换生计划：日本的关西外国大学，九州大学；韩国的启明大学；泰国的帕亚普大学；马来西亚的马来西亚理科大学；希腊的佩罗蒂斯学院；爱尔兰的国立大学戈尔韦分校 NUI-Galway。

伯里亚学院还有学期内和暑期的海外学习项目，语言类项目主要分布在法国、德国和西班牙。

学院每年都举行海外摄影大赛和海外教育博览会，让学生展示海外学习和生活，帮助学生了解如何在国外获得有益的体验。

伯里亚学生可以通过加入与校友 LinkedIn 小组，建立联系和寻找实习机会，学校也提供了多个在线的实习资源库，方便学生查找和申请实习，每年约有 250 名伯里亚学生参加美国各地的实习，大部分都在暑期，每周工作 35~40 小时，工作 8~10 周。

伯里亚学院每年夏天都有一批学生到日本东京以西的山梨县的非营利机构实习，这是学院的特色实习，另外学院也为从事贫困研究的学生提供了 "牧羊人实习计划"。

学生经常实习的公司有：苹果、卢卡斯电影公司、美国运通、巴黎银行、UPS、日立、美国国防后勤局、戈登集团、费米国家实验室、北极光健康、德意志银行、迪士尼等。

4.2.4 师资及教学

伯里亚学院的师生比例是 1 : 10，83% 的班级人数少于 20 人。有 139 名全职老师，93% 的老师拥有所在领域的最高学位。

伯里亚学院对学生通识教育的要求包含以下 6 个领域：

（1）第一年写作研讨会，大一第一学期关于批判性思维的写作研讨会，第二学期关于身份多样性的写作研讨会。

（2）科学起源课程，或者涵盖两个不同学科的自然科学课程。

（3）对基督教的理解课程（Understandings of Christianity），课程从历史、神学和当代的角度考虑基督教。

（4）当代全球问题研讨会，利用学生的发展能力进行推理、研究和交流，以调查当今世界一个重大问题的各个方面。

（5）实践推理课程，其中一门是数学或统计学类课程。

（6）六选一课程，在 6 个领域中至少完成一门课程，这 6 个领域是：艺术；社会科学；西方历史；宗教；非裔美国人、阿巴拉契亚人和女性的观点；国际视角。其中国际视角包含语言课程或世界文化课程。

学校选课的课程目录：http：//catalog. berea. edu/Current/Catalog/Course-Descriptions。

学校的选课要求：http：//catalog. berea. edu/Current/Catalog/Academic-Policies/Degree-Requirements。

4.2.5 申请条件

在 2019~2020 年申请季，伯里亚学院一共收到 1857 份申请，录取了 612 位，录取率 33%，最后有 295 位新生正式入学（414 位学生接受了 Offer，后来 119 位因为疫情推迟了入学）。

根据官网的报告，在所有的申请材料中，招生办认为最重要的是面试；其次是中学课程难度、GPA、班级排名、申请文书和标化考试；再次是推荐信、课外活动经历、志愿者活动、工作经历等其他因素。学校对高中课程的要求是 4 年的英语，3 年的数学，2 年的实验室科学、外语和社会学科学或历史。

中国学生可以参考的标化 75% 分数线是：SAT 1240 分（其中语法阅读 620 分），ACT 27 分。76% 的录取者在毕业班的班级排名是前 10%。学校要求国际学生必须提交以下至少一项考试的官方分数：托福、雅思、Duolingo、ACT 或 SAT。伯里亚学院对英语水平的具体要求见 https：//www. berea. edu/admissions/application/。

伯里亚学院每年都招转学生，2019~2020 年有 108 份申请，最后录取了 53 位，有 30 位入学。

4.2.6　毕业生就业方向

伯里亚学院对毕业生的统计显示，毕业生在社会服务、政府、艺术、商业、教育、医学和科学等各个领域脱颖而出，许多人继续攻读研究生学位。就业的学生中，有 30.9% 的人在私营企业，有 25.9% 的人在教育行业，有 17.3% 的人在非营利组织，有 4.9% 的人在政府组织。

4.2.7　著名校友

伯里亚学院的著名校友包括：2002 年诺贝尔化学奖获得者 John Fenn；密西西比州立大学前校长 Dean W. Colvard；阿巴拉契亚研究的特聘教授，30 多本书的作者 Gloria Jean Watkins；2017 年普利策小说奖的决赛入围者，2016 年柯克斯奖和温德姆坎贝尔文学奖获得者 C. E. Morgan；非裔美国人生活和历史研究协会的创始人、美国历史学家、作家 Carter G. Woodson；物理学家和触摸屏技术的发明者 George Samuel Hurst；目前公认的物理学中被称为特伦特类比的力-电流类比的作者、美国物理学家 Horace M. Trent；曾创作过 150 多部百老汇作品、被认为是照片设计领域的先驱之一的美国灯光设计师 Tharon Musser；香港中文大学校长 Rocky Tuan 等。

Lyle Roelofs 博士于 2012 年 7 月担任伯里亚学院第 9 任校长。他 1975 年毕业于卡尔文学院，获得物理学和数学荣誉理学学士学位。分别于 1978 年和 1980 年获得了马里兰大学物理学硕士学位和物理学博士学位。Roelofs 博士曾在马里兰大学、卡尔文学院、布朗大学、哈弗福德学院和科尔盖特大学拥有超过 35 年的教学和研究经验。在被任命为伯里亚学院院长之前，他是哈弗福德学院副教务长，并担任学院计算科学的杰出教授，还担任过科尔盖特大学教务长临时校长。

4.2.8 文化与生活

山地日是伯里亚学院每年秋季学期组织的年度活动。学院通常在 10 月的一个星期三庆祝山地日。山地日的庆祝活动包括徒步登上印第安堡山,该山位于学院 7000 英亩的森林领土内。学生在日出前徒步前往东峰,以便在山顶迎接日出。近年来,伯里亚学院合唱团和舞蹈团等俱乐部在太阳升起时分别唱歌或表演舞蹈已成为一项传统。许多学生选择在登山日的前一晚去露营。

伯里亚学院有 80 多个学生俱乐部和组织,提供教育、服务、文化、体育活动等,学院拥有悠久的表演艺术历史,有 10 个音乐合奏团、8 个舞蹈团和 4 个戏剧团。

伯里亚学院要求 23 岁以下的全日制美国学生都住宿在校园,所有国际学生都必须住宿在校园。学院有 14 栋宿舍楼,在建筑、大小、房间布置和传统方面各不相同。大多数宿舍楼都是双人间或单人间。

伯里亚学院的运动队叫登山者,有 14 个校队,参加 NCAA 第三赛区的比赛。

学校学生组织的清单:https://berea.campuslabs.com/engage/。

学校的校报是 The Pinnacle,网址:https://forestryoutreach.berea.edu/trails/the-pinnacles/。

4.2.9 联系方式

伯里亚学院的招生办电话:(001)800-326-5948。

没有负责国际学生的招生官。

伯里亚学院的面试不是必须的,学院强烈鼓励学生进行校园面试,无法去校园的学生,可以电话沟通面试方式。

关于面试的说明:https://www.berea.edu/admissions/interview/。

学校没有适合高中生的夏校项目。

4.2.10 目标生源

伯里亚学院四年完全免学费,如果四年的学费对你的家庭是个负担,而且能接受勤工俭学四年的生活,那么这个学校可能是个很好的选择。没有学费的压力,能让孩子真正独立和走入社会。

4.3 中央学院（Centre College）

https：//www.centre.edu/

中央学院基本情况如表 4.3 所示。

表 4.3 中央学院基本情况

U. S. News 美国文理学院 排行榜	成立年份	校园面积	本科生人数	男女比例	国际生比例	美籍亚裔生 比例
59	1819	178 英亩	1333 人	男：49% 女：51%	9%	4.4%
每年本科生 入学人数	师生比	录取率	学费/年	食宿/年	本科毕业生 年薪起薪中值	整体捐赠 金额
355 人	1：10	76.4%	46000 美元	11600 美元	49300 美元	3.27 亿美元

4.3.1 历史和排名

中央学院由长老会领导人创建，于 1819 年 1 月 21 日由肯塔基州议会特许创立，因其地理位置在肯塔基州的中心，故名"中央学院"。

中央学院于 1820 年秋天在学院的第一座建筑——Old Centre 开始教学，当时有 2 名老师和 5 名学生，课程有拉丁语、希腊语、修辞学和逻辑学。

1894~1912 年，中央学院开设了一所法学院，由肯塔基州前州长普罗克托·洛特（J. Procter Knott）担任法学院院长。1901 年，肯塔基州里士满中央大学与中央学院合并。1926 年，丹维尔的肯塔基女子学院与中央学院合并，成为中央学院的"女子院系"，该院系一直保持着一个独立的校园，直到 20 世纪 60 年代初，女学生们才搬到了中央学院的主校区。

1971 年，Phi Beta Kappa 全国委员会在中央学院成立了分会，中央学院目前是肯塔基州唯一一家拥有美国历史最悠久、最负盛名的荣誉协会分会的私立机构。

中央学院崇尚"业不在大而在精、保持一定独立性、拥有选择的权利"。面对学生，学院注重启发智力，唤醒个性，树德育人，并且激发学生的逻辑思维、批判思维和创造思维，在分析和比较中塑造成熟的价值观。在这里，学生们能够体会悠久的历史传承，锲而不舍的探究精神和充满宽容的人性光辉，带着一身荣耀走向世界，融入社会，愿为世界发展承担起自己应尽之责。

中央学院在 2022 U. S. News 的最有价值的学校中排名第 26，在最佳本科教学学校中排名第 29。

4.3.2 位置和环境

中央学院位于肯塔基州丹维尔，肯塔基州位于美国东部，丹维尔坐落在肯塔基州的中心地带和该州的中央蓝草地区。丹维尔是一个历史悠久、迷人且安全的小镇，被评为美国最好的小城镇之一，从校园步行即可到达小镇，这里距离肯塔基州最大的城市路易斯维尔约 1 小时车程，距离列克星敦约 30 分钟车程。

中央学院校园面积 178 英亩，校园内有 67 座建筑，其中 14 座被列入国家历史名胜名录。旧中心（Old Centre）是学院的第一座建筑，也是学院目前的主要行政大楼，始建于 1819 年，是希腊复兴式建筑的代表。学院 85000 平方英尺的诺顿艺术中心，被誉为美国最好的表演中心之一，大提琴手马友友、歌手鲍比麦克费林和艾莉森克劳斯等都曾在这里演出。

中央学院校园周围环绕着起伏的山丘、风景秀丽的州立公园和国家森林公园，可以进行独木舟、皮划艇、骑自行车、徒步旅行、骑马等各种户外活动。

乘飞机到列克星敦蓝草机场或路易斯维尔国际机场，都可以到达中央学院。

4.3.3 专业设置和学术活动

中央学院提供 50 多个学科领域，根据毕业生的学位统计，学校毕业生专业分布如图 4.5 所示。

中央学院 43% 的学生在本科期间参与过研究计划，参与过研究计划的学生中，有 73% 是在校内参与的研究计划，27% 是在校外或海外参与的研究计划。

中央学院的本科研究计划向所有本科学科的学生开放，学生最早从大一就可以开始参与本科研究，学校提供独立研究的课程。本科研究计划从时间上又分为学年期间和暑期，在学年期间由学校教师指导，暑期研究一般是和学校老师合作且是带薪的研究计划。

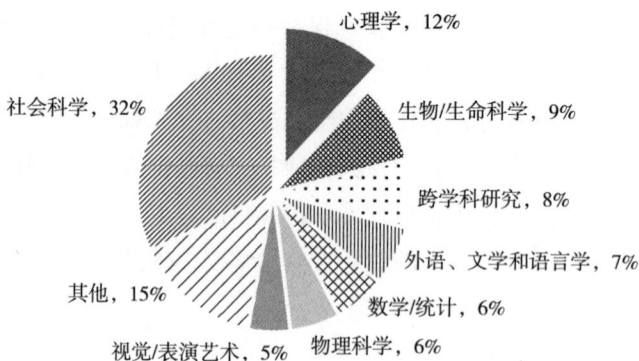

图 4.5　中央学院 2020 届毕业生专业分布

在一系列本科研究计划之中，"约翰杨青年学者计划"面向大四学生，使他们能够在他们的主要学科或他们选择的跨学科领域从事独立的学习、研究或工作。每年大约有 7 名学生被选入该计划。

在一系列本科研究计划之中，还有一个项目是一年一度的 Rice 研讨会，在该研讨会上，学生会以海报、PPT、演讲、表演等多种形式展示他们的研究成果。

中央学院与肯塔基大学、范德堡大学和华盛顿大学圣路易斯大学合作"3+2"工程双学位项目。学生在中央学院完成三年的课程学习，在合作的工程学校完成两年的课程学习，获得中央学院理学学士学位和合作学校的工程学学士学位。

中央学院开设校外学习计划，大约 86% 的学生在校外学习 1 次，42% 的学生在校外学习 2 次，20% 的学生在校外学习 3 次或 3 次以上。

学校还提供多种不同的海外学习机会，除了固定的长期计划外，学院还提供1 月和夏季的、不断更新的短期计划。

中央学院在英国伦敦、法国斯特拉斯堡和墨西哥尤卡坦都设有学习中心，由学院提供住房和课程，学院直接管理。

中央学院和英国的雷丁大学、苏格兰的格拉斯哥大学和中国上海的海外研究所 IFSA，都有交流项目，学生可以学习当地的课程，或者在当地进行海外实习。

中央学院的学生还可以在日本山口县立大学学习一个学期；或在西班牙塞戈维亚或德国雷根斯堡的肯塔基国际研究学习语言课程和学术课程。

每年学院还有 16 名各个学科的教师带领学生小组在世界各地学习他们的专业领域。如化学教师曾在法国教授艺术修复课程，在新西兰教授火山课程；生物学教师曾在婆罗洲教授生物多样性；宗教教师曾在以色列讲授前往西班牙孔波斯特拉的朝圣之路。

中央学院有75%的学生至少参加过1次实习，学生在大三或大四期间一般参加有学分的学术实习，也可以从大一开始参加非学分实习。如果参加学分实习，学生要选择一名教师顾问，并在学校职业与专业发展中心的帮助下，找到合适的实习项目，学生、教师顾问等共同设定实习目标。

在学术实习期间，学生在至少完成一个学术项目的基础上，还需要根据教师顾问的要求从事其他项目实习。每个学期结束时，学生们要对实习经历进行评估。学生可以在学期期间、冬季和夏季参加学术学分实习（通过实习可以获取学分），也可以在暑假期间参加非学分实习。

中央学院的实习机会不仅在美国国内，还提供众多的海外实习机会，如阿根廷、玻利维亚、哥伦比亚、哥斯达黎加、克罗地亚、加纳、洪都拉斯、印度、墨西哥、秘鲁和越南。如在美国驻克罗地亚大使馆实习，在缅甸帕拉米研究所进行财务管理实习，在墨西哥梅里达公立医院进行医疗工作实习，在南非开普敦佩里斯的软件开发机构实习等。

学生常去的实习公司有：美国心脏协会、美国历史博物馆、阿贡国家实验室、阿什维尔艺术博物馆、疾病控制中心、辛辛那提策展艺术中心、丹维尔骨科和运动医学中心、国际儿童医疗救济基金会、肯塔基信托公司、神经科学与TMS治疗中心、史密森学会、美国国务院、美国鱼类和野生动物管理局、范德比尔特大学医学中心。

4.3.4 师资及教学

中央学院的师生比例是1：10，近六成的班级少于20人。有132名全职老师。

所有大一学生都必须在Centre Term（1月份为期3周的学期）期间注册一年级研究First-Year Studies（FYS）课程。FYS课程班级人数上限为15名，课程以创新的方式向学生介绍一门学科的基本概念、思维方式，培养学生如何批判性阅读、逻辑思考，并有效沟通，课程形式可能包括实地考察、晚餐讨论、实验室和其他特殊活动。一年级研究FYS课程近期开设的部分课程包括：外星人、亚特兰蒂斯和考古学；食品和农业社会学；美国假期的历史等。

中央学院 2016 年通过了新的通识教育课程，并从 2020 年秋季开始执行新课程。学校新的通识教育亮点是增加三门 Doctrina Lux Mentis（DLM）课程，该课程的名字来源于中央学院的座右铭，翻译过来就是"学习是心灵的光芒"。

三门 Doctrina Lux Mentis（DLM）课程将在学生的第一年以及大三或大四期间学习，DLM Ⅰ和Ⅱ分别强调书面和口头交流，每门课程都侧重于特定主题并在小组学习环境中学习。DLM Ⅲ课程也基于主题，但它会强调跨学科思维，是一门顶石课程（担负着创新与发展理论的任务，即前沿学术研究），学生将与教职员工合作开发他们自己的主题，或者与其他学生合作进行更大的项目。

学校选课的课程目录：http：//centre. smartcatalogiq. com/2020-2021/Catalog/Course-Descriptions。

学校的选课要求：http：//centre. smartcatalogiq. com/2020-2021/Catalog/Degree-Requirements。

4.3.5　申请条件

在 2019~2020 年申请季，中央学院一共收到 2211 份申请，录取了 1690 位，录取率 76.4%，最后有 355 位新生正式入学。在 2211 份申请中，有 73 位是 ED 早申请，其中 64 位被录取，录取率 87.6%。学校同时还为 115 位学生提供了待定席位，17 位接受待定，最后 17 位转正。

根据官网的报告，在所有的申请材料中，招生办认为最重要的是中学课程难度和 GPA；其次是班级排名、标化考试、申请文书和推荐信；再次是面试、课外活动经历、志愿者活动、工作经历等其他因素。学校对高中课程的要求是 4 年的英语，3 年的数学，2 年的科学、外语、历史和实验室科学。

中国学生可以参考的标化 75% 分数线是：SAT 1380 分（其中语法阅读 650 分），ACT 32 分。80% 的录取者在毕业班的班级排名是前 15%。学校要求第一语言不是英语的学生提供托福、雅思或 Duolingo 成绩。学校建议国际生的托福水平最低是 90 分，雅思成绩是 7 分，Duolingo 是 115 分。学校对英语水平的具体要求见 https：//www. centre. edu/important-information-for-international-applicants/。

中央学院每年都招转学生，2019~2020 年有 41 份申请，最后录取了 20 位，有 13 位入学。

4.3.6　毕业生就业方向

中央学院对 2020 届毕业生的统计显示，在毕业一年内，57% 的学生已就业，

39%的学生进入研究生院或继续学习。毕业生就业领域如图 4.6 所示。

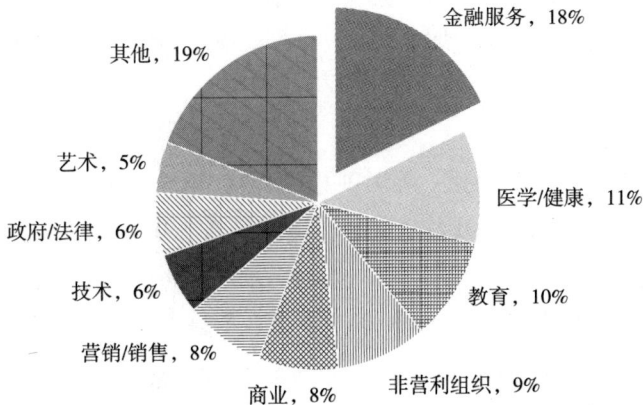

图 4.6 中心学院毕业生就业领域分布

中央学院毕业生就业的雇主包括：谷歌、华特迪士尼、通用电气、史密森、尼戴尔、洛克希德马丁、美国国防部、观星电影、美国银行、中东研究所、辛辛那提儿童医院、戴尔、纽约人寿、德勤、富达投资等。

中央学院每年都有大约 1/3 的学生进入研究生院，据统计，申请法学院的毕业生中有 96% 被录取，申请医学院的毕业生中有 84% 被录取，就医学院录取率来说，与麻省理工学院和哈佛大学并列。中央学院毕业生进入研究生院的学科领域分布如图 4.7 所示。

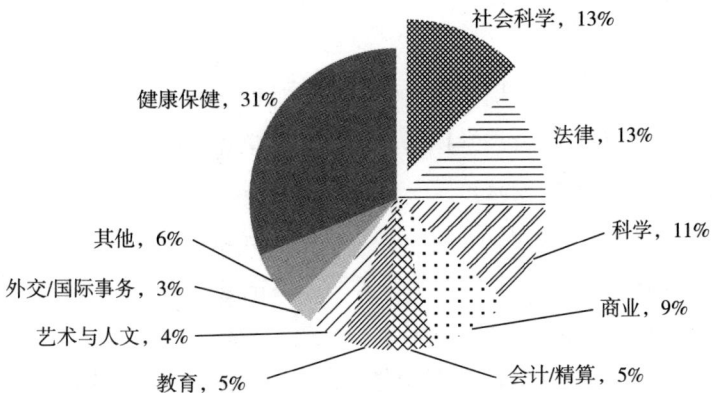

图 4.7 中央学院毕业生进入研究生院的学科领域分布

中央学院毕业生进入的研究生院包括：美国大学、哥伦比亚大学、埃默里大学、乔治城大学、帝国理工学院、约翰霍普金斯大学、纽约大学、西北大学、昆士兰艺术大学（澳大利亚）、弗吉尼亚大学、范德堡大学、维克森林大学等。

4.3.7　著名校友

中央学院的著名校友包括：美国副总统 John Breckinridge 和 Adlai Ewing Stevenson；美国首席大法官 Fred M. Vinson；美国最高法院助理大法官 John Marshall Harlan，还包括 13 位美国参议员、43 位美国众议员和 11 位州长。还有享誉国际的玻璃吹制工和艺术教授 Stephen Rolfe Powell；耶鲁青年诗人奖得主 Tony Crunk；硬石咖啡馆和蓝调之家的创始人 Isaac Tigrett；《路易斯维尔晚报》和《路易斯维尔先驱报》总编辑 Lewis Craig Humphrey；罗德学者、通用电气总法律顾问、肯塔基州立大学前校长 Raymond Burse 等。

Milton C. Moreland 博士于 2020 年 7 月成为中央学院第 21 任校长。他是爱达荷州博伊西人，以优异成绩获得了孟菲斯大学历史学本科学位。在加利福尼亚州克莱蒙特研究生院继续研究考古学、古代历史和宗教，并在那里获得了硕士和博士学位。Moreland 博士的学术著作重点关注地中海地区的罗马考古学和宗教传统。在加入中央学院之前，Moreland 博士在罗德学院担任了 6 年的教务长和首席学术官。他于 2003 年进入罗德学院，担任 R. A. Webb 宗教研究教授和考古项目主席。在此期间，Moreland 博士领导了罗德地区研究所，并担任林恩和亨利·特利孟菲斯中心的创始主任。课堂之外，他与学生前往约旦、土耳其、希腊和德国等地，与以色列杜克大学合作。

4.3.8　文化与生活

每年秋季学期的最后一周，中央学院的教师们会一起在学生宿舍唱颂歌，帮助学生缓解考试压力。在秋季学期结束的那天，学校的教职员工和学生会聚集在老中心，进行一年一度的校园传统——树木修剪。

中央学院有 87 个学生俱乐部和组织，每年超过 2000 个校园活动，超过 80% 的学生定期参加社区服务，42% 的学生参与艺术活动，每年有 100 多位校外音乐家、表演者和演讲者到学校交流表演。

98% 的学生住在校园里，学院提供各种类型的住房。学校的考恩主餐厅周一~周五供应三餐，周六和周日供应两餐，学校有全膳食计划，每周 14 餐、10 餐、7 餐等多个膳食计划供学生选择。

中央学院有 23 支校队，其中 11 支男子校队，12 支女子校队，42% 的学生参加了大学校队，学校校队被称为"上校"。中央学院是南方体育协会（SAA）和 NCAA Ⅲ分部成员。学院还提供 15 项校内运动，有 80% 的学生参加。

学校学生组织的清单：https：//www.centre.edu/wp-content/uploads/2017/11/club-and-orgs.pdf。

学校的校报是 The Cento，网址：https：//cento.centre.edu/。

4.3.9　联系方式

中央学院的招生办联系方式：admission@centre.edu，电话：（001）800-423-6236 或（001）859-238-5350。

负责国际学生的招生官：Annie Murphy，Associate Director of Admission。

邮箱：annie.murphy@centre.edu，电话：（001）859-238-5372。

Annie Murphy 在肯塔基州路易斯维尔长大，于 2004 年从中央学院毕业，并在芝加哥大学获得了硕士学位。从 2008 年开始在招生领域工作，之前曾担任过高中和中学教师。于 2013 年加入中央学院的招生团队。

招生官的介绍：https：//www.centre.edu/offices/admission/。

中央学院的面试不是必须的，学院建议学生进行面试，也可以在网上预约面试。

网上预约面试地址：https：//admission.centre.edu/portal/campus-visits。

关于面试的说明：https：//www.centre.edu/apply/faqs/。

学校原来有高中生的夏校项目，适合 10~11 年级学生，最近一次举办是 2018 年，之后都没有新的高中生夏校项目，原项目链接：https：//www.centre.edu/css/。

4.3.10　目标生源

中央学院的社会科学和生命科学以及心理学都比较优秀，但是最适合这里的学生肯定是想攻读法学院研究生的申请者。1/3 的学生毕业直接进入研究生院，也是一个非常高的比例。如果你想读法学院，喜欢拼命玩、拼命学的气氛，那么你可能很适合中央学院。

4.4　艾格尼丝·斯科特学院（Agnes Scott College）

https：//www. agnesscott. edu/

艾格尼丝·斯科特学院基本情况如表4.4所示。

表4.4　艾格尼丝·斯科特学院基本情况

U. S. News 美国文理学院排行榜	成立年份	校园面积	本科生人数	男女比例	国际生比例	美籍亚裔生比例
66	1889	100 英亩	1014 人	女：100%	2%	6.2%
每年本科生入学人数	师生比	录取率	学费/年	食宿/年	本科毕业生年薪起薪中值	整体捐赠金额
274 人	1：11	67.5%	44250 美元	13050 美元	46100 美元	2.05 亿美元

4.4.1　历史和排名

艾格尼丝·斯科特学院由长老会牧师弗兰克·盖恩斯于 1889 年创办，最初叫迪凯特女子神学院，1890 年，为了纪念该学院的主要赞助人乔治·华盛顿·斯科特上校的母亲艾格尼丝·欧文·斯科特，学院更名为艾格尼丝·斯科特机构（Agnes Scott Institute）。1906 年，学院再次改名为艾格尼丝·斯科特学院（Agnes Scott College），并沿用至今，是佐治亚州第一所获得地区认证的高等教育机构，是一所女子学院，被认为是南方七姐妹之一。

南方七姐妹，3 所在佐治亚州，3 所在弗吉尼亚州，1 所在北卡罗来纳州。她们分别是：艾格尼丝·斯科特学院（Agnes Scott College），布莱诺大学（Brenau University），霍林斯大学（Hollins University），玛丽·鲍尔温大学（Mary Baldwin University），萨勒姆学院（Salem College），斯威特·布莱尔学院（Sweet Briar College），卫斯理安学院（Wesleyan College）（美国最早的一所女子高校，也是世界上第一所女子高校，宋氏三姐妹曾同时在该校就读。不是纽约州的卫斯理安大学）。

艾格尼丝·斯科特学院始终关注女性教育。通过学习，能够让女性提高自我认知、学术技能，启迪她们面向世界和社会的公民意识和公民责任。学院为学生提供了一套充满活力且高标准的课程，激发学生的创新能力和智力潜力。在这里，主张公正和包容，倡导高尚行为，鼓励探索精神，尽力消除人与人之间的差异，在相互尊重的前提下学习、生活。

艾格尼丝·斯科特学院在 2022 U. S. News 最具创新性学校中排名第 1，在最佳本科教学学校中排名第 2。

4.4.2　位置和环境

艾格尼丝·斯科特学院校园坐落在佐治亚州迪凯特市中心，迪凯特是一座历史悠久的城市，约 25000 人，距离亚特兰大市中心仅 6 英里，有地铁可直达亚特兰大。

亚特兰大作为美国东南部的中心城市，有世界级的艺术和文化景点、体育赛事、繁荣的商业和国际机场。亚特兰大也是许多大学所在地，艾格尼丝·斯科特学院的学生也可以与邻近的埃默里大学、佐治亚理工学院、佐治亚州和亚特兰大大学等学院进行交叉注册和社交活动。达美航空、家得宝和可口可乐等公司总部都设在亚特兰大，学生有许多实习和工作机会。学校离亚特兰大和另外两所综合性大学——埃默里大学（Emory University）和佐治亚理工学院（Georgia Institute of Technology）——都是半小时以内车程。

艾格尼丝·斯科特学院校园面积 100 英亩，学校校园在 1994 年被列入美国国家历史名胜名录，Agnes Scott（Main）Hall 是校园内最古老的建筑，建于 1891 年，曾经是整个学校的所在地。

艾格尼丝·斯科特学院独特的哥特式建筑、传统的室内设计和广阔的绿地一直是许多影视作品的拍摄地，从 1955 年《一个叫彼得的男人》开始，包括 20 部主要电影在内的 50 部作品都将艾格尼丝·斯科特学院作为拍摄地。

4.4.3　专业设置和学术活动

艾格尼丝·斯科特学院提供 30 多个研究领域，根据 2020 届毕业生的学位统计，学校毕业生专业分布如图 4.8 所示。

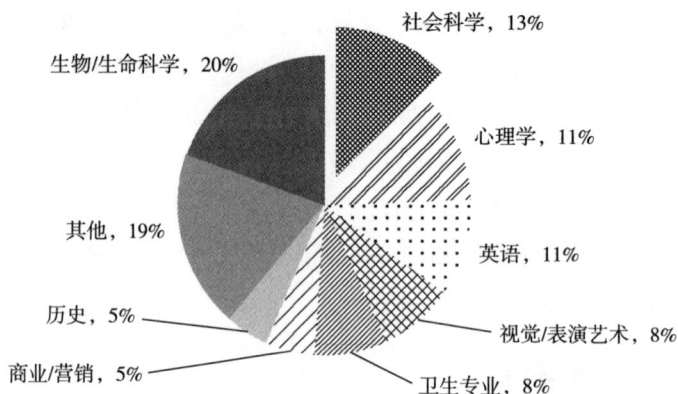

图 4.8　艾格尼丝·斯科特学院 2020 届毕业生专业分布

艾格尼丝·斯科特学院与摩斯大学（Mercer University）的蒂夫特教育学院合作，提供"4+1"加速计划。学生可以在 5 年内获得艾格尼丝·斯科特学院的学士学位和摩斯大学的教育文学硕士学位（MAT）。一旦被该项目录取，学生将在大三和大四期间在摩斯大学修读三门本科课程和一门研究生教育课程。

艾格尼丝·斯科特学院的研究生院在数据分析与通信，健康传播，医学科学，社会创新，技术领导力和管理，写作和数字通信 6 个领域提供了"4+1"加速计划，学生可以在 5 年内获得学士学位和硕士学位。

工程双学位：艾格尼丝·斯科特学院与佐治亚理工学院合作"3+2"工程双学位计划，学生在艾格尼丝·斯科特学院学习 3 年，然后转学到佐治亚理工学院学习 2 年。佐治亚理工学院的工程学院提供 10 多个工程领域的学习计划，包括航空航天、土木工程、电气工程、工业、机械、材料工程、生物医学和生物分子工程等。

计算机科学双学位：艾格尼丝·斯科特学院与埃默里大学合作"3+2"计算机科学双学位计划，顺利完成双学位要求后，学生将获得艾格尼丝·斯科特学院颁发的文学学士学位和埃默里大学计算机科学学士学位。

护理双学位：艾格尼丝·斯科特学院与埃默里大学的内尔·霍奇森·伍德拉夫护理学院合作"3+2"护理双学位计划，学生可以从艾格尼丝·斯科特学院获得文学学士学位，从埃默里大学获得护理科学学士学位。

艾格尼丝·斯科特学院的本科生研究项目主要在暑期提供，学生通常在学校教师的指导下进行全日制研究。学校的 STEM 学者计划（SSP）为天体物理学、物理学、生物学、化学、神经科学、工程学、地质学、数学、计算机科学、生物医学科学、环境科学的学生提供全职的暑期研究的机会。计划时长一般是 4~10 周，每周需要工作 40 小时。另外学校会给学生提供各种校外研究资讯。

大二以上的本科生，将有机会得到 Agnes Advantage 基金计划的支持，该基金从大二暑假开始提供，支持每个专业的研究计划和无薪实习，每年向 50~75 名学生提供超过 15 万美元的资助，这项计划让超过 50% 的艾格尼丝·斯科特学生在大三进行了研究计划或完成了实习。

艾格尼丝·斯科特学院提供 50 多个国家的 150 多个海外项目，46% 的学生参与过海外学习。学院的海外学习计划主要有：

（1）由学校教师主导的全球学习之旅：包括一个学期的深度学习，在夏季提供身临其境的国际旅行体验。目的地包括哥斯达黎加、古巴、捷克、英国、冈比亚、希腊、印度、爱尔兰、以色列、波兰、西班牙和瑞士等。

（2）与其他机构合作的海外项目：学生在数百个合作的海外项目中学习一个暑期、一个学期或一整年。

艾格尼丝·斯科特学院 70% 的学生在学习期间至少有 1 次实习经历，33% 的学生有至少 2 次或以上实习经历，学生可以通过参加学分实习课程或通过独立实习来完成实习的学分。

学分实习课程要求学生每周至少工作 10 小时，持续 13 周或 130 小时，学校老师每周召开一次或两次会议讨论和分享实习事宜等。

独立实习，学生可以单独定制，由教师、实习公司和学校实习与职业发展办公室批准。实习期间学生与教师定期有一对一面谈，教师对实习的学术部分进行设计、督导和拼分。

学校的贝维尔暑期公共卫生实习计划会，每年选择大约 6 名成绩优异的学生参加疾病控制和预防中心，或各种公共卫生组织的共 8 周的带薪暑期实习。在公共卫生领域专家的指导下，实习生协助实验室研究、开发健康传播材料、与社区卫生组织合作或研究疾病流行和传播。

休伯特学者公共服务实习计划，提供给计划从事公共服务的学生，实习可能在美国国内或海外进行，时长至少需要 200 小时。

亚特兰大领导力体验计划（SCALE），是一项为期一周的实习计划，学生团队会与亚特兰大地区的公司、非营利组织或公共服务组织的专业领导者进行交流和互动，以观察和学习领导力和专业精神。

学院学生常去的实习机构包括：亚特兰大儿童保健中心，格雷迪医院，格威内特医疗中心，亚特兰大历史中心，亚特兰大地区委员会，伍德拉夫艺术中心，怡安，美国电话公司，亚特兰大联邦储备银行，佐治亚州经济发展部，国际救援委员会，美国国务院，联合国儿童基金会等。

4.4.4 师资及教学

艾格尼丝·斯科特学院的师生比例是 1∶11，班级平均人数为 16 人，57.9%的班级人数少于 20 人。学校有 88 名全职老师。

艾格尼丝·斯科特学院第一年研讨会的主题是领导力研讨会，展示了文理通识课程如何影响领导力。学生从领导力的视角探索特定主题。并锻炼批判性思维、写作、公开演讲、定量推理和与不同团队合作五项技能。

学校对通识教育的要求除了领导力的课程外，还有全球学习课程，包括海外学习和外语课程、实验室课程、写作课程、职业探索课程及体育课程。

学校选课的课程目录：https：//www. agnesscott. edu/academics/resources-support-services/academic-catalogs. html。

学校 的 选 课 要 求：https：//www. agnesscott. edu/assets/documents/catalogs/2021-2022-undergraduate-academic-catalog. pdf。

4.4.5 申请条件

在 2020~2021 年申请季，艾格尼丝·斯科特学院一共收到 1838 份申请，录取了 1241 位，录取率 67.5%，最后有 274 位新生正式入学。在 1838 份申请中，有 30 位是 ED 早申请，其中 28 位被录取，录取率 93%。

根据官网的报告，在所有的申请材料中，招生办认为最重要的是中学课程难度和 GPA；其次是申请文书、标化考试、课外活动经历、推荐信和志愿者活动；再次是班级排名、面试、工作经历等其他因素。学校对高中课程的要求是 4 年的英语、数学、实验室或物理科学和社会科学，2 年的外语。

中国学生可以参考的标化 75%分数线是：SAT 1310 分（其中语法阅读 680 分），ACT 29 分。59.6%的录取者在毕业班的班级排名是前 15%。学校要求第一语言不是英语的学生提供托福、雅思或 Duolingo 成绩。学校对国际生的最低要求是：托福水平是 80 分，雅思成绩是 6.5 分，Duolingo 是 110 分，学校对英语水平的具体要求见 https：//www. agnesscott. edu/admission/undergraduate-admission/international-students/application-requirements. html。

艾格尼丝·斯科特学院每年都招转学生，2020~2021年有56份申请，最后录取了30位，有13位入学。

4.4.6 毕业生就业方向

艾格尼丝·斯科特学院对2019届毕业生的统计显示，在毕业1年内，87%的毕业生已就业或进入研究生院，申请研究生院的毕业生中100%已被录取。

艾格尼丝·斯科特学院的STEM女性毕业生比例高于同类院校（25%对10%）。美国国家科学基金会（NSF）的最新数据显示，"艾格尼丝·斯科特的学生在工程领域获得博士学位的比例高于同类院校的83%，数学和计算机科学领域的学生比例高于同类院校的78%"。

学院学生就业的雇主包括：德卡尔布医疗中心，埃默里医疗保健中心，佐治亚州全球卫生部，迪凯特艺术联盟，国际救援委员会，亚特兰大商会，亚特兰大设计博物馆（MODA），亚特兰大会议和旅游局，迪凯特市人力资源部，考克斯汽车，Facebook，摩根士丹利，奥美，家得宝，卡特中心，UPS，联邦住房贷款银行等。

艾格尼丝·斯科特学院研究生院目标学校包括：斯坦福大学，范德比尔特大学，杜克大学，约翰霍普金斯大学，埃默里大学，美世大学，佐治亚医学院，莫豪斯医学院，佐治亚大学兽医学院，德克萨斯大学麦戈文医学院，洛克菲勒大学，伦敦政治经济学院等。

4.4.7 著名校友

艾格尼丝·斯科特学院的著名校友包括：南卡罗来纳州萨姆特市市长，也是南卡罗来纳州第一位女市长Martha Priscilla Shaw；南卡罗来纳州最高法院前首席大法官，也是第一位担任首席大法官的女性Jean H. Toal；加州大学洛杉矶分校的经济学教授、国家经济研究局的副研究员Martha Bailey；埃默里大学图书馆学院的创始院长Tommie Dora Barker；帮助拯救了纽约市SoHo区的维多利亚时代铸铁建筑，美国历史保护主义者和作家Margot Gayle；ANN INC.总裁兼首席执行官Kay Krill；格莱美获奖乡村音乐乐队Sugarland主唱Jennifer Nettles；普利策戏剧奖获得者，美国剧作家、编剧和小说家Marsha Norman等。

Leocadia I. Zak 博士于 2018 年 7 月成为艾格尼丝·斯科特学院第 9 任院长。她毕业于曼荷莲学院，2012 年被该学院授予有影响力的女性，拥有美国东北大学法学院的法学博士学位。Zak 博士是亚特兰大地区高等教育委员会的副主席，在国际经济发展和国际项目融资方面有着广泛的背景，2010 年，她被奥巴马总统任命为美国贸易发展署（USTDA）主任。Zak 博士还曾在乔治城大学法律中心和波士顿大学法学院担任兼职教员，教授国际项目融资。

4.4.8　文化与生活

艾格尼丝·斯科特学院的吉祥色是紫色和白色，学校吉祥物是苏格兰猎犬（Scottie），名叫胜利。

艾格尼丝·斯科特学院有许多传统活动：

（1）荣誉守则：每学年开学时，新生必须签署荣誉守则，每个学生都承诺支持社区的规范和精神，荣誉守则在教师和学生之间建立的信任允许学生参加自行安排的、无监考的考试。

（2）班级颜色：每个新入学班级都要在红色、黄色、蓝色或绿色中选出班级吉祥色和班级吉祥物，以此来增强班级的凝聚力。

（3）黑猫活动周：学校最古老的传统之一，是每年秋天的迎新活动，每个班级都会在活动周展示班级吉祥色和吉祥物，活动包括以课堂为重点的游戏和活动，并以由每个新生班级编写、导演和表演的一系列短剧而结束。

（4）大二戒指：每个艾格尼丝·斯科特学生在大二春天的特殊仪式上都会收到一枚戒指，这枚戒指非常独特，在长方形黑色玛瑙戒面上刻有字母"ASC"，这些戒指装在带有学校印章的漂亮木盒中。

（5）Agnes Palooza：是学校每年庆祝春天到来的活动，在学生春假归来后举行，每年都有不同的主题，在充满活动的一周中，有舞会、电影放映、艺术和手工艺展、现场音乐会、喜剧表演和校外活动等。

（6）校园敲钟：当大四学生爬上主厅的塔楼并敲响钟声时，校园里每个人都知道他/她收到了工作邀请或被研究生院录取。

艾格尼丝·斯科特学院有 50 多个学生俱乐部和组织，包括学术组织、表演艺术团体、学生出版物、服务组织和娱乐组织等。

艾格尼丝·斯科特学院校园内有 6 栋宿舍楼，校外还有公寓。80% 的学生住宿在校园内，大一学生都住在校园内的沃尔特斯宿舍楼和温希普宿舍楼。

学校的主餐厅是莱蒂蒂娅·佩特·埃文斯餐厅，还有莫利烧烤吧和黑猫咖啡店，都能提供餐饮或小吃。大一学生都必须参加每周 21 餐的膳食计划，其他年级的学生可以选择 21 餐或 16 餐膳食计划。

艾格尼丝·斯科特学院有 6 支校队，是 NCAA Divission Ⅲ 的成员，所有校队均参加美国南方田径大会（美国南部）。网球队可以说是艾格尼丝·斯科特学院最成功的球队，曾 6 次获得大会冠军，并 6 次晋级 NCAA 全国锦标赛。

学校学生组织的清单：https：//www. agnesscott. edu/campus-life/student-involvement/clubs-organization. html。

学校的校报是 The Profile，网址：https：//ascprofile. wordpress. com/。

4.4.9 联系方式

艾格尼丝·斯科特学院的招生办联系方式：admission@ agnesscott. edu，电话：（001）404-471-6285。

负责国际学生的招生官：Emily-Davis Hamre，Associate Director of Admission。邮箱：ehamre@ agnesscott. edu。

Emily-Davis Hamre 来自北卡罗来纳州威尔逊，毕业于艾格尼丝·斯科特学院，获得历史文学学士学位。

艾格尼丝·斯科特学院的面试不是必须的，学校为国际生提供虚拟面试。学生也可以提交 InitialView 的面试视频。

关于面试的说明：https：//www. agnesscott. edu/admission/undergraduate-admission/international-students/index. html。

4.4.10 目标生源

艾格尼丝·斯科特学院人文环境特别好，校园氛围包容开放，互帮互助。大家都很支持平等人权，适合思想开放，喜欢女校精神，有社会责任感，喜欢安静且喜欢学习氛围浓厚的学生。

5 中西部/五湖区的文理学院

5.1 格林内尔学院 （Grinnell College）

www. grinnell. edu

格林内尔学院基本情况如表 5.1 所示。

表 5.1 格林内尔学院基本情况

U. S. News 美国文理学院 排行榜	成立年份	校园面积	本科生人数	男女比例	国际生比例	美籍亚裔生 比例
13	1846	120 英亩	1493 人	男：45% 女：55%	20%	7.7%
每年本科生 入学人数	师生比	录取率	学费/年	食宿/年	本科毕业生 年薪起薪中值	整体捐赠 金额
414 人	1：9	19%	58648 美元	14350 美元	47900 美元	29 亿美金

5.1.1 历史和排名

格林内尔学院建于 1846 年。建校以来，学校始终非常强调社会责任感和多元文化。在 2022 U. S. News 美国文理学院排行榜中排名第 13，在最佳本科教学学校中排名第 3，在最具价值的学校中排名第 10。在美国科学基金会（NSF）对于各学科博士生教育背景的调查里，格林内尔学院作为生产未来的博士生比例最大的学校，一直名列全美大学的前 10。

5.1.2 位置和环境

格林内尔学院被誉为"草原上的小学校",其所在的小镇格林内尔在五湖区爱荷华州,是一个拥有9000人的小镇,拥有原汁原味的美国中西部风土人情。学生们经常使用的机场是 Des Moines 或者 Cedar Rapids,距离学校均1小时车程。校园占地120英亩,拥有63座风格独特的建筑,博林图书馆有100万册书籍。校园边上还有一个365英亩的环境保护区,有113种鸟类。

格林内尔学院的学生把自己称为"Grinnellians"(格林内尔人)。学校官网上2016~2017年数据显示,格林内尔学院一共注册有770位男生和929位女生,国际生比例17.9%(官网数据更新仅到2017年,国际生比例最近几年已经提升到20%),非国际生的亚裔比例是7.7%。90%的美国学生来自爱荷华州之外。

5.1.3 专业设置和学术活动

格林内尔学院提供本科27个主修专业,16个辅修专业。毕业生的学位统计显示,学校最热门的专业是社会科学,其次是生物/生命科学。格林内尔毕业生中,尤其是理工科毕业生,未来获得本专业博士的比例,一直名列全美前10。根据毕业生的学位统计,学校毕业生专业分布如图5.1所示。

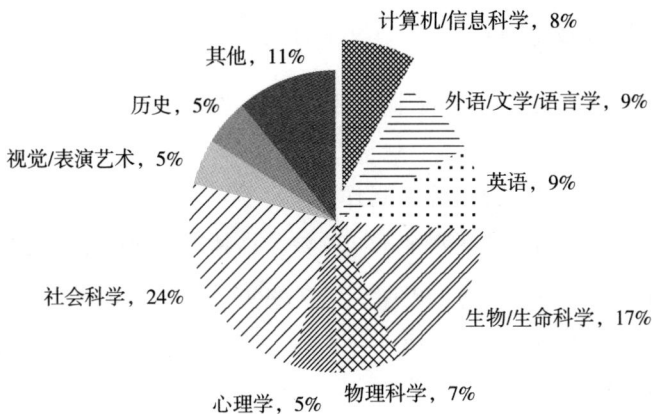

图5.1 格林内尔学院2020届毕业生专业分布

学校的人文中心、公共事务国际关系和人权中心、草原研究中心、科学中心、教学中心和创新与领导力中心,给学生们提供了很多学习实践和参与研究的机会。格林内尔学院的 National Poll 项目相当出名,学生和教授一起参与,每年调查全美公民对于政府和公共政策的态度，是美国政治的一个晴雨表。此外，学校为未来要进入医学院和公共医疗健康体系的学生提供了专门的支持系统。40%的格林内尔学生毕业前会完成一个毕业研究项目，叫作导师研究（Mentored Advanced Project）。

格林内尔学院与四个大学的工程学院联合提供"3+2"的双学位项目：哥伦比亚大学、加州理工学院、伦斯勒理工学院和圣路易斯华盛顿大学。前三年学生在格林内尔学院学习，第四年开始在这四所大学中的一所的工程学院学习。最后获得格林内尔学院本科学位和合作大学工程硕士学位。

格林内尔学院非常强调在实践体验中学习，包括实习、研究、服务和校外的各种学习和实践项目。学校最引以为豪的是职业就业中心的 3000 多个实习项目，这比学校的人数还要多得多。毕业生中，63%完成了实习，61%体验过研究项目，61%参与过服务，55%参加过各种校外的学习和实践。

格林内尔学生实习的地点遍布各地，如新泽西州的高盛集团，加州的谷歌，纽约市的现代艺术博物馆，西雅图的塞拉俱乐部，比利时布鲁塞尔的欧洲议会，瑞士日内瓦的 International Bridges to Justice 等。

所有的专业，主修和辅修清单：https：//www. grinnell. edu/academics/majors-concentrations。

5.1.4　师资及教学

格林内尔学院是典型的春秋学期制，师生比例是 1∶9。这里小班率很高，69%的课程在 20 人以下。

学校提供 500 多门课程，分为写作沟通、语言研究、自然科学、定量分析、人类行为与社会以及创意表达六个不同领域。格林内尔学院把自己的选课要求称为：个性化课程（Individually Advised Curriculum）。和其他文理学院不同的是，格林内尔学院的选课相对比较自由，除了大一研讨会和大四毕业研究项目，几乎没有其他必修课程的要求。

每个格林内尔大一新生都要选修大一研讨会（First Year Tutorial），学校提供35 个研讨会，这个课程非常注重学术分析和学术写作，还会匹配一个外出活动的预算，让教授们带领新生外出探索，也是学校唯一的必修课。

学校的个性化课程的要求：https：//www. grinnell. edu/admission/why-grinnell/academics/individually-advised。

5.1.5 申请条件

格林内尔学院的数据 2018~2020 年没有更新，根据 2016~2017 年的统计，学校收到了 7370 份申请，最后录取了 1488 位，录取率 19%，录取者中 414 位接受并登记入学。2018 年格林内尔学院的录取率是 24%。

学校要求高中生必须有 4 年英语和数学，以及 3 年科学、社会科学、历史的修课记录。在所有的申请材料中，招生办认为高中的成绩、课程难度、排名和推荐信是最重要的；其次是标化考试、文书、课外活动和特长；再次是面试、个人品格、志愿者和工作经验、忠诚度等。

格林内尔学院有 ED1 和 ED2 两轮早申请。在 7300 多份申请中，早申请的申请者人数是 365 位，其中录取了 173 位，早申请的录取率是 47.4%。学校还给 1032 位学生颁发了待定席位，有 395 位接受了待定，最后录取了 97 位。

学校公布了录取学生的 SAT 标化平均分数，中国学生可以参考的分数也就是高于 75% 录取学生的分数是：SAT 1530 分，ACT 33 分。此外我们知道，申请格林内尔学院的学生中 66% 的学校 GPA 在前 10%。中国学生录取的平均托福分数是 108，学校也接受 Duolingo 作为语言能力的证明。

学校每年还会接受转学申请要求，2018~2019 年一共收到了 157 份转学申请，录取了 45 位。

5.1.6 毕业生就业方向

格林内尔学院的资金实力是非常惊人的，2019 年的捐赠基金接近 20 亿美元，支持了学校的各类学术和学生生活。

格林内尔学院的毕业生数据显示，毕业生中 60% 直接进入职场，30% 进入研究生院或者其他继续教育和研究席位，7% 进入了公益或者其他服务性岗位。2017 届毕业生中有 25% 进入政府和公共服务体系工作。

学生就业的雇主包括：贝莱德、疾病预防控制中心、人类未来研究所、国际货币基金组织、微软、埃森哲、亚马逊、美国银行、纽约梅隆银行、彭博、德勤、欧洲金融公司、安永、联邦快递等。

申请研究生的学生中 88% 得到了自己第一或者第二志愿学校的录取。另外，超过一半的格林内尔毕业生 10 年内会取得研究生学位。

学生进入研究生院的学校有：加州理工学院、哥伦比亚大学、斯坦福大学、耶鲁大学、约翰霍普金斯大学、西北大学、卡内基梅隆大学、康奈尔大学、杜克大学、芝加哥肯特法学院、梅奥诊所研究生院、伦敦国王大学等。

更多关于校友去向的信息在 https：//www. grinnell. edu/after-grinnell/graduate-outcomes-all-majors。

5.1.7　著名校友

学校的著名校友包括：诺贝尔化学奖得主 Dr. Thomas Cech；加州理工化学教授 Dr. Clair Patterson；康奈尔大学天文教授 Dr. Gordon Stacey；硅谷最早的公司Fairchild 半导体的创始人、物理学家 Robert Noyce；密歇根大学校长 Dr. Mary Sue Wilson Coleman；马里兰大学的亚裔校长 Dr. Wallace Dzu Loh；议员 Thomas Cole和 Thomas Railsback；苏丹前副总统 John Garang de Mabior；美剧"Silicon Valley"演员 Kumail Ali Nanjian；美剧《绝望主妇》演员 Emily Bergl；奥斯卡和格莱美音乐奖得主 Herbie Hancock；奥斯卡得奖演员 Gary Cooper；亚裔作家 May-Kee Chai；《纽约时报》编辑 Patricia O' Conner 和 Sam Tanenhaus；马丁·路德·金的女儿Bernice King 等。

Anne F. Harris 博士于 2020 年 7 月担任格林内尔学院第 14 任校长，此前她是学校的艺术史教授。Harris 博士本科毕业于艾格尼丝·斯科特学院，硕士和博士毕业于芝加哥大学艺术史专业。除了学术著作之外，她多年从事高等院校的行政和管理工作，担任过格林内尔学院的教导主任和学术副校长。

5.1.8　文化与生活

格林内尔学院有 500 多个学生俱乐部和组织，每年有 500 多个免费活动、讲座、表演、论坛和研讨会。

学校有北部、南部和东部三个住宿区域，学生把自己住宿楼的社区叫作 Living Quarters。大约 88% 的格林内尔学生都在校园里居住。

学校的官网还显示，在校大学生中 2/3 参加了社区公益服务活动，1/3 参加了学校的体育队，52% 的学生完成了至少一个独立研究项目。

格林内尔学院属于 NCAA Division Ⅲ，提供 20 个 NCAA Division Ⅲ级别的校队，有超过 150 个学生社团。

格林内尔学生社团清单：https：//www. grinnell. edu/campus-life/organizations。

5.1.9　联系方式

学校招生办的联系方式：电话：001-641-269-3600，邮箱：admission@ grin-nell. edu。

负责国际生的招生官：Jonathan C. Edwards，Senior Associate Director of Admission and Coordinator of International Recruitment。

邮箱：edwardsj@ grinnell. edu，电话：001-641-269-3614。

建议所有的国际生都可以预约面试：https：//admission. grinnell. edu/register/IntlInterviewJunior。

5.1.10　目标生源

格林内尔学院的理工科非常优秀，研究项目能与研究生院的学业无缝衔接，而且500门课程只有一门必修，自由度很高。它很适合想在文理学院打好研究生的基础，又不想被通识选课要求束缚的学生。尤其适合想读博的申请者。

5.2　康奈尔学院（Cornell College）

www. cornellcollege. edu

康奈尔学院基本情况如表5.2所示。

表5.2　康奈尔学院基本情况

U. S. News 美国文理学院 排行榜	成立年份	校园面积	本科生人数	男女比例	国际生比例	美籍亚裔生 比例
89	1853	129 英亩	997 人	男：52% 女：48%	5%	2.3%
每年本科生 入学人数	师生比	录取率	学费/年	食宿/年	本科毕业生 年薪起薪中值	整体捐赠 金额
290 人	1：12	82.4%	47726 美元	10556 美元	44900 美元	0.9 亿美元

5.2.1　历史和排名

康奈尔学院由卫理公会牧师乔治·布莱恩特·鲍曼（George Bryant Bowman）于 1853 年创立，该学院最初是作为 Iowa Conference Seminary 成立的，但在 1857 年更名为康奈尔学院，以纪念威廉·韦斯利·康奈尔。

很多中国学生和家长会把康奈尔学院和康奈尔大学混在一起。康奈尔大学是常青藤八校中的一所，在纽约州。康奈尔学院是由捐赠者 William Wesley Cornell 先生命名的，这位康奈尔先生刚好是创立常青藤的康奈尔大学（Cornell University）的 Erza Cornell 的堂弟。

康奈尔学院具有包容性，是密西西比地区第一所赋予女性与男性同等教育权利的教育机构，是爱荷华州第一所女性毕业的大学，也是州内第一个有地质学院系的大学。

康奈尔学院致力于提供一个创新和严谨的学习社区，在这里老师和学生和谐相处，通过将知识融会贯通的通识教育，使得学生养成终身学习的习惯。更可贵的是，除学习知识之外，康奈尔学院注重个人智力与道德的共同成长，激励学生的求知欲、创造力，提升个人道德修养，为学生毕业后能够承担更多的公民和社会责任奠定基础。

在 2022 U.S. News 的最具创新力学校和最佳本科教学学校中，康奈尔学院分别排名第 26 和第 55。

5.2.2　位置和环境

康奈尔学院位于爱荷华州的弗农山镇，弗农山距离芝加哥约 211 英里，约 3.5 小时车程。与学校最近的机场是距离 19 英里的东爱荷华州 Cedar Rapids 机场。

康奈尔学院校园以一座小山为中心，称为山顶校园，面积 129 英亩，校园内最广为人知的建筑是国王教堂。教堂是学年开学和学生毕业时的集会地点，教堂内有一个大型管风琴（超过 3000 根管子），通常是学校音乐表演的场所。康奈尔学院有 9 座学术建筑，College Hall（有时也称为 "Old Main"）是学院第二古老的建筑；诺顿地质中心包含博物馆和地质科学教室；学术建筑主要在校园的山顶，体育设施和住宅楼位于校园西北侧的下坡处。

5.2.3 专业设置和学术活动

康奈尔学院提供将近60个主修、辅修和跨学科专业，其中很多专业注重社会实践，突破了文理学院的传统，比如商科、体育管理、应用统计、心理咨询服务等。

根据毕业生的学位统计，学校最热门的专业是商业/营销、生物/生命科学、休闲与娱乐、社会科学等。学科分布非常多样化，总体来说，文科、社科、商科和生物比较突出。学校毕业生专业分布如图5.2所示。

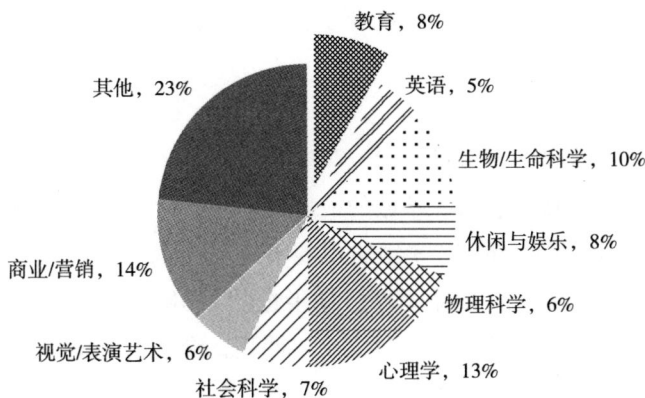

图5.2 康奈尔学院2020届毕业生专业分布

康奈尔学院研究员计划中，学生可以申请学院提供的科研项目，也可以创建自己独特的科研项目。研究员计划提供给大二以上的学生，每年20~25名学生参加如梅奥诊所的睡眠和认知神经生理学实验室，爱荷华州的非裔美国人博物馆，巴鲁克海洋和海岸研究所，南卡罗来纳水族馆，科罗拉多州儿童医院骨科研究所等机构的研究或项目。

每年夏天，康奈尔学生也可以与教师一起合作进行研究，或在自己感兴趣的领域进行独立研究。暑期项目主要分人文与艺术、自然科学和社会科学三大类。

康奈尔学院与爱荷华大学公共卫生学院有合作的"3+2"学士/公共卫生硕士计划，学生可以在5年内获得康奈尔学院的学士学位和爱荷华大学的公共卫生硕士（MPH）学位。

康奈尔学院与位于爱荷华州锡达拉皮兹的卢克医学实验室有合作的"3+1"

科学计划（MLS），完成后可获得康奈尔学院的学士学位并注册为医疗技术专家（Medical Technologist）。

康奈尔学院与爱荷华大学法学院合作，提供"3+3"加速计划，学生可以在大三结束时获得爱荷华大学法学院录取。

康奈尔学院提供了众多校外和海外学习计划，学生可以和本校老师一起在校外/海外进行学习和研究；可以参加学校和日本、韩国大学的交换生计划；可以参加针对法语、德语、日语、俄语和西班牙语的海外语言提升计划；以及上百个学校认可的校外/海外学习项目。

康奈尔学生可以在贝瑞职业学院寻找各种实习机会，学院也提供各种灵活的校内实习的机会，贝瑞职业学院每学年也会雇用 8~10 名职业助理。

5.2.4　师资及教学

康奈尔学院的师生比例是 1∶12，77% 的课程在 20 人以下的小班。有 84 名全职老师，99% 的老师拥有所在领域的最高学位。

康奈尔学院最特别的是 1978 年启用的 Block Plan，就是同一时间只上一门课，一年分成 8 个小学期，每个学期三周半也就是 18 天学习日，每个学期只上一门课，这样可以让学生全身心地投入一门课程，同时也为短期实习提供了很多机会。同时，教授同一时间只专注教一个班的一门课，甚至可以利用这个短学期带学生全体出校园去学习。

大一新生要求必修大一写作课，大二学生要求必修社会问题的研讨课，学校还要求学生选修能培养创造性思维的课程，解决问题能力的课程，和实践体验式学习的课程。学校很重视本科生科研，大约 88% 的学生毕业前会完成至少一个研究项目。

学校的课程清单：https：//www. cornellcollege. edu/registrar/catalogue-course-info/index. shtml。

学校的所有专业清单：https：//www. cornellcollege. edu/academics/index. shtml。

Block Plan 也就是 8 个学期的日历：https：//www. cornellcollege. edu/registrar/calendars/pdfs/online-calendar-2020-21. pdf。

5.2.5　申请条件

2020~2021 年，康奈尔学院一共收到 2615 份申请，录取了 2155 位，录取率

82.4%，最后有 290 位新生正式入学。康奈尔学院没有 ED 申请但是有 EA 早申请。

根据学校招生办的介绍，申请材料中他们最看重的是高中的 GPA；其次是标化分数、文书；再次是课程难度、成绩排名、推荐信、课外活动、志愿者活动、工作经历、个人品质、面试、忠诚度等；宗教和特长被列为最不重要的因素。学校基本上不发布待定席位。学校对高中课程的要求是 4 年的英语，3 年的数学、科学和社会科学，2 年的外语，1 年的实验室科学。

中国学生可以参考的标化 75% 分数线是：SAT 1340 分（其中语法阅读 650分），ACT 29 分（其中英语 27 分）。72.7% 的录取者高中的 GPA 在 3.5 以上。除了托福之外学校也接受 Duolingo 作为语言能力的证明。

学院每年都招转学生，2020~2021 年有 98 份转学申请，最后录取了 80 位，有 25 位接受录取并正式入学。

5.2.6 毕业生就业方向

康奈尔学院对毕业生的统计显示，在毕业 6 个月内，77% 的学生已就业，17% 的学生进入研究生院或继续学习。

学校的四年毕业率在 2019 届达到了 96%，毕业后找工作的毕业生 97% 顺利落实入职，医学院录取率 82%（全国平均为 39%），过去 14 年中已经有 18 位富尔布莱特（Fulbright）奖学金获得者。

5.2.7 著名校友

康奈尔学院最著名的校友包括：前美国财务部长 L. M. Shaw；MIT 教授音效专家和 BBN 创始人 Leo Leroy Beranek 博士；宾州议员 Chris Carney；NASA 宇航员 David C. Hilmers；加州理工学院前院长，美国总统理查德·尼克松的科学顾问 Lee Alvin DuBridge；普利策历史奖得主 Don E. Fehrenbacher；艾美奖获奖演员 James Daly 等。

Jonathan Brand 博士于 2011 年 7 月成为康奈尔学院第 15 任院长。他本科毕业于威斯康星大学麦迪逊分校，硕士毕业于密歇根大学法国文学专业，后获得康奈尔学院法学博士学位。在 2011 年就任康奈尔学院校长之前，是多恩学院的校长。

5.2.8 文化与生活

康奈尔学院有 50 多个学生社团和组织，课余生活丰富多彩。

92%的学生都住在校内，由于学生主要来自爱荷华州以外，所以大多数学生周末都留在校园里。学校有9栋宿舍楼和4栋公寓房，大一学生集中住在3栋宿舍楼。

Hilltop Cafe 是康奈尔学院的主要餐厅，提供各种各样的食物；Zamora's Market 提供新鲜制作、包装方便热门小吃。学校有每周20餐、14餐、7餐或5餐的膳食计划可供选择。

康奈尔学院运动队的吉祥物是公羊，有19支校际运动队，全部参加NCAA第三赛区的比赛。康奈尔学院曾是爱荷华州校际运动会（IIAC）的成员，于2012年秋季加入中西部会议（MWC）。

学校社团的清单：https://www.cornellcollege.edu/student-life/student-organizations.shtml。

学校的校报是 The Cornellian Newspaper，网址：https://blogs.cornellcollege.edu/cornellian/。

5.2.9　联系方式

学校招生办的联系方式：电话：001-1800-747-1112，邮箱：admission@cornellcollege.edu。

负责国际学生的招生官：Kaitlin Franzen，Senior Admission Representative。邮箱：kfranzen@cornellcollege.edu，电话：（001）319-220-0840。

Kaitlin Franzen 在纽约州布法罗长大，于2020年从宾夕法尼亚州的 Allegheny College 毕业，获得国际研究学士学位。

康奈尔学院的面试不是必须的，学院没有为学生提供线上面试。

康奈尔学院有适合高中的夏校项目，具体见 https://www.cornellcollege.edu/summer-programs/。

5.2.10　目标生源

如果你喜欢爱荷华州美丽的自然环境，喜欢三周半专注学习一门课程的授课节奏，而且希望你喜欢的专业注重实践的话，康奈尔学院非常适合你。尤其适合那些想在文理学院读工程、商科、体育管理等实践学科的学生。

5.3　卡尔顿学院（Carleton College）

https：//www.carleton.edu/

卡尔顿学院基本情况如表 5.3 所示。

表 5.3　卡尔顿学院基本情况

U. S. News 美国文理学院 排行榜	成立年份	校园面积	本科生人数	男女比例	国际生比例	美籍亚裔生 比例
9	1866	1040 英亩	1940 人	男：48.8% 女：51.2%	11.4%	8.9%
每年本科生 入学人数	师生比	录取率	学费/年	食宿/年	本科毕业生 年薪起薪中值	整体捐赠 金额
453 人	1：9	21.1%	60225 美元	15375 美元	53500 美元	11 亿美元

5.3.1　历史和排名

卡尔顿学院是明尼苏达州第四古老的私立高等教育机构，由明尼苏达州公理会总会于 1866 年 10 月 12 日成立，最初叫 Northfiled College，1871 年为了纪念来自马萨诸塞州的捐赠者威廉·卡尔顿先生的一笔宝贵的资金而改名为卡尔顿学院。卡尔顿学院从一开始就是男女同校的学校，建校的初衷就是要提供美国最优秀的本科生文理通识教育，100 多年以来，一直在践行初心。

在 2022 U. S. News 的文理学院排行榜中，卡尔顿学院排名全国第 9。在最佳本科教学榜中，卡尔顿学院排名第 1。在 U. S. News 的最具创新力的学校排行榜中，卡尔顿学院排名第 5。

5.3.2　位置和环境

明尼苏达州是美国的第 32 州，但是由于位于美国大陆最北端，所以昵称为北星之州（North Star State）。明尼苏达州的首府圣保罗，紧挨着最大的城市明尼阿波利斯，大家把这两个城市构成的区域称为双子城。

卡尔顿学院位于双子城南部 40 英里处的小镇诺思菲尔德，这个拥有 150 年历史的河边小城也是美国著名的大学城之一，圣奥拉夫学院也在这里，诺思菲尔德被 CountryLiving.com 评为"美国 50 个最美丽的小镇"之一，还被 Money Magazine 评为"全美最佳退休地点"之一。

卡尔顿学院校园占地 1040 英亩，包含一个与学校相邻的占地 880 英亩的 Cowling Arboretum 植物园，这里四季分明，是休闲放松和体验明尼苏达美丽四季的最好景点。而不远的双子城提供了学生购物、美食、娱乐和实践实习的丰富资源。明尼阿波利斯·圣保罗国际机场到校园约 40 分钟车程。

5.3.3　专业设置和学术活动

卡尔顿学院提供 33 个本科主修专业，37 个辅修专业。根据毕业生的学位统计，学校毕业生专业分布如图 5.3 所示。

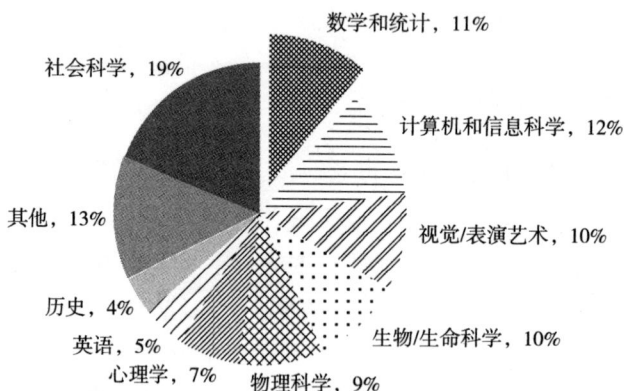

图 5.3　卡尔顿学院 2020 届毕业生专业分布

从这些数据看，热门学科一大部分是 STEM 类，可见卡尔顿学院真的是文理学院里理科最优秀的学校之一了。

除了常见的文理学院专业之外，卡尔顿学院还有天文、考古、工程等比较不常见的专业供选择。学校的 Goodsell Observatory 是一个历史悠久的天文台，馆藏的三台望远镜给学生提供了珍贵的学习机会。

任何卡尔顿学院没有的课程，学生都可以去邻近的圣奥拉夫学院（ST. OLAF COLLEGE）选课，可以计算卡尔顿学院的学分。

卡尔顿学生可以以两种主要形式参与本科研究：一种是和卡尔顿教师或其他机构的导师合作进行研究，另一种是在校园内外开发和开展自己独立的研究项目。

学校在人文、STEM、数字人文、全球化、语言学等多个领域提供了多个可与教师合作的科研项目和奖学金计划。学校每年都有本科研究研讨会，来展示学生的科研成果。

对工程专业的学生，学校提供和圣路易斯华盛顿大学以及哥伦比亚大学的"3+2"双学位项目。法律专业也有和哥伦比亚大学法学院合作的"3+3"双学位项目。

3/4 的卡尔顿学生会至少参加一次校外的学习，包括海外交换，也包括美国国内的田野调查和实习项目。每年教授们精心设计和准备 20 多个校外学习项目让学生们报名参加，如在布拉格进行跨文化心理学学习，在印度或者缅甸进行佛教研究，在塞内加尔进行历史和流行文化研究，在欧洲进行建筑研究，在巴黎进行法语学习和研究，在莫斯科进行语言文化研究等。

校外学习项目的清单：https：//apps. carleton. edu/curricular/ocs/。

4/5 的卡尔顿学生有在校园工作的经历，2/3 的学生毕业前会完成至少一次实习。学校的职业中心为学生提供个性化的工作和实习数据库，组织校内招聘会，和提供校外招聘会的信息等。

所有的专业，主修和辅修清单：https：//www. carleton. edu/admissions/explore/majors/。

5.3.4　师资及教学

卡尔顿学院的师生比例是 1：9，平均班级人数 16 人，65.5% 的班级人数少于 20 人。有 212 名全职老师，98% 拥有所在领域最高学位。

卡尔顿学院一年三个学期，每个学期 10 周，学期里的学习节奏非常快。

每个卡尔顿大一新生都要参加 Argument & Inquiry（简称 AI：思辩与询问）

的大一研讨会，学校提供 30 门 AI 课程的选择，这也是卡尔顿学院文理通识课程的一个核心组成部分。

除 AI 外，学生毕业要满足通识探索的要求：在艺术创作、统计、人文思考、文学及艺术、科学及实验、社会科学这六个领域中至少选择 1 个；还要满足至少三门定量统计课程的要求，完成外语和全球文化方面的课程要求和至少一门写作课程；并在大三结束前完成一个学术写作的作品集供教授审阅；最后每个学生必须要有四个学期的体育课才能毕业。

毕业前所有学生都要完成一个大四的 COMPS 毕业项目，可以是一个 50 页的论文，一个移动端 APP，也可以是一个艺术作品。

学校的课程清单：https：//apps. carleton. edu/campus/registrar/catalog/current/departments/。

学校的选课要求：https：//apps. carleton. edu/campus/registrar/catalog/current/academicprograms/。

5.3.5 申请条件

2020~2021 年卡尔顿学院一共收到了 6892 份申请，最后录取了 1460 位学生，录取率 21.1%，其中 453 位最终入学。卡尔顿学院有 ED1 和 ED2 两轮早申请。在 7300 多份申请中，早申请的申请者人数是 968 位，录取了 249 位，早申请的录取率是 26%。学校还给 1522 位学生颁发了待定席位，有 664 位接受了待定，然而最后没有录取任何人。

根据官网的报告，申请材料中最重要的就是高中课程、班级排名、GPA；其次是标化成绩、文书推荐信、课外活动、工作和志愿者项目等；再次是面试、居住地、忠诚度。卡尔顿学院要求学生高中有 4 年的英语课程，3 年的数学、科学、外语和社会科学的课程，也建议至少 1 年的实验室课程体验。

中国学生可以参考的标化 75% 分数线是：SAT 1508 分（其中语法阅读 750分），ACT 34 分（其中英语 35 分）。80.1% 的录取者在毕业班的班级排名是前10%。学校建议国际生的托福水平最低 100 分，雅思成绩 7 分，Duolingo120 分。中国学生录取的平均托福分数是 110。学校对英语水平的具体要求见 https：//www. carleton. edu/admissions/apply/steps/international/。

学校每年还会接受转学申请要求，2020 ~ 2021 年一共收到了 171 份转学申请，录取了 27 位，有 10 位入学。

5.3.6 毕业生就业方向

根据美国国家科学基金会（NSF）统计，在毕业生未来成为博士（PhD）比例的学校排行榜中，卡尔顿学院是美国综合前十，同为前十的还有加州理工学院、麻省理工学院和芝加哥大学。不论是产出女性博士生的比例，还是历史、生命科学、物理、化学专业产出博士生的比例，卡尔顿学院都是全国前十。这是学校学术能力很好的佐证。

卡尔顿学院对毕业生的统计显示，在毕业后1年内，69%的毕业生已就业，17%的毕业生进入研究生院或继续学习。在毕业后5年内大约68%进入研究生院学习，在毕业后10年内有81%的人进入研究生院学习。

卡尔顿学院毕业生就业的主要领域如图5.4所示。

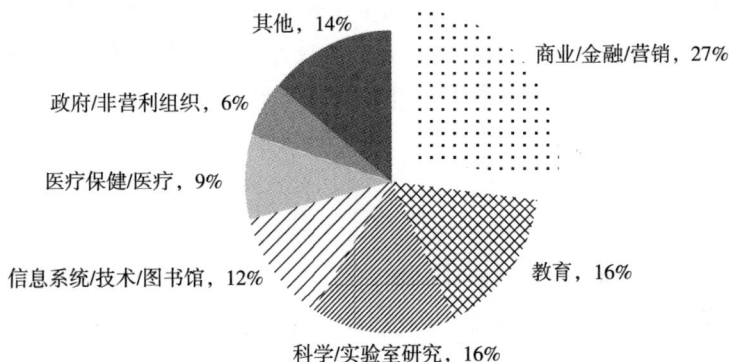

图5.4 卡尔顿学院毕业生就业领域分布

就业的雇主主要包括：梅奥诊所、谷歌、微软、通用磨坊、安永会计师事务所、高盛、百思买、3M、汤森路透集团、联合健康、美国司法部、德勤、美国国务院等。

按照卡尔顿毕业生进入研究生院人数来看，学生最常去的研究生院依次是：明尼苏达大学，威斯康星麦迪逊大学，密歇根大学，哈佛大学，芝加哥大学，华盛顿大学，加州大学伯克利分校，哥伦比亚大学，西北大学，纽约大学，斯坦福大学，耶鲁大学等。

5.3.7　著名校友

学校的著名校友包括：美国最高法院大法官 Pierce Butler；美国国防部长 Melvin Laird；发现了和乳腺癌子宫癌相关联的基因的华盛顿大学教授 Mary-Claire King 博士；美国政治科学家及 "An Economic Theory of Democracy" 作者 Anthony Downs；两次获得普利策奖的历史学家 T. J. Stiles；布罗德研究所联合创始人和哈佛医学院教授 Todd Golub；洛库斯奖和雨果奖获奖作家 Naomi Kritzer；以及登顶过珠穆朗玛峰的摄影师和导演 Jimmy Chin 等。

Alison R. Byerly 博士于 2021 年 8 月成为卡尔顿学院第 12 任校长。Byerly 博士出生于宾夕法尼亚州格伦赛德市蒙哥马利县，于 1983 年在韦尔斯利学院获得英语文学学士学位，1984 年在宾夕法尼亚大学获得英语艺术硕士学位，1989 年在宾夕法尼亚大学获得英语博士学位，并被授予大学奖学金、院长奖学金、院长杰出教学奖和梅隆论文奖学金。在加入卡尔顿学院之前，Byerly 博士担任拉斐特学院院长 8 年，在明德学院担任教职员工、教务长和执行副总裁 24 年，曾在麻省理工学院、斯坦福大学和牛津大学担任访问学者。

5.3.8　文化与生活

学校有很多有趣的传统。

例如每年新年的时候，在教堂的第一次正式聚会，学生们会聚集在教堂门口向教职工们吹肥皂泡，这个有趣的传统叫作"泡泡大队"（Bubble Brigade）。

每年，恶作剧的学生们都试图把德国诗人 Friedrich Schiller 的一个石膏头像从图书馆里偷出来陈列在意想不到的地方，这也是一个传统。

还有一个"沉默舞蹈派对"（Silent Dance Party），就是每次考试前让学生们戴着耳机静默地在图书馆里跳舞。

考试前还有一个叫作"深夜的早餐"（Midnight Breakfast）的传统，在期末考试前一天的夜里，学生们可以在食堂享用一顿免费的早餐，也代表学校给学生们加油鼓劲。

学校的鲜花文化也是校园一景，零售商在校园里卖花，学生们经常互相给对方邮箱里赠送鲜花表示感谢或者赞赏，这个传统叫作"星期五的鲜花"（Friday Flowers）。

每周五举办的讲座（Convocation）是卡尔顿学院的一个学术传统，疫情期间这个每周的讲座改为线上举办。

卡尔顿学院有超过 200 个学生俱乐部和组织，由学生经营和管理的广播电台 KRLX，成立于 1947 年，在普林斯顿评论（Princeton Review）评选的"全美最好的大学广播电台"中排名第 4。

学校要求 4 年中至少 2 年必须要住在学校，大部分学生都至少选择在大一和大四住校，但有很多学生选择 4 年都在学校居住。总体来说，90%的卡尔顿学生会住在校园里，所以这里形成了一个亲密的社区体验。

卡尔顿学院提供 19 个 NCAA Division Ⅲ 级别的校队，业余运动还包括沙滩排球、魁地奇、Broomball 和 Dodgeball 等，体育和文化生活非常丰富。此外，学校还有 200 个学生组织和社团，涵盖了各种各样的兴趣爱好。

学校学生组织的清单：https：//apps. carleton. edu/life/orgs/。

学校的校报是 The Carletonian，网址：https：//thecarletonian. com/。

5.3.9 联系方式

学校招生办的联系方式：电话：001-507-222-4190，邮箱：admissions@ carleton. edu。

和其他大学不同，卡尔顿学院的招生官并不是按照地域划分的，因此你的申请材料可能会被多位招生官一起审核。招生办的团队成员的清单：https：//www. carleton. edu/admissions/connect/admissions-staff/。

学校在 5 月（高二）到 1 月（高三）之间接受高中申请者的面试预约，面试官是招生办的员工，有时候也会有在校学生协助面试。

卡尔顿学院的文理夏校是文理学院里规模最大的高中生暑期项目，涵盖了定量研究、艺术、人文、计算机等众多子项目，还有一个暑期的 AP 集训中心。夏校的官网：https：//www. carleton. edu/summer/。

5.3.10 目标生源

卡尔顿学院拥有所有文理学院该有的优质教育，是一个真正提供精英学术体验的地方。从学校必修课程的要求、热门专业，到毕业生的口碑来看，卡尔顿学院学术上对于理科（尤其是自然科学）的侧重是显而易见的。位于五湖区，文化也更加原汁原味，少了很多东西部大城市的干扰和伪装。所以我们尤其推荐给那些诚心诚意想在文理学院打好学术基础，未来追求更高学历的理科生。

5.4 凯尼恩学院（Kenyon College）

https：//www.kenyon.edu/

凯尼恩学院基本情况如表 5.4 所示。

表 5.4 凯尼恩学院基本情况

U. S. News 美国文理学院排行榜	成立年份	校园面积	本科生人数	男女比例	国际生比例	美籍亚裔生比例
30	1824	1000 英亩	1617 人	男：45% 女：55%	7.2%	4%
每年本科生入学人数	师生比	录取率	学费/年	食宿/年	本科毕业生年薪起薪中值	整体捐赠金额
446 人	1：10	33.8%	63310 美元	13310 美元	49600 美元	5.4 亿美元

5.4.1 历史和排名

凯尼恩学院是俄亥俄州最古老的私立大学，1824 年由俄亥俄州的第一任主教费兰德·蔡斯建立，与欧柏林学院、丹尼森大学等同属俄亥俄五校联盟（Five College of Ohio）。1929 年，学院的第一座永久性建筑和美国最早的哥特式大学建筑老凯尼恩（Old Kenyon）启用。

1939 年凯尼恩学院创办了《凯尼恩评论》（Kenyon Review）文学杂志，《凯尼恩评论》在 20 世纪四五十年代是英语世界最具影响力的文学刊物，至今仍在出版。该杂志经过不断发展，成立了凯尼恩评论文学奖金和凯尼恩文学成就奖，吸引更多热爱文学的人和纪念杰出有成就的作者。

1842 年，宽 10 英尺的中间路径（Middle Path）修建完成，两旁种满树木，这条约 1 公里长的林荫路贯穿整个校园，连接了老校区和新校区，成为校园的心脏地带，也是校园的中央动脉，学校的建筑基本上都在这条路的两旁，让学院成为一个步行校园。

1969 年，凯尼恩学院开始招收女生，成为男女同校的学院。

凯尼恩学院的教育目标是让学生为自己的目标奠定坚实的基础。学校利用文理通识教育的力量帮助学生进行充满活力、见多识广和协作的探究，让学生形成对世界及其所在社区更深刻、更细致的了解。

凯尼恩学院在 2021 U. S. News 的最佳本科教学排行榜上排名第 20。

5.4.2　位置和环境

凯尼恩学院位于俄亥俄州的甘比亚，距离哥伦布市 45 英里，不到 1 小时的车程，俄亥俄州位于美国中东部，是五大湖地区的组成部分，别称七叶树州。哥伦布市是美国俄亥俄州首府，位于俄亥俄州的中心地带，是俄亥俄州的最大城市，美国第 14 大城市，哥伦布也是 15 家财富 1000 强企业总部所在地。2013 年，《福布斯》杂志将哥伦布评为"最佳商业城市"之一。哥伦布被世界智慧论坛评选为"全球最智慧的七个城市"之一。约翰·格伦哥伦布国际机场是距离学校最近的机场，约 1 小时车程。

凯尼恩学院校园占地 1000 英亩，校园内拥有 125 座建筑物，一个 500 英亩的自然保护区——布朗家庭环境中心（Brown Family Environmental Center），这个自然保护区与风景秀丽的科科辛河（Kokosing River）接壤，里面有林地、草原、湿地和花园，生物学课程和夏季科学课程的学生在这里进行研究，其他人可以沿着保护区 8 英里的远足路径漫步，或者在这里观鸟、摄影、观星。

5.4.3　专业设置和学术活动

凯尼恩学院总共设置 33 个院系部门，50 多个专业，其中 13 个是跨学科专业。凯尼恩学院允许学生通过组合专业，来定制和设计自己的专业。根据毕业生的学位统计，学校毕业生专业分布如图 5.5 所示。

在凯尼恩学院，从暑期课程到全年项目，提供了众多学生与教师进行合作研究的项目和机会。

每年暑假，超过 75 名学生参加包含自然科学、人文科学、社会科学和美术的研究项目。

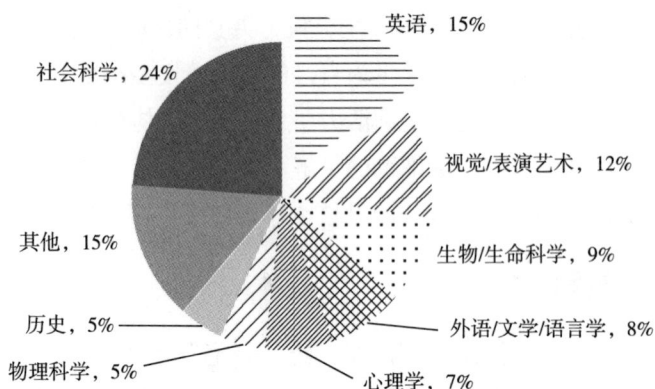

图 5.5　凯尼恩学院 2020 届毕业生专业分布

　　暑期学者计划开展以社会科学和人文科学为重点的研究项目，每位参与的学生可获得 4000 美元奖励。

　　暑期科学学者计划中有超过 30 对学生和教师花费长达 10 周来深入研究考古学、生物学、化学、数学、物理学和心理学领域。

　　凯尼恩 Cascade 暑期研究计划是为没有研究经验的大一和大二学生设计的。每年夏天支持 12 名学生开展生物学、化学、神经科学和物理学的研究项目。

　　Kenyon/OSU/Pelotonia 癌症研究学者计划每年都会选择 6 名合格的本科生，在为期 10 周的夏季研究中参与开创性的研究方法来推进癌症研究，例如探索转移性癌症治疗策略和优化胆囊癌患者的临床管理决策。

　　Rise Science Fellowships 为已经拥有研究经验的学生提供了在夏季开展生物学、化学、神经科学领域的校外项目。

　　凯尼恩农场研究计划提供给对凯尼恩农场或对农业的研究感兴趣的学生。

　　凯尼恩可持续性学者计划提供给对气候变化或可持续性相关的研究感兴趣的学生。

　　凯尼恩学院与纽约州伦斯勒理工学院、俄亥俄州克利夫兰的凯斯西储大学和密苏里州的圣路易斯华盛顿大学都有"3+2"工程双学位项目，即学生在凯尼恩学院学习 3 年，在上述学校学习 2 年，最后获得 2 个学位：凯尼恩学院的文学学士学位和另一所学校的理学学士学位。

　　只要在凯尼恩学院期间满足学科的最低要求，就可以保证就读上述学校。要求包括：一年的物理实验，一年的化学实验，三个学期的微积分和一个学期的微分方程，显示了计算机编程和英语写作的熟练程度，并保持 GPA3.2 或以上，学生还必须满足凯尼恩学院专业的要求。华盛顿大学还为凯尼恩学生提供了 J 学期计划，凯尼恩学生可以在寒假期间参加整个学期的基础工程课程。

凯尼恩学院大三学生中约一半人花费 1 个学期或 1 整年在校外学习，学校提供 50 多个国家和地区的 190 个海外项目，凯尼恩学院有个全球参与中心（Center for Global Engagement，CGE）会帮助学生制订和选择合适的学术、文化和个人目标的校外学习计划。

学校在丹麦哥本哈根设置的海外项目专门为大一学生设计，不仅可以参加与学校相同的学术课程，还可以参加实践和旅行等。

从在纽约市长办公室实习到向北京学生教授英语，凯尼恩学生经常往返于世界各地，从事职业建业活动，如实习等。

学生也可以在校园的 Gund 画廊、艺术博物馆、肯扬评论（美国最著名的文学期刊之一）、美国民主协会研究中心等组织进行实习。

学生常去的实习公司有：美国企业协会，美国莎士比亚中心，儿童保护基金，克利夫兰杂志，辛辛那提儿童医院，ESPN，摩根大通，国会图书馆，欧莱雅，纽约杂志，旧金山现代艺术博物馆，美国能源部，美国国会等。

5.4.4　师资及教学

凯尼恩学院的师生比例是 1∶10，最常见的班级人数是 15。少于 20 人的小班课程占到了 80.1%。全职老师 208 名，99%都拥有所在领域的最高学位。

凯尼恩学院要求学生必须在艺术、人文、自然科学和社会科学这四类学术部门中每类至少修完一门课程，此外学生还需要学习二外和课程中标记为 QR 的课程。标记为 QR 的课程可能每个学年都不一样，QR 课程会让学生使用统计方法来分析和解释数据，批判性地评估定量信息、设计实验以及学习和应用数据收集方法等。

凯尼恩学院为学生提供全方位的成长指导，学校有冈德画廊协会，选入协会的学生可以学习美术馆的内部运动方式；选入凯尼恩评论协会的学生将获得编辑、出版和营销方面的实践经验；学校还有写作顾问中心，学生在写作过程中遇到的问题，都可以在这里寻求指导，写作中心还提供创意写作、求职信和简历的建议。

学校选课的课程目录：https：//www. kenyon. edu/offices-and-services/regis-trar/kenyon-college-course-catalog/。

学校的选课要求：https：//www. kenyon. edu/offices-and-services/registrar/kenyon-college-course-catalog/academic-policies-and-procedures/requirements-for-the-degree/。

5.4.5　申请条件

在 2020~2021 年申请季，凯尼恩学院一共收到 6614 份申请，录取了 2240 位，录取率 33.8%，最后有 446 位顺利入学。在 6614 份申请中，有 407 位是 ED 早申请，其中 252 位被录取，录取率 61.9%。学校同时还为 12 位学生提供了待定席位，12 位接受待定，最后 4 位转正。

根据官网的报告，在所有的申请材料中，招生办认为最重要的是中学课程难度、GPA、申请文书和推荐信；其次是成绩排名、标化考试、课外活动经历、个人品质、面试等其他因素。学校对高中课程的要求是 4 年的英语和数学，3 年的科学、外语、社会学科和其他学术选修课。

中国学生可以参考的标化 75% 分数线是：SAT 1460 分（其中语法阅读 730 分），ACT 33 分（其中英语 35 分）。80% 的录取者在毕业班的班级排名是前 15%。学校要求第一语言不是英语的学生提供托福、雅思或 Duolingo 成绩。学校建议国际生的托福水平最低 90 分，雅思 7 分，Duolingo 120 分。学校对英语水平的具体要求见 https：//www. kenyon. edu/admissions-aid/apply-to-kenyon/deadlines-requirements/。

凯尼恩学院每年都招转学生，2020~2021 年有 109 份申请，最后录取了 43 位，有 14 位入学。

5.4.6　毕业生就业方向

凯尼恩学院的统计显示，92% 的学生在毕业后 6 个月内已就业或进入研究生院；在毕业后 10 年内有 70% 的学生会进入研究生院继续学习。毕业生就业领域如图 5.6 所示。

学生就业的雇主包括：《时代》杂志，史密森学会，国家公园管理局，英特尔，纽约市博物馆，联合航空，耐克，美国国家儿童医疗中心，梅西百货，克利夫兰诊所，麦当劳，彭博新闻社，富国银行等。

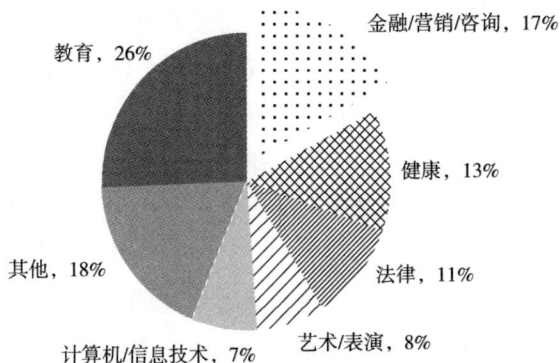

图 5.6 凯尼恩学院毕业生就业领域

2018~2021 年，凯尼恩学院毕业生申请商学院和法学院的学生中，有 99% 被录取。

常见的研究生目标学校包括：芝加哥大学，约翰霍普金斯大学，耶鲁大学，哈佛大学，威廉玛丽学院，达特茅斯学院，加州伯克利分校，沃顿商学院等。

5.4.7 著名校友

凯尼恩学院的著名校友包括：美国前总统 Rutherford B. Hayes；奥斯卡金像奖得主和慈善家 Paul Newman 和 Allison Janney；普利策诗歌奖诗人 James Arlington Wright；美国国家图书奖获得者、小说家 William H. Gass；瑞典首相 Olof Palme；美国最高法院大法官 David Davis 和 Stanley Matthews；以及《彭博资讯》主编 Matthew Winkler 等。

凯尼恩学院的校长 Sean M. Decatur 博士是一名教育学家和生物化学家，他于 2013 年 7 月成为第 19 任校长。Decatur 博士是人文科学的拥护者，在斯沃斯莫尔学院获得了学士学位，并在斯坦福大学获得了生物、物理、化学博士学位。

5.4.8 文化与生活

作为俄亥俄州历史最悠久的私立大学，凯尼恩学院已有 180 多年历史。每个大一学生都会穿着礼服参加在学校的第一次游行，并进行入学宣誓，并在入学书 Matriculation Book 上签署自己的名字，这是一项传统。

学院另一个传统是"第一年演唱"（First Year Sing）。每年，新生都被邀请在罗塞霍尔（Rosse Hall）的台阶上演唱校歌，四年后，获得学士学位后，即将毕业的成员会再次聚集在那里唱歌。

凯尼恩学院有 150 多个社团和组织，学校每学期开始有活动博览会，帮助学生组织招募新成员。学校有一个哈利波特节（Harry Potter Day），这是一个社区性活动，都是以哈利波特为主题的游戏、服饰和奖品。

凯尼恩学生几乎都住校，大一学生住在固定的五个宿舍：冈德、刘易斯、马瑟、麦克布赖德和诺顿，一般都是双人间。大二~大四学生会有更多选择，包括公寓、主题住房等。

凯尼恩学院拥有的体育传统和历史，具体可追溯到 1859 年该学院的第一支棒球队成立。凯尼恩学院的游泳和跳水队在美国大学运动会上赢得了 34 次男子全国冠军和 23 次女子全国冠军。学校是 NCAA Ⅲ 成员。

2006 年，凯尼恩斥资 7000 万美元开设了凯尼恩体育中心（KAC），里面有一个游泳池、两个篮球场、八个壁球场、一个举重室、一个 200 米跑道、四个网球场等。

凯尼恩学生社团信息：https：//www. kenyon. edu/directories/offices-services/student-engagement/clubs-organizations/。

凯尼恩学院的校报叫 The Kenyon Collegian，在学年每周出版一次，提供报告文学、评论，网址：https：//kenyoncollegian. com/。

5.4.9 联系方式

学校招生办的联系方式：admissions@ kenyon. edu，电话：800-848-2468 或 740-427-5776。

国际学生的招生官：Michelle Dunavant，Senior Assistant Director of Admissions。电话：740-427-5362，邮箱：dunavantl@ kenyon. edu。

凯尼恩学院的面试不是必须的，学院建议学生进行面试，也可以在网上预约面试。学校也接收 InitialView 和 Vericant 的面试。

网上预约面试地址：https：//admissions. kenyon. edu/portal/virtual。

关于面试的说明：https：//www. kenyon. edu/admissions-aid/apply-to-kenyon/interviews/。

《凯尼恩评论》在凯尼恩校园内每年举办作家工坊，16~18 岁的高中生可以参加的是青年作家工坊（Young Writers Workshop）和青年科学作家工坊（Young Science Writers Workshop），网址：https：//kenyonreview. org/workshops/high-school-workshops/。

5.4.10　目标生源

凯尼恩学院在美国是非常有影响力的文理学院，不论你是喜爱文学的文科生艺术生，还是热爱写作的科学和社会科学的学生，只要你喜欢接近大自然，这个学校就很适合你。如果有体育特长那么申请就更容易了。

5.5　玛卡莱斯特学院（Macalester College）

www.macalester.edu

玛卡莱斯特学院基本情况如表 5.5 所示。

表 5.5　玛卡莱斯特学院基本情况

U. S. News 美国文理学院排行榜	成立年份	校园面积	本科生人数	男女比例	国际生比例	美籍亚裔生比例
27	1874	53 英亩	2049 人	男：41% 女：59%	15.2%	7.8%
每年本科生入学人数	师生比	录取率	学费/年	食宿/年	本科毕业生年薪起薪中值	整体捐赠金额
547 人	1：10	39%	60518 美元	13542 美元	49200 美元	8.9 亿美元

5.5.1　历史和排名

玛卡莱斯特学院创建于 1874 年，学生们亲切地称她为 MAC。

玛卡莱斯特学院的创始人 Edward Duffield Neill 是明尼苏达大学的第 1 任校长，身为一个传教士，他非常重视公立教育和社会平等。他以来自费城的捐赠者玛卡莱斯特先生的名字命名了这所学校，并在一开始就提出了：国际化，文化多元化和社区服务，这三个价值观贯穿于玛卡莱斯特学院的所有政策和项目中，也是创始人心目中文理通识教育的意义所在。

值得一提的是，在毕业生成为博士的比例排行中，玛卡莱斯特学院是社会科学专业的综合前十，同为前十的还有哈佛大学和芝加哥大学。

在 2022 U. S. News 的最佳本科教学榜和最具价值的学校排行榜中，玛卡莱斯特学院分别排名第 15 和第 17。

5.5.2 位置和环境

玛卡莱斯特学院距离圣保罗市中心和明尼阿波利斯市中心 10 分钟车程，这两个中心是剧院、博物馆和市民的活动中心，被称为双子城。良好的城市环境为学生们提供了大量将学术应用于实践生活的机会，双子城也成为了学生们最好的课堂，这里有 16 座博物馆，学生乘坐巴士可以轻松到达，双子城的沃克艺术中心是美国参观人数最多的五大当代艺术博物馆之一。明尼阿波利斯·圣保罗国际机场距离学校 5 英里，约 10 分钟车程。

玛卡莱斯特学院校园面积 53 英亩，虽然 10 分钟就可以从校园一头走到另一头，但是校园内还是有开阔的草地和花园，供学生学习、社交。学校在密西西比河上还有一个占地 280 英亩的奥尔德韦田间站。

玛卡莱斯特学院从 1915 年开始招收国际生，科菲·安南也是学校的国际生。学校 80% 的学生来自明尼苏达以外的州，这间接说明了学校的吸引力。

5.5.3 专业设置和学术活动

玛卡莱斯特学院提供 44 个主修和辅修专业，以及 10 个跨学科专业。根据毕业生的学位统计，学校毕业生专业分布如图 5.7 所示。

单科来说，最热门的无疑是经济、数学、生物、心理和政治学。

每一位玛卡莱斯特学生毕业前都会完成至少一个独立研究项目（Independent Study），调研 2019 年这届毕业生的数据显示，96% 的学生毕业前参加过应用调研、社区学习或志愿者项目。

每年，教师和学生都会共同开展研究项目，课题从机器人导航到关于 COVID-19 影响的 GIS 研究，再到创作新音乐。

玛卡莱斯特学院和奥格斯堡学院、哈姆林大学、圣凯瑟琳学院、圣托马斯大学都属于双城联合学院（Associated Colleges of the Twin Cities，ACTC），学生每学期可以在其他 4 所学院中的任何一所免费学习一门学校批准的课程，交叉注册的课程成绩会显示在学生所在学校的成绩单上。

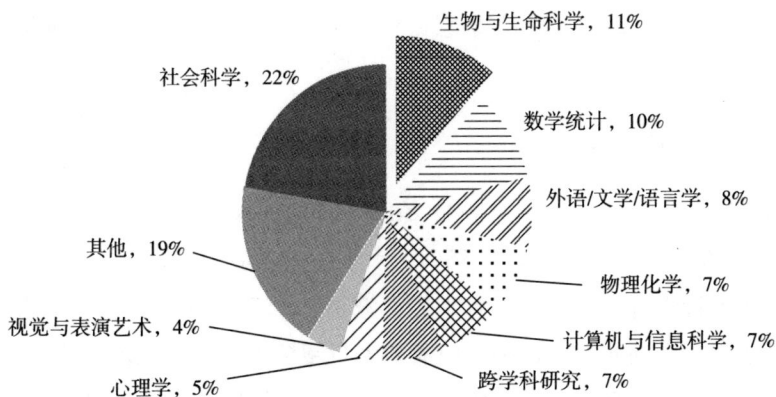

图 5.7　玛卡莱斯特学院 2020 届毕业生专业分布

玛卡莱斯特学生可以在明尼苏达大学注册语言课程，该语言课程必须是双城联合学院中的学校没有的语言课程。

超过 60% 的玛卡莱斯特学生会在海外学习一个学期或更长时间，学生可以在51 个国家的 95 个学校合作的海外计划中进行选择。

参与海外学习的学生中，74% 的学生会在第二外语的课程中学习，29% 的学生会在海外学习中进行学术研究。

学校规定大一和大二第一学期不能参加在海外一个学期的学校计划，但是可以参加 1 月或夏季的短期海外学习计划。

玛卡莱斯特学院的部分学术部门，如地质学、经典学、心理学和教育学等，都提供海外 1 月的学分课程。

身处两个繁华城市之间，从明尼苏达州国会大厦的实习到 3M 的应用研究，200 多个实习地点位于玛卡莱斯特学院 8 英里（13 公里）范围内，包括 15 家财富 500 强公司、州议会厅和顶级研究设施。72% 的学生毕业前至少会实习一次。

学生常去的本地实习公司有：3M，明尼苏达州卫生部，明尼苏达州科学博物馆，明尼苏达州国会大厦，霍华德·休斯医学研究所，梅奥诊所，明尼阿波利斯心脏研究所，TCF 国家银行，明尼苏达州联合国协会，瑞银财富管理等。

学校鼓励学生利用春假探索就业市场，学校的就业办公室也提供项目带领学生去东海岸和西海岸做实地考察。

学生常去的外地和国际的实习公司有：亚马逊，美国经济研究所，高盛，摩根大通银行，国家地理，加拿大皇家银行，美国宇航局太空望远镜科学研究所，美国国务院。

5.5.4 师资及教学

玛卡莱斯特学院的师生比例是 1∶10，72% 的课程在 20 人以下的小班，平均班级人数是 16 人。四年毕业率是 85%，六年毕业率是 91%。

玛卡莱斯特学院的大一新生有一门必选课 First Year Course（FYC），是每位新生文理通识教育的开端，也是一门需要大量阅读和写作的课程。学校的通识要求包括在社会科学、自然科学与数学、人文、艺术这四个领域各自完成通识要求的学分，修完足够多的国际化和多元文化的课程，以及定量思考和写作的必修学分。此外还要完成本科专业的选课要求。

学校选课的课程目录：https：//catalog. macalester. edu。

学校的选课要求：https：//www. macalester. edu/orientation/transfer/graduationrequirements/。

5.5.5 申请条件

2020~2021 年，玛卡莱斯特学院一共收到 6373 份申请，录取了 2466 位，录取率 39%，最后有 547 位新生正式入学。学校还给 760 位学生颁发了待定席位，其中 336 位同学接受了待定，最后转正了 112 位。玛卡莱斯特学院有 ED1 和 ED2 两轮早申请，在 6373 份申请中，早申请的申请者人数是 296 位，其中录取了 179 位，早申请的录取率是 60.4%。

对招生办来说，他们最看重的是高中的课程难度和 GPA；其次是标化分数、文书、推荐信、课外活动和个人品质；再次是排名、面试、特长、志愿者、工作经历等。根据学校招生办的介绍，玛卡莱斯特学院建议高中生有 4 年的英语学习和至少 3 年的数学、社会科学和科学学习。

中国学生可以参考的标化 75% 分数线是：SAT 1430 分（其中语法阅读 720 分），ACT 33 分（其中英语 35 分）。91% 的录取者在毕业班的班级排名是前 15%。学校要求第一语言不是英语的学生提供托福、雅思或 Duolingo 成绩。学校建议国际生的托福 100 分，雅思 7 分，Duolingo120 分。中国学生的托福录取平均分是 105 分。学校对英语水平的具体要求见 https：//www. macalester. edu/admissions/international/faq/。

同年，学校还收到了 162 份转学申请，最后录取了 55 位，有 21 位接受录取并正式入学。

5.5.6 毕业生就业方向

根据学校 2019 届毕业生的数据，21%的学生毕业后进入了研究生院或者参加科研项目和实习，73%的毕业生进入职场，其中 17%进入非营利组织，14%进入教育行业，8%进入政府机关，其余是私营部门。92%的毕业生表示自己目前所做的工作和大学的学术兴趣一致，46%就职于明尼苏达州，其中 12%在西海岸，24%在东北部，7%在海外。

玛卡莱斯特学院学生就业的雇主主要包括：3M，埃森哲，阿丽娜健康，亚马逊，美国律师协会，苹果，安永（EY），联邦储备银行，谷歌，麦肯锡公司，微软，明尼苏达州卫生部，明尼苏达历史学会，美国国立卫生研究院（NIH），布拉特集团，联合健康集团等。

学校统计显示，玛卡莱斯特学生在毕业 4 年后有 34%的学生进入研究生院继续学习，在毕业 6 年后有 60%的学生继续攻读高级学位，学生进入研究生院的学科领域如图 5.8 所示。

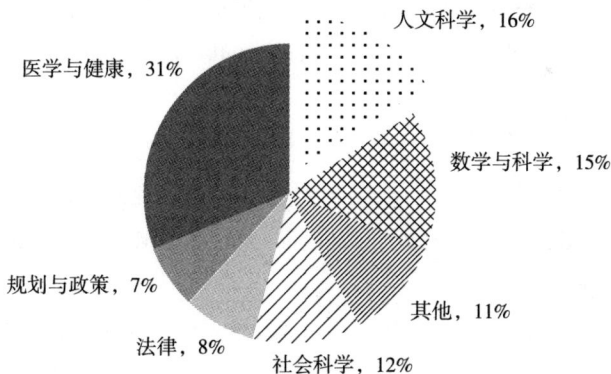

人文科学，16%
医学与健康，31%
数学与科学，15%
其他，11%
社会科学，12%
法律，8%
规划与政策，7%

图 5.8　玛卡莱斯特学院毕业生进入研究生院的学科领域

玛卡莱斯特学院毕业生进入的研究生院包括：哥伦比亚大学，康奈尔大学，哈佛大学，约翰霍普金斯大学，麻省理工学院，普林斯顿大学，西北大学，斯坦福大学，芝加哥大学，密歇根大学，伦敦国王学院，伦敦经济学院，国际和发展研究所（日内瓦）等。

5.5.7 著名校友

玛卡莱斯特学院校友群星闪耀，最著名的校友是第七任联合国秘书长诺贝尔和平奖获得者 Kofi Annan，他从玛卡莱斯特学院获得经济学学士后，进入联合国工作一段时间，后在麻省理工学院获得了 MBA。

其他著名校友包括前美国副总统 Walter Mondale；威斯康星州前州长 Scott McCallum；华盛顿大学荣誉校长 William Gerberding；迈阿密大学校长 David Hodge；企业家和玩具 Morphology 的发明者 Kate Ryan Reiling；The Things They Carried 作者、著名作家 Tim O'Brien 等。

玛卡莱斯特学院在 2020 年 5 月刚刚迎来新一任校长 Suzanne Rivera 博士，她是学校的第一任女校长，也是第一任西班牙裔的校长。在此之前 Rivera 博士是凯斯西储大学的副校长，负责研究和科技管理工作。Rivera 博士本科毕业于布朗大学的美国研究专业，在加州大学伯克利分校获得社会福利专业的硕士学位，并在德州大学达拉斯分校获得公共事务的博士学位。此后，Rivera 博士长期在德州大学和加州大学系统中任职，在科研政策和社会公正方面有很深厚的基础。

教授点评网 Ratemyprofessor，列出了数学教授 Vittorio Addona（https：//www. macalester. edu/mscs/facultystaff/vittorioaddona/）和物理教授 Sun Kyu Kim（https：//www. macalester. edu/physics/facultystaff/sungkyukim/）。

5.5.8 文化与生活

学校有 100 多个学生组织，从编织到基金管理再到素描漫画，有特色的学生组织有 Mac First Aid，Macalester Investment Group，WMCN Community Radio，Mac Gaming Society 等。

玛卡莱斯特学院要求大一、大二学生住在学校，其他学生也有很多住在校园里或者是在距校园很近的公寓租房，即使是在城市中心，这里也是一个独一无二的校园社区。

玛卡莱斯特学院隶属于 NCAA Division Ⅲ 美国大学体育联盟，学校有 19 支校队，足球队女队和男队都非常强。

学校有两个年度的盛典，一个是春季的 Spring Fest，还有一个是冬天的创校日 Founder's Day。苏格兰的风笛（Bagpipe）在玛卡莱斯特学院是最重要的乐器之一，所有的活动和庆典里都有它的身影，学生还可以免费学习如何吹奏风笛。

学校学生组织的清单：https：//www. macalester. edu/directory/studentorganiza-tions/。

学校的校报是 Mac Weekly，网址：https：//themacweekly. com。

5.5.9 联系方式

学校招生办的电话：001-651-696-6000，邮箱：admissions@ macalester. edu。

负责国际学生的招生官：Sarah Schmidt，Associate Director，International Ad-missions。

邮箱：sschmid1@ macalester. edu，电话：651-696-6357。

建议申请玛卡莱斯特学院的学生尽量预约面试，最早预约面试的时间为高二的春季学期开学时，最晚的面试时间是高三的 2 月。

关于面试的说明：https：//www. macalester. edu/admissions/us-admissions/faq/interviews-overnights/。

学校没有适合国际高中生的夏校项目。

5.5.10 目标生源

如果你有一颗融入社会为社会做贡献的"入世心"，而且喜欢城市环境的文理学院，那么玛卡莱斯特学院是一个很优秀的选择。这里培养了各行各业的佼佼者，你会跟其他校友一样，带着学校名字的光荣去闯荡，去扬名立万。

5.6 欧柏林学院（Oberlin College）

https：//www. oberlin. edu/

欧柏林学院基本情况如表 5.6 所示。

表 5.6　欧柏林学院基本情况

U. S. News 美国文理学院 排行榜	成立年份	校园面积	本科生人数	男女比例	国际生比例	美籍亚裔生比例
37	1833	440 英亩	2647 人	男：41% 女：59%	7.2%	4.4%
每年本科生入学人数	师生比	录取率	学费/年	食宿/年	本科毕业生年薪起薪中值	整体捐赠金额
680 人	1:9	42.4%	60243 美元	17854 美元	47700 美元	10.9 亿美元

5.6.1　历史和排名

1833 年春天，长老会的两位牧师——希普希尔德（John J. Shipherd）和斯图尔特（Philo P. Stewart）成立了欧柏林学院学会，1833 年 12 月，29 名男生和 15 名女生作为欧柏林学院学会（Oberlin Collegiate Institute）的第一批学生开始上课。

学院的座右铭是"学习与劳动"（Learning and Labor）。当时，学院免收学费，希望能吸引更多有智慧的年轻人，虽然今天已不再免费，但座右铭一直延续到今天，体现了学院将学习与现实结合的灵活教育。欧柏林学院的口号是"We are Oberlin, Fearless"（我们欧柏林，勇往无惧）。

欧柏林学院从 1833 年成立之初就接受男女同校教育，学院从 1835 年开始定期招收黑人学生，是美国第一所通过政策录取黑人学生的大学；1837 年，女性在这里被允许进入可获得学士学位的课程，这也是第一所在男女同校课程中授予女性学士学位的大学（1841 年）。

1850 年，欧柏林学院学会（Oberlin Collegiate Institute）改名为欧柏林学院（Oberlin College），该名称反映了课程和教育重点的逐渐转变，1865 年音乐学院成立，并于 1867 年成为欧柏林学院的一部分。

自 1833 年成立以来，欧柏林学院就一直是一所负有使命的学校，学院致力于提供教育机会，力求提供多元化和包容性的住宿学习环境，鼓励自由和相互尊重的思想交流，并为可持续和公正的社会做出持久的承诺。

欧柏林学院在 2022 U. S. News 的最佳本科教学学校中排名第 20。

5.6.2　位置和环境

欧柏林学院位于俄亥俄州克利夫兰（Cleveland）西南 35 英里处一座宁静的

小镇。

欧柏林学院的地理位置优越，距俄亥俄州克利夫兰（Cleveland）35 分钟车程，既有小镇的舒适环境，又有大城市的各种便利设施。

克利夫兰与匹兹堡同列美国最佳居住城市，它也是美国本土最佳商务会议城市。克利夫兰医学中心是被美国以及全世界所公认的顶级医疗中心之一，克利夫兰管弦乐团（Cleveland Orchestra）是美国五大管弦乐团之一，被认为是美国最"欧化"的乐团。

克利夫兰的商业、医疗、艺术等部门为学生提供了很多夏季和冬季的实习机会。

欧柏林镇的塔潘广场（Tappan Square）是欧柏林镇中心的中央公园，塔潘广场占地 13 英亩，将欧柏林学院与欧柏林镇连接在一起。

欧柏林学院面积约 440 英亩，由文理学院和音乐学院组成，其音乐学院被认为是美国最好的本科音乐学校之一。

欧柏林学院有 4 个图书馆，玛丽教堂·特雷尔主图书馆（Mary Church Terrell）主要存放人文和社会科学材料，跨学科的作品，档案和特殊藏书，以及数学和计算机科学藏书。克拉伦斯沃德美术馆（Clarence Ward Art Library）馆藏包括建筑，绘画，雕塑，版画和素描，新媒体，摄影和装饰艺术。音乐图书馆（Conservatory Library）馆藏超 345000 个。收藏品包括录音、乐谱、书籍和期刊。科学图书馆（Science Library）位于科学中心，主要存放与天文学、生物化学、生物学、化学、地质学、神经科学和物理学等有关的书籍。

距离学院最近的国际机场是克利夫兰霍普金斯国际机场（CLE），约半小时车程。

5.6.3 专业设置和学术活动

欧柏林学院提供 47 个专业领域的课程，四年制本科课程可获文学学士学位，五年制双学位课程可同时获文学学士（BA）和音乐学学士（BM）学位。

音乐学院的课程包括：四年制本科音乐学士学位计划、五年制双学位计划和两年制音乐硕士计划。

学院的科学课程是很强的，尤其是生物学、化学和物理，开设了世界上第一个神经科学本科课程。

毕业生的学位统计显示，最受欢迎的专业是政治、历史、生物、心理学、经济、环境研究、计算机科学等，如图 5.9 所示。

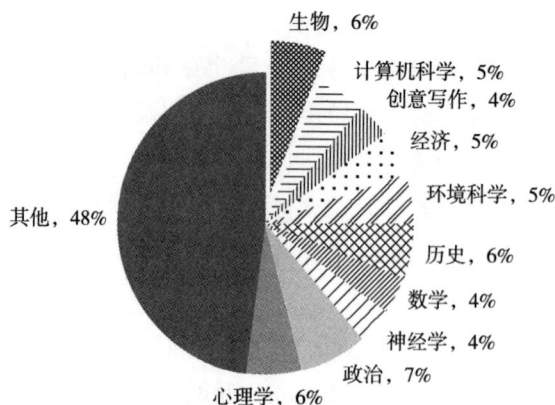

生物，6%
计算机科学，5%
创意写作，4%
经济，5%
环境科学，5%
历史，6%
数学，4%
神经学，4%
政治，7%
心理学，6%
其他，48%

图 5.9　欧柏林学院 2020 届毕业生专业分布

欧柏林学院学生有机会直接与教授密切合作，设计项目，并参与人文、艺术和社会科学以及自然科学、计算机科学和数学的研究项目。学校提供多个校外研究机会给学生。

STRONG 科学与技术研究项目主要是提供给准备入学的学生，对科学、技术、工程和数学（STEM）感兴趣的，准大一学生的暑期住宿研究计划。

欧柏林学院研究奖学金（OCRF）计划主要提供给家庭的第一代大学生，或有色人种学生在暑期进行的研究体验。大二开始可以申请。

梅隆梅斯本科生研究计划（MMUF）是一项为期两年的本科研究和博士预备课程，每年最多有 5 名学生可被录取，学生大二开始有资格申请，研究领域主要是人文和社会科学。

欧柏林暑期研究项目计划中，数十名学生会在校园里与教授们一起进行研究。

欧柏林学院每年都有本科研究研讨会，学生分享他们的科研项目和成果。

欧柏林学院合作的工程有"3+2"双学位项目，学生在欧柏林学院学习三年，然后在加州理工学院、凯斯西储大学、哥伦比亚大学或圣路易斯华盛顿大学再学习两年，完成认可的工程学课程，学生获得两个学位，分别是欧柏林学院的文学学士学位和另一所大学的工程学学士学位。

欧柏林学院每年会提供一个为期 4 个星期的冬季学期项目，为学生提供教室之外的沉浸式学习体验。学生可以参加独立的或团体的项目，可以是在校园内或者世界各地进行的项目，欧柏林学院每年也提供近 50 个教师领导的团队项目。学生必须完成三个完整的冬季学期项目才能毕业。

欧柏林学院提供了六大洲 40 多个国家和地区的 100 多个项目，无论学生的专业是什么，无论学生是在文理学院还是在音乐学院，他们都可以将海外完成的课程学分转回欧柏林学院，以满足专业的要求。每年有近 300 名欧柏林学生在海外学习一学期或一学年。

欧柏林学院在英国伦敦设立办事处，办事处与大英博物馆只隔一个街区。在伦敦欧柏林项目（Oberlin-in-London Program）中，每年由 2 名欧柏林教授带领 25 名学生前往伦敦，学生除了参加欧柏林提供的两门课程外，还参加关于伦敦历史或伦敦戏剧的课程。

欧柏林学院为大一学生提供"连接克利夫兰"计划，学生与克利夫兰几十个不同的组织一起参与各种服务项目，包括实地考察、参加户外活动，参观博物馆和各种研讨会等。学生通过该计划了解克利夫兰和俄亥俄州；认识欧柏林校友；并确定未来实习和职业的可能性。

学校还有初级实习计划，该计划会培养学生与面试、简历和求职信写作相关的专业技能；学生会获得感兴趣的专业领域内的知识，有机会将学术研究和实际应用联系起来；学生还可以与校友、家长和潜在雇主就他们感兴趣的职业进行网络交流；完成初级实习计划的学生将获得高达 4000 美元的奖金以进行暑期体验。

阿什比商业学者计划向大二~大四学生开放，所有专业的学生都可以申请参加。每期选拔 10~12 名学生，计划中学生将接受商业专业和网络方面的培训，熟悉基本财务分析和并购知识；加深对金融和咨询行业的了解，明确工作和职业重点。学生还有机会到纽约、波士顿、芝加哥或旧金山等城市，与商业和金融领域的校友们见面和学习。

Cuyahoga（SOTC）计划每年夏天为 60~80 名学生提供接触俄亥俄州东北部的机会，帮助学生探索克利夫兰地区的金融、营销、IT、城市发展、非营利组织、教育和创业等领域。该计划中学生是带薪实习，并免费住在距离克利夫兰市中心几分钟距离的克利夫兰州立大学校园内。

欧柏林学生常去的实习公司包括：大都会艺术博物馆，KJK 珠宝公司，纽约市律师协会，经济生存联盟，迪加视觉，纽约市律师协会，蕾妮和柴姆·格罗斯基金会。

5.6.4 师资及教学

欧柏林学院（Oberlin College）的师生比例是 1∶9，少于 20 人的小班课程占到了所有课程的 70%。大多数教师都是活跃的研究人员，并且是各自领域中最重要的权威之一。

欧柏林学院有一年级研讨会（The First-Year Seminar Program，FYSP），研讨会的主题和学术方法多种多样，帮助学生磨炼其批判性思维、讨论和写作技巧。并促进学生与教师之间的热烈交流。班级人数限制为 14 人。

欧柏林学院除需要完成最低专业的课程要求外，学生还必须参加 3 个完整的冬季学期项目，课程必须满足以下 4 点：

（1）课程探索，即学生必须在艺术与人文科学，数学与自然科学和社会科学三个学科的每个科目中完成两门完整的学术课程。

（2）写作要求，学生在第二学年结束时至少完成两门写作课程。

（3）完成两门定量推理课程（QFR）。

（4）完成至少三门具有文化多样性（CD）的学术课程。

每位欧柏林学生都有一位学术顾问，可帮助他们根据自己的兴趣和目标来制订教育计划。顾问可以为评估学术优劣势提供指导，并提供有关欧柏林学院的课程和信息。

学校选课的课程目录：https：//catalog. oberlin. edu/index. php？catoid＝42。

学校的选课要求：https：//catalog. oberlin. edu/preview _ program. php？catoid＝42&poid＝6198。

5.6.5 申请条件

在 2020~2021 年申请季，欧柏林学院一共收到 9309 份申请，录取了 3952 位，录取率 42.4%，最后有 680 位入学。在 9309 份申请中，有 493 位是 ED 早申请，其中 219 位被录取，录取率 44.4%。学校同时还为 1541 位学生提供了待定席位，1369 位接受待定，最后 149 位转正。

根据欧柏林学院官网的报告，在所有申请材料中，招生办认为最重要的是中学课程难度、班级排名、GPA 和标化考试成绩；其次是申请文书、推荐信；再次是课外活动经历、个人品质、面试等其他因素。学校对高中课程的要求是 4 年的英语，3 年的数学、科学、外语和社会科学。

根据欧柏林官网的报告，中国学生可以参考的标化 75% 分数线是：SAT 1450 分（其中语法阅读 730 分），ACT 33 分。80% 的录取者在毕业班的班级排名是前 15%。欧柏林学院录取的国际生托福成绩通常在 106~112 分。学校对英语水平的具体要求见 https：//www. oberlin. edu/admissions-and-aid/arts-and-sciences/interna-tional-applicants#app-step-4。

欧柏林学院每年都招转学生，2020~2021 年有 223 份申请，最后录取了 63 位，有 19 位入学。

5.6.6　毕业生就业方向

欧柏林学院对 2019 届毕业生的统计显示，在毕业一年内，74%的学生已就业，17%的学生进入研究生院或继续学习。毕业生就业领域如图 5.10 所示。

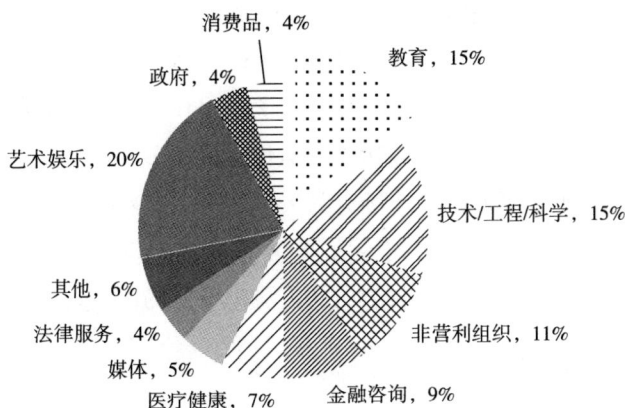

图 5.10　欧柏林学院毕业生就业领域

学生的雇主主要包括：Facebook，谷歌，美林，摩根士丹利，美国 NBC 新闻系列频道（MSNBC），美国国立卫生研究院，奈飞（Netflix），美国国家公共广播电台（NPR），史密森尼学会，Twitter 等。

欧柏林学院的毕业生申请研究生院，有 92%的学生被两个或两个以上的院校录取；81%的毕业生被他们的首选院校录取了。欧柏林毕业生会去的研究生院主要有：哥伦比亚大学，哈佛大学，约翰霍普金斯大学，茱莉亚学院，莱斯大学，加州伯克利大学，密歇根大学和耶鲁大学等。

全校能拿到奖助学金的国际生有 178 人，总金额为 7162855 美元，人均奖学金金额为 40241 美元。

5.6.7　著名校友

欧柏林学院的著名校友包括 23 名国家科学院院士、9 名普利策奖得主、3 名诺贝尔奖获得者、16 位罗德学者、20 位杜鲁门学者和无数获奖艺术家等。

3名诺贝尔奖获得者分别是：发现生长因子的生物化学家 Stanley Cohen；在基本电荷和光电效应方面做出贡献的美国实验物理学家 Robert Millikan；发现有关大脑两半球功能不对称性的美国神经心理学家，神经生物学家 Roger Wolcott Sperry。其他著名校友还有：首个有效治疗镰状细胞病的血液学家 Samuel Charache；原哈佛大学法学院院长 Erwin Griswold；芝加哥大学校长 Robert Hutchins；威廉姆斯学院校长 Maud Mandel；美铝公司创始人 Charles Martin Hall；所罗门兄弟公司的前 CEO John Halle Gutfreund；两次获得奥斯卡金像奖的 Mark Boal；获得格莱美奖的 Marc Cohn，Alex Klein，Charles Henry Harbutt 等。

Carmen Twillie Ambar 博士于 2017 年 5 月成为欧柏林学院第 15 任校长，她本科毕业于乔治城大学外交学院，在普林斯顿大学获得公共事务硕士学位，在哥伦比亚大学获得法学博士学位。Ambar 博士是学院 180 多年历史上第一位非裔美国人，她曾在宾夕法尼亚阿伦敦的西达克瑞斯特学院做了 9 年校长。在欧柏林学院任职期间，Ambar 博士构思了"连接克利夫兰"计划，将所有大一学生送到克利夫兰，进行一天的服务和体验式学习。此外，她还推动了"持续对话"项目，该项目旨在帮助学生学会与持不同意见的人谈论棘手的话题。

5.6.8 文化与生活

欧柏林学院有不少传统项目，最特别的是从 1940 年开始的"艺术租赁"，学生每学期只需要每件作品支付 5 美元，就可以最多租赁两件原创艺术品带回宿舍，包括版画、照片、海报或雕塑。

欧柏林学院有 200 多个学生组织和俱乐部，学生也可以建立自己的俱乐部，学院有 4 个美术馆和画廊，收藏有夏加尔、毕加索、莫奈等人的作品，还有约 10 个音乐厅和表演场地，每年有 500 多场音乐会和表演，从摇摆舞到杂技、电影再到嘻哈俱乐部；整个校园就像一个巨大的多场所音乐厅，几乎校园的任何地方都有演出。

欧柏林学院要求学生四年都住宿在校园，大一学生会集中住在 4 栋宿舍楼中。学校有 5 个餐厅和咖啡厅，有多个膳食计划供学生选择。

欧柏林学院有 21 个校队，是美国大学体育协会第三部（NCAA Division Ⅲ）的成员。学院 30% 的学生参加了运动俱乐部，学院的健康中心提供 19 种运动俱乐部以及免费健身计划。

欧柏林学院学生的社团清单：https：//www. oberlin. edu/life-at-oberlin/clubs-organizations。

学院的校报是OGRP，网址：https：//issuu. com/theoberlingrape/docs/issue4real1_。
欧柏林评论（ORVW）：https：//oberlinreview. org/。

5.6.9 联系方式

欧柏林学院招生办的联系方式：college. admissions @ oberlin. edu，电话：800-622-（OBIE）6243或440-775-8411。

文理学院国际部招生官1：Sophie Mettler Grove，Senior Assistant Director of Admissions。

邮箱：Sophie MettlerGrove@ oberlin. edu，电话：440-775-8411。

Sophie Mettler Grove 毕业于史密斯学院，毕业后以富布赖特研究学者的身份在印度工作并从事招生工作，2018年加入欧柏林学院招生团队，之前在巴德学院招生团队工作了4年。

招生官2：Formosa Deppman，Admissions Counselor。

邮箱：Formosa Deppman@ oberlin. edu，电话：440-775-8411。

Formosa Deppman 成长于欧柏林，2021年毕业于耶鲁大学，主修比较文学和东亚研究双专业。

音乐学院招生办联系方式：conservatory. admissions @ oberlin. edu，电话：440-775-8413。

音乐学院招生办主管：Beth Weiss，Director of Conservatory Admissions。

邮箱：Beth. Weiss@ oberlin. edu。

欧柏林学院的面试是可选的，学生从11年级的春季到12年级的1月15日之前都可以申请面试，面试可以与招生工作人员、高年级学生或欧柏林学院校友会面，所有申请人只能申请一次面试。欧柏林学院鼓励国际学生参加 InitialView 或 Vericant 之类的第三方独立面试。

关于面试的说明：https：//www. oberlin. edu/admissions-and-aid/visit-and-connect/college-interviews。

关于项目的说明：https：//www. oberlin. edu/summer-programs/programs。

欧柏林的音乐学院有适合高中生的夏季课程。

5.6.10 目标生源

欧柏林学院的科学课程、理科以及商科都是其强项，同时因为有音乐学院，学生可以尽情享受音乐并且选修音乐的课程，所以欧柏林学院非常适合那些就读理科和商科专业，同时有音乐爱好的学霸，或者是主修音乐并且想体验文理学院课程的申请者。

5.7　圣奥拉夫学院（St. Olaf College）

www. stolaf. edu

圣奥拉夫学院基本情况如表5.7所示。

表 5.7　圣奥拉夫学院基本情况

U. S. News 美国文理学院排行榜	成立年份	校园面积	本科生人数	男女比例	国际生比例	美籍亚裔生比例
62	1874	350 英亩	3040 人	男：41% 女：59%	11%	6.7%
每年本科生入学人数	师生比	录取率	学费/年	食宿/年	本科毕业生年薪起薪中值	整体捐赠金额
727 人	1：12	50.8%	52680 美元	12000 美元	50500 美元	7 亿美元

5.7.1　历史和排名

和玛卡莱斯特学院一样，圣奥拉夫学院创建于1874年，由来自挪威的北欧移民者创建，是汉字所基督教学校。圣奥拉夫这个名字也来源于古代挪威国王奥拉夫。

在 2022 U. S. News 的文理学院排行榜中，圣奥拉夫学院排名全美第62。在最佳本科教学榜和最具价值的学校排行榜中，圣奥拉夫学院分别排名第27和第29。

在美国科学基金会的博士生来源的本科学校排行榜中，圣奥拉夫学院在239个只有本科的学校里综合排名第11，其中宗教专业排名第3。

5.7.2 位置和环境

圣奥拉夫学院一共有 3072 名学生，其中女生 1790 位，国际生 334 位，国际生比例 11%。非国际生的亚裔学生 204 位，白人学生 2096 位，白人学生占比相比玛卡莱斯特学院高了很多，这和圣奥拉夫学院的基督教背景和北欧文化背景不无关系。一半的圣奥拉夫学生都来自明尼苏达州。

学校位于明尼苏达的诺斯费尔德镇，距离卡尔顿学院很近。校园占地 350 英亩，校园正中是一个北欧风格的风车，环绕在众多花园和草地之中，美不胜收。

5.7.3 专业设置和学术活动

圣奥拉夫学院提供 41 个本科专业，所有专业颁发的都是学士学位 Bachelor of Arts，和大多数文理学院一致。此外还颁发音乐学士学位。

学校 2018~2019 年毕业生的数据显示（见图 5.11），最热门的专业是社会科学（19%）；其次是视觉/表演艺术（12%），生物/生命科学（12%），物理化学（6%），心理学（6%），数学/统计（7%），外语/文学/语言学（7%）、英语（4%）和地区/种族/性别研究（5%）。相对而言这里的艺术和人文的比例更高一些。

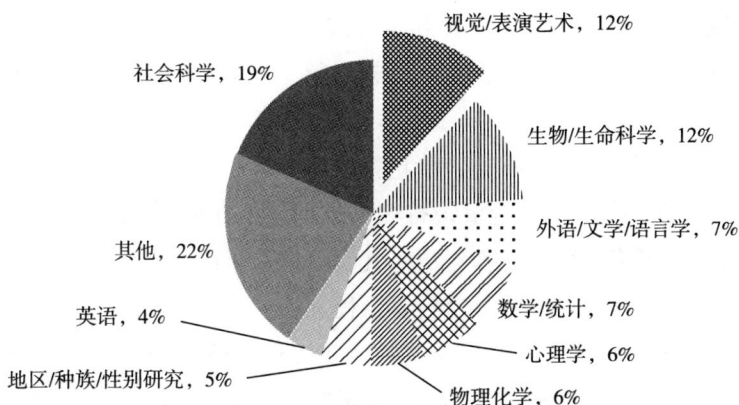

图 5.11 圣奥拉夫学院 2020 届毕业生专业分布

5.7.4 师资及教学

圣奥拉夫学院使用4-1-4的学制，师生比例为1∶12，51%的课程人数在20人以下。

基于宗教和历史背景，所有圣奥拉夫学生被要求必修两门与宗教相关的课程，学校也有大量关于北欧文化语言、历史和电影的课程。

圣奥拉夫学院的毕业要求，包括文理通识的选课要求、专业的选课要求。共计35个学分（基本可以视为35门课程）的选课要求里，14~16个学分必须选择文理通识的基础课程，主修专业是8~10个学分，其他选修课10~12个学分。

文理通识的核心课程叫作Core Studies，包含了西方历史、多元文化、艺术、文学、宗教、自然科学、社会科学与行为等的必修要求。

学校对写作要求比较高，除了大一学生必修写作课之外，还必须完成至少4门与写作相关的课程。此外还有外语、口头表达、抽象和定量推理、伦理以及2门体育运动的课程要求。

学校的课程大纲要求：https：//wp. stolaf. edu/registrar/academic-catalog/。

5.7.5 申请条件

在2020~2021年申请季，圣奥拉夫学院一共收到5229份申请，录取了2656位，录取率50.8%，最后有727位新生正式入学。在5229份申请中，有419位是ED早申请，其中278位被录取，录取率66.3%。学校同时还为817位学生提供了待定席位，416位接受待定，最后105位转正。

根据官网的报告，在所有的申请材料中，招生办认为最重要的是中学课程难度、GPA和申请文书；其次是班级排名、推荐信、课外活动经历；再次是标化考试、面试、志愿者活动、工作经历等其他因素。学校对高中课程的要求是4年的英语、数学、科学、外语和社会科学课程。

中国学生可以参考的标化75%分数线是：SAT 1370分（其中语法阅读690分），ACT 32分（其中英语33分）。69%的录取者在毕业班的班级排名是前15%。学校要求第一语言不是英语的学生提供托福、雅思或Duolingo成绩。学校要求国际生的托福成绩最低是90分，雅思成绩是6.5分，Duolingo成绩是110分。学校对英语水平的具体要求见 https：//wp. stolaf. edu/international-applica-tions/checklist/。

圣奥拉夫学院每年都招转学生，2020~2021 年有 125 份申请，最后录取了 70 位，有 23 位入学。

5.7.6 毕业生就业方向

圣奥拉夫学院对 2014~2019 年毕业的学生统计显示，在毕业 7 个月内，平均有 66% 的学生已就业，21% 的学生进入研究生院或继续学习，9% 的学生在非营利组织或服务机构。毕业生就业领域如图 5.12 所示。

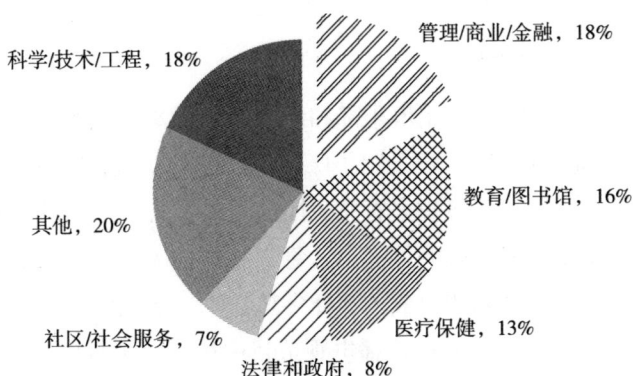

图 5.12　圣奥拉夫学院毕业生就业领域

圣奥拉夫毕业生就业的雇主包括：Epic 系统公司，Optum-联合健康集团，梅奥诊所，塔吉特百货公司，联合健康集团，雅培西北医院，美国银行，富国银行，Proto 实验室，Prime Therapeutics，3M 等。

圣奥拉夫毕业生进入的研究生院包括：斯坦福大学，哥伦比亚大学，埃默里大学，杜克大学医学院，圣母大学，芝加哥大学，南加州大学，卡内基梅隆大学，旧金山音乐学院，梅奥研究生院，纽约大学，明尼苏达大学等。

5.7.7 著名校友

圣奥拉夫学生把自己称为 OLES，OLES 在全世界都有校友组织，会给学生提供就业的支持和帮助。

学校著名校友包括：前明尼苏达州州长 Al Quie；前明尼苏达州最高法院首席大法官 Russell Anderson；普利策奖得主、记者 Gretchen Morgenson；奥斯卡获奖编剧、《雨人》编剧之一 Barry Morrow；AIA 金奖得主建筑师 Edward Sövik；还有《伟大的盖茨比》书中虚构人物 Jay Gatsby。1939 年诺贝尔物理学奖获得者 Ernest Lawrence，也在圣奥拉夫学院学习了一年。

David Anderson 博士于 2006 年 7 月成为圣奥拉夫学院第 11 任校长。他本科毕业于圣奥拉夫学院，在波士顿学院获得博士学位，在加入圣奥拉夫学院之前，在丹尼森大学任英国文学教授和教务长。作为 18 世纪英国文学（尤其是长诗、塞缪尔·约翰逊的著作和作为文学体裁的神学论）学者，Anderon 博士"热爱文字"，喜欢读"冷酷的侦探小说"（hard-boiled detective novel）。

5.7.8 文化与生活

圣奥拉夫学院有 214 个学生俱乐部和组织，包括 8 个合唱团、2 个管弦乐团、2 个乐队和数十个较小的合奏团，大约 1/3 的圣奥拉夫学生参加了音乐俱乐部和组织。圣奥拉夫合唱团、圣奥拉夫管弦乐团和圣奥拉夫乐队这三个旗舰乐团每年都在美国巡回演出，并经常去海外演出。每年举行的圣奥拉夫圣诞节由学校的 5 个合唱团和圣奥拉夫管弦乐团组成的 500 多名学生一起表演，也是美国圣诞季最古老的音乐庆典之一，并在 PBS 广播电视节目中进行全美直播。

95% 的学生都住在校园里，大一学生集中住在 3 栋宿舍楼，高年级的学生可以申请住在学校提供的校外宿舍。

圣奥拉夫学院有 27 支校队，其中 14 支男子队和 13 支女子队，参加 NCAA 三级校际运动会，圣奥拉夫球队的昵称是奥莱斯，吉祥物是一头小狮子。除摔跤、高山和北欧滑雪外，所有大学运动队都参加明尼苏达州校际运动大会（MIAC）。

学校学生组织的清单：https：//catalog. stolaf. edu/campus-life/co-curricular-activities/#text。

学校的校报是 Manitou Messenger，网址：https：//www. theolafmessenger. com。

5.7.9 联系方式

学校招生办的电话：001-507-786-2222，邮箱：admissions@ stolaf. edu。
负责国际学生的招生官：Jenny Howenstine，Associate Dean of Admissions。
邮箱：howensti@ stolaf. edu，电话：507-786-3813。

Jenny Howenstine 来自威斯康星州，是圣奥拉夫学院生物和心理学专业的毕业生，研究生毕业于明尼苏达大学。

圣奥拉夫学院还提供一位支持艺术专业申请者的招生官，感兴趣的同学可以通过国际招生官联系。

圣奥拉夫学院对面试没有要求，也没有提供线上面试。

圣奥拉夫学院没有适合国际生的夏校学术项目。

5.7.10　目标生源

比起明尼苏达州另外两所兄弟院校，圣奥拉夫学院的学术要求比卡尔顿学院低很多，也比激进的玛卡莱斯特学院显得更为保守和传统。喜欢历史悠久的学校气氛，不介意宗教必修课和北欧文化的，尤其是优势专业的学生可以好好考虑这所学校。

5.8　伍斯特学院（The College of Wooster）

https：//wooster.edu/

伍斯特学院基本情况如表 5.8 所示。

表 5.8　伍斯特学院基本情况

U. S. News 美国文理学院排行榜	成立年份	校园面积	本科生人数	男女比例	国际生比例	美籍亚裔生比例
71	1866	240 英亩	1924 人	男：46% 女：54%	17%	3.5%

每年本科生入学人数	师生比	录取率	学费/年	食宿/年	本科毕业生年薪起薪中值	整体捐赠金额
530 人	1：10	65.3%	55500 美元	13100 美元	43700 美元	4.04 亿美元

5.8.1　历史和排名

伍斯特学院由长老会于 1866 年创立，并于 1870 年 9 月 8 日以伍斯特大学

（University of Wooster）的名义开学，当时有 5 名教职员工、30 名男性学生和 4 名女性学生。到 1915 年，该大学拥有多个研究生院，包括一所医学院。

后来，学校决定关闭研究生课程，只专注于本科教育。并改名为伍斯特学院（The College of Wooster）。1969 年，俄亥俄州长老会放弃了对学院的所有权，伍斯特学院成为一所独立的私立文理学院。

伍斯特学院的教学宗旨是"独立思考、共同努力"。所谓独立思考，即学院致力于成为自由教育领域的领导者，培养学生创造性和独立思考能力，提出重要问题、研究复杂问题、解决实际问题以及交流新知识和新见解的卓越能力。

伍斯特学院在 2022 U. S. News 最佳本科教学学校中排名第 27。

5.8.2　位置和环境

伍斯特学院位于俄亥俄州伍斯特市，距离克利夫兰西南约 55 英里、距离哥伦布东北 80 英里，驱车不远便可抵达俄亥俄州立大学的秘密植物园和占地 1000 英亩的莫西干州立公园。伍斯特市被 Money Magazine 评为美国最佳居住地的前 50 名。

伍斯特学院校园面积 240 英亩，学院的图书馆由安德鲁斯图书馆、弗洛·高特图书馆、弗里克大厅的蒂姆肯科学图书馆和位于谢德音乐中心的音乐图书馆组成。伍斯特学院于 1996 年成为俄亥俄州五所学院联盟的创始成员（五所学院联盟包括丹尼森大学、凯尼恩学院、俄亥俄卫斯理大学、欧柏林学院和伍斯特学院）。伍斯特学院将其图书馆目录与丹尼森大学、肯扬学院和俄亥俄卫斯理大学合并，形成了 Consort 图书馆系统。Consort 图书馆系统向学生提供了对其他四所学院所有综合馆藏的访问权限。

离学校最近的国际机场是克利夫兰·霍金斯国际机场，约 1 小时车程。

5.8.3　专业设置和学术活动

伍斯特学院提供 50 多个学科，学校提供四个学士学位：文学学士、音乐学士（B. M.）、音乐教育学士（B. M. E.）和音乐治疗学士（B. M. T.）。毕业生的学位统计显示，学校毕业生专业分布如图 5.13 所示。

自 2002 年以来，U. S. News 每年都会向大学校长询问哪些大学提供最好的本科研究机会和高级课程。有两个学校每年都会同时上榜：伍斯特学院和普林斯顿大学。

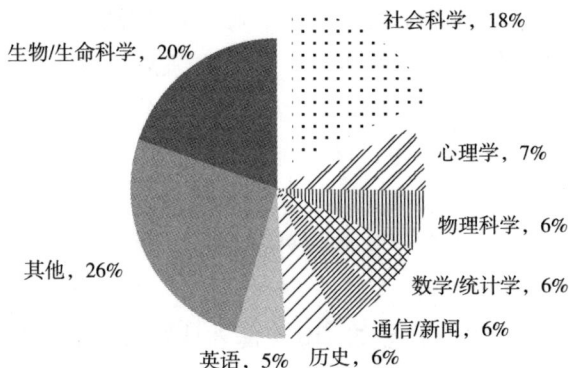

图 5.13 伍斯特学院 2020 届毕业生专业分布

每个伍斯特大四学生都与一名导师一对一地工作，以构思、组织和完成一项重要的原创研究或创意作品。这个独立研究项目（Independent Study）是伍斯特学院指导学生研究的核心。

伍斯特学院学生从大一第二学期就有与教师合作研究项目的机会。

Sophomore Research Program（SOREP）研究计划为学生提供担任伍斯特教职员工的带薪研究助理的机会。通过该计划，学生在研究过程中与教师成为真正的合作伙伴，并了解研究过程。

学生可以在大一第二学期到大三第一学期参加该计划。通常每周工作 3～7小时，夏季每周工作 20～40 小时。每年有超过 75 个来自不同学科的学生担任研究助理。

应用方法和研究经验计划（The Applied Methods and Research Experience，AMRE）对所有专业学生开放，在夏季 8 周里，一组学生和教师与本地企业、行业或机构配对，师生进行实地研究，并一起为企业提供相应的咨询。合作的客户包括：乐柏美，JM 斯马克公司，固特异轮胎橡胶公司等。

Kendall-Rives 拉丁美洲研究计划每年向伍斯特大二或大三学生提供大约10000 美元，以支持拉丁美洲方面的研究项目。研究项目必须在拉丁美洲国家进行，过去成功的项目包括在洪都拉斯的考古发掘、在智利和阿根廷研究一个学期的民族和解过程等。

伍斯特学院与凯斯西储大学、华盛顿大学、圣路易斯大学有合作的"3+2"工程双学位项目。学生在伍斯特学院完成 3 年的课程学习，在合作的工程学校完成 2 年的课程学习，获得伍斯特学院学士学位和合作学校的工程学位。

七年制牙科预科/牙科课程合作项目。学生在伍斯特学院学习 3 年，然后在凯斯西储大学牙科医学院学习 4 年，最终获得凯斯西储大学的牙科外科博士（DDS）学位。被该计划录取的学生在伍斯特学院完成大三学业后，进入凯斯西储大学牙科医学院的一年级学习，该计划要求学生的 GPA 保持在 3.5 分或以上，并且 DAT 考试成绩为 19 分及以上。

伍斯特学院有超过 2/3 的学生到海外学习过，学院的海外课程遍布 60 多个国家；学院的海外学习计划有：

（1）伍斯特教师带领和指导的 TREK 海外计划，每年计划的主题和地点不同，为期 2~6 周，通常在学校假期（冬季、春季或夏季）内实施。

（2）伍斯特学院的交换生计划，学生在伍斯特学院的合作大学学习一个学期，学校的 2 个交流项目是：日本东京的国际基督教大学和加纳首都阿克拉的 Ashesi 大学。

此外，学生也可以参加由第三方，如 AIFS、API、Arcadia、DIS、IES、IFSA 等国际组织提供的课程；还可以直接注册国外大学的课程，或参加海外的研究、实习等项目。

伍斯特学院为学生提供了实习清单，学生可以在清单中寻找机会，《普林斯顿评论》将伍斯特学院评为全美"最佳实习学校"第 12 名，并指出伍斯特学院重视指导研究以及提供大量研究和实习机会。学校同样提供校友影子实习计划、微型带薪实习计划等。

5.8.4 师资及教学

伍斯特学院师生比例是 1：10，73.6% 的班级少于 20 人。有 171 名全职老师，96% 的老师拥有所在领域的最高学位。

伍斯特学院要求学生必须完成 Critical Inquiry 的第一年研讨会，至少一门写作强化课程。除了以上要求和专业课程的学习外，学生还需要完成 1 门有关全球参与的课程，1 门有关多样性、权力和特权的课程，1 门有关宗教研究和社会正义的课程，1 门定量素养的课程，6 门跨学科学习的课程，1 门初级独立研究课程和 2 门高级独立研究课程。

学校选课的课程目录：http：//catalog. wooster. edu/content. php？catoid＝6&navoid＝153。

学校的选课要求：http：//catalog. wooster. edu/content. php？catoid＝6&navoid＝167。

5.8.5 申请条件

在 2020~2021 年申请季，伍斯特学院一共收到 5582 份申请，录取了 3645 位，录取率 65.3%，最后有 530 位新生正式入学。在 5582 份申请中，有 196 位是 ED 早申请，其中 124 位被录取，录取率 63.2%。学校同时还为 434 位学生提供了待定席位，88 位接受待定，最后 23 位转正。

根据官网的报告，在所有的申请材料中，招生办认为最重要的是中学课程难度和 GPA；其次是班级排名、申请文书、推荐信和面试；再次是标化考试、课外活动经历、志愿者活动、工作经历等其他因素。学校对高中课程的要求是 4 年的英语；3 年的数学、科学和社会学课程；2 年的外语和实验室科学课程。

中国学生可以参考的标化 75%分数线是：SAT 1350 分（其中语法阅读 680 分），ACT 31 分（其中英语 29 分）。68%的录取者在毕业班的班级排名是前 15%。学校要求第一语言不是英语的学生提供托福、雅思或 Duolingo 成绩。学校对国际生的托福成绩要求是最低 80 分，Duolingo 成绩是 100 分。学校对英语水平的具体要求见 https：//wooster. edu/admissions/international/。

伍斯特学院每年都招转学生，2020~2021 年有 76 份申请，最后录取了 49 位，有 18 位入学。

5.8.6 毕业生就业方向

伍斯特学院对 2019 届毕业生的统计显示，在毕业 6 个月内，65%的学生已就业，29%的学生进入研究生院或继续学习，5%的学生还在申请研究生院。95%的毕业生被他们首选的研究生院录取。

学院对毕业生的统计显示，学生就业的行业主要是：教育，银行/金融/保险，政府，通信/媒体/广告，非营利组织等。

伍斯特学院学生就业的雇主包括：艾伯维制药，美国银行，布鲁克海文国家实验室，安永，联邦调查局，汉诺威研究，伊利诺伊州公立学校，马格努森研究所，摩根士丹利，美国国立卫生研究院，橡树岭科学研究所，俄亥俄州参议院，克利夫兰管弦乐团等。

伍斯特学院毕业生追求的最高学位如图 5.14 所示。

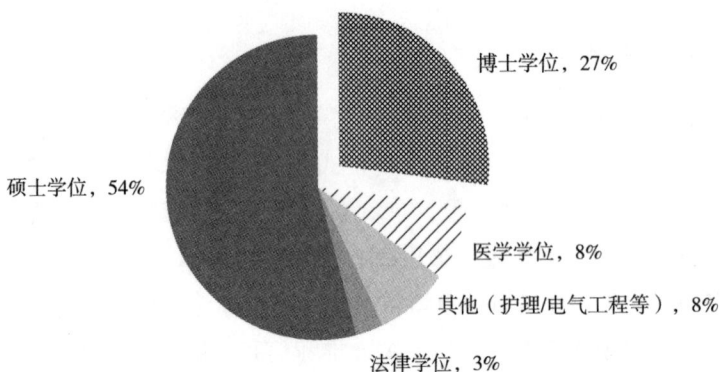

图 5.14　伍斯特学院 2019 届毕业生追求的最高学位

伍斯特学院毕业生进入的研究生院包括：杜克大学医学院，埃默里大学，约翰霍普金斯大学，麻省理工学院，费城骨科医学院，范德堡大学，密歇根大学，俄亥俄州立大学牙科学院，威廉玛丽法学院，爱尔兰利默里克理工学院，德国汉堡医学院等。

5.8.7　著名校友

伍斯特学院的著名校友包括：诺贝尔物理学奖获得者，美国国家科学院院士，华盛顿大学校长 Arthur Holly Compton；麻省理工学院院长，美国国家科学院院士 Karl Taylor Compton；布鲁克林法学院联合创始人兼首任院长 William Richardson；美联储前副主席 Donald Kohn；固特异轮胎橡胶公司前首席执行官 Stanley Gault；电动汽车起动机电机的发明者，通用汽车研究公司副总裁 Charles Kettering；美国广播公司电台新闻和《美国之音》的新闻主播 Alfred William Edel；普利策奖得主，《波士顿先驱报》记者 Frederic Lauriston Bullard 等。

Sarah Bolton 博士于 2016 年 7 月成为伍斯特学院第 12 任校长，她也是学校的物理学教授。Bolton 博士于 1988 年获得布朗大学物理学和生物物理学学士学位，1991 年和 1995 年分别获得加州大学伯克利分校物理学硕士学位和伯克利的物理学博士学位。在加入伍斯特学院之前，Bolton 博士在马萨诸塞州的威廉姆斯学院担任了 6 年学院院长，负责监督学生生活的各个方面，包括为第一代大学生建立课程，加强学术咨询、学术资源、国际学习、第一年学生的住宿生活和安全等。Bolton 博士在伍斯特学院任职期间，伍斯特学院的课程也发生了变化。2018 年，学院制定了新的核心课程要求，以确保培养所有学生的理解多样性、正义和参与全球问题的能力。Bolton 博士任职期间，学校开设了 4 个新专业：环境地球科学，教育，统计和数据科学，环境研究。

5.8.8 文化与生活

伍斯特学院有 120 多个学生俱乐部和组织，包括政治、戏剧、体育及社区服务。伍斯特学院的表演乐团包括伍斯特交响乐团，该乐团由当时的学院小提琴教授丹尼尔·帕梅利于 1915 年创立。目前该乐团是俄亥俄州第二古老的连续演出乐团。

伍斯特学院 99%的学生住宿在校园，学校有 14 栋宿舍楼，大一学生集中住在 5 栋宿舍楼中。学校还有 10 栋校内公寓给高年级学生使用。

伍斯特学院有 5 个不同的用餐地点。不同餐厅的用餐时间不同，从早上 7 点到午夜都有餐食供应。

伍斯特学院有 23 支校队，被称为 Fighting Scots，作为北海岸运动大会的创始成员参加 NCAA 第三赛区会议，学校约 30%的学生参加了校级运动队。

学校学生组织的清单：https：//wooster. edu/orgs/。

学校的校报是 The Wooster Voice，网址：https：//wooster. presence. io/organization/the-wooster-voice。

5.8.9 联系方式

伍斯特学院的招生办联系方式：admissions@ wooster. edu，电话：（001）330-263-2000。

负责国际学生的招生官：Reon SinesSheaff, Director of International Admissions。

邮箱：rsines-sheaff@ wooster. edu，电话：（001）330-263-2001。

Reon SinesSheaff 来自爱荷华州的滑铁卢。

伍斯特学院建议学生进行面试，学生可以预约校园面试，也可以申请电话面试。国际生提供虚拟面试。学生也可以提交 InitialView 或 Vericant 的面试视频。

关于面试的说明：https：//wooster. edu/admissions/apply/admissions-interview/。

国际生面试说明：https：//wooster. edu/admissions/international/。

学校没有适合高中生的夏校项目。

5.8.10 目标生源

伍斯特学院的本科研究课程和要求是全美著名的。如果你希望本科研究成为你学习生涯中一个重要体验的话，并且你的强势学科为生物、历史、政治、心理或者音乐，或者你是伍斯特学院独有的教育、统计、传媒专业的申请者的话，那么可能伍斯特学院很适合你。

5.9 希尔斯代尔学院（Hillsdale College）

https：//www.hillsdale.edu/

希尔斯代尔学院基本情况如表 5.9 所示。

表 5.9 希尔斯代尔学院基本情况

U. S. News 美国文理学院排行榜	成立年份	校园面积	本科生人数	男女比例	国际生比例	美籍亚裔生比例
46	1844	400 英亩	1466 人	男：52% 女：48%	1%	1.1%

每年本科生入学人数	师生比	录取率	学费/年	食宿/年	本科毕业生年薪起薪中值	整体捐赠金额
338 人	1：9	36%	30042 美元	12140 美元	69111 美元	9 亿美元

5.9.1 历史和排名

希尔斯代尔学院于 1844 年在密歇根州斯普林伯市（Spring Arbor）成立，当时名为密歇根中央学院（Michigan Central College）。1853 年，搬到了密歇根州希尔斯代尔（Hillsdale），并改名为希尔斯代尔学院（Hillsdale College），沿用至今。

希尔斯代尔学院从 1844 年开始向所有学生敞开大门，不分性别、种族或宗教，是密歇根州第一所、美国第二所授予女性四年制文科学位的大学。

希尔斯代尔学院坚持学科的"人文色彩"，不仅为学生传授重要的知识，还致力于激发学生的求知欲，鼓励批判性和坚持原则的思维。学院尊重每一位学生，尊重他们的独特个性，重视学生的个人成长，通过学术培养和综合教育，让学生能够独立地成长，并成为一个对社会有用的人。

5.9.2　位置和环境

希尔斯代尔学院位于密歇根州中南部，底特律以西 90 英里处的希尔斯代尔小镇，到底特律约 2 小时车程。

希尔斯代尔县建于 1839 年，这里保留了大部分维多利亚时代的建筑和美景。Baw Beese 湖是希尔斯代尔县风景最优美的地区之一，湖滩也是沐浴阳光或打一场飞盘高尔夫的好地方。

底特律位于美国东北中部的五大湖区，是美国密歇根州最大的城市，曾经是美国的第四大城市，拥有两座全美顶级的现场音乐比赛场馆：DTE 能源音乐剧院（DTE Energy Music Theatre）和奥本山宫殿（The Place）。底特律在北美四大体育赛事中都拥有职业球队，球队主场都在底特律市内。底特律和周边地区组成了一个商业和国际贸易中心，特别是作为美国三大汽车公司（通用汽车、福特汽车、克莱斯勒汽车）总部所在地，这一区域的公司致力于新兴科技，包括生物科技、纳米科技、信息技术以及燃料电池的发展。

希尔斯代尔学院占地 400 英亩，校园里有 75 座现代和历史建筑。学院里有个成立于 1922 年的 14 英亩的莱顿植物园（Slayton），植物园设有室外圆形剧场、凉亭和池塘，有各种各样的树木和植物，很多社区活动都在这里举行。

离学院最近的国际机场是底特律大都会国际机场，约 1.5 小时车程。

5.9.3　专业设置和学术活动

希尔斯代尔学院共有 30 个专业，7 个跨学科专业和 8 个专业课程。根据毕业生的学位统计，学校毕业生专业分布如图 5.15 所示。

希尔斯代尔学院提供 8 项海外学习计划，这些计划为学生提供了学习经济学、商业、会计、跨文化研究、强化语言、历史和物理学等学科的机会。

希尔斯代尔-牛津学者计划学生在历史悠久的牛津大学学习文学、历史、艺术史、哲学、宗教和政治领域内具有挑战性的课程。课程涵盖广泛的现代以及古典、中世纪和早期的现代科目。

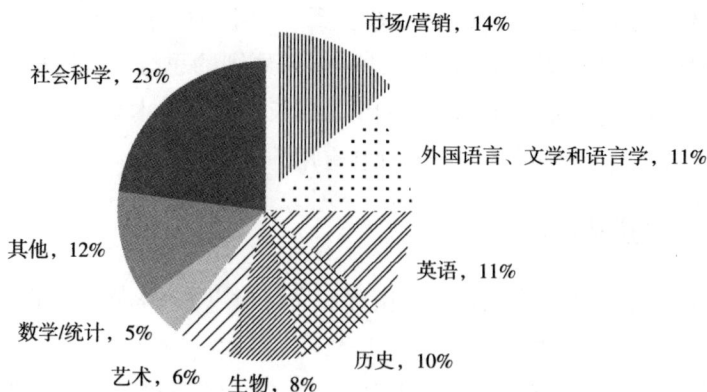

图 5.15　希尔斯代尔学院 2019 届毕业生专业分布

（1）希尔斯代尔-伦敦摄政大学计划，为经济学、商业、会计以及外语领域的学生提供了暑期学习的机会。

（2）希尔斯代尔-法国图兰学院计划，课程规模较小，目的在于提升学生法语能力和学习法国文化知识。

（3）希尔斯代尔-德国萨尔兰大学计划，学生主要学习德国语言和文学课程。

（4）希尔斯代尔-德国维尔茨堡暑期计划，一般在 7 月举行，时长 4 周，学生在德国南部历史悠久的、美丽的大学城维尔茨堡学习德国语言和德国文化课程。

（5）希尔斯代尔-西班牙塞维利亚计划，以跨文化研究为主，学生可以选择西班牙文学、历史、艺术史、经济、教育、政治和舞蹈等课程，如果学生通过西班牙语水平考试还可以在塞维利亚大学学习课程。

（6）希尔斯代尔-阿根廷科尔多瓦计划，科尔多瓦本身是一个文化和教育中心，科尔多瓦国立大学由耶稣会于 1613 年成立，位于科尔多瓦市中心，是拉丁美洲第六古老的大学。学生在寄宿家庭生活，进行跨文化的相关学习。

（7）希尔斯代尔-苏格兰圣安德鲁斯计划，学生可以在圣安德鲁斯大学学习一学期或者一学年，圣安德鲁斯大学成立于 1410 年，是苏格兰历史最悠久的大学，希尔斯代尔学生可以进入圣安德鲁斯大学学习从古代历史到理论物理学的学科。

（8）希尔斯代尔学院最有特色的实习是华盛顿-希尔斯代尔实习计划（WHIP），所有专业的大二、大三和大四学生都可以申请参加，学生住在华盛顿特区的 Hillsdale House 联排别墅，在国会山附近。

该计划的学生必须在前往华盛顿之前完成政治 101（Politics 101），"美国宪法"（The U. S. Constitution）课程。学生有机会在华盛顿特区的白宫、国会办公室和委员会、各种智囊团、媒体和新闻机构、国家安全机构、博物馆、国际贸易组织等机构实习，学生还可以在实习期间，修 2~3 门学术课程。课程可能包括"美国国家安全研究""1945 年以来的美国和世界"和"政治家与公共政策"等。

学生在实习期间可以参加各种活动，包括参观 Antietam 内战战场，乔治·华盛顿在佛农山的历史遗产，或参观五角大楼和联邦调查局总部等。

学生实习的机构还包括：曼哈顿研究所，美国研究基金，卡托研究所，国家新闻中心/华盛顿时报，美国国家卫生研究院，美国最高法院，传统基金会，美国国会法律图书馆等。

5.9.4 师资及教学

希尔斯代尔学院的师生比例是 1∶9，最常见的班级人数是 15 人。少于 20 人的小班课程占到了所有课程的 78.5%。有 146 名全职老师，92% 的老师拥有所在领域的最高学位。

作为核心课程的一部分，每个希尔斯代尔学院的学生都要完成 14 门人文、自然科学和社会科学专业课程。此外，学生还需要选修一门美术课程、一门西方文学课程、一门社会科学课程以及参加"CCA 研讨会"（Center for Constructive Alternatives Seminar）。

CCA 研讨会于 1972 年秋季推出，每年举行 4 次，每次为期 1 周，主题各不相同，最近的主题包括市场和政策、美国将军、当今的文理通识和教育、大型科技、电影简奥斯汀和美国外交政策。

希尔斯代尔学院还提供免费的在线课程，课程由学院的老师讲授，已有数百万人参加了在线课程，课程种类包含政治、历史、文学、哲学与宗教和经济学。

学校的在线课程目录：https：//online. hillsdale. edu/#home。

学校的选课要求是：https：//www. hillsdale. edu/academics/academic-re-sources/registrar/undergraduate-graduation-requirements。

5.9.5 申请条件

在 2018~2019 年申请季，希尔斯代尔学院一共收到 2208 份申请，录取了 795 位，录取率 36%，最后有 338 位顺利入学。在 2208 份申请中，有 284 位是

ED 早申请，其中 120 位被录取，录取率 42%。学校同时还为 151 位学生提供了待定席位，46 位接受待定，最后 30 位转正。

根据官网的报告，在所有的申请材料中，招生办认为最重要的是中学课程难度、GPA、标化考试、申请文书、面试、课外活动和个人品质；其次才是推荐信，志愿者活动等。学校对高中课程的要求是 4 年的英语，4 年的数学，3 年的生物和物理科学，3 年的历史和社会科学，至少 2 年的外语课程。学校也会特别关注学生 AP 或者 IB 成绩。

中国学生可以参考的标化 75% 分数线是：SAT 1465 分（其中语法阅读 740分），ACT 32 分（其中数学 31 分、英语 35 分）。86% 的申请者高中的 GPA 在3.75 以上，平均是 3.77。学校要求第一语言不是英语的学生提供托福、雅思成绩。国际生的托福成绩在 83 分或以上。

希尔斯代尔学院每年都招转学生，2018~2019 年有 137 份申请，最后录取了34 位，有 19 位入学。

5.9.6　毕业生就业方向

希尔斯代尔学院对 2020 届毕业生的统计显示，在毕业后 6 个月内，66% 的学生已就业或进行志愿者服务，27% 的毕业生进入研究生院或继续学习。最受学生欢迎的专业是英语、经济学、历史、政治和生物。学生 6 年的毕业率为 87%，毕业时的平均 GPA 是 3.44。

希尔斯代尔学院 2020 届就业的学生中，有 16% 的学生进入了教育行业，主要在 K-12 的学校中任教。除此之外，学生就业的雇主还包括：雅培集团，美国国防部，安永，福特汽车公司，通用汽车，高盛，辉瑞，底特律雄狮队，华尔街日报，麦肯锡，埃森哲，普华永道，梅奥诊所等。

希尔斯代尔学生在医学院入学考试（MCAT）中的得分经常达到或接近密歇根州的最高分。2020 届进入健康医学研究生院的学生，主要的学科方向有：医学院、临床心理学、药学、物理治疗、牙科、验光、生物医学科学和运动机能学。

学院毕业生进入的研究生院包括：哈佛大学，范德堡大学，圣母大学，康奈尔大学，贝勒医学院，梅奥临床医学院，乔治城大学，牛津大学，威廉玛丽学院，南加州大学等。

5.9.7 著名校友

希尔斯代尔学院的著名校友包括：密歇根州最高法院法官 Joseph Moore；因过山车专利而被称为"重力之旅之父"的工程师和发明家 LaMarcus Adna Thompson；被公认为"第三条铁路之父"的城市交通专家 Bion Joseph Arnold；美国第一位女哲学博士 May Gorslin Preston；Luminys Systems Corp. 总裁，两项奥斯卡奖和一项艾美奖技术成就奖获得者 David Pringle；美国密码学的女性先驱，密码分析专家和作家 Elizebeth Friedman；美国皮肤科医生，加州圣地亚哥分校医学中心皮肤科的创始人，皮肤病理学领域的创始人之一 Walter Nickel 等。

Larry P. Arnn 博士是希尔斯代尔学院第 12 任校长，同时也是该学院的政治和历史教授。他在阿肯色州立大学获得了政治学和会计学学士学位，在克莱蒙特研究生院获得了政府学硕士和政府学博士学位。Arnn 博士曾就读于牛津大学伍斯特学院，担任《温斯顿·丘吉尔》官方传记作者马丁·吉尔伯特爵士的研究主任。1985~2000 年，他担任克莱蒙特政治学和政治哲学研究所所长。1996 年，他是《加州民权动议》的创始主席，该倡议禁止在州招聘、合同和招生中存在种族偏好。

Arnn 博士著有三本书：Liberty and Learning：The Evolution of American Education；The Founders' Key：The Divine and Natural Connection Between the Declaration and the Constitution and What We Risk by Losing It；Churchill's Trial：Winston Churchill and the Salvation of Free Government。

5.9.8 文化与生活

希尔斯代尔学院有 100 多个学生俱乐部和组织，包含表演艺术、学生出版物、志愿服务、政治组织、辩论演讲等。学院还有 28 个荣誉社团，选拔各个学科的优秀学生，旨在鼓励和促进学术活动，并鼓励社团会员帮助优势学科中努力学习的人。

希尔斯代尔学院的宿舍楼是男女分开的，有 5 栋男生宿舍楼和 9 栋女生宿舍楼，学校要求大一和大二学生住在校园，大三、大四学生可以申请校外住宿。学校大多数都是单人房或双人房。

希尔斯代尔学院的田径队被称为闪电队，学校有 14 支校队，男女校队各 7支，是 GMAC 成员（中西部体育大会），参加 NCAA 第二分区体育比赛。

2018 年，希尔斯代尔学院被美国《下一届大学生运动员》（Next College Student Athlete）杂志评为美国最好的学生运动员学校之一。

学校学生组织的清单：https：//www. hillsdale. edu/campus-life/clubs-intramurals/。

学校的校报是 The Collegian，网址：https：//www. hillsdale. edu/campus-life/collegian/。

5.9.9　联系方式

希尔斯代尔学院的招生办联系方式：admissions@ hillsdale. edu，电话：（517）- 607-2327。

国际招生官：Peyton Bowen，Admissions Counselor。

邮箱：pbowen@ hillsdale. edu，电话：（517）607-2748。

学院表示，尽管面试不是必须的，但是强烈建议所有申请者参加入学面试，尤其是希望获得奖学金的申请者。

学校有适合高中生的旅游夏校项目：https：//www. hillsdale. edu/admissions-aid/high-school-study/。

学校有适合高中生的科学夏校项目：https：//www. hillsdale. edu/admissions-aid/high-school-study/summer-science-camps/。

5.9.10　目标生源

希尔斯代尔学院规模较小，具有浓厚的社区氛围，学生之间和师生之间的联系比较紧密。学校在严格管理学生和创造校园乐趣之间取得了一个很好的平衡。如果你喜欢平易的社区氛围，习惯国际生很少的环境，并且在体育方面有专长，喜欢去欧洲进行学术交流活动，那么希尔斯代尔学院会是一个很好的选择。

5.10　劳伦斯大学（Lawrence University）

https：//www. lawrence. edu/

劳伦斯大学基本情况如表 5.10 所示。

表 5.10　劳伦斯大学基本情况

U. S. News 美国文理学院排行榜	成立年份	校园面积	本科生人数	男女比例	国际生比例	美籍亚裔生比例
62	1847	88 英亩	1432 人	男：45% 女：55%	12%	6.2%
每年本科生入学人数	师生比	录取率	学费/年	食宿/年	本科毕业生年薪起薪中值	整体捐赠金额
377 人	1：8	68.9%	52401 美元	11184 美元	47300 美元	4.8 亿美元

5.10.1　历史和排名

劳伦斯大学是一所本科的文理学院和音乐学院。

1847 年，慈善家阿莫斯·亚当斯·劳伦斯提供了 1 万美元，劳伦斯的第一任校长威廉·哈克内斯·桑普森牧师与亨利·科尔曼牧师一起创办了这所学校，学校最初叫 Lawrence Institute，在 1849 年 11 月开始上课之前，改名为劳伦斯大学（Lawrence University）。

1853 年，劳伦斯大学成为美国第二所男女混合高校；1847 年，学校成立音乐学院。

1913~1964 年，学校又被命名为劳伦斯学院（Lawrence College），强调了其规模小和以文理通识教育为重点的特点。1964 年学院与密尔沃基唐纳女子学院合并，再次改名为劳伦斯大学（Lawrence University）。

劳伦斯大学致力于培养学生卓越和正直的品质，专注于学生的综合素质和未来发展。知识积累只是一个起点，认清自己在这个世界中的位置，对待每一件事物都有理性的判断，让自身在个人成就和社会贡献中找到最佳平衡点，是劳伦斯大学办学的核心理念。

劳伦斯大学在 2022 U. S. News 的最有价值的学校中排名第 36，在最佳本科教学学校中排名第 44。

5.10.2　位置和环境

劳伦斯大学有 3 个校区。主校区位于威斯康星州阿普尔顿市中心，占地 88

英亩，校园被福克斯河分为两部分。学术园区位于河的北岸，体育娱乐等设施位于东南岸。

阿普尔顿在 1882 年 8 月 20 日成为美国第一个商业发电的城市，两周后，纽约市成为第二个商业发电的城市。

阿普尔顿在福克斯河谷的中心，是福克斯大都市区的文化和商业中心，拥有 73000 多人口（在 25 万人的大都市区），是威斯康星第六大城市。福克斯大都市区是中西部增长最快的大都市区之一，为学生提供了充足的实习机会、研究项目、公民参与和社区服务机会。

比约克伦登（Björklunden），瑞典语，意思为"水边的桦树森林"，比约克伦登校区在密歇根湖畔，占地 441 英亩，位于威斯康星州多尔县百利港的南部，距离阿普尔顿（Appleton）东北方向 2 小时车程，是劳伦斯大学的北部校区，这里是研讨会、音乐会和文艺演出的场所，为探索、反思和强化学习体验提供了宁静的隐居之所。

劳伦斯大学的伦敦中心坐落在伦敦布卢姆斯伯里（Bloomsbury），距离科芬园，西区和苏活区仅几步之遥，该中心关注英格兰的历史和文化，开设相关课程，探索现代英国生活和文化等。

劳伦斯大学本部校园有 62 栋建筑，校园的主厅（Main Hall），建于 1853 年，1974 年被列入美国国家历史名胜名录。

阿普尔顿机场（ATW）距离校园仅 6 英里，距离学校最近的国际机场是密尔沃基的米切尔将军国际机场，约 2 小时车程。

5.10.3　专业设置和学术活动

劳伦斯大学在文理学院提供 35 个专业，在音乐学院提供 4 个专业，跨学科重点领域 3 个专业。学生还可以选择自己设计的专业。劳伦斯大学提供的学位有：文学学士学位和音乐学士学位，5 年制的文学学士+音乐学士的双学位。根据毕业生的学位统计，学校毕业生专业分布如图 5.16 所示。

劳伦斯大学给学生提供多个与学校教师合作研究的机会，学生可在校园与教师合作，如参加为期 10 周的强化暑期研究项目；或者是参与学校与世界各地的校外合作项目，如在爱尔兰史前考古学院等地研究古代社会、在安第斯山脉调查气候变化、在特兰西瓦尼亚进行骨骼分析等。

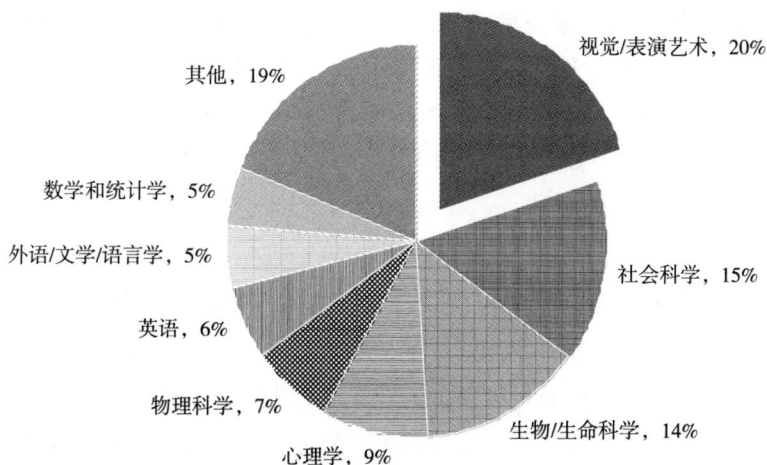

图 5.16　劳伦斯大学 2020 届毕业生专业分布

　　理查德·哈里森计划提供给进行独立研究的学生，学生在 5 月举行的理查德·哈里森人文社会科学研讨会上展示研究成果。

　　威廉·舒特·格兰特计划提供给在暑假从事人文或社会科学研究方向的学生。

　　伊洛伊丝·弗里克·切尔文研究计划优先考虑主修地质学的学生或与地质有关的项目。

　　此外，学校还在法国巴黎、法国南特地区有关于法国的研究和区域研究计划；在德国柏林和德国佛莱堡有关于德语研究和区域研究的计划等。

　　劳伦斯大学与哥伦比亚大学、伦斯勒理工学院、华盛顿圣路易斯大学有"3+2"的双学位项目，5 年可获得劳伦斯大学的文学学士学位和所参加专业学校的工程学学士学位。在劳伦斯大学学习 4 年后，在罗切斯特大学光学研究所学习 1 年，获得物理学学士学位和光学科学硕士学位。

　　劳伦斯大学与杜克大学有环境科学和林业领域的"3+2"双学位项目，在劳伦斯大学学习 3 年，在杜克大学环境学院学习 2 年后，学生将获得劳伦斯大学的学士学位和杜克大学的林业硕士学位或环境管理硕士学位。

　　劳伦斯大学与马奎特法学院（Marquette Law School）有合作的"3+3"项目，合格的学生在短短 6 年内可获得劳伦斯大学学位和法学博士学位。

劳伦斯大学与华盛顿圣路易斯大学医学院合作提供"3+2"的职业治疗（Occupational Therapy）计划，学生最终可以获得劳伦斯文学学士学位和华盛顿圣路易斯大学医学院的职业治疗理学硕士学位。

在劳伦斯大学，30%的学生都参加过海外项目，学校提供了50多个海外学习项目，大一就可以申请。

劳伦斯伦敦中心成立于1970年，向希望在校外学习一学期的劳伦斯大二~大四学生提供学术项目。学生可以选择在秋季、冬季或春季学期在伦敦中心学习，也可以选择在冬季和春季连续2个学期学习。

学生在劳伦斯伦敦中心可以参加为期9周的实习，还可以参加伦敦当地的独立研究项目，过去有过的独立研究项目包括处理伦敦档案馆的手稿和信件，从博物馆收藏中研究原创艺术品，采访伦敦和英国其他地方特定社区的个人等。

每年的春季，学校还提供在西非塞内加尔达喀尔为期10周的法语研讨会，与寄宿家庭生活在一起，从事服务学习或研究项目，并沉浸在西非的法语文化中。

劳伦斯大学的 Viking Connect 为学生和校友提供了一种更便捷的交流，学生可以通过 Viking Connect 更快地找到合适的实习机会，福克斯大都市区也为劳伦斯学生提供了众多的实习机会。除此之外，劳伦斯大学还提供了在加拿大魁北克地区和日本的短期实习计划。

5.10.4　师资及教学

劳伦斯大学的师生比例是 1∶8，80.8%的课程人数在 20 人以下。有 193 名全职老师，93%的人都拥有博士学位或该领域的最高学位。

劳伦斯大学一年有 3 个学期，分别是秋季、冬季和春季，每个常规学期包括 10 个星期的课程，然后是 3 天的考试。另外还有一个可选的 12 月学期（D-学期），是秋季学期和冬季学期之间的一个可选的、为期 2 周的学术充实课程。

D-学期在 12 月的前 2 周，校内课程包括研讨会、实地考察或前往劳伦斯一日车程内的地点参加活动。旅行课程将学生带到世界各地，在现实环境中实践学习。所有课程都由劳伦斯教师带领学生，提供有针对性的体验式学习。

第一年学习，也叫新生研究课程（Freshman Studies），于 1945 年在劳伦斯大学首次开课，这门课程要参加 2 个学期，每班大约 15 名学生，该课程鼓励同学之间讨论，学习学术写作的方法，培养学生更复杂的思辩能力。课程中还会共同探讨一系列重要问题，例如：人类最好的生活是什么？人类的知识有极限吗？我们应该如何应对不公正和苦难？每年都有一名教师和一名学生分别获得教学奖和新生研究写作奖。

学校选课的课程目录：https：//www. lawrence. edu/academics/course_ catalog。

学校的选课要求：https：//www. lawrence. edu/academics/degrees/bachelor_ of_ arts/requirements。

5.10.5 申请条件

在 2020~2021 申请季，劳伦斯大学一共收到 3028 份申请，录取了 2087 位，录取率 68.9%，最后有 377 位顺利入学。在 3028 份申请中，有 66 位是 ED 早申请，其中 38 位被录取，录取率 57.5%。学校同时还为 46 位学生提供了待定席位，7 位接受待定，最后 2 位转正。

根据官网的报告，在所有的申请材料中，招生办认为最重要的是个人品质、中学课程难度、班级排名和 GPA；其次是申请文书、推荐信、课外活动经历和面试；再次是标化考试、志愿者活动、工作经历等其他因素。学校对高中课程的要求是 4 年的英语，3 年的数学、科学，2 年的历史、社会学科和外语课。

中国学生可以参考的标化 75% 分数线是 SAT 1400 分（其中语法阅读 700 分），ACT 32 分（其中英语 34 分）。69% 的录取者在毕业班的班级排名是前 15%。学校要求第一语言不是英语的学生提供托福、雅思或 Duolingo 成绩。学校建议国际生的托福成绩最低是 80 分，雅思成绩是 6.5 分，Duolingo 成绩是 155 分。学校对英语水平的具体要求见 https：//www. lawrence. edu/admissions/international/admissions-information。

劳伦斯大学每年都招转学生，2020~2021 年有 81 份申请，最后录取了 51 位，有 24 位入学。

5.10.6 毕业生就业方向

劳伦斯大学对毕业生的统计显示，在毕业 6 个月内，65% 的学生已就业，22% 的学生进入研究生院或继续学习。毕业生就业领域如图 5.17 所示。

劳伦斯大学毕业生就业的雇主包括：苹果公司，谷歌，美联社，芝加哥歌剧院，金佰利公司，梅西百货，自然历史博物馆，领英公司，北方信托，再生元制药公司，梅奥诊所，沃克艺术中心，富国银行等。

劳伦斯大学毕业生追求的最高学位如图 5.18 所示。

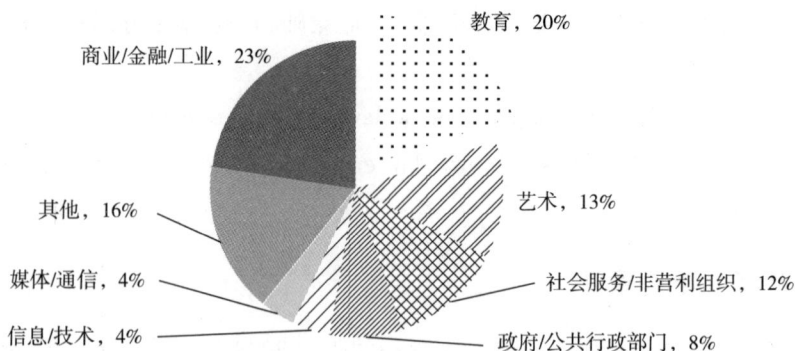

图 5.17　劳伦斯大学毕业生就业领域分布

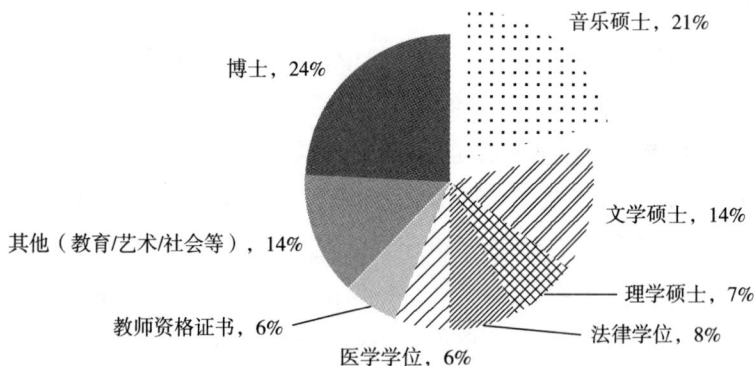

图 5.18　劳伦斯大学毕业生追求的最高学位

劳伦斯大学毕业生进入的研究生院包括：哈佛大学，卡内基梅隆大学，哥伦比亚大学，达特茅斯学院，杜克大学，约翰·霍普金斯大学，西北大学，圣路易斯华盛顿大学，纽约大学，伊士曼音乐学院，曼哈顿音乐学院等。

全校能拿到奖助学金的国际生有 170 人，总金额为 5559095 美元，人均奖学金金额为 32700 美元。

5.10.7　著名校友

劳伦斯大学的著名校友包括：美国生物化学家、2009 年诺贝尔化学奖获得者、耶鲁大学分子生物物理学和生物化学教授 Thomas Steitz；真空吸尘器制造公司奥雷克（Oreck Corp.）前总裁兼首席执行官 Tom Oreck；ABC News 首席国家记者 Terry Moran；北方信托公司高级副总裁兼首席信托官 William Fuller；哥伦比亚语言学院的创始人、语言学家 William Diver；美国国家艺术基金会主席 Michael Hammond；纪录片频道的首席执行官和创始人 Tom Neff。

Laurie A. Carter 博士于 2021 年 7 月成为劳伦斯大学第 17 任校长。Carter 博士出生于新泽西州，曾就读于宾夕法尼亚州克拉里昂大学并获得了传播科学学士学位。她在威廉帕特森学院获得了传播学硕士学位，并在罗格斯大学获得了法学博士学位。她被斯诺学院授予名誉博士学位，并且是克拉里昂大学田径名人堂的成员，以表彰其本科阶段在田径领域的杰出贡献。在进入劳伦斯大学之前，Carter 博士担任宾夕法尼亚州希彭斯堡大学校长；还曾担任过东肯塔基大学的执行副校长和大学法律顾问。

5.10.8 文化与生活

劳伦斯大学有许多传统活动。

校长握手仪式：迎新会期间，校长在纪念教堂举行的活动中与每位新生握手，这个仪式让学生有了一个新开始，正式加入了劳伦斯大学；同样，在毕业典礼上校长会和毕业生再次握手，庆祝毕业。

劳伦斯大学每个年级都会被指定红色、黄色、绿色和紫色中的一个颜色，以让学生感受到团结，新入学的大一学生会继承刚毕业的颜色，大一学生会在入学时得到一件自己年级颜色的 T 恤，上面写着毕业的年份。

冬季狂欢节：活动每年都不同，从冰雕到建造姜饼屋，再到玩 Grocery Bingo，在冬季狂欢节结束时会举行校长舞会。这是一个与现场爵士乐队一起跳舞并吃巧克力火锅的夜晚。

劳伦斯的国际学生每年都会聚在一起进行文化表演。在斯坦斯伯里剧院演出，歌舞团每年都不同，主题不断变化，是学校每年必看的活动。

学校周五和周六晚上放映免费电影。音乐学院的许多音乐会免费提供给学生。

劳伦斯大学要求学生 4 年都住宿在校园内。Andrew Commons 是学校的主要餐厅，学校还有 1 家营业至午夜的咖啡馆和 1 家提供简餐、小吃和其他便利品的街角商店。学校有每周 1 次、14 次和 9 次等多种膳食计划。

劳伦斯大学的运动队被称为"维京人"，学校有 21% 的学生参加校队运动，共有 22 支校队，其中 11 支男子队，11 支女子队，参加美国国家大学体育协会（NCAA）第三分部的中西部会议。

劳伦斯大学社团清单：https：//www. lawrence. edu/students/activities/directory。

《劳伦斯人》（The Lawrentian） 是劳伦斯大学的校报，于 1884 年首次发表，在上课时每周发表一次。订阅《劳伦斯人》的费用为每学期 15 美元，或全年 45 美元。网址：http：//www. lawrentian. com/。

5. 10. 9　联系方式

学校文理学院招生办的联系方式：admissions@ lawrence. edu，电话：920 - 832 - 6500。

学校音乐学院招生办的电话：800 - 227 - 0982。

负责学院国际学生的招生官：Marcy O'Malley，Director of International Admissions。

邮箱：marcy. omalley@ lawrence. edu，电话：（01） 920 - 832 - 6778。

Marcy O'Malley 来自罗德岛沃里克（Warwick），毕业于佛蒙特州圣迈克尔学院（Saint Michael's College）。

劳伦斯大学的面试虽然是可选的，但是学校强烈建议所有申请人都进行面试。

中国学生必须通过 Skype，IntitalView 或 Vericant 完成面试。

关于面试的说明：https：//www. lawrence. edu/admissions/interviews。

关于国际生面试：https：//www. lawrence. edu/admissions/international/admissions-information。

劳伦斯大学为各个年龄段的学生提供许多夏校项目，关于各个营地的详细介绍：https：//www. lawrence. edu/info/services/facility_ rentals/summer-camps。

劳伦斯大学的国际学生学院提供的 SIIS 研讨会：https：//www. lawrence. edu/admissions/international/international-summer-academic-orientation。

5. 10. 10　目标生源

劳伦斯大学文理平衡，有很优秀的艺术专业，也很适合想要学习理科专业，尤其是生命科学和物理化学的学生。学校有丰富的"3+2"等合作项目，也有各式各样的本科研究机会，虽然因为附近没有大城市，学生实习的机会很少，但是劳伦斯大学很适合想要在本科打好基础，以后报考研究生院的学生。

5.11　卡拉马祖学院（Kalamazoo College）

http：//www.kzoo.edu/

卡拉马祖学院基本情况如表 5.11 表示。

表 5.11　卡拉马祖学院基本情况

U. S. News 美国文理学院 排行榜	成立年份	校园面积	本科生人数	男女比例	国际生比例	美籍亚裔生 比例
71	1833	60 英亩	1451 人	男：41% 女：59%	8%	6.3%
每年本科生 入学人数	师生比	录取率	学费/年	食宿/年	本科毕业生 年薪起薪中值	整体捐赠 金额
384 人	1：13	74.3%	54372 美元	10932 美元	46600 美元	3.1 亿美元

5.11.1　历史和排名

卡拉马祖学院（Kalamazoo College）又称 K 学院或简称 K，是美国 100 所最古老的大学之一。

卡拉马祖学院由一群浸信会牧师于 1833 年创立，当时名为密歇根和休伦学院（Michigan and Huron Institute）。1837 年，学院更名为"卡拉马祖文学学院"（Kalamazoo Literary Institute）；1838 年，密歇根大学开设了密歇根大学卡拉马祖分校，1840 年，两所学校合并。1840~1850 年，学院作为密歇根大学卡拉马祖分校运营。1855 年，学校更名为卡拉马祖学院（Kalamazoo College），并获得了授予学位的许可。

卡拉马祖学院在 2022 U. S. News 的最有价值的学校中排名第 39，在最佳本科教学学校中排名第 55。

5.11.2 位置和环境

卡拉马祖学院位于密歇根州卡拉马祖市，该市属于人口超过33.5万人的卡拉马祖–波尔塔奇（Kalamazoo-Portage）大都市区，这里既有大城市的所有优点，又有小镇的亲切感，只需步行或乘坐巴士即可到达各类实验室、金融机构、大小企业、医疗架构、艺术组织和博物馆等。

卡拉马祖学院距密歇根湖仅35英里，距底特律和芝加哥约140英里，约2.5小时车程，乘坐飞机到底特律都会国际机场或芝加哥奥黑尔国际机场，都可以到达卡拉马祖学院。

卡拉马祖学院校园面积60英亩，校园内有30多座建筑，校园内的Stetson Chapel塔楼内有一组8个英式变声钟（Change Ringing Bells），这是密歇根州唯一的此类钟楼，也是北美仅有的几十个钟楼之一。学院还在卡拉马祖市拥有一个占地135英亩的莉莲·安德森植物园，植物园由沼泽、草地、松树人工林和次生落叶林组成。

5.11.3 专业设置和学术活动

卡拉马祖学院提供30个专业，涵盖美术，人文，现代和古典语言与文学，自然科学和数学以及社会科学领域。学校毕业生专业分布如图5.19所示。

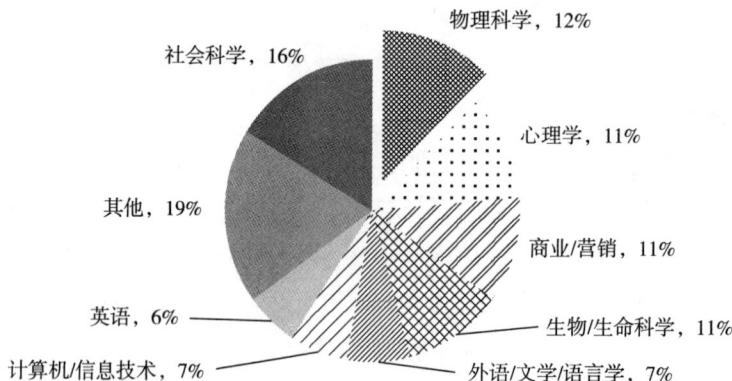

图5.19 卡拉马祖学院2020届毕业生专业分布

卡拉马祖学院独特的K-Plan学术计划一直是学院课程的基础和重点，每个学生都有一份属于自己的K-Plan计划，其有4个组成部分——校内学习、职业服务实习、海外学习和高级综合项目。

跟其他文理学院不同，卡拉马祖学院没有核心课程，K-Plan 的开放课程有更多的灵活性，学生可以进行广泛探索。K-Plan 强调体验式学习，鼓励学生参与海外学习、实习和服务学习项目等，将课堂学习与现实世界的经验联系起来。

K-Plan 中的高潮是大四的个性化研究项目 SIP，每个学生将探索自己选择的主题，从而完成深入的研究生水平研究论文、表演或创造性工作。

卡拉马祖学院是五大湖学院协会（GLCA）的成员，该协会由密歇根州、印第安纳州、俄亥俄州和宾夕法尼亚州的 13 所私立文理学院组成。成员学院包括 Albion College、Allegheny College、Antioch University、Denison University、DePauw University、Earlham College、Hope School、Kalamazoo College、Kenyon College、Oberlin College、Ohio Wesleyan University、Wabash College 和 Wooster School，协会成员共享设施和资源。

卡拉马祖学院学生有资格申请参加纽约市的美术课程、芝加哥纽贝里图书馆秋季学期的研讨会、费城中心的城市研究课程、田纳西州橡树岭国家实验室的科学/社会科学课程等。

卡拉马祖学院与华盛顿大学圣路易斯大学有合作的"3+2"工程双学位项目。学生在卡拉马祖学院完成 3 年的课程学习，在合作的工程学校完成 2 年的课程学习，获得中心学院理学学士学位和合作学校的工程学学位。

卡拉马祖学院提供了 30 个国际的 50 多个海外学习计划，80% 的学生在毕业前都参加过海外学习，学生通常会在大三时进行海外学习，参加 STEM 学科海外学习的主要是生物、化学、计算机科学、健康、数学等专业方向的学生。

卡拉马祖学院的海外学习项目主要分两类：一类是卡拉马祖学院赞助的海外学习计划，学校老师会在当地指导学生，学生住在寄宿家庭或大学宿舍中，计划主要地点有厄瓜多尔、法国、德国、肯尼亚、墨西哥、塞内加尔、西班牙、泰国等。另一类是卡拉马祖学院合作的海外项目，合作伙伴的项目地点主要有澳大利亚、智利、中国、哥斯达黎加、丹麦、埃及、希腊、英国等。

实习是卡拉马祖学院 K-Plan 计划的一部分，学生通过握手或校友网络来寻找实习机会，或通过 Parker Dewey 网络参加短期的有薪实习，学校还会组织职业活动，让学生与来访的专业人士一起用餐，并有机会更多地了解职业道路；或举行校园招聘会。

5.11.4　师资及教学

卡拉马祖学院的师生比例是 1∶13，少于 20 人的小班课程占到了所有课程的

57.7%。全职老师 100 名，96% 都拥有博士学位或所在领域的最高学位。

卡拉马祖学院是 Quarter 制的，一个 Quarter 10 个星期，一共有 3 个，外加学生需要在暑期去海外学习或者完成 SIP 计划。所以在这所学校，日程安排是比较紧凑的。

所有卡拉马祖学生都参加 3 门共享通道研讨会（Shared Passages Seminars）。一年级研讨会是进入 K 计划和大学生活的首要课程，研讨会于秋季学期提供，尤其侧重于批判性思维、写作和演讲能力。大二研讨会以第一年研讨会的学习目标为基础，侧重于从多个角度看待特定主题或问题，培养跨学科能力等。共享通道研讨会中的高级课程着重于培养学生综合能力，提供文理顶石体验，使不同专业的学生能够将卡拉马祖学院教育的不同方面应用于特定主题或问题。

除此之外，学生还必须完成第二外语和体育教育的相关要求。

学校的课程清单：http：//www. kzoo. edu/catalog/。

学校选课的课程目录：http：//www. kzoo. edu/catalog/？id=1067。

学校的选课要求：http：//www. kzoo. edu/catalog/？id=1000。

5.11.5 申请条件

在 2020~2021 年申请季，卡拉马祖学院一共收到 3453 份申请，录取了 2569 位，录取率 74.3%，最后有 384 位顺利入学。在 3453 份申请中，有 80 位是 ED 早申请，其中 61 位被录取，录取率 76.2%。学校同时还为 183 位学生提供了待定席位，68 位接受待定，最后 30 位转正。

根据官网的报告，在所有的申请材料中，招生办认为最重要的是中学课程难度、GPA 和课外活动经历；其次是申请文书和推荐信；再次是标化考试、面试、志愿者活动、工作经历等其他因素。学校对高中课程的要求是 4 年的英语，3 年的数学、科学、外语，2 年的历史和社会学学科。

中国学生可以参考的标化 75% 分数线是：SAT 1360 分（其中语法阅读 680 分），ACT 30 分（其中英语 33 分）。78% 的录取者在毕业班的班级排名是前 15%。如果学生在以英语为主要教学语言的学校学习至少 2 年，则无须提供托福成绩。国际生的托福成绩最低要求是 84 分，雅思成绩是 7.0 分，Duolingo 成绩是 110 分。学校对英语水平的具体要求见 https：//www. kzoo. edu//admission/inter-national/english-language-proficiency/

卡拉马祖学院每年都招转学生，2020~2021 年有 67 份申请，最后录取了 22

位，有 7 位入学。

5.11.6　毕业生就业方向

卡拉马祖学院是密歇根州和全美四年毕业率最高的学院之一。学院的调查显示，在毕业后 6 个月内，92％的学生已就业或进入研究生院或继续学习。

卡拉马祖学院毕业生就业的雇主包括：埃森哲，美国公共卫生协会，布朗森医院，查尔斯河实验室，伊顿公司，芝加哥联邦储备银行，密歇根第一国民银行，福特汽车公司，美国国家牙科和颅面研究所，辉瑞，史密森学会等。

卡拉马祖学院毕业生进入的研究生院包括：哥伦比亚大学，芝加哥大学，加州大学洛杉矶分校，加州大学圣地亚哥分校，范德比尔特大学，华盛顿大学圣路易斯分校，密歇根州立大学法学院，帕默脊骨疗法学院，牛津大学等。

5.11.7　著名校友

卡拉马祖学院的著名校友包括：2013 年诺贝尔经济学奖得主，耶鲁大学经济学教授 Robert James Shiller；通用电气研究实验室和洛斯阿拉莫斯国家实验室的科学家 George C. Baldwin；被公认为硅谷个人电脑开发中最重要的创新者之一的科学家 Harry T. Garland；以发展"边界工作"的概念而闻名的印第安纳大学社会学教授 Thomas F. Gieryn；2015 年托尼奖得主（Fun Home）、剧作家和女演员 Lisa Kron；麦克阿瑟"天才"奖获得者、艺术家 Julie Mehretu；在《行尸走肉》中饰演格伦而闻名的演员 Steven Yeun；对冲基金管理公司 Universa 投资公司的创始人、所有者和首席投资官 Mark Spitznagel；史崔克公司医疗技术公司财富的继承人 Jon Stryker 等。

Jorge Gonzalez 博士自 2016 年 7 月起担任卡拉马祖学院第 18 任校长。他本科毕业于墨西哥的蒙特雷理工学院，在密歇根州立大学获得经济学硕士学位和博士学位。Gonzalez 博士曾于 2010~2016 年担任西方学院的学术事务副校长兼学院院长，并于 1989~2010 年在三一大学担任经济系主任和校长助理，作为三位一体最高教学奖的获得者，他教授过微观和宏观经济学、国际贸易、经济发展以及墨西哥和西班牙的经济课程。

5.11.8　文化与生活

卡拉马祖学院在校园内有 70 多个学生组织和俱乐部，包括国际学生组织，妇女进步组织，马戏艺术和环境组织等，许多学生参与美术和表演艺术，在策划校园活动时享有高度的自主性。

在秋季学期，学院有秋季音乐节和归乡舞会。在秋季音乐节上，学生组织为学生提供各种活动，比如万圣节南瓜雕刻、咬苹果游戏等。秋季学期的最后一个周四，在学校的希克斯咖啡馆有学生和教授互动的感恩节晚餐。10月底在鸥草甸农场（Gull Meadow Farms）有密歇根州最大的热气球节：卡拉马祖热气球节，可以一边看气球升空，一边摘苹果，喝苹果酒，吃甜甜圈。

卡拉马祖学生中有70%居住在校园内，大多数校外学生都居住在校园周边4个街区。学校有6栋宿舍楼，大一学生集中住在一起。学院提供了9种不同的膳食计划，可用于学校餐厅和校园咖啡馆。

卡拉马祖学院的代表颜色是黑色和橙色，运动队被称为"大黄蜂"，学校有18支校队，其中男子校队9支，女子校队9支，参加了NCAA Divission Ⅲ和密歇根大学体育协会（MIAA）的比赛。

学校学生组织的清单：https：//kzoo. presence. io/organizations。

学校的校报是The Index，网址：https：//www. thekzooindex. com/。

5.11.9　联系方式

学校招生办的联系方式是：admission@ kzoo. edu，电话：（001）269-337-7166。

负责国际学生的招生官：Rod Malcolm，Senior Associate Director of Admission。邮箱：roderick. malcolm@ kzoo. edu，电话：（001）269-337-7173。

Rod Malcolm 来自马萨诸塞州，并获得了菲奇堡州立大学（Fitchburg State College）的社会学学士学位。

卡拉马祖学院设有国际生中心，专门为国际生提供各种服务，比如签证、入学指导等问题可以与 alayna. lewis@ kzoo. edu 联系。国际生还可以通过给 intladm @ kzoo. edu 发邮件，申请和在校国际生沟通交流。

卡拉马祖学院对面试没有要求。

卡拉马祖学院没有适合高中生的夏校项目。

5.11.10　目标生源

卡拉马祖学院的 K-Plan 学术计划闻名全国。该计划区别于其他的文理学院，卡拉马祖学院没有核心的课程要求，按照每个学生的需求来定制，是一个综合性和个性化的文理教育学院。因此，卡拉马祖学院吸引和培养了很多有个性的、性格有趣但稍有些古怪的学生。学习计划安排比较紧张。比较适合有个性的、喜欢紧张学习氛围的申请者。

5.12　贝洛伊特学院（Beloit College）

https：//www. beloit. edu/

贝洛伊特学院基本情况如表 5. 12 所示。

表 5.12　贝洛伊特学院基本情况

U. S. News 美国文理学院排行榜	成立年份	校园面积	本科生人数	男女比例	国际生比例	美籍亚裔生比例
75	1846	47 英亩	978 人	男：46% 女：54%	17%	3.3%
每年本科生入学人数	师生比	录取率	学费/年	食宿/年	本科毕业生年薪起薪中值	整体捐赠金额
278 人	1：10	58.3%	54680 美元	10028 美元	45300 美元	1.6 亿美元

5.12.1　历史和排名

贝洛伊特学院于 1846 年由教育之友组织在威斯康星创立，是该州历史最悠久的持续经营的大学，学校课程开始于 1847 年秋季，第一个学位颁发于 1851 年。

贝洛伊特学院的第一任校长是耶鲁大学毕业生 Aaron Lucius Chapin，1849～1886 年任职。贝洛伊特学院于 1895 年成为男女同校的学校。

将教学目的聚焦在幸福和未来，是贝洛伊特学院始终强调的办学宗旨。学院教学强调国际化和跨学科，重在将知识与经验相结合，旨在培养学生的聪明才智、想象力和好奇心，使他们能够在多元化的社会中享有成就感，并通过为社会无私奉献来体现个人的责任与价值。

贝洛伊特学院在 2022 U. S. News 的最有价值的学校中排名第 33，在最佳本科教学学校中排名第 29。

5.12.2　位置和环境

贝洛伊特学院位于威斯康星州南部和伊利诺伊州北部交界处的贝洛伊特镇，是一个后工业小镇，人口约 4 万人，学院位于小镇的近东区历史区，这里由 19 世纪的时尚住宅和贝洛伊特学院的建筑组成，1983 年被列入美国国家历史名胜名录，从校园步行 10 分钟可到达镇中心。

贝洛伊特学院校园面积 47 英亩，坐落在河边，周围环绕着 23 个古老的美洲印第安墓地。

校园内有 2 个向公众开放的校园博物馆：洛根人类学博物馆和赖特艺术博物馆，收藏了来自 125 个国家和 600 多个文化团体的 30 多万件民族志和考古文物；赖特博物馆收藏了 8000 多件藏品，其中包括大量原版版画和亚洲艺术品。

贝洛伊特学院冬天非常寒冷，最冷时约零下 20 摄氏度，而且经常有持续时间很长的大雪，学校周围虽然人烟稀少，但必要的生活设施一样不少，有沃尔玛超市和各种餐馆。

贝洛伊特学院离麦迪逊、密尔沃基和芝加哥 1~1.5 小时的车程，国际生建议到达芝加哥奥黑尔国际机场，有巴士公司提供从芝加哥奥黑尔到南贝洛伊特的直达服务。

5.12.3　专业设置和学术活动

贝洛伊特学院提供 50 多个学科，根据毕业生的学位统计，学校毕业生专业分布如图 5.20 所示。

贝洛伊特学院比较有特色的专业包括人类学、地质学和社会科学，学校有好几个中国通。带领我们探校的中国学生说，她有一个美国教授经常请同学去他家搓麻将和吃火锅。

贝洛伊特学院在暑期提供有限的科学研究机会，生物学暑期教育研究项目是 8 周，物理学和数学领域的暑期研究项目都是 4 周。

帕库拉生物医学研究计划，也在暑期进行，为期 8 周，是一个指导性科学研究计划，学生可获得 4750 美元的津贴。

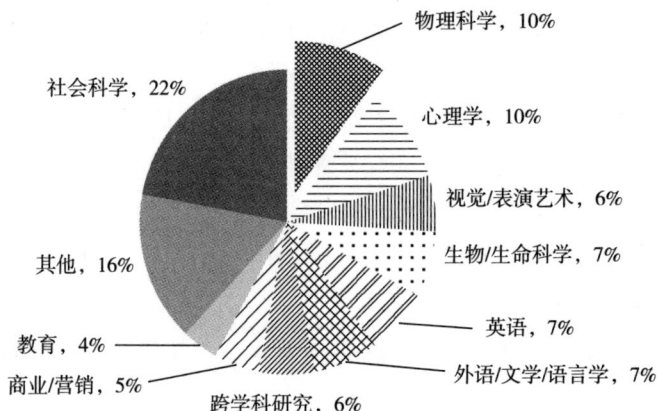

物理科学，10%

社会科学，22%

心理学，10%

视觉/表演艺术，6%

其他，16%

生物/生命科学，7%

英语，7%

教育，4%

外语/文学/语言学，7%

商业/营销，5%

跨学科研究，6%

图 5.20　贝洛伊特学院 2020 届毕业生专业分布

学院的 2 个博物馆也为学生提供了研究、实习和志愿者的机会。

贝洛伊特学院与伦斯勒理工学院或华盛顿大学圣路易斯大学有合作的"3+2"和"4+2"工程双学位项目。即学生在贝洛伊特学院完成 3 年或 4 年的课程学习，在合作工程学校伦斯勒理工学院或华盛顿大学完成 2 年的课程学习，即可获得 2 个学位，完成"3+2"项目，可获得 2 个学士学位；完成"4+2"项目，可获得 1 个学士学位+1 个硕士学位。

贝洛伊特学院大约 40% 的学生有至少到校外学习一次的机会，学校提供 60 多个国家和地区的 100 多个海外项目和近 12 种国内交换项目。贝洛伊特学生去海外学习之前，会有一位专职顾问帮助学生找到与其专业、学习风格、语言技能和职业目标相匹配的项目，学生参加过的项目如：在丹麦南部挖掘一个中世纪的墓地，评估坦桑尼亚彭巴岛的生物多样性，在墨西哥移民营地工作，或在马耳他学习新的现代舞蹈技巧。

贝洛伊特学院的校友网络（The Power Grid）为学生的工作和实习提供了众多机会，学生从大一开始加入该网络，学生在感兴趣的领域与校友和雇主进行沟通，当学生准备好实习和寻找工作时，之前的校友网络会帮助他们进入这些领域的公司或非营利部门等。

5.12.4　师资及教学

贝洛伊特学院的师生比例是 1∶10，少于 20 人的小班课程占到了所有课程的

71.8%，少于 30 人的班占到 99%。95% 的全职老师都拥有博士学位或所在领域的最高学位。

贝洛伊特学院要求学生除专业课程外，还需要完成"Beyond The Classroom"的实践体验；3 门写作强化课程；1 门定量推理课程；1 门跨文化素养课程；1 个顶点项目，通常在大四完成；5 个知识领域（我们称其为"领域"）中，每一个领域至少 1 门课程。

这 5 个知识领域分别是：

（1）概念和基础领域，课程可能包括数学、音乐理论、逻辑以及介绍现代和古典语言。

（2）艺术和创意实践领域，课程可能包括计算机可视化、创业、舞蹈、视觉艺术、音乐技术、创意写作和戏剧。

（3）社会行为分析领域，课程可能包括历史、人类学、宗教研究、经济学和政治学。

（4）物理和生物宇宙领域，涉及科学探究，作为理解物理和生物宇宙的一种方法。

（5）文本研究和批判性思维，课程包括文学、哲学、历史和社会科学等。

学校的专业清单：https://www.beloit.edu/academics/majors-minors/。

学校的课程目录：https://www.beloit.edu/offices/registrar/course-registration/。

学校的选课要求：https://www.beloit.edu/offices/registrar/graduation-requirements/。

5.12.5　申请条件

在 2020~2021 年申请季，贝洛伊特学院一共收到 3140 份申请，录取了 1832 位，录取率 58.3%，最后有 278 位顺利入学。在 3140 份申请中，有 7 位是 ED 早申请，其中 6 位被录取，录取率 85.7%。学校同时还为 19 位学生提供了待定席位，17 位接受待定，最后 0 位转正。

根据官网的报告，在所有的申请材料中，招生办认为最重要的是中学课程难度、GPA、申请文书和推荐信；其次是课外活动经历；再次是班级排名、标化考试、面试、志愿者活动等其他因素。学校对高中课程的要求是 4 年的英语，3~4 年的数学、科学和社会学科，3 年的实验室科学，2 年的外语课。

中国学生可以参考的标化 75% 分数线是：SAT 1290 分（其中语法阅读 660

分），ACT 29 分（其中英语 31 分）。59%的录取者在毕业班的班级排名是前15%。学校要求第一语言不是英语的学生提供托福、雅思或 Duolingo 成绩。学校建议国际生的托福成绩最低是 80 分，雅思成绩是 6.5 分，Duolingo 成绩是 105分。学校对英语水平的具体要求见 https://www.beloit.edu/admission/apply/international-applicants/english-proficiency/。

贝洛伊特学院每年都招转学生，2020~2021 年有 84 份申请，最后录取了 48位，有 22 位入学。

5.12.6 毕业生就业方向

贝洛伊特学院对 2019 届毕业生的统计显示，在毕业后 6 个月内，93%的学生已就业或进入研究生院或继续学习。毕业生就业领域主要包括：金融，教育，计算机科学/IT，营销，咨询服务和创业。

学生就业的雇主主要包括：安永，德勤咨询，北方信托公司，西北互惠，Facebook，尼尔森研究，IBM，LinkedIn，史诗，贝尔登公司，联合国开发计划署，对外关系理事会等。

贝洛伊特学院 63%的学生会在毕业时或毕业后几年内继续研究生教育，学校的社会学、人类学、地质学和英语文学等专业产出的博士比例较高。

贝洛伊特毕业生进入的研究生院包括：芝加哥大学，哥伦比亚大学，密歇根大学，埃默里大学，约翰霍普金斯大学，杜克大学，牛津大学，杜兰大学等。

5.12.7 著名校友

贝洛伊特学院的著名校友包括：美国自然历史博物馆馆长、博物学家 Roy Chapman Andrews；威斯康星大学校长、地质学家 Thomas Chrowder Chamberlin；曾两次获得普利策奖的漫画家和环保主义者 Jay Norwood Darling；第一位非裔美国博士、计算机科学、界面设计先驱 Clarence Ellis；SAS Institute 四位创始人之一的 John Sall；索尼影视娱乐公司高管，电影制片人 Matt Tolmach 等。

Scott Bierman 博士于 2009 年 7 月成为贝洛伊特学院第 11 任校长。进入贝洛伊特学院之前，他在卡尔顿学院任职 27 年，担任过经济学教授、社会科学教学主任和该学院院长。

Bierman 博士在贝茨学院获得经济学和数学学士学位，并在弗吉尼亚大学获得经济学博士学位。他定期教授微观经济理论、博弈论和应用微观经济学课程。

5.12.8　文化与生活

点路 2019 年曾去贝洛伊特学院探访，热情友好的老师和同学给笔者留下了深刻的印象。贝洛伊特学院目前提供 60 多个学生组织和俱乐部，学生也可以创建自己的俱乐部。有特色的俱乐部有地质俱乐部、非洲加勒比协会，投资俱乐部等。

学校周末有很多 Party，每逢周五、周六就能见到警车在校园巡逻，随时待命。

贝洛伊特学院 96% 的学生都住在校园，大一、大二学生住在传统宿舍，大三、大四学生可以选择住公寓或者联排别墅，学生直到大四才能申请校外住宿。学校在 3 个地点提供餐饮，并提供每周 19 餐、14 餐和 7 餐的膳食计划。

贝洛伊特学院的吉祥色是蓝色和金色，学院的运动队叫海盗队，学校有 18 支校队，其中男子 9 支，女子 9 支，30% 的学生都参加大学校队，是 NCAA Ⅲ 分部成员，参加中西部会议比赛和北方田径大学比赛。

学生社团和学生组织的清单：https：//www. beloit. edu/offices/student-engage-ment-leadership/clubs-organizations/。

学校的校报是 Round Table，网址：https：//beloitcollegeroundtable. com/。

5.12.9　联系方式

贝洛伊特学院的招生办联系方式：admissions@ beloit. edu，电话：（001）608-363-2175。

负责国际学生的招生官：Erin Guth，Director of International and Transfer Ad-missions。

邮箱：guthe@ beloit. edu，电话：（001）608-713-8043。

贝洛伊特学院的面试不是必须的，但学院建议学生进行面试，可以在网上预约面试。

网上预约面试地址：https：//www. beloit. edu/admission/contact-us/。

贝洛伊特学院的 Pre-Collegiate Program 适合 G8~11 的学生。

项目链接：https：//www. beloit. edu/offices/help-yourself/pre-collegiate-program/。

5.12.10 目标生源

贝洛伊特学院是一所对中国学生非常友好的、富有文理学院精神的学校。非常适合那些想静待花开，能在安全没有压力的环境下慢慢培养学习习惯和热情的家庭。学校的人类学、地质学、经济以及其他社会科学都很不错，还有好几个中国通的教授。贝洛伊特学院最有名的就是人类学专业，东亚研究也是强项。

5.13 厄勒姆学院（Earlham College）

www.earlham.edu

厄勒姆学院基本情况如表5.13所示。

表 5.13 厄勒姆学院基本情况

U. S. News 美国文理学院排行榜	成立年份	校园面积	本科生人数	男女比例	国际生比例	美籍亚裔生比例
92	1847	800 英亩	957 人	男：43% 女：57%	21.6%	3.7%
每年本科生入学人数	师生比	录取率	学费/年	食宿/年	本科毕业生年薪起薪中值	整体捐赠金额
172 人	1：9	63.7%	49053 美元	11854 美元	47900 美元	4.3 亿美元

5.13.1 历史和排名

厄勒姆学院（Earlham College）创建于1847年，全称是厄勒姆学院及厄勒姆宗教学院。

厄勒姆宗教学院是学校内一个独立的院系。学校的历史和贵格会有关，贵格会又叫公谊会，是一个以宽容著称的基督教会。学校的核心价值观包括追求真理、尊重事实，宽以待人，互相尊重，其学术和生活项目也始终围绕社会服务、多元化和全球视野这几个关键词展开。

在2022 U. S. News的文理学院排行榜中，厄勒姆学院排名全美第92。在最佳本科教学榜和最具价值的学校排行榜中，厄勒姆学院分别排名第 48 和第 16。学校以优秀的本科教学著称。U. S. News 还将它评为国际生最多的大学，全国排名第 4。

厄勒姆学院属于（CTCL）即"改变一生的文理学院联盟"之一，《普林斯顿评论》杂志评选它为课堂体验最佳的大学，全国排名第 7，《福布斯》杂志评选它为财务最强的 A 档大学。

5.13.2 位置和环境

厄勒姆学院一共有 1005 名学生，其中研究生 48 名。本科生中女生 544 名，男生 413 名。学校非常多元化，国际生共 213 位，超过了 20% 的比例，非西班牙裔的白色人种占 473 位。

学校位于印第安纳州里士满，旁边就是厄勒姆宗教学院。整个区域占地 800 英亩，教学楼被森林、小溪、池塘湖泊和草原围绕。因为有了这样低密度的学校环境，在"新冠"期间，厄勒姆学院也是最早开启秋季学期和恢复线下探校的美国大学之一。

5.13.3 专业设置和学术活动

厄勒姆学院提供 40 个专业选择。学校 2018~2019 年毕业生的数据显示，最热门的专业是生物及生命科学类。根据毕业生的学位统计，学校毕业生专业分布如图 5.21 所示。

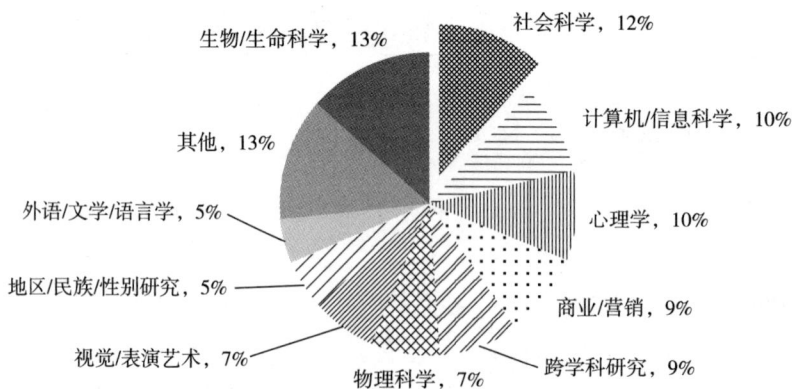

社会科学，12%
计算机/信息科学，10%
心理学，10%
商业/营销，9%
跨学科研究，9%
物理科学，7%
视觉/表演艺术，7%
地区/民族/性别研究，5%
外语/文学/语言学，5%
其他，13%
生物/生命科学，13%

图 5.21 厄勒姆学院 2020 届毕业生专业分布

厄勒姆学院的国际研究专业相当出色，每年都有毕业生被全美前十大学的研究生院录取。

由于学校承诺给所有参加实习和研究的学生提供资金资助，大大鼓励了校外项目的参与度。70%的厄勒姆学生毕业前都会参加校园外学习项目，包括海外交换生。

学校同时还提供教育和宗教的研究生学位。

5.13.4 师资及教学

厄勒姆学院的师生比例是 1∶9，因为学校整体人数不多，75%的课程人数在20人以下。

学校还提供一个 5 月集中课程，在春季学期结束后，部分学生可以参与线下和线上的一门短期课程，叫作 May Term。

除了大一新生必须完成的厄勒姆研讨 Ⅰ 和 Ⅱ 两节必修课外，每个新生都要完成自己专业的至少 1 门的写作课程。另外，厄勒姆学院的学生必须要在人文、自然科学、社会科学和视觉与表演艺术 4 个领域各自完成 6 个学分的通识选修课程。毕业前还需要完成定量分析、多元文化和健康方面的课程要求。

学校的选课要求：https：//earlham. edu/curriculum-guide/general-education-program/。

5.13.5 申请条件

2018~2019 年厄勒姆学院一共收到 2060 份申请，录取了 1313 位，录取率63.7%，最后有 172 位新生正式入学。

招生办认为最重要的申请材料是高中课程难度和 GPA；其次是文书、课外活动和个人品质；再次是班级排名、标化考试分数、推荐信、面试、特长、志愿者经历、工作经历、住址、宗教和忠诚度等其他因素。学校建议高中申请者必须学习了 4 年的数学、英语、科学（包括 2 年实验科学相关），以及 2 年的社会科学和外语课程。

中国学生可以参考的标化 75%分数线是：SAT 1340 分，ACT 30 分。录取学生的平均高中 GPA 是 3.63，超过 46%的学生 GPA 是在 3.75 以上的。学校会参考 ACT 和 SAT 的写作部分分数。

厄勒姆学院只有 EA 早申请没有 ED。2020～2021 年，学校给 166 位申请者待定席位，最终从接受席位的 154 位中转正了 61 位。学校也接受转学申请，2020～2021 年从 37 份转学申请中录取了 14 位，最终有 9 位成功报道。

5.13.6 毕业生就业方向

厄勒姆学院 2020～2021 年的学费是 49053 美元，食宿书费等费用接近 12000 美元。学校总捐赠基金资产在 2018 年接近 43000 万美元。全校一共有 222 位国际生享受学校的奖助学金，平均的奖助学金费用是 37537 美元。

就拿 2009 年毕业生来说，申请研究生院的毕业生，90% 都被自己前三志愿的学校录取。根据美国高等教育数据分享平台的信息，厄勒姆学院生产未来博士（PhD）的毕业生比例在全美 1592 所学院中位列 36 名。2005～2014 年，9% 的厄勒姆毕业生最后都获得了博士学位。

5.13.7 著名校友

厄勒姆学院的著名校友包括：拥有 400 多项专利的电视发明者之一 Charles Francis Jenkins 博士；诺贝尔奖得主 Wendell M. Stanley 博士；电视制片人 Michael C. Hall，MIT 计算机专家博士等。

厄勒姆学院的校长是 Anne M. Houtman 教授，2019 年 7 月上任之前，是罗斯霍曼理工学院的教导主任和学术副校长。Houtman 教授本科毕业于波莫纳学院，博士毕业于牛津大学动物学专业，是厄勒姆学院历史上第一位女校长。

5.13.8 文化与生活

厄勒姆学院有 60 多个学生组织，学校尤其重视社区服务和体育。

厄勒姆学生和教授职工每年都参与固定小时的工艺和服务组织，学校和 70 多个公益团体合作提供服务参与的机会。学校每年有 60 个学生获得 Bonner Scholars 奖学金，这是一个用于奖励注重社会公益和社区服务的学者的奖金。

厄勒姆学院有 19 个体育校队，隶属于 NCAA Division Ⅲ。30% 的学生都参与一些校队或者俱乐部体育队的活动，50% 的学生业余从事体育活动。

学校拥有 8 栋住宿楼，94% 的学生都在校园居住。

5.13.9 联系方式

学校招生办的电话：（001）765-983-1600，邮箱：admission@ earlham. edu。

负责国际学生的招生官：Susan Hillmann de Castaneda, Director of International Admissions。

邮箱：intl-admissions@ earlham. edu。

学校非常建议申请者参加面试。

5. 13. 10　目标生源

不介意小学校，想要申请奖助学金的国际学生，非常建议尝试申请厄勒姆学院。学校的资金实力雄厚，会给你的求学之路带来强大的支持对国际研究和宗教学的学生来说，这里有独一无二的资源。

6　西海岸的文理学院

　　美国的文理学院有很多联盟，除了东部的七姐妹、马萨诸塞州和费城联盟，加州 5C 恐怕最有名了。加州 5C 联盟位于洛杉矶郊区，是五所紧紧挨在一起的文理学院。加州 5C 是昵称，因为这个联盟的官方名字叫克莱蒙特学院联盟（Claremont Colleges），而且有 7 所学校。除了 2 所是小型的研究生院（Claremont Graduate University 和 Keck Graduate Institute）外，剩下的 5 所——Pomona College、Scripps College、Claremont McKenna College、Harvey Mudd College，以及 Pitzer College，被称为加州 5C。5 校之间的课程、食堂、图书馆和讲座、活动等都是共享联通的。与美国东部更为传统的文理学院相比，这 5 所学校都非常有特色，创办者和管理者们也大刀阔斧地进行了革新。

　　不得不提的是 5C 联盟所在的位置。提到加州梦（California Dream），往往和地理位置、气候、环境分不开。加州 5C 所在的克莱蒙特镇，位于气温宜人的南加州，距离太平洋海滩、莫哈韦沙漠（the Mojave Desert）、圣盖博山（the San Gabriel Mountains）等景区以及洛杉矶市都不到 1 小时车程，而且 5C 联盟所在地是一个富裕的居民区，既安全又安静。这里年均气温在 20 摄氏度左右，而且加州的气氛不比保守的美东，所以 2 月中旬都能看到学生穿着人字拖鞋和夏威夷式花 T 恤在校园里散步。另外，由于距离美国第二大城市洛杉矶很近，处于南加州中心地带，学生除了享有丰富的娱乐文化生活外，更能获得实地考察、参与社区工作以及实习的机会。

　　5C 联盟的学校中，Pomona College 不仅是联盟首创的文理学院，也是联盟的学术和排名担当。

6.1 波莫纳学院（Pomona College）

www.pomona.edu

波莫纳学院基本情况如表6.1所示。

表6.1 波莫纳学院基本情况

U.S.News 美国文理学院 排行榜	成立年份	校园面积	本科生人数	男女比例	国际生比例	美籍亚裔生 比例
4	1887	140英亩	1477人	男：46% 女：54%	12.7%	18.2%
每年本科生 入学人数	师生比	录取率	学费/年	食宿/年	本科毕业生 年薪起薪中值	整体捐赠 金额
399人	1∶8	8.6%	56686美元	18524美元	57500美元	30亿美元

6.1.1 历史和排名

波莫纳学院创办于1887年，是一所男女同校和非宗派基督教机构，也是克莱蒙特文理学院联盟的创始学校。创始人最初希望在西海岸建立一个"新英格兰风格"的文理学院。1920年，在学校面临扩大规模成为综合大学还是维持现状的时候，选择了"第三条路"，就是在克莱蒙特镇建立一个文理学院联盟，在之后的75年中，越来越多小规模文理学院和研究生院加入进来。

在2022U.S.News的文理学院排行榜中，波莫纳学院排名全美第4。波莫纳学院在2022U.S.News最佳本科教学学校中排名第23，在最具价值的学校中排名第3。

6.1.2 位置和环境

波莫纳学院位于加利福尼亚州洛杉矶东部郊区的克莱蒙特镇，这是一个绿树成荫的社区，驱车去往海滩只需不到 1 小时，背靠连绵起伏的圣盖博山脉，离繁华的洛杉矶 40 分钟车程，是一个依山傍水、毗邻大都市的幽静的富人住宅区。

波莫纳学院校园面积 140 英亩，校园内有 70 座建筑，校园被第六街非正式分为北校区和南校区，大部分学术建筑位于西半部，而东部则是一个被称为Wash 的自然区。南校区主要由社会科学、艺术和人文学科的大一和大二学生宿舍和学术建筑组成。北校区主要由大三、大四学生的住宅楼和自然科学的学术建筑组成。中国人熟悉的很多电影都是在波莫纳学院拍摄的，包括《超越巅峰》（Over the Top）以及《珍珠港》（Pearl Harbor）。

距离校园仅几步之遥的是 Village，有 150 多家商店、画廊、咖啡馆和餐馆，提供各国美食。

乘坐汽车、飞机或火车都可轻松抵达波莫纳学院，距离学院最近的安大略国际机场约 20 分钟车程，对中国人而言最方便的机场是洛杉矶国际机场，约 1 小时车程。

6.1.3 专业设置和学术活动

波莫纳学院有 48 个专业，整体上理科和文科都是其强项，如历史、数学统计、人类学、社会科学。毕业生未来攻读博士学位的比例在全美排名前十（排名包括哈佛大学、耶鲁大学等综合大学）。根据 Niche 统计的专业排名，波莫纳学院的艺术、传媒、人类学、社会学和心理学的排名靠前，理科中化学、环境科学和数学的排名也非常优秀。根据毕业生的学位统计，学校毕业生专业分布如图6.1 所示。

具体的热门专业有：国际关系（International Relations），经济学（Economics），政治学（Politics），神经科学（Neuroscience），英语（English），外语（Foreign Languages），传媒学（Media Studies）和化学（Chemistry）。中国学生很多会选择双主修（Double Major），尤其是热门专业的双主修比较流行，比如计算机+经济，数学+经济。

大约 53%的波莫纳学院学生都会有一次和教授一起做研究的体验，夏季研究项目为学生提供与一位教师共同参与一个项目研究的机会，每年有 200 名左右学生参加暑期研究项目。

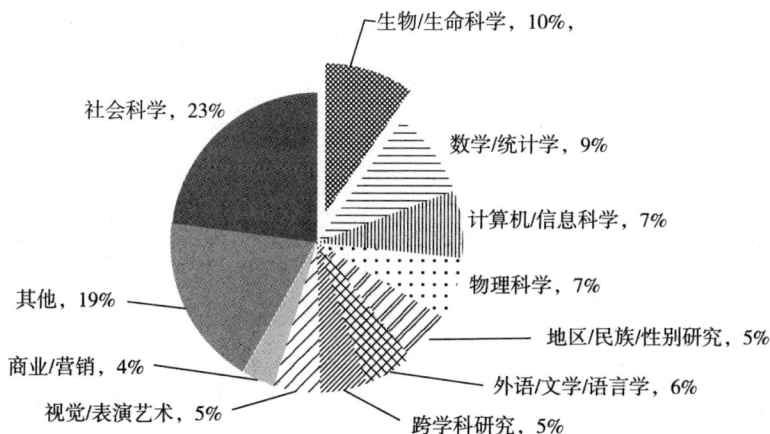

图 6.1 波莫纳学院 2020 届毕业生专业分布

　　为了应对"新冠"病毒和社交距离要求，波莫纳学院推出了远程替代独立暑期体验计划（RAISE），该计划中的研究项目可以是独立的，也可以是和教师合作完成的，但是研究项目需要在 6 周内完成，且必须秋季开学后在校园内分享研究成果。

　　每年，波莫纳学院科学教授都会带领学生在中国、刚果、丹麦、德国、新西兰和越南等国开展研究，研究当地的艺术、文化、经济、政治、历史、宗教等。

　　波莫纳学院和加州理工以及华盛顿圣路易斯大学有"3+2"的工程双学位计划，学生可以在 5 年制课程后获得波莫纳学院的文学学士学位和这两所综合大学的理学学士学位。

　　波莫纳学院和达特茅斯学院除了"3+2"工程计划外，还有"2+1+1+1"工程计划，即前 2 年在波莫纳学院，第 3 年在达特茅斯学院，第 4 年在波莫纳学院，第 5 年在达特茅斯学院。完成 5 年制课程后获得波莫纳学院的文学学士学位和达特茅斯学院的理学学士学位。

　　波莫纳学院非常注重海外学习（Study Abroad），在除南极洲以外的六大洲都有项目可以选择。有大约 50% 的学生会在 37 个国家的 68 个项目中参加海外学习，如果不想离开美国，波莫纳学生可在大二、大三和大四第一学期作为美国国内交换生在佐治亚州亚特兰大的斯佩尔曼学院，或缅因州的科比学院，或宾夕法尼亚州的斯沃斯莫尔学院学习一个学期。

波莫纳学院里实习的气氛很浓，根据招生办的统计，89%的毕业生毕业前都完成了一次实习，70%的毕业生完成了两次或者更多次的实习。学院提供 PCIP 学期实习计划和 PCIP 暑期实习计划。每年暑期实习计划资助约 80 个国内和国际实习项目。

6.1.4　师资及教学

波莫纳学院师生比例是 1：8，平均课堂人数是 15 人。学院有 198 名全职老师。

学校提供约 600 门课程，但是整个 5C 联盟有将近 2700 门课程供学生选择。

波莫纳学院是普通的春季和秋季学期制，其选课制度非常重视知识的宽度和深度。因为 5C 联盟所有学校都实行小班授课，只有 20%的课程人数在 30 人以上，所以师生关系非常亲密，甚至连校长也参与学校的授课和研究项目。

大一、大二学生选课必须完成通识必修。首先，大一有必修的新生讨论课（课程编号开头为 ID），会有大量的阅读和写作，每个人都会被要求在课堂上大量发言，成绩必须达到 C 以上。其次，大一、大二学生要完成 Breadth of Study 的要求，也就是在六大类课程中每类必须完成至少 1 门选课（第一类是人文，第二类是社会与行为，第三类是历史伦理和文化，第四类是科学，第五类是数学定量，第六类是艺术表演）。此外，整个四年的 32 门课程中，除了完成专业必须的要求之外，还必须选至少 1 门写作强度高的课程，至少 1 门口语表达强度高的课程，以及至少 1 门社会分析类的课程。

学校选课的课程目录：http：//catalog. pomona. edu/index. php？catoid＝33。

学校的选课要求：https：//catalog. pomona. edu/content. php？catoid＝40&nav oid＝8147。

6.1.5　申请条件

在 2020～2021 年申请季，波莫纳学院一共收到 10388 份申请，录取了 895 位，录取率 8.6%，最后有 399 位新生正式入学。在 2020～2021 年 10388 份申请中，有 1496 位是 ED 早申请，其中 211 位被录取，录取率 14.1%。学校同时还为 862 位学生提供了待定席位，505 位接受待定，最后 150 位转正。

根据官网的报告，在所有的申请材料中，招生办认为最重要的是个人品质、中学课程难度、班级排名、GPA、申请文书、推荐信和课外活动经历；其次是标化考试、面试、志愿者活动、工作经历等其他因素。学校对高中课程的要求是 4 年的英语，3 年的数学和外语，2 年的科学、社会学和实验室科学。

中国学生可以参考的标化 75% 分数线是：SAT 1530 分（其中语法阅读 750 分），ACT 35 分（其中英语 36 分）。90% 的录取者在毕业班的班级排名是前 10%。

学校建议国际生的托福水平最低是 100 分，雅思成绩是 7 分。Duolingo、Vericant 或 InitialView 面试可以作为申请的可选补充材料，但是不能替代托福或雅思成绩。中国录取者的平均托福成绩是 110 分。学校对英语水平的具体要求见 https：//www. pomona. edu/admissions/apply/international-applicants/international-applicant-faqs。

波莫纳学院每年都招转学生，2020~2021 年有 396 份申请，最后录取了 39 位，有 20 位入学。

6.1.6 毕业生就业方向

波莫纳学院对 2020 届毕业生的统计显示，78% 的学生已就业，18% 的学生进入研究生院或继续学习，3% 的学生进入非营利组织或服务机构。2020 届波莫纳毕业生就业的主要领域有：科技，教育，咨询和专业服务，金融服务，政府、法律与政治，艺术、娱乐和媒体，医疗保健与服务等。

学院统计了近 5 年毕业生的就业领域，就业的领域如图 6.2 所示。

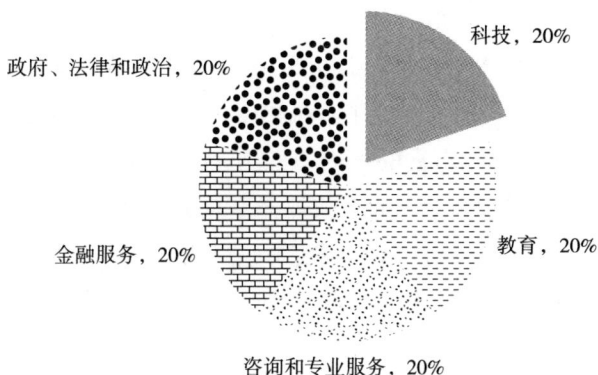

图 6.2 波莫纳学院最近 5 年毕业生主要就业领域

学院毕业生就业的雇主包括：埃森哲，Facebook，谷歌，微软，亚马逊，波士顿咨询，高盛，Accenture，摩根大通，德勤，史诗系统，麦克莱恩医院等。

学院对波莫纳校友的调查显示，大约81%的毕业生在毕业后10年内会读研究生或完成了高级学位，波莫纳学院校友攻读博士学位的比例全美排名第14，2018年毕业的这届学生，录取医学院的比例是85%，远远高出全国平均数32%。

在攻读高级学位的2020届毕业生中，47.5%攻读普通硕士学位，17.5%攻读博士学位，12.5%攻读医学学位，7.5%攻读法律学位，还有一些其他专业。

学院毕业生进入的研究生院主要包括：布朗大学，哥伦比亚大学，康奈尔大学，杜克大学，埃默里大学，伦敦政治经济学院，麻省理工学院，斯坦福大学，剑桥大学，北卡罗来纳大学教堂山分校，牛津大学和宾夕法尼亚大学。

毕业生去向：https：//www.pomona.edu/outcomes。

6.1.7　著名校友

波莫纳学院的著名校友包括：2020年诺贝尔化学奖获得者Jennifer Doudna；人类学家David P. Barrows；14次获得格莱美奖的指挥家Robert Shaw；迪士尼高级执行官Roy E. Disney；《纽约时报》执行主编、1989年普利策国际报道奖得主Bill Keller；获得普利策奖的报纸专栏作家Mary Schmich；奥斯卡获奖编剧Robert Towne和Jim Taylor；《芝加哥论坛报》专栏作家、2012年普利策评论奖得主Mary Schmich；加州大学圣地亚哥分校的主要创始人、最早研究全球变暖的科学家之一、海洋学家Roger Revelle等。

波莫纳学院目前的校长G. Gabrielle Starr女士，是英国文学领域的学者。15岁就开始在埃默里大学读书并获得了本科和硕士学位，之后在哈佛取得了英美文学的博士学位。她是"Feeling Beauty：The Neuroscience of Aesthetic Experience"一书的作者，参与了艺术体验者的大脑神经变化的跨学科研究。自从2017年上任以来，学校加强了人文方面的学术研究，也升级了体育和娱乐设施。在担任波莫纳学院校长之前，她曾经是纽约大学文理学院的院长，负责本科生事务，也曾任纽约大学英语系主任。

6.1.8　文化与生活

整个5C联盟一共有250个社团和学生组织，学校的社团活动很丰富。大一新生联谊会就有几十个选择，比如去优山美地国家公园（Yosemite）、黑峡谷（Black Canyon）、海滩等。

波莫纳学院有很多仪式和传统，比如说47Trip，学校出资让学生们出去吃吃喝喝。因为距离海滩很近，每年会有 Ski-beach Day，上千学生齐聚一个度假村，早上滑雪，下午去海滩游泳，以海滩野炊晚餐结束一天。

每个大一学生都必修一门体育课。学校有 21 个校队，对普通学生来说，学院提供了很多高大上的体育运动资源，包括马术、高尔夫、高温瑜伽、游泳、街舞、跆拳道等，大部分课程都是免费的，收费课也价格低廉，很多课程聘用外部的专业教练给学生开课。

学校的艺术资源也很丰富，除了艺术和艺术史课程之外，还有音乐和戏剧舞蹈专业。学校的艺术馆非常气派，也是相关专业的学生教学和研究的重要场所。

相比邻居克莱蒙特麦肯纳学院，学校的派对气氛并不是很浓，大家热衷学术，也相对比较安静。

波莫纳学院98%的学生四年都住在校园里，学院有 16 栋宿舍楼，大一和大二学生住在南校区，大三和大四学生住在北校区。

波莫纳学院有三个餐厅：Frary，Frank 和 Oldenborg，每间餐厅都提供各种新鲜烹制食物，并尽可能在当地采购。

波莫纳学院与匹泽尔学院（Pitzer College）联手组建了 21 支校队：The Sagehens，其中 11 支女子校队和 10 支男子校队，参加 NCAA 田径赛第三赛区的比赛，并作为南加州校际体育大会（SCIAC）的成员参赛。波莫纳学院有 25%的学生参加了校队。

学院学生组织的清单：https：//claremont. campuslabs. com/engage/organizations。

学院的校报是 The Student Life，网址：https：//tsl. news。

6.1.9　联系方式

招生办的官网：https：//www. pomona. edu/admissions-aid，联系方式：admissions@ pomona. edu，电话：001（909）621-8134。

负责中国的招生官：Ryan Bouziane，Assistant Dean of Admissions。

联系方式：Ryan. Bouziane@ pomona. edu。

波莫纳学院的面试是可选的，申请者可以在网上申请面试，申请者从 8 月就可以开始预约在线面试，到 12 月 1 日截止。部分地区有线下校友面试。

关于面试的说明：https：//www. pomona. edu/admissions/apply/how-apply。

波莫纳学院没有适合国际高中生的夏校项目，学院的高中生夏校项目仅提供给本地的学生。

6.1.10　目标生源

越小的学校，越看重申请者的多元性。比起其他综合大学只重视高中成绩和 SAT，波莫纳学院在成绩之外非常重视简历和文书。正如 Fiske Guide 总结的，波莫纳学院喜欢"学术进取、自信和文字表达能力强的有开放政治思想的学生"。加州整体文化价值观非常开放，而波莫纳学院是 5C 联盟的学术第一，所以学校喜欢思想开放和活跃，但又非常务实的学霸，太书呆子、学术太水的学生都不适合这里。波莫纳学院国际生招生人数少，竞争激烈。

6.2　克莱蒙特麦肯纳学院
（Claremont McKenna College）

https：//www. cmc. edu/

克莱蒙特麦肯纳学院基本情况如表 6.2 所示。

表 6.2　克莱蒙特麦肯纳学院基本情况

U. S. News 美国文理学院排行榜	成立年份	校园面积	本科生人数	男女比例	国际生比例	美籍亚裔生比例
8	1946	69 英亩	1262 人	男：49% 女：51%	11.5%	13.5%
每年本科生入学人数	师生比	录取率	学费/年	食宿/年	本科毕业生年薪起薪中值	整体捐赠金额
315 人	1：8	13.3%	58111 美元	17906 美元	62400 美元	12.2 亿美元

6.2.1 历史和排名

克莱蒙特麦肯纳学院，简称 CMC，创办于 1946 年，CMC 是 5C 联盟的第三所学校，在波莫纳学院和斯克里普斯学院之后诞生。当时学院只有 8 个教授和 86 个学生，第一批学生很多是从"二战"战场刚刚回来的。学校的使命很清晰：通过文理通识教育为社会培育领袖人才。对此，克莱蒙特麦肯纳学院认为领袖需要的不仅是政界商界的工作技能，而且需要大量的文史哲和艺术科学的基本训练。创办初始，克莱蒙特麦肯纳学院是一个男校，直到 1976 年才开始招收女生，现在女生的人数已经明显高于男生。

克莱蒙特麦肯纳学院在 2022 U. S. News 最具创新力的学校中排名第 26，在最具价值学校中排名第 19。

6.2.2 位置和环境

克莱蒙特麦肯纳学院位于洛杉矶以东 30 英里处的克莱蒙特镇，学校占地 69 英亩，校园的主要建筑风格是加州现代主义，反映了 20 世纪 40 年代学院成立时流行的风格，和一街之隔的古朴的波莫纳学院完全不同。

学院有一个叫作雅典娜殿（Athenaeum）的地方，每年在这里会举办 100 多场晚宴和讲座活动，是学院学术交流和社交生活的中心。雅典娜殿曾接待过前总统比尔·克林顿，南非大主教德斯蒙德·图图，作家戈尔·维达尔和萨尔曼·拉什迪，电影制片人斯派克·李，最高法院大法官安东宁·斯卡利亚，前国务卿康多莉扎·赖斯等。

5C 的环境和地理优势不用重复了，为 Work hard，play hard 的克莱蒙特麦肯纳学生补充一句，如果去逛商场，附近有打折名牌店 Ontario Mills，以及一个户外商场 Victoria Garden。

6.2.3 专业设置和学术活动

克莱蒙特麦肯纳学院提供了 33 个学科领域，根据毕业生的学位统计，学校毕业生专业分布如图 6.3 所示。

克莱蒙特麦肯纳学院的经济学和政府学都是全美顶尖的，国际关系、心理学和历史专业也都非常出色，总之学校里大部分学生都选修社会科学。

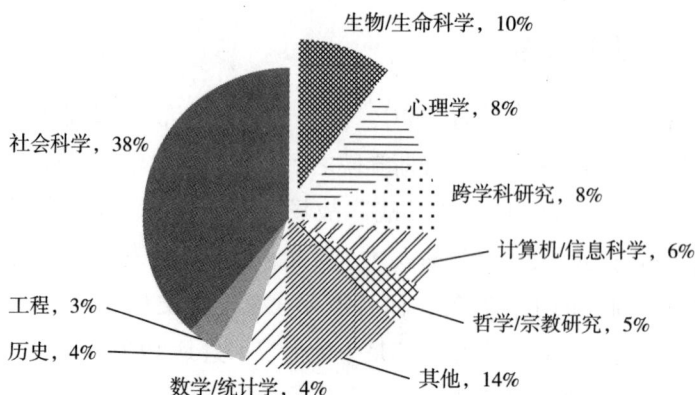

图 6.3　克莱蒙特麦肯纳学院 2020 届毕业生专业分布

过去克莱蒙特麦肯纳学院的自然科学一般，但现在生物、化学、物理等专业因为新建设的跨校的 Keck Science Center 而蓬勃发展，学校有一个 85 英亩的生物基地，给学生提供了很好的实地学习的机会。

克莱蒙特麦肯纳学院非常重视科研，尤其是在社会科学方面，学校有 11 个世界级的研究中心，可以让本科生和教授一起工作，其中包括 Gould 人类研究中心，金融经济所，创新和创业中心，Keck 国际战略研究所，Kravis 领导力中心，Lowe 政治经济所，Mgrublian 人权中心，Roberts 环境中心，州政府和地区政府政策中心，Salvatori 个体自由研究中心，以及 Berger 工作家庭孩子研究中心。很多大学的科研中心只有理工科，而这么多社会科学的研究资源，仅供本科生使用，真的是非常奢侈！

1/3 的学生会选择双主修专业，或者参加"3+2"双学位项目。

为了培养工业和管理方面的顶尖人才，克莱蒙特麦肯纳学院提供一个经济与工程的"3+2"项目（Economics & Engineering，E&E）。学生前 3 年在 CMC 学习，后 2 年可以选择去 6 所合办大学中的一所学习。这个"3+2"项目的合作学校包括布朗大学，哥伦比亚大学，康奈尔大学，哈维姆德学院，南加州大学和华盛顿圣路易斯大学。每年有大概 15 位学生成功申请了这个热门的项目。

克莱蒙特麦肯纳学院与 The Robert Day School 提供金融的本硕连读项目，允许学生在 4 年内完成文学学士学位和金融硕士学位。

克莱蒙特麦肯纳学院和克莱蒙特研究生院（CGU）还为心理学和神经科学专业的学生提供在获得克莱蒙特麦肯纳学院文学学士学位一年后从克莱蒙特研究生院获得心理学加速硕士学位的计划。

克莱蒙特麦肯纳学院的学生可以在大二第二学期、大三或大四第一学期进行海外学习，学校要求秋季海外学习的学生累计 GPA 至少在 3.0，春季海外学习的学生累计 GPA 至少在 2.8 才有资格进行海外学习，学校提供了 50 多个国家的170 多个海外项目。

克莱蒙特麦肯纳学院的学生还可以作为美国国内交换生在佐治亚州亚特兰大的斯佩尔曼学院，或宾夕法尼亚州哈弗福德学院学习一个学期。

克莱蒙特麦肯纳学院超过 90% 的学生在 4 年内完成实习，学校有 2 个特别的实习计划，一个在华盛顿，另一个在硅谷。在这 2 个计划中，学生白天在商业或政府部门全职实习，晚上驻扎在华盛顿和硅谷的克莱蒙特麦肯纳学院教授给学生上课，帮助学生完成学校要求的学术课程。

华盛顿计划提供给大二第二学期和大三的学生，学生要完成一门美国政府入门课程，实习计划的宿舍位于市中心，距离白宫、法拉格特广场和著名的五月花酒店仅几个街区。

硅谷计划以北加州的硅谷地区为中心，提供给大二、大三和大四第一学期的学生，学生要先完成 ECON 050 CM 或同等课程。

6.2.4 师资及教学

克莱蒙特麦肯纳学院师生比例是 1∶8，82.2% 的课程班级人数少于 20 人。有 155 名全职老师，99% 的教师拥有所在领域的最高学位。

和其他的 5C 联盟一样，克莱蒙特麦肯纳学院也是春秋学期制。克莱蒙特麦肯纳学院的所有学生都会到其他 5C 学校选课。

克莱蒙特麦肯纳学院的文理通识要求，总的来说非常重视人文和社会科学。所有专业的学生都必修七门核心课程，其中一门大一写作，一门大一人文研究，此外还有实验室科学、数学、外语、体育和大四论文几项必修课。在核心课程之外，所有学生必选额外两门人文课程、三门社会科学课程。哪怕是理科生，在克莱蒙特麦肯纳学院也会至少修七八门社会科学和人文课程。

学校选课的课程目录：https://catalog.claremontmckenna.edu/index.php?catoid=21。

学校的选课要求：https://catalog.claremontmckenna.edu/content.php?catoid=21&navoid=2193。

6.2.5　申请条件

在 2020~2021 年申请季，克莱蒙特麦肯纳学院一共收到 5306 份申请，录取了 708 位，录取率 13.3%，最后有 315 位新生正式入学。在 5306 份申请中，有 627 位是 ED 早申请，其中 220 位被录取，录取率 35.1%。学校同时还为 776 位学生提供了待定席位，486 位接受待定，最后 75 位转正。

学校对高中课程的要求是 4 年的英语，3 年的数学和外语，2 年的科学和实验室科学，1 年的历史和社会科学。

根据官网的报告，在所有的申请材料中，招生办认为最重要的是个人品质，中学课程难度，班级排名，GPA，课外活动经历和推荐信；其次是面试和申请文书；再次是标化考试，志愿者活动，工作经历等其他因素。

中国学生可以参考的标化 75% 分数线是：SAT 1460 分（其中语法阅读 730 分），ACT 34 分（其中英语 35 分）。94% 的录取者在毕业班的班级排名是前 15%。

学校要求第一语言不是英语的学生提供托福、雅思或 Duolingo 成绩。学校建议国际生的托福成绩最低是 100 分，雅思成绩是 7.5 分，Duolingo 成绩是 120 分。中国录取者的托福平均分是 110 分。克莱蒙特麦肯纳学院对英语水平的具体要求见 https：//www.cmc.edu/admission/international。

克莱蒙特麦肯纳学院还要提交 2 分钟的可选视频文书要求，用视频来回答学校的几个问题。

克莱蒙特麦肯纳学院每年都招转学生，2020~2021 年有 334 份申请，最后录取了 37 位，有 21 位入学。

6.2.6　毕业生就业方向

克莱蒙特麦肯纳学院对毕业生的统计显示，在毕业 6 个月内，84% 的学生已就业，12% 的学生进入研究生院或继续学习。毕业生就业领域如图 6.4 所示，最受欢迎的是科技与创业，会计与金融服务以及咨询。

克莱蒙特麦肯纳学院毕业生就业的雇主主要包括：微软，埃森哲，德勤，摩根大通，苹果，美世人力资源管理咨询公司，安永，波士顿咨询集团，美国美林银行等。

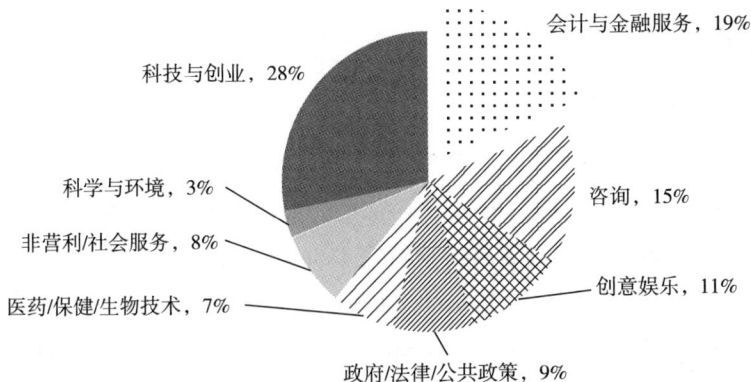

图 6.4　克莱蒙特麦肯纳学院 2020 届毕业生就业领域

克莱蒙特麦肯纳学院 53% 的毕业生会在毕业 10 年内取得一个研究生学位，最常见的毕业生的研究生学位依次是：硕士 22%（MA），法学博士 14%（JD），和工商管理硕士 10%（MBA）。

有趣的是，克莱蒙特麦肯纳学院每年对毕业生做学术方面的评估，这个基于毕业生论文的评估包括"批判思维能力""信息收集能力""提问和分析能力""口头沟通能力""解决问题的能力""定量推理能力"和"书面写作沟通能力"。此外还在"解释问题""提供证据""理解假设和上下文""表明观点"和"总结研究结果和作出结论"方面给学生打分。最后学校还请学生对自己的领导力打分并和其他大学的学生做比较。学校把每年的分数公开汇总，以确保能够有针对性地持续提高学生在文理通识和大学学术方面的基本核心能力。

克莱蒙特麦肯纳学院的学术氛围很浓，可是攻读博士并不是他们的志向。在社会科学专业博士生的本科生源的全国前 10 中，有 8 所是文理学院却没有克莱蒙特麦肯纳学院。相对来说，法学院、商学院是克莱蒙特麦肯纳学院毕业生聚集的地方。

克莱蒙特麦肯纳学院毕业生进入的研究生院主要包括：加利福尼亚大学洛杉矶分校，南加州大学，克莱蒙特研究生大学，哥伦比亚大学，斯坦福大学，芝加哥大学，华盛顿大学-西雅图分校，哈佛大学，加州大学伯克利分校，纽约大学，乔治城大学。

6.2.7　著名校友

克莱蒙特麦肯纳学院的著名校友包括：加州国会议员和众议院规则委员会主席 David Dreier；得克萨斯州达拉斯市市长、卡普兰公司前首席执行官 Tom Leppert；埃森哲首席执行官 Julie Sweet；西部信托公司前董事长兼首席执行官 Robert Addison Day；标普全球总裁兼首席执行官 Douglas Peterson；Abercrombie & Fitch（A&F）董事长兼首席执行官 Michael S. Jeffries；凯悦集团执行主席 Thomas Pritzker；高盛前首席执行官、Perella Weinberg Partners 金融服务公司创始人 Peter Weinberg；福克斯新闻频道主播 Gregg Jarrett；纽约时报白宫记者 Michael D. Shear 等。

克莱蒙特麦肯纳学院的第 5 任校长 Hiram E. Chodosh，是高等教育、比较法律研究和国际司法公正方面的创新者、改革者。Chodosh 博士本科毕业于卫斯理安大学，很了解文理学院的教育特色，在拿到耶鲁法学院博士学位后，他从法律界加入了凯斯西储大学法学院开始教书。

6.2.8　文化与生活

克莱蒙特麦肯纳学院有 50 多个不同的俱乐部和组织，The Student Life 是学校的校报，它是南加州最古老的大学报纸，也是克莱蒙特学院最大的媒体机构，每周五印刷，包括所有 5 所加州 SC 文理学院的新闻、观点、生活方式文章和体育报道。学院的模拟联合国活动也很厉害，CMC 模联队 5 年中拿了 4 次全球冠军。克莱蒙特麦肯纳学院是没有兄弟姐妹会的，但是在 5C 联盟里，传说这里的派对是最多的，可能这是因为克莱蒙特麦肯纳学院的学生大都热衷社交的缘故。

克莱蒙特麦肯纳学院大约 94% 的学生住在校园里，学院有 14 栋宿舍楼和一个学生公寓。克莱蒙特麦肯纳学院没有"新生宿舍"。所有宿舍楼都由来自不同年级的学生组成。每个宿舍楼至少 20% 是为新生保留的。

柯林斯餐厅是学院的食堂。周一～周五供应三餐，周末供应早午餐和晚餐。The Hub Grill 位于 Emett 学生中心，提供各种快餐选择。柯林斯餐厅的素食口碑不错，很多其他 5C 大学的素食学生专门到这里来品尝素菜。

克莱蒙特麦肯纳学院和哈维穆德学院、斯克里普斯学院联手组建了 21 支校队，一起作为 Claremont-Mudd-Scripps Stags and Athenas（CMS）参赛，其中 11 支女子校队和 10 支男子校队，参加 NCAA 第三赛区的比赛，并作为南加州校际体育大会（SCIAC）的成员参赛。

学校学生组织的清单：http：//www. associatedstudentsofclaremontmckennacollege. org/campusorganizations/。

学校的校报是 The Student Life，网址：https：//tsl. news/。

5C 联盟学生组织的清单：https：//claremont. campuslabs. com/engage/organizations。

6.2.9　联系方式

克莱蒙特麦肯纳学院招生办的电话：001（909）621-8088，邮箱：admission @ cmc. edu。

中国学生的招生官：Conor Fritz，Associate Dean of Admission。

邮箱：cfritz@ cmc. edu，电话：001（909）294-6083。

克莱蒙特麦肯纳学院建议所有申请人都去预约面试，第一年申请人的面试时间为 5 月~12 月中旬，可以在提交入学申请之前完成。ED I 的申请者应在 11 月中旬之前进行面试。

除了与招生官直接面试之外，所有中国学生都需要提交第三方 InitialView 面试。

关于面试的说明：https：//www. cmc. edu/admission/first-year-application-instructions。

学校没有高中生夏校项目。

6.2.10　目标生源

克莱蒙特麦肯纳学院氛围活跃、文化多元、注重社会科学。如果你开朗爱社交并且热爱经济商科和政治等社会学科，那么这里可能是最能让你开心度过 4 年的地方了。社会科学的忠粉，能学能玩有领导力的孩子，尤其是在体育和模联方面有特长的学生，再适合克莱蒙特麦肯纳学院不过了。克莱蒙特麦肯纳学院的超强课程，职业发展办公室的资源，还有同学和校友的网络，相信能够把你也塑造成明日政法商界的精英！

6.3 哈维姆德学院（**Harvey Mudd College**）

https：//www.hmc.edu/

哈维姆德学院基本情况如表 6.3 所示。

表 6.3　哈维姆德学院基本情况

U. S. News 美国文理学院 排行榜	成立年份	校园面积	本科生人数	男女比例	国际生比例	美籍亚裔生 比例
28	1955	33 英亩	905 人	男：51% 女：49%	11%	23.7%
每年本科生 入学人数	师生比	录取率	学费/年	食宿/年	本科毕业生 年薪起薪中值	整体捐赠 金额
209 人	1∶8	17.9%	60402 美元	19333 美元	117500 美元	3.17 亿美元

6.3.1　历史和排名

　　哈维姆德学院，简称 HMC，创办于 1955 年，课程始于 1957 年。以初始投资者之一、斯坦福大学和哥伦比亚大学毕业生、工程师和矿业商人 Harvey Mudd 先生的名字命名。当时的美国正处于航空航天竞赛的阶段，全社会都非常重视科学科技教育。1959 年，HMC 送走了最早的 2 位毕业生——Stuart Black 和 Peter Loeb，最后他们都成为了大学教授。

　　哈维姆德学院作为一所基本只提供理工科专业学位的文理学院，可谓是文理学院里的异类了。但哈维姆德学院强调的是"有良心的科学"（Science With A Conscience），依然有文理学院的核心理念。官网说，学校的宗旨是教育未来的数学家、科学家和工程师如何理解他们的工作对于社会的影响。

　　哈维姆德学院被誉为"西部科学家的摇篮"，自诩竞争对手为加州理工大学和麻省理工学院。最令人惊讶的是，在美国生产最多博士的本科学校排行中（按照本校毕业生最后读博士的比例），哈维姆德学院不仅是物理、化学、数学、生命科学 4 个专业的全国前 10，而且综合学科排名和女性博士排名都是前 10。的确是本科 STEM 学生一个非常优秀的选择。

哈维姆德学院在 2022 U. S. News 最佳本科工程课程中排名第 2，在最具创新力的学校中排名第 6，在最佳本科教学学校中排名第 15。

6.3.2 位置和环境

哈维姆德学院位于加州洛杉矶东部郊区的克莱蒙特镇，小镇位于圣盖博山脉的山脚下，拥有维多利亚时代的房屋，克莱蒙特距离最近的滑雪场仅 25 分钟路程，距离沙漠 90 分钟路程，距离太平洋海滩不到 1 小时车程。

哈维姆德学院的校园面积共 33 英亩，环境非常优美舒适，硬件设施一流。这里的学生在紧张的课程之余，也疯狂爱玩闹，校园里玩滑板和参加体育活动的学生也很多。完全不像是理工科书呆子的学校。

安大略国际机场（ONT）距离校园 10 英里，20 分钟车程，交通最方便。洛杉矶国际机场（LAX）和约翰韦恩国际机场（SNA）距离校园约 1.5 小时车程。

6.3.3 专业设置和学术活动

哈维姆德学院一共只有 10 个专业，分别是：工程、计算机、数学、物理、生物、化学，以及化学生物、计算机和数学、数学和生物统计、数学物理这 4 个跨学科学位项目。根据毕业生的学位统计，学校毕业生专业分布如图 6.5 所示。

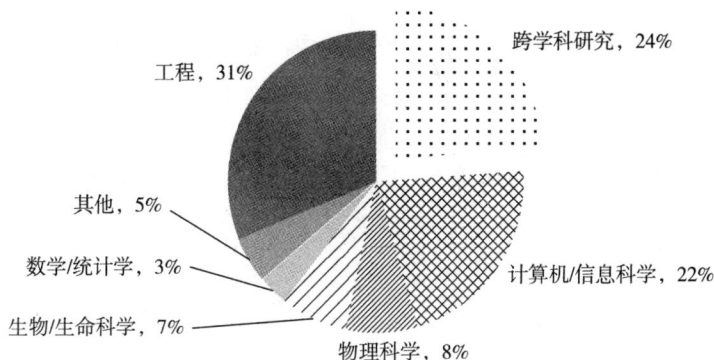

图 6.5 哈维姆德学院 2020 届毕业生专业分布

哈维姆德学院最有名的学术项目就是成立于 1963 年的 Clinic，这是一个将学术与社会实际问题相结合的项目，已经成为学校的标志性特点，最初只涉及工程学系，现在已经发展到计算机科学，数学系和物理系。Clinic 的运营方式，是由 4~5 名学生，1 名学校指导老师以及 1 名赞助商联络人构成一个小组，共同解决赞助人单位面临的真实问题。学生要用 1 年时间来研究策划，全方位评估成本、支出、方案可行性、风险等，最后将自己的解决方案做一个汇报并提交给赞助人的单位。Clinic 给学生提供了一个把课堂上学到的知识实践化的聚会，许多参与 Clinic 项目的学生也获得了赞助公司的雇用，或者发表了自己的研究成果。

除了学年研究外，哈维姆德学院的暑期本科生研究计划让学生参与 10 周的全日制研究。每年夏天，近 200 名哈维姆德学生与学院近 40 名教师一起从事研究项目。学校有 14 个研究实验室，给学生提供了众多参与研究的机会，特色的实验室如：

（1）LAIR：自主和智能机器人实验室，专注于多机器人系统及其在该领域的应用。当前主题包括鲨鱼追踪、沉船检测和绘图、多机器人种群追踪和污染绘图。

（2）C Clear：C Clear 实验室研究空气污染的化学性质及其对气候变化的影响。

（3）Don-Labs：激光物理实验室，研究高强度激光与新型微结构目标的相互作用。

（4）PoSM Lab：软物质物理实验室，研究软物质变形的物理原理。

（5）Bee Lab：研究动物群体如何进化以协调行为。

（6）ACE Lab：模拟电路工程实验室，研究将量子、机械和化学设备集成到现代集成电路中。

哈维姆德学院与克莱蒙特研究大学的信息科学学院有合作的"4+1"加速计划，符合条件的哈维姆德学生在毕业后 1 年内可以获得克莱蒙特研究大学的信息科学理学硕士（MSIS）学位。

哈维姆德学院与克莱蒙特研究大学的管理研究生院也有合作的"4+1"加速计划，符合条件的学生可以在哈维姆德学院毕业后 15 个月内获得 MBA 学位。

哈维姆德学院建议学生大三时再进行海外学习，并要求参加海外学习的学生 GPA 在 2.5 或以上，学校提供了 25 个国家的留学计划，并根据学生的专业推荐特色的海外学习课程。学校推荐的课程主要在伦敦大学、爱丁堡大学、新南威尔士大学、上海交通大学、都柏林大学、昆士兰大学、智利大学等。

6.3.4　师资及教学

哈维姆德学院师生比例是 1∶8，63% 的班级少于 20 人。学院有 95 名终身教授，教师中 98% 的人拥有该领域的博士学位或最高学位。

哈维姆德学院也有一个文理通识的 Common Core 核心必修课程，目标是促进提升学生的批判思维和推理能力，提高学生专业和跨学科的思考能力，学生了解自己工作的社会影响和应用，以及促进合作和交流。Common Core 要求学生必须选一门计算机和工程课，一门生活或实验课，三个学期的数学课，两个半学期的物理相关课程，两个半学期的化学相关课程，半个学期的大学写作课，以及一门人文、社科或者艺术课程。此外，哈维姆德学院非常强调学以致用，要求学生至少做完一年的深度科研，或者曾参与 Clinic 项目才能毕业。

学校选课的课程目录：https：//catalog. hmc. edu/content. php？ catoid = 18&navoid = 907。

学校的选课要求：https：//catalog. hmc. edu/content. php？ catoid = 18&navoid = 882。

6.3.5 申请条件

在 2020~2021 年申请季，哈维姆德学院一共收到 3397 份申请，录取了 610 位，录取率 17.9%，最后有 209 位新生正式入学。在 2020~2021 年申请季，有 410 位是 ED 早申请，其中 93 位被录取，录取率 22.7%。学校同时还为 630 位学生提供了待定席位，457 位接受待定，最后 55 位转正。

根据官网的报告，在所有的申请材料中，招生办认为最重要的是中学课程难度、GPA、申请文书和推荐信；其次是课外活动经历；再次是班级排名、标化考试、面试、志愿者活动、工作经历等其他因素。学校对高中课程的要求是 4 年的英语、数学和科学，2 年的外语、社会科学、历史和实验室科学。哈维姆德学院还要求高中生必须有一年的微积分、一年物理和一年化学的学习经历，同时建议所有申请哈维姆德学院的学生，尤其注意自己的数学、英语和科学成绩。官网说，"如果你仅仅选了你们学校最难的 STEM 课这是不够的"。

中国学生可以参考的标化 75% 分数线是：SAT 1560 分（其中语法阅读 770 分），ACT 35 分（其中英语 36 分）。学校要求第一语言不是英语的学生提供托福、雅思或 Duolingo 成绩。学校建议国际生的托福成绩最低是 100 分，雅思成绩是 7.5 分，Duolingo 成绩是 120 分。中国录取者托福平均分是 108 分。学校对英语水平的具体要求见 https：//www. hmc. edu/admission/apply/faqs/。

哈维姆德学院每年都招转学生，2020~2021 年有 76 份申请，最后录取了 7 位，有 4 位入学。

6.3.6　毕业生就业方向

哈维姆德学院培养了大量硅谷科技人才、科技公司企业家，以及很多著名大学的理工科教授，学院对 2020 届毕业生的统计显示，68.4% 的学生已就业，23.1% 的学生进入研究生院或继续学习。

学生就业的热门领域主要是：技术/软件，航空航天，工程，保健/医学和互联网。就业的热门职业主要是：软件工程师，电气工程师，软件开发工程师，机械工程师，信号处理工程师。

学院毕业生就业的雇主包括：微软，Facebook，谷歌，埃森哲，亚马逊，苹果，迪士尼，史诗系统，美国宇航局喷气推进实验室，通用邮轮有限责任公司，绿山软件，霍尼韦尔航空航天，太空探索技术公司，雷神公司等。

学院 2020 届毕业生申请研究生院 100% 被录取，进入研究生院的热门学科是：计算机科学，数学，机械工程，物理学和互联网。

学院毕业生进入的研究生院主要包括：加州理工学院，麻省理工学院，斯坦福大学，普林斯顿大学，芝加哥大学，卡内基梅隆大学，康奈尔大学，加州伯克利大学，佐治亚理工学院，伊利诺伊大学厄巴纳-香槟分校等。

6.3.7　著名校友

哈维姆德学院的著名校友包括：第一个在没有航天器系绳的情况下在太空行走的美国人、物理学家和宇航员 George Nelson；航天飞机亚特兰蒂斯的机组人员、宇航员 Stanley G. Love；外交官及国际能源组织首席代表 Richard Jones；Cadence Design Systems 前总裁兼首席执行官 Joseph Costello；Flash 软件的创造者 Jonathan Gay；Audacity 声音编辑程序的创建者 Dominic Mazzoni；计算机通信远程过程调用的发明者 Bruce Nelson；英特尔首席营销官、前三星电子首席营销官 Eric B. Kim；詹姆斯·邦德系列电影制片人 Michael G. Wilson 等。

Maria Klawe 于 2006 年担任哈维姆德学院的第 5 任校长，她是学院自 1955 年成立以来第一位女性校长，也是一位优秀的计算机科学家。她在加拿大阿尔伯塔大学获得理学学士学位（1973 年）和数学博士学位（1977 年）。博士毕业后在 IBM 研究院和多伦多大学任职，加入哈维姆德学院之前，在普林斯顿大学和加拿大不列颠哥伦比亚大学教学和担任行政领导职务。

6.3.8 文化与生活

和其他顶尖理工学校一样，哈维姆德学院也有恶作剧的传统，甚至从学校官方网站的行文风格就可以看出。他们最出名的要数 1986 年对加州理工大学实行的恶作剧了。当时一群学生打扮成维修人员，使用平板车"偷"走了加州理工大学原南北战争时期的"纪念地标大炮"（2006 年，麻省理工学院复制了他们的恶作剧，让"纪念地标大炮"跨越了大半个美国，被移到了麻省理工学院的剑桥校园内）。还有一次，他们在加州理工的高速公路路标上添加了一个括号，使其变成了：California Institute of Technology（Pasadena City College）Next Exit。

哈维姆德学院给全美国 4～12 年级的学生提供了一个免费的作业咨询热线，这是学校众多很酷的社区支持项目之一。

哈维姆德学院拥有您能想到的几乎所有类型的俱乐部，在秋季学期的第一个星期五，会有一个哈维姆德俱乐部博览会，学生可以在那里报名参加 Mudd-only 俱乐部，或是向整个克莱蒙特学院社区开放 5C 俱乐部。

哈维姆德校园内有 9 栋宿舍楼，大一学生必须住在校园，99%的学生 4 年都住在校园里，无论哪个班级、年级，都可以住在任何一个宿舍。

哈维姆德学院和克莱尔蒙特麦肯纳学院、斯克里普斯学院联手组建了 21 支校队，其中 11 支女子校队和 10 支男子校队，一起作为 Claremont-Mudd-Scripps Stags and Athenas（CMS）参赛，参加 NCAA 第三赛区的比赛，并作为南加州校际体育大会（SCIAC）的成员参赛。男子队的吉祥物是雄鹿斯坦利，女子队的吉祥物是雅典娜。

哈维姆德学生组织的清单：https：//www. hmc. edu/ashmc/chartered-clubs/。

5C 联盟学生组织的清单：https：//claremont. campuslabs. com/engage/organizations。

学校的校报是 The Muddraker，网址：www. themuddraker. com。

6.3.9 联系方式

招生办公室的邮箱：admission@ hmc. edu，电话：（001）909-621-8011。

负责国际学生的招生官：Peter Osgood，Director of Admission。

邮箱：posgood@ hmc. edu。

Peter Osgood 来自华盛顿州西雅图。

哈维姆德学院提供校园面试、校友面试和第三方面试。无法参加校园面试的中国申请者可以通过 InitialView 或者 Vericant 来面试并递交给学校，面试必须在申请截止前完成。

关于面试的说明：https：//www. hmc. edu/admission/connect/interviews/。

哈维姆德学院有高中生（申请时 10 年级和 11 年级）可以参加的有学分的夏校。夏校从 5 月中旬到 7 月中旬，共 10 周，有 27 门课程可以选择，其中有 3 周也有 6 周的课程。5 月 1 日申请截止。

学院夏校项目：https：//www. hmc. edu/summer-session/。

6.3.10　目标生源

如果你在理工科方面有优异的学术能力和热情，同时还懂得欣赏人文和社会学科的话，你很适合这个"文理学院里的麻省理工学院"。研究生项目将来可以申请斯坦福大学、加州理工大学、加州伯克利大学，这里的很多教授资源和校友资源都能为你所用。对航空航天和计算机领域感兴趣的同学，也可以关注一下这所学校。

6.4　斯克里普斯学院（Scripps College）

www. scrippscollege. edu

斯克里普斯学院基本情况如表 6.4 所示。

表 6.4　斯克里普斯学院基本情况

U. S. News 美国文理学院排行榜	成立年份	校园面积	本科生人数	男女比例	国际生比例	美籍亚裔生比例
30	1926	32 英亩	936 人	女：100%	5%	16%
每年本科生入学人数	师生比	录取率	学费/年	食宿/年	本科毕业生年薪起薪中值	整体捐赠金额
220 人	1：10	35.1%	58442 美元	18998 美元	51800 美元	3.8 亿美元

6.4.1　历史和排名

斯克里普斯学院，又称克莱蒙特女子学院，1926 年由 Ellen Browning Scripps 女士创办，是克莱蒙特文理学院联盟中唯一一所女校。Scripps 女士是当时一位思想超前的记者、企业家和慈善家，创办了当时最受欢迎的报纸和出版公司。她认为，斯克里普斯学院最重要的任务是提供一个良好的环境，在培养学生能力的同时，让她们成为思维清晰、独立生活、自信勇敢、充满希望的女性。

在斯克里普斯学院官网上，学校是这么解释女校的优势的："作为 42 所美国的女校中的一所，我们给女生提供一个充满支持的环境，助力她们的学术发展和个人成长。"为了证明在这样的环境中，女生在课堂上更受重视，有更多发挥领导力潜能的机会，更好地发展自己的学术和职业技能，更自信，而且拥有更合作互助的社群关系，学校列举了很多证据：女校的学生有更大的概率会学习理工科；女校的学生更有可能读研究生和在企业中担任领导者；很多领域的女性领导者都是女校毕业的。

和其他女校不同的是，斯克里普斯学院背靠 5C 联盟，可以自由选课自由参加社团活动，不论是克莱蒙特麦肯纳学院的经济商科活动和科研资源，还是哈维姆德学院的计算机课程和创新项目。走出学校几步就是广阔的天地，洛杉矶地区的其他大学和公司更是为学生提供了自由驰骋的空间。

斯克里普斯学院在 2022 U. S. News 最佳本科教学学校中排名第 29，在全美女校中排名第 5。

6.4.2　位置和环境

斯克里普斯学院位于洛杉矶以东 30 英里处的克莱蒙特镇，克兰蒙特镇被誉为"充满树和博士的小镇"（City of Trees and PhDs）。环境优雅宁静，Motley 咖啡是 5C 联盟地区唯一一个咖啡馆，有时候会有乐队在这里演出。学校距离洛杉矶国际机场大约 1 小时车程，20 分钟可以到 Ontario 国际机场。

斯克里普斯学院占地 32 英亩的校园被列入美国国家史迹名录，经常被《福布斯》《普林斯顿评论》和《旅游与休闲杂志》列为美国最美丽的大学校园之一。

斯克里普斯学院的座右铭是"Incipit Vita Nova"（这里开始新生活）。学校环境和宿舍条件都是全美一流的。跟所有的女校一样，校园环境经过精心设计。走在校园，你会被各种花香和果香环绕。学校的玫瑰园非常知名，据说学生可以自由采摘，所以很多同学的宿舍里有新鲜的玫瑰花。此外还有草莓、石榴、枇杷、橄榄树，整个校园俨然一个植物园。

6.4.3　专业设置和学术活动

和5C联盟中侧重理工的哈维姆德学院相反，斯克里普斯学院以人文和人文艺术领域的跨学科研究著名。

人文专业是斯克里普斯学院的强项，欧洲语言专业在5C中最强，像法语、德语、西班牙语这类课程甚至超过了波莫纳学院，这些专业有最强的教授。另外，文学、英语、哲学和心理学也都是比较热门和口碑优秀的专业。

除了53个专业可选之外，斯克里普斯学院与另外2所5C联盟中的克莱蒙特麦肯纳学院以及匹泽学院合办的 W. M. Keck Science Department 科学学院，让学生可以自由地选择3所学校的生物化学和物理课程。此外，建立在课程通选的基础上，学生还可以选择十几个其他5C联盟的专业项目（如波莫纳学院的亚洲语言，克莱蒙特麦肯纳学院的经济会计和哈维姆德学院的计算机科学），甚至拿另外一所学校的学位。此外学校的音乐系也是其强项，音乐氛围很浓。

根据毕业生的学位统计，学校毕业生专业分布如图6.6所示。

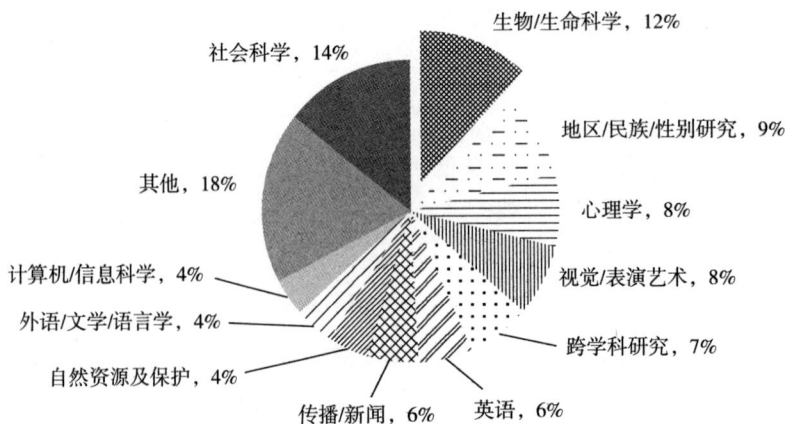

图6.6　斯克里普斯学院2020届毕业生专业分布

斯克里普斯学院大概 1/4 的学生会选择双主修（Double Major）或者双学位项目。每个学生毕业之前必须完成毕业论文或者研究项目，才能拿到学位。

斯克里普斯学院有一个毕业后的医学院预备项目非常有名，在 13 个月内，可帮学生学习所有医学院考试需要的知识，打好医学院的基础，很多非生物专业的学生也会选择这一年的项目来达成转专业的目的。

斯克里普斯学院鼓励学生通过独立的研究项目或在教师的指导下进行研究，学生最早可以在斯克里普斯学院的第一年参与研究。学校有多个研究计划，其中 The Hsu Fund for Academic Interactions with China 计划提供给在中国从事研究的学生和教师。

斯克里普斯学院与斯坦福大学、南加州大学、华盛顿圣路易斯大学、哈维姆德学院、加州大学伯克利分校、哥伦比亚大学、伦斯勒理工和波士顿大学有合作的"3+2"双学位项目，学生可以在大三的时候申请。另外，学校也和其他克莱蒙特联盟的研究生院有合作的文史哲和公共政策方面的双学位项目。

斯克里普斯学院有大约 50% 的学生会进行海外学习，学校提供了 47 个国家 86 个城市的 115 个海外学习项目。

学校对实习非常重视，大约 85% 的学生毕业前会完成至少一个实习，将近 1/4 的学生会完成 3 个以上实习。学校在华盛顿、伦敦和巴黎都有实习计划，允许学生参加全日制实习以获得学分，以及完成一套规定的课程。

学生常去的实习公司有：20 世纪福克斯工作室，美国红十字会，加州司法部，Eventbrite 票务网，古根海姆博物馆，喜力国际，女权主义多数基金会，卫理公会理查森医疗中心，西雅图水族馆，史密森学会等。

6.4.4 师资及教学

斯克里普斯学院师生比例是 1∶10，平均班级人数是 16 人，78.2% 的课程班级人数少于 20 人。有 102 名全职老师，99% 的教师拥有所在领域的最高学位。

斯克里普斯学院的选课要求也是比较注重文理通识的。首先是 Core Curriculum，就是文理通识的"核心课程"，这是一个三学期的跨学科人文必修课程。第一个学期向学生介绍通过社区看待世界的视角和方法，主要是鼓励独立思考和辩证性地思考；第二个学期用研讨会的形式介绍不同的学科和前沿的研究领域；第三个学期，学生选择感兴趣的话题去做研究，会有跨学科的教授指导。很多学生核心课程的研究项目，会影响自己的毕业论文和研究方向。

其次，大一学生要参加写作课，写作课是文理学院最重视的素养之一，也是文理学院学生学术成功必须要过的一关。

其他毕业要求，包括要选修美术、文学、自然科学、社会科学、数学、外语、女性研究和种族研究课程等。学生的专业毕业要求是修9门以上课程。

学校选课的课程目录：https：//catalog. scrippscollege. edu/content. php？catoid=23&navoid=2735。

学校的选课要求：https：//catalog. scrippscollege. edu/content. php？catoid=21&navoid=2362。

6.4.5　申请条件

在2020~2021年申请季，斯克里普斯学院一共收到2938份申请，录取了1032位，录取率35.1%，最后有220位新生正式入学。在2020~2021年申请季，有254位是ED早申请，其中128位被录取，录取率50.4%。学校同时还为570位学生提供了待定席位，265位接受待定，最后30位转正。

根据官网的报告，在所有的申请材料中，招生办认为最重要的是个人品质、中学课程难度、班级排名、GPA和申请文书；其次是推荐信；再次是标化考试、课外活动经历、面试、志愿者活动和工作经历等其他因素。学校对高中课程的要求是4年的英语，3年的数学、外语、科学和社会科学。

中国学生可以参考的标化75%分数线是：SAT 1470分（其中语法阅读730分），ACT 33分（其中英语35分）。92.9%的录取者在毕业班的班级排名是前15%。学校要求第一语言不是英语的学生提供托福、雅思或Duolingo成绩。学校建议国际生的托福成绩最低是100分，雅思成绩是7分，Duolingo成绩是120分。中国录取者的托福平均分是105分。斯克里普斯学院对英语水平的具体要求见https：//www. scrippscollege. edu/admission/apply/international-applicants。

斯克里普斯学院每年都招转学生，2020~2021年有163份申请，最后录取了40位，有7位入学。

6.4.6　毕业生就业方向

斯克里普斯学院很多毕业生活跃在艺术、政府、医疗、商业和娱乐等领域。

学院毕业生就业的雇主主要包括：亚马逊，克利夫兰诊所，Facebook，高盛，谷歌，Intersystems Corporation数据管理公司，微软，辉瑞，Triage咨询集团等。

学院 75% 的学生申请研究生能录取第一志愿，毕业后 5 年的统计数据，2/3 的毕业生都会攻读研究生学位，学院毕业生进入的研究生院主要包括：加州理工学院，剑桥大学，康奈尔大学，乔治城大学，哈佛大学，约翰霍普金斯大学，麻省理工学院，伦敦经济学院，西北大学，牛津大学等。

全校能拿到奖助学金的国际生有 15 人，总金额为 617417 美元，人均奖学金金额为 41161 美元。

6.4.7 著名校友

斯克里普斯学院的著名校友包括：民主党议员 Gabrielle Dee Giffords；美国高等法院法官 Judith Keep；克林顿总统最后一任白宫法律顾问、著名律师 Beth Nolan；CBS 和 MTV 记者 Serena Altschul；以及出生在英国的美籍华裔模特周佳纳（China Chow）。

斯克里普斯学院的校长 Lara Tiedens 已于 2021 年 4 月离职，目前由负责学术事务的副校长兼学院院长 Amy Marcus-Newhall 担任临时校长，斯克里普斯学院第 10 任校长 Suzanne Keen 博士将于 2022 年 7 月上任。

Keen 博士是一位杰出的学者和英国文学教授，她曾担任纽约汉密尔顿学院的学术事务副总裁和学院院长。Keen 以优异的成绩获得布朗大学英国文学和视觉艺术学士学位，并当选为 Phi Beta Kappa。在获得哈佛大学英语语言文学硕士和博士学位之前，她还获得了布朗大学的创意写作硕士学位。

6.4.8 文化与生活

和其他女校一样，斯克里普斯学院有一些很特别的传统。第一个是烛光晚餐，每年会举办三四次的大型聚会，其中一次是万圣节的烛光晚餐。第二个是下午茶，每周三的下午，由 Seal Court 学校提供茶、柠檬水和零食，可以和学校的老师和同学一起聊天，学校也经常会邀请其他学校的教授和学生一起参加。第三个就是涂鸦墙（Graffiti Wall），学生毕业前可以在涂鸦墙上留下自己的宣言或者是签名。上面已经留下了自 1926 年以来各种各样毕业生的笔迹。

斯克里普斯学院有 30 多个社团，学生可以参加 5C 联盟中任何一所的任何一个社团。

斯克里普斯学院有 94% 的学生住在校园，学校有 9 栋宿舍楼和校内公寓，所有宿舍楼都由不同年级的学生组成。学校的宿舍被《普林斯顿评论》（The Princeton Review）评为"最佳大学宿舍"之一。

斯克里普斯学院和克莱蒙特麦肯纳学院、哈维姆德学院联手组建了 21 支校队，一起作为 Claremont-Mudd-Scripps Stags and Athenas（CMS）参赛，参加 NCAA 第三赛区的比赛，并作为南加州校际体育大会（SCIAC）的成员参赛。

学校学生组织的清单：https：//www. scrippscollege. edu/life/student-services-scripps-clubs-and-organizations。

学校的校报是 The Scripps Voice，网址：http：//scrippsvoice. com。

5C 联盟学生组织的清单：https：//claremont. campuslabs. com/engage/organizations。

6.4.9 联系方式

斯克里普斯学院的招生办官网：https：//www. scrippscollege. edu/admission/，邮箱：admissions@ scripps. edu。

负责国际生的招生官：Jessica Johnston，Associate Director of Admission。

邮箱：Jjohnsto@ Scrippscollege. edu。

斯克里普斯学院建议所有的申请人都预约面试，面试持续约 30 分钟，由斯克里普斯校友、招生顾问或在校学生进行。国际申请人可以提交 InitialView 和 Vericant 的面试。

关于面试的说明：https：//www. scrippscollege. edu/admission/off-campus-interviews#collapse3。

斯克里普斯学院没有适合国际高中生的夏校项目。

6.4.10 目标生源

斯克里普斯学院致力于培养学生成为独立智慧的女性。另外，对喜欢斯克里普斯学院优美的环境，但是对分数不够申请其他几所 5C 学院的女生来说，这里是一个很好的选择。

6.5　匹泽尔学院（Pitzer College）

www. pitzer. edu

匹泽尔学院基本情况如表 6.5 所示。

表 6.5　匹泽尔学院基本情况

U. S. News 美国文理学院排行榜	成立年份	校园面积	本科生人数	男女比例	国际生比例	美籍亚裔生比例
35	1963	31 英亩	922 人	男：42% 女：58%	8%	12.4%
每年本科生入学人数	师生比	录取率	学费/年	食宿/年	本科毕业生年薪起薪中值	整体捐赠金额
225 人	1：11	16.5%	57978 美元	19180 美元	52600 美元	1.7 亿美元

6.5.1　历史和排名

匹泽尔学院成立于 1963 年，为 5C 学院联盟的第 5 个成员，以赞助者 Russell K. Pitzer 的名字命名。最初学校的目标是建设一所专注于社会科学和行为科学的女子文理学院（当时克莱蒙特麦肯纳学院是男校）。第一届匹泽尔学生有 153 名，最早的课程就因为教学中重视跨学科研究、创新合作和社区自治而受到好评和欢迎。1970 年，匹泽尔学院开始接收男生。学校在美国最早推出 Secular Studies 专业的非宗教的跨文化研究。

学校的核心价值观包括社会责任感、多文化交流、跨领域学习、学生参与、和环境保护及可持续发展。学校的校训是：Provida Futuri，英语是：Mindful of the Future，可以翻译为：着眼于未来或者为未来着想。

匹泽尔学院在 2022 U. S. News 最具创新力的学校中排名第 42。

6.5.2 位置和环境

匹泽尔学院校园占地 31 英亩，充满加州南部的热带风情，中央草坪 Mounds 是学生休闲和社交的场所。

匹泽尔学院是南加州最早放弃化石燃料相关投资的大学，环保和可持续发展的决心可见一斑。学校近期宣布了一项学生自治决定新决策，就是校园内禁止出现任何塑料饮料瓶。校园内占地 10 英亩的约翰·罗德曼植物园（John R. Rodman Arboretum）包含了 16 个主题花园，具有耐旱的原生景观。

此外，学校紧靠 210 和 10 号高速公路，交通十分便捷，走路就可以去 5C 联盟其他 4 所学院，生活非常方便。

6.5.3 专业设置和学术活动

匹泽尔学院有 40 个主修专业，20 个辅修专业。学校最著名的是社会科学和行为科学，尤其是心理学、社会学、人类学、政治学等专业。5% 的学生还可以自己设计专业。根据毕业生的学位统计，学校毕业生专业分布如图 6.7 所示。

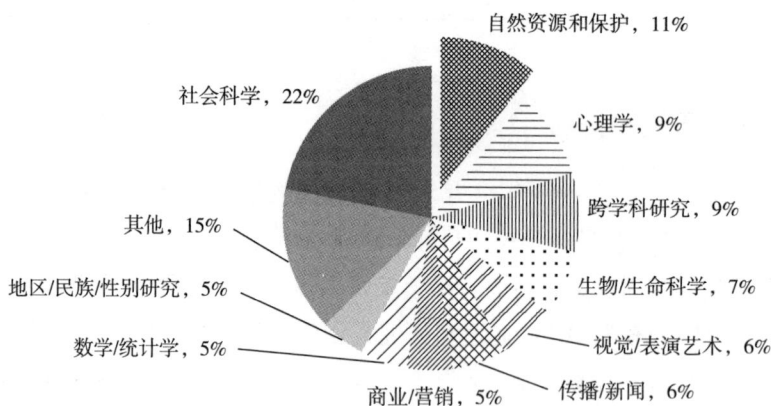

图 6.7　匹泽尔学院 2020 届毕业生专业分布

匹泽尔学院的专业还是很有特色的。相比于传统的文理学院，匹泽尔学院更重视贴近社会和应用的学科。匹泽尔学院有一整栋楼给媒体研究 Media Study 专业，另外学校侧重于实践的专业还有数学工程学、数学经济学、环境分析学、科学科技与社会，还有组织管理研究专业和科学与管理专业这两个偏商学院的学科。这些都不是常见的文理学院的专业。所以匹泽尔学院的核心价值观之一，并不是打造一个象牙塔，而是鼓励学生直接运用所学知识。

匹泽尔学院和哥伦比亚大学、南加州大学、伦斯勒理工学院和波士顿大学等有"3+2"工程计划，5年制课程后学生获得匹泽尔学院的管理工程（Management Engineering）文学学士学位和第二所机构的工程理学学士学位。

此外，匹泽尔学院和 Western University of Health Sciences 提供了一个7年的骨科医学连读项目。每年有8~10名学生参加该计划。

匹泽尔学院是美国获得富布莱特（FullBright）学术奖学生人数最多的学校，FullBright 是美国政府设置的教育资助项目，2019~2020年学校有10名获奖者。

匹泽尔学院有53%的学生会参加学校的海外交换项目，匹泽尔学院的交换项目提供49个海外大学的机会，包括巴西、哥斯达黎加、非洲南部、意大利、尼泊尔、越南、厄瓜多尔共和国等。其中还有一些实习类和研究类的海外交换项目。

匹泽尔学院还和科比学院、哈弗福德学院、莎拉劳伦斯学院、巴德学院和北亚利桑那大学有美国国内交换生计划。

此外，如果要学习外语或者舞蹈音乐这些专业，学生可以去波莫纳学院和斯克里普斯学院，在5C联盟里，学生可以获得任何他所需要的资源。

6.5.4 师资及教学

匹泽尔学院师生比例是1∶11，平均班级人数16人，80.8%的课程班级人数少于20人。有72名终身教授，100%的终身教授拥有所在领域的最高学位。

匹泽尔学院的大一新生研讨会是学校很有特色的一个必修写作课程（First Year Seminar，FYS），所有新生都要完成这个学术写作的训练，课程结束学生要独立写完25页的论文，在论文写作的过程中，老师会提供很多帮助和指导。学校还有写作中心来帮助学生改进和完成这些论文。2021年学校官网上列出了21门FYS课程，话题包括"洛杉矶的爱与憎""现代社会的营养""什么是人"等。

学生高中的AP和iB课程可以置换学分，最多不超过4个学分。

除了2门写作课之外，学校还有其他文理通识要求，例如完成多元文化相关课程，2门社会责任和社会公正方面的课程，2门人文和艺术课程，2门社会科学或行为科学课程，1 门自然科学课程，1 门数学定量课程。

学校选课的课程目录：http：//catalog. pitzer. edu/。

学校的选课要求：https：//www. pitzer. edu/academics/guidelines-graduation/。

6.5.5　申请条件

在 2020~2021 年申请季，匹泽尔学院一共收到 4260 份申请，录取了 706 位，录取率 16.5%，最后有 225 位新生正式入学。在 2020~2021 年申请季，有 473 位是 ED 早申请，其中 174 位被录取，录取率 36.7%。学校同时还为 500 位学生提供了待定席位，148 位接受待定，最后 30 位转正。

根据官网的报告，在所有的申请材料中，招生办认为最重要的是个人品质、中学课程难度、GPA 和申请文书；其次是课外活动经历和推荐信；再次是班级排名、标化考试、面试、志愿者活动、工作经历等其他因素。学校对高中课程的要求是 4 年的英语，3 年的数学、外语、科学和社会科学。

中国学生可以参考的标化 75% 分数线是：SAT 1485 分（其中语法阅读 740 分），ACT 33 分（其中英语 35 分）。80.4% 的录取者在毕业班的班级排名是前 15%。学校建议国际生的托福成绩最低是 70 分，雅思成绩是 6.5 分，Duolingo 成绩是 100 分。中国录取者的托福平均分是 100 分。匹泽尔学院为托福成绩达不到要求的国际学生也提供独特的 Bridge Program 衔接项目，要求托福成绩必须达到 70 分。匹泽尔学院对英语水平的具体要求见 https：//www. pitzer. edu/admission/admission/apply/international-applicants/。

匹泽尔学院每年都招转学生，2020~2021 年有 276 份申请，最后录取了 68 位，有 16 位入学。

6.5.6　毕业生就业方向

匹泽尔学院对毕业生的统计显示，在毕业后 6 个月内，65% 的学生已就业，19% 的学生进入研究生院继续学习，10% 的学生接受了有奖学金的研究职位、正在实习或进入非营利组织工作。毕业生就业领域如图 6.8 所示，最受欢迎的是商业/金融，技术/工程/可持续发展以及教育。

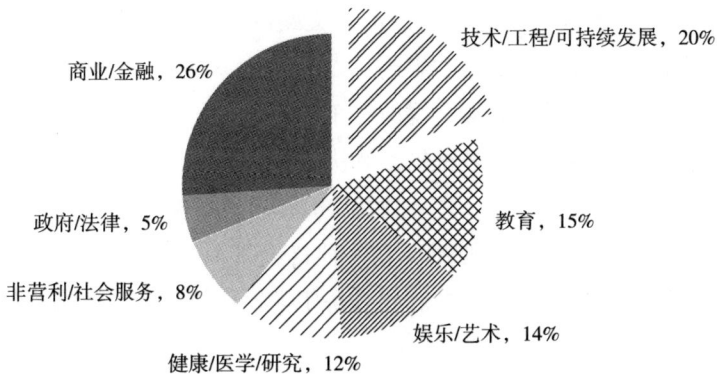

技术/工程/可持续发展，20%

商业/金融，26%

政府/法律，5%

非营利/社会服务，8%

健康/医学/研究，12%

娱乐/艺术，14%

教育，15%

图 6.8 匹泽尔学院 2019 届毕业生就业领域

和传统文理学院大量进入名校研究生部不同的是，匹泽尔学院的毕业生去向更加务实，也更多元化。除了研究生、就业之外，现在创业或者去非营利组织，甚至间隔年学生也很多。毕业生进入研究生院的目标学校包括：哥伦比亚大学，约翰霍普金斯大学，西北大学，牛津大学，加州欧文大学，南加州大学，范德堡大学等。

6.5.7 著名校友

匹泽尔学院有很多校友活跃在文化娱乐圈，包括：奥斯卡得奖者 Anne Archer；编剧 Max Brooks；记者 David Bloom；以及很多导演和制片人。还有一位名叫 Debra Wong Yang 的女士，中文名杨黄金玉，是美国第一位亚裔联邦检察官，曾经是加州地区的联邦检察官。

匹泽尔学院第 6 任校长 Melvin L. Oliver，是一位研究种族和城市不平等问题的专家和作家。之前在加州大学圣芭芭拉文理学院担任教授和主任一职，负责所有社会科学专业的本科和研究生事务。还曾经在加州大学洛杉矶担任社会学教授并获得很多奖项。他本科毕业于威廉姆佩恩学院，硕士和博士毕业于圣路易斯华盛顿大学。

6.5.8 文化与生活

匹泽尔学院有 50 多个学生俱乐部和组织，此外学生还可以参加 200 多个在克莱蒙特学院联盟内的其他组织。

5C 每年都组织各种外出旅行和活动，文娱活动也很丰富。匹泽尔学院餐厅的食材都从附近农场直接运送，学生还可以到其他 5C 的食堂去换换口味。

学生自治是匹泽尔学院非常重视的一个传统，国际学生也可以参与到学生会中，学生代表要代替学校作出各种投票和决策。

学校比较受学生喜欢的项目之一就是 Pitzer 户外探校社（Outdoor Activities）。活动内容就是开车组织大家去加州观赏各种自然景观，比如瀑布、沙漠、森林，学校会免费提供设备以及各种防护。此外每年学校还组织至少两场音乐节和国际文化节。

匹泽尔学院有 6 栋宿舍楼，学院要求大一、大二学生都住校。

匹泽尔学院与波莫纳学院联手组建了 21 支校队：The Sagehens，其中 11 支女子校队和 10 支男子校队，参加 NCAA 第三赛区的比赛，并作为南加州校际体育大会（SCIAC）的成员参赛。

学校学生组织的清单：https：//pzsenate. org/clubs-and-organizations。

5C 联盟学生组织的清单：https：//claremont. campuslabs. com/engage/organizations。

6.5.9　联系方式

匹泽尔学院招生办的邮箱：admission @ pitzer. edu，电话：（001）909 - 621-8000。

国际申请者可以通过两种不同的方式安排可选的入学面试：与匹泽尔学院招生人员进行虚拟面试，或者校友面试（如果有）。或者提交 InitialView 面试。

关于面试的说明：https：//www. pitzer. edu/admission/admission/apply/international-applicants/。

学校没有高中生的夏校项目。

6.5.10　目标生源

如果你有很强的社会责任感并热衷公益，如果你认同学校不做死板的学术而是在学习中心怀社会和改造社会，或者你想在传媒、环境等应用学科领域有所建树的话，匹泽尔学院是一个很好的选择。而且是 5C 联盟录取的最低门槛！

6.6 西方学院（Occidental College）

www.oxy.edu

西方学院基本情况如表 6.6 所示。

表 6.6 西方学院基本情况

U.S. News 美国文理学院 排行榜	成立年份	校园面积	本科生人数	男女比例	国际生比例	美籍亚裔生 比例
42	1887	120 英亩	1839 人	男：41% 女：59%	17%	15.3%
每年本科生 入学人数	师生比	录取率	学费/年	食宿/年	本科毕业生 年薪起薪中值	整体捐赠 金额
402 人	1：8	46.9%	58426 美元	16712 美元	52100 美元	5.7 亿美元

6.6.1 历史和排名

西方学院简称 OXY，是一所于 1887 年在洛杉矶成立的私立文理学院。它是美国西海岸最古老的文理学院之一。

学校的愿景是以知识给一群有天赋的多元化的学生群体提供最高质量的教育，让他们在一个愈加复杂，互相依赖和多元化的世界成为领袖。"一战"期间，学校成立过学生军团支持国家，"二战"的时候，美国海军甚至在学校成立了培训基地。越南战争时期，OXY 的学生给白宫写了 7000 封信，抗议政府在东南亚地区过多地参与战争。20 世纪 70 年代开始，学校开始全面致力于促进学生的多元化发展。学校把平等、卓越、社区和服务的价值观，当作自己的责任。

西方学院在 2022 U.S. News 的最有价值的学校中排名第 66，在最佳本科教学学校中排名第 64。

6.6.2　位置和环境

西方学院坐落于加州洛杉矶的鹰石区（Eagle Rock），距离市中心 8 英里，是为数不多的位于城市的文理学院。从校园坐轻轨或者公交车就可以去市中心和长滩，交通非常方便。

校园占地 120 英亩，这在寸土寸金的洛杉矶难能可贵。该校被评选为全美第六大最美校园，学校保留了 19 世纪所建立的大部分建筑，其中很多地中海风格的建筑由著名设计师 Myron Hunt 设计。

校园位于鹰岩和高地公园之间，在校园的北面是鹰岩，是一年一度的鹰岩音乐节的举办地；校园东南部是高地公园，这里是了解当地艺术家的绝佳地点，美国最古老的艺术玻璃工作室之一的 Judson Studios 也在这里。

距离学院最近的国际机场是洛杉矶国际机场，约 1 小时车程。

6.6.3　专业设置和学术活动

西方学院提供 45 个专业以及辅修专业，学校的外交和国际事务、社会学、生物、物理、艺术专业有很高的声誉。根据毕业生的学位统计，学校毕业生专业分布如图 6.9 所示。

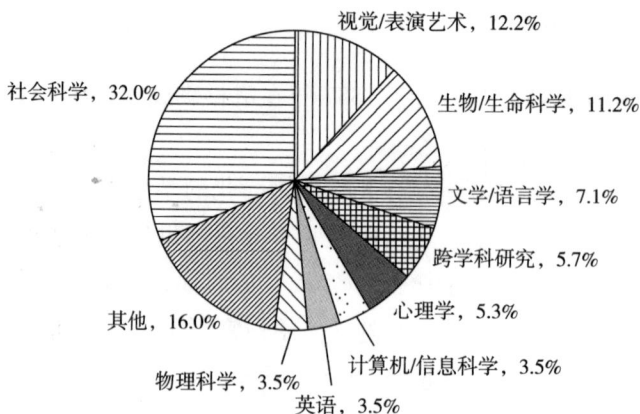

视觉/表演艺术，12.2%
社会科学，32.0%
生物/生命科学，11.2%
文学/语言学，7.1%
跨学科研究，5.7%
心理学，5.3%
其他，16.0%
计算机/信息科学，3.5%
物理科学，3.5%
英语，3.5%

图 6.9　西方学院 2020 届毕业生专业分布

西方学院的本科生研究中心（URC）为所有学科的校内和校外研究项目提供

资源，学生可以自己设计项目进行独立研究，也可以参加学校的暑期研究计划和学校老师共同进行研究项目，每年有超过 100 名学生参与暑期研究计划。

学校还有多个研究计划：里希特·格兰特（Richter Grant）计划提供给各个学科在海外的夏季研究项目；里克特研究（Richter Research）是由学校老师带领学生去墨西哥、牙买加和冰岛等国家进行实地考察的研究计划；Young Grant 提供与世界事务或全球经济相关的独立研究；Anderson Fund 提供政治学领域的学术研究等。

西方学院与加州理工大学（工程）、加州艺术中心（艺术）、哥伦比亚大学（法学）和加州克莱蒙特联盟的 Keck 研究生中心（科学）合作了"3+2"以及"3+3"的项目。西方学院的学生可以在西方学院学习 3 年，再去这些大学学习 2 年，最后取得本科和硕士双学位。美国前总统奥巴马就选择了去哥伦比亚大学的"3+3"的项目，取得西方学院的文学学士学位以及哥伦比亚大学的法学硕士学位。

西方学院提供多种海外学习的项目，约有 2/3 的学生参与过海外的国际项目。

在政治和公共事务方面，学校有很深厚的基础，所以从这里走出过美国总统也就一点也不意外了。西方学院外交系以及政治系的学生可以申请去联合国或者首都华盛顿的政府机构实习，西方学院在联合国旁有一个纽约分校区，学校认为是全美唯一的全职的联合国住宿实习项目。除了去联合国实习之外，学校还有 Campaign Semester，美国两年一度的选举，包括总统、参议员和众议员的选举，学生都可以参与到政治选举的运营和组织中去。

学校的 Intern LA 是一个带薪的暑期实习计划，为学生提供到洛杉矶地区的各种实习机会。

6.6.4　师资及教学

西方学院的师生比例是 1∶8，平均班级人数 18 人，68.9%的课程班级人数少于 20 人。

西方学院的文理通识要求叫作核心项目（Core Program），学校说"任何教育都可以教你如何寻找答案，但是我们的教育会教你如何问出正确的问题"。核心项目每年会围绕学校的核心价值观（平等、卓越、社区和服务）定一个主题。2020~2021 年的主题是"为了……的挣扎"。最能代表核心项目的课程就是 CSP，是大一以写作为主的研讨课程。

核心项目要求，学生除了在大一修完 2 门写作课程外，必须在 6 个地区研究的课题（非洲与中东、南部地区、中亚与东亚、欧洲、拉丁美洲、美国）中至少选择 3 个也就是 12 个学分的课程；另外有必修的艺术课和历史课，3 门科学或数学课程，其中至少 1 门实验课程。不论什么专业，所有西方学院学生毕业前都要完成大四研究项目（Senior Comps），可以是论文、研究项目、艺术展览或者其他形式的创造性的项目。

学校选课的课程目录：http：//oxy. smartcatalogiq. com/2021 - 2022/Catalog/Programs-of-Instruction。

学校的选课要求：http：//oxy. smartcatalogiq. com/2021 - 2022/Catalog/Academic-Information-and-Policies/Bachelor-of-Arts-Degree。

6.6.5　申请条件

在 2020~2021 年申请季，西方学院一共收到 6039 份申请，录取了 2838 位，录取率 46.9%，最后有 402 位新生正式入学。在 2020~2021 年申请季，有 391 位是 ED 早申请，其中 205 位被录取，录取率 52.4%。学校同时还为 1083 位学生提供了待定席位，651 位接受待定，最后 129 位转正。

根据官网的报告，在所有的申请材料中，招生办认为最重要的是中学课程难度、GPA 和申请文书；其次是成绩排名、标化考试、推荐信、课外活动经历和个人品质；再次是面试、特长等其他因素。学校对高中课程的难度要求比较高，建议大家尽量科学和社会学科都修 4 年，最少 3 年，数学和英语都需要 4 年。

中国学生可以参考的标化 75% 分数线是：SAT 1440 分（其中语法阅读 730分），ACT 33 分（其中英语 35）。89% 的录取者在毕业班的班级排名是前 15%。学校建议国际生的托福成绩最低是 100 分，雅思成绩是 7 分，Duolingo 成绩是120 分。学院对英语水平的具体要求见 https：//www. oxy. edu/admission-aid/international-students/english-language-requirements。

西方学院每年都招转学生，2020~2021 年有 467 份申请，最后录取了 134位，有 28 位入学。

6.6.6　毕业生就业方向

西方学院对学校毕业生的统计显示，在毕业一年内，80% 的学生已就业，10% 的学生进入研究生院或继续学习，2% 的学生进入非营利组织或服务机构。

学校 2016 年毕业生的调查显示，西方学院的学生 23%进入科技和工程领域，25%进入社区服务和教育领域，20%进入管理和商业金融等领域，18%进入媒体艺术和娱乐领域，12%进入法律和政府领域。

6.6.7 著名校友

西方学院的著名校友包括：美国第 44 任总统 Barack Obama；美国地区法院加州南区联邦法官 Janis Lynn Sammartino；美国红十字会首席执行官 Marsha J. Evans；国际绿色和平组织的联合创始人、记者、生态学家 Rex Weyler；纽伯瑞奖得主、作家 Scott O'Dell；国家科学奖章获得者、地质学家 Brent Dalrymple；华纳音乐集团首席执行官 Stephen Cooper；电影制片人 Terry Gilliam 等。

Harry Elm 博士于 2020 年 7 月成为西方学院第 16 任校长，他是美国艺术科学学院的院士，本科毕业于哈佛大学，博士毕业于加州伯克利大学，多年来从事戏剧和表演的研究。

6.6.8 文化与生活

在洛杉矶市中心享受文理学院风格的亲密社区关系，对任何人来说都是一个很特别的体验。学校鼓励学生运营自己的 Club，成立自己的事业。学校里的很多服务都是由学生社团提供的，比如绿豆咖啡，Feast 有机花园，以及学生自己的单车共享维修站。

西方学院有超过 120 个学生经营的俱乐部和校园组织，这里的艺术生活非常丰富，洛杉矶的艺术氛围和西方学院的艺术生孕育了大量的戏剧、舞蹈、音乐和相关社团。OXY Arts 也是当地一个非常著名的艺术博物馆，每年都会设计和推出很多新的展览。

西方学院要求大一~大三的学生必须住在学校，学校有 13 栋各具特色的主题宿舍楼和多文化宿舍楼，82%的学生住在学校。

学校是 5 所加利福尼亚南部大学校际体育协会的创始大学之一，有 21 支校队，目前是 NCAA Division Ⅲ 成员。

学校学生组织的清单：https：//www. oxy. edu/student-life/clubs-organizations。

学校的校报是 The Occidental，网址：https：//www. theoccidentalnews. com。

6.6.9 联系方式

招生办的联系方式：admission@ oxy. edu，电话：1800-825-5262。

中国招生官：Michelle Naito-Lo'14，Senior Assistant Dean of Admission，Coordinator of International Admission。

邮箱：mlo@ oxy. edu。

西方学院的面试是可选的，学生可以在官网预约。学校还强烈鼓励国际学生提交 InitialView 和 Vericant 的面试。

关于面试的说明：https：//www. oxy. edu/admission-aid/apply/interviews。

6.6.10　目标生源

西方学院非常适合那些热衷政法外交和公共事务，想享受各大名校的"3+2"项目，既向往小班教学的文理学院，又想拥有繁华都市中心的生活的学生。

6.7　里德学院（Reed College）

www. reed. edu

里德学院基本情况如表6.7所示。

表 6.7　里德学院基本情况

U. S. News 美国文理学院 排行榜	成立年份	校园面积	本科生人数	男女比例	国际生比例	美籍亚裔生 比例
62	1908	112 英亩	1366 人	男：46% 女：54%	11%	6.8%
每年本科生 入学人数	师生比	录取率	学费/年	食宿/年	本科毕业生 年薪起薪中值	整体捐赠 金额
365 人	1：9	42.3%	60620 美元	14980 美元	53200 美元	7.7 亿美元

6.7.1　历史和排名

里德学院成立于1908年，1911年开设了第一堂课。以俄勒冈州先驱西蒙和阿曼达·里德的名字命名。

很多中国家长和学生了解里德学院是因为乔布斯在这里上过大学。虽然里德学院在 U. S. News 的文理学院排行榜上只列第 62，但它一直被很多人当作智力和学术挑战最强的大学之一，事实上它一直拒绝参加 U. S. News 的排名而不愿意主动提供数据。但是里德学院 2021 年被《普林斯顿评论》杂志评为最佳课堂体验第 1，最佳教授第 2，被国家科学基金会评为博士生生源第 4，被 DailyBeast 评为最易被忽略的优秀大学。

里德学院不仅被很多人当作美国文理学院最学术和最具创新的学校之一，这里也生产了大量的 PhD。在 2016 年的一个本科毕业生中最后获得本专业 PhD 的比例排行榜中，里德学院位例所有学科博士生源比例的全国前十，同样前十的学校包括麻省理工学院和芝加哥大学等顶尖综合大学，这个排行榜涵盖了历史、生物、数学、人类学、化学、物理、英语及文学、自然科学、社会科学、人文等几个大类，里德学院是所有榜单中唯一位列前十的大学。

6.7.2　位置和环境

里德学院位于美丽的俄勒冈州首府波特兰东南部，距离市中心 5 英里，波特兰是阿迪达斯、耐克、巴塔哥尼亚、哥伦比亚和英特尔等大公司所在地，也是文学艺术，Mercy Corps 和波特兰艺术博物馆等知名非营利组织的所在地，可让学生获得各种研究实习和工作的机会。学生可以乘坐火车、电车、公共汽车或自行车穿越威拉米特河前往波特兰市中心。

里德学院校园占地 112 英亩，包括草地花园和一个分水岭构成的湖泊。这里气候湿润，适合各种植物和动物生存。学校有将近 2000 多棵超过 120 种树木，其中包括美国西海岸最古老和稀有的树种。学校把自己的学生亲热地称呼为 Reedie。

里德学院距离波特兰国际机场 12 英里，约 20 分钟车程。

6.7.3　专业设置和学术活动

里德学院提供 40 个专业项目，其中 15 个是跨学科专业，此外还提供一个文理教育的硕士项目。根据毕业生的学位统计，学校毕业生专业分布如图 6.10 所示。

里德学院和加州理工大学、哥伦比亚大学、伦斯勒理工大学有"3+2"工程双学位项目，此外和杜克大学有森林环境科学专业的双学位项目，和太平洋西北艺术学院有视觉艺术的双学位项目。

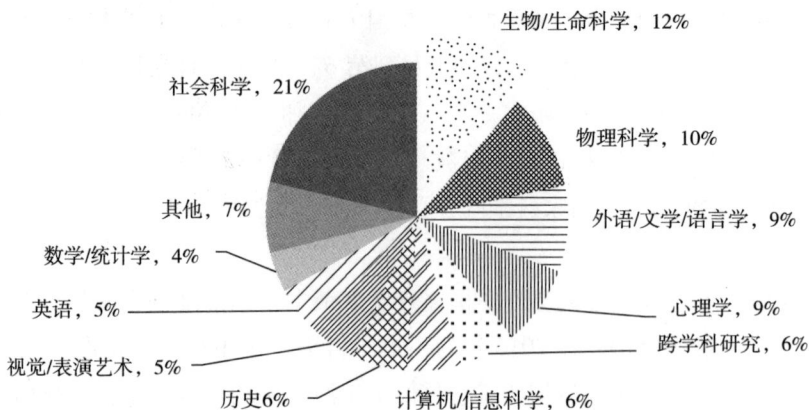

社会科学，21%
生物/生命科学，12%
物理科学，10%
外语/文学/语言学，9%
其他，7%
心理学，9%
数学/统计学，4%
跨学科研究，6%
英语，5%
视觉/表演艺术，5%
计算机/信息科学，6%
历史6%

图 6.10　里德学院 2020 届毕业生专业分布

里德学院和 23 个国家和地区的 52 所学校合作了海外交流的项目，学生可以选择世界各地的任何一所文理学院去交换交流一个学期或者一年，此外还可以选择与哈佛大学、莎拉劳伦斯学院和海洋教育学校等美国本土的学校进行交换。

6.7.4　师资及教学

学校的师生比例是 1：9，是典型的文理学院的小班教学，少于 20 人的小班课程占到了所有课程的 72%。学校把自己的课程叫作论坛风格的课堂（Conference Style），一个教授和 10 ~ 15 位学生围坐在桌子周边，分享和辩论想法。

里德学院最出名的就是：一年整的人文课通识必修要求，对 GPA 的弱化，以及通识广度和专业深度的平衡，和最后大四的毕业项目。

历时一年的人文 110 可能是里德学院最著名的课程，也是大一学生锻炼学术思维和写作能力的一道关卡。此外，大三学生要通过本专业的考试才能正式成为这个专业的学生。

具体的文理通识要求包括，要在文学艺术宗教哲学课中选择至少 2 门，历史社会科学和心理学课中选择至少 2 门，物理化学或者生物课中至少选 2 门，数学逻辑语言学或者外语课中选 2 门，此外还要满足学生专业的毕业选课要求。

学术挑战很高的里德学院，并不强调分数，所有的作业和测验成绩都会记录不会直接反馈给学生。学校鼓励学生为了追求知识而学习而不是追求成绩。

学校为学生提供导师、学科辅导老师、写作老师等，对学生进行各种学术指导和帮助。

学校选课的课程目录：https：//www. reed. edu/catalog/programs/index. html。

学校的选课要求：https：//www. reed. edu/catalog/edu_ program. html。

6.7.5 申请条件

在 2020~2021 年申请季，里德学院一共收到 5647 份申请，录取了 2391 位，录取率 42.3%，最后有 365 位新生正式入学。在 2020~2021 年申请季，有 225 位是 ED 早申请，其中 119 位被录取，录取率 52.8%。学校同时还为 1264 位学生提供了待定席位，421 位接受待定，最后 48 位转正。

根据官网的报告，在所有的申请材料中，招生办认为最重要的是高中课程难度、成绩和文书；其次是排名、标化成绩、推荐信、学生对学校的忠诚和面试；再次是课外活动、个性品质、志愿者活动和工作经历。学校对高中课程的要求是 4 年英语，3~4 年数学，3 年科学，3~4 年社会科学。

中国学生可以参考的标化 75% 分数线是：SAT 1490 分（其中语法阅读 740 分），ACT 34 分（其中英语 35 分）。75% 的录取者在毕业班的班级排名是前 15%。学校对国际生提交的英语能力测试没有最低分数的要求，但是学校录取者的分数通常是托福 110+，雅思成绩是 7+，Duolingo 是 145+。里德学院对英语水平的具体要求见 https：//www. reed. edu/apply/guide-to-applying/international/in-dex. html。

里德学院每年都招转学生，2020~2021 年有 235 份申请，最后录取了 70 位，有 18 位入学。

6.7.6 毕业生就业方向

里德学院对毕业生的统计显示，毕业后，69% 的学生已就业，10% 的学生进入研究生院或继续学习。学生就业领域如图 6.11 所示。

常见的雇主包括：微软，苹果，英特尔，美国国家健康署，波特兰公立学校系统，美国国立卫生研究院，美国农业部等。

在 2011~2020 年的医学院申请中，有 125 位里德毕业生申请了医学院，其中 85 位成功，接收率为 68%。

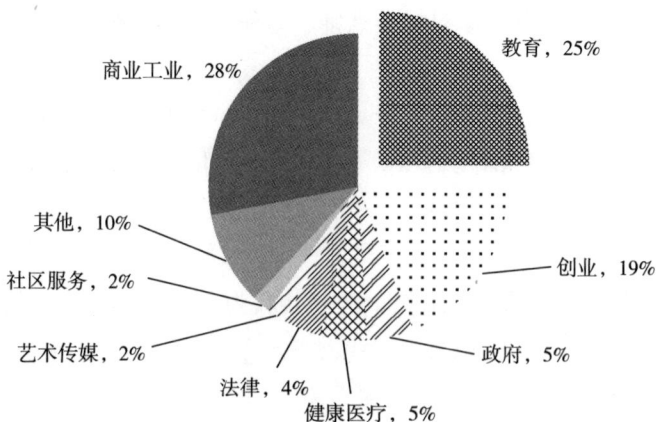

图 6.11　里德学院毕业生就业领域

常见的研究生目标学校包括：加州伯克利大学，加州洛杉矶大学，芝加哥大学，华盛顿大学，俄勒冈大学，约翰霍普金斯大学，康奈尔大学，斯坦福大学，耶鲁大学等。

学校的六年毕业率是 76%。

学校对于 16000 名校友的本科专业和毕业去向的统计数据见 https：//www. reed. edu/reed_ magazine/september2013/articles/features/reed_ degree. html.

6.7.7　著名校友

学校最著名的校友就是 Steve Jobs 了，虽然 Jobs 高中毕业以后只在里德学院读了一年就辍学了。此外的著名校友包括：作家 Barbara Ehrenrich；研究出不怕水淹的老鼠的基因科学家 Pamela Ronald；神经科学家 Kenneth Koe；诗人 Gary Snyder；Wikipedia 创始人 Larry Sanger；著名的废除了反同性恋法律的律师 William Hohengarten；环保科学家和登山专家 Arlene Blum。

Kathy Oleson 教授于 2020 年 7 月成为里德学院的校长，她在里德学院担任心理学教授超过 25 年，在担任现职之前，Oleson 教授还担任过许多领导职务。从 2014 年 7 月到 2016 年 6 月，她担任教学和学习中心的创始主任（Founding Director）。Oleson 教授于 1995 年在普林斯顿大学获得社会心理学博士学位后加入里德学院。1993~1995 年，她是俄亥俄州立大学国家心理健康研究所的博士后研究员。她教授的课程包括心理学导论、研究设计和数据分析、社会心理学等。

6.7.8　文化与生活

如果要用几个形容词来形容里德学生的话，那就是创造力的、自由思考的、自我驱动的、富有激情的和善于分析思考的学霸。他们的活力不仅体现在学校课堂中，也体现在课外。学校有 80 个学生社团和组织，体育和艺术生活也丰富多彩。

学校有很多历史悠久的传统，有的很书呆子，有的很搞笑。比如文艺复兴节（Renn Fayre），这是每一学年结束前开展的一个狂欢活动，狂欢节的节目包括著名的论文大游行（Thesis Parade）：大四学生从图书馆一路演奏、表演并放烟火游行到教导主任楼。比如春季学期前的 Paideia 周，在这周里大家可以自由地选择一些兴趣类的课程，"俄勒冈的鸟""朋克乐的历史""如何拥抱"等。再比如最古老的里德峡谷日，在这一天大家聚集在一起拔草、种花、种树，做各种美化校园的活动。里德艺术周也是学校一个传统的节日。

学校的吉祥物是一只石头的猫头鹰（Doyle Owl），100 年以来她经历了偷盗、焚烧、搬家、冰冻等各种学生的恶作剧，依然屹立不倒，从一个住宿楼传到另一个住宿楼。

学校的住宿按照年级来划分，学校保障 2 年的住宿，并强制要求一年的住宿。大一学生可以自由选择室友。学校还有法语、德语、俄语、西班牙语、汉语和阿拉伯语几个语言楼。住在这几个语言楼的学生可以尽情分享这些语言和背后的文化。

学校学生组织的清单：https：//www. reed. edu/apply/community/student-groups. html。

学校的校报是 The Reed College Quest，网址：https：//reedquest. org/。

6.7.9　联系方式

学校招生办的联系方式：admission@ reed. edu，电话：503-771-1112。

国际学生的招生官：Dev Devvrat，Assistant Dean of Admission。

邮箱：devvrat@ reed. edu。

里德学院的面试是随机的，学生提交申请后，招生办公室可能会联系学生并要求面谈。

关于面试的说明：https：//www. reed. edu/apply/guide-to-applying/international/index. html。

6.7.10　目标生源

里德学院非常适合那些不走寻常路的学霸，他们思维活跃，不愿意随波逐流，他们需要充满自由思考的环境，以及小班教学和文理通识的课程。对将来想读博的学生，里德学院是一个非常好的本科教育的选择。

6.8　惠特曼学院（Whitman College）

https：//www.whitman.edu/

惠特曼学院基本情况如表 6.8 所示。

表 6.8　惠特曼学院基本情况

U. S. News 美国文理学院排行榜	成立年份	校园面积	本科生人数	男女比例	国际生比例	美籍亚裔生比例
38	1883	117 英亩	1360 人	男：41% 女：59%	7.7%	7.1%
每年本科生入学人数	师生比	录取率	学费/年	食宿/年	本科毕业生年薪起薪中值	整体捐赠金额
294 人	1：8	54.1%	55982 美元	13800 美元	48400 美元	8.3 亿美元

6.8.1　历史和排名

惠特曼学院是一所位于华盛顿州沃拉沃拉（Walla Walla）的文理学院。成立于 1859 年，原为惠特曼神学院（Whitman Seminary），于 1883 年成为一所非教派、四年制、授予学位的学院。惠特曼学院规模一直很小，以促进师生之间的密切互动，1913 年，惠特曼学院成为第一所要求本科生完成其专业综合测试的学院（Complete Comprehensive Examinations in Their Major Fields）。学院于 1919 年设立了 Phi Beta Kappa 分会，是华盛顿州继华盛顿大学之后第二所入选美国大学优等生荣誉学会的大学。

惠特曼学院希望学生真的热爱学习和能够跨国界寻求知识。学校的核心价值观包括具有求知欲、严谨的学术态度、善良并有生活乐趣、有冒险精神和热爱户外活动。

惠特曼学院在 BestColleges. com 评选的华盛顿州最好的大学中排名第 2，在普林斯顿评论评选的最容易接近教授的大学中排名第 6。

6.8.2 位置和环境

惠特曼学院位于华盛顿州东南部蓝山山麓（Blue Mountains）的沃拉沃拉市（Walla Walla）的市中心。沃拉沃拉拥有 30000 多人，有蓬勃发展的农业和葡萄栽培产业，每年有 300 天阳光普照，夏季干燥，冬季温和。沃拉沃拉有 100 多家酒厂，是个受欢迎的旅游目的地。沃拉沃拉被评为"美国十大最佳城镇之一""世界十大最佳葡萄酒旅游目的地之一"等。

惠特曼学院校园面积 117 英亩，校园里最古老的建筑是行政中心惠特曼纪念馆，建于 1899 年，该建筑是校园最高的建筑物，校园中的溪流穿过主校区，形成了几个池塘，有许多鸭子在池塘嬉戏。

惠特曼科学馆的天台是一个天文观测实验室，有 12 台高品质的望远镜让学生可以看到沃拉沃拉上空的宇宙。科学大楼内还有化学、地质和生物学研究实验室。科迪纳厅（Cordiner Hall）是学校的大型礼堂，主要用于举行仪式、演讲和表演。

惠特曼学院距离华盛顿州的斯波坎（Spokane）2.5 小时车程，距离俄勒冈州的波特兰（Portland）4 小时车程，距离西雅图（Seattle）4.5 小时。距离学校最近的机场是沃拉沃拉地区机场，仅 5 分钟车程。位于华盛顿州帕斯科的 Tri-Cities Airport 机场（PSC）距离学校约 45 英里，约 50 分钟车程。

6.8.3 专业设置和学术活动

惠特曼学院提供了 48 个专业领域的学习，根据毕业生的学位统计，学校毕业生专业分布如图 6.12 所示。惠特曼学院最受欢迎的专业是社会科学、生物/生命科学、心理学等。

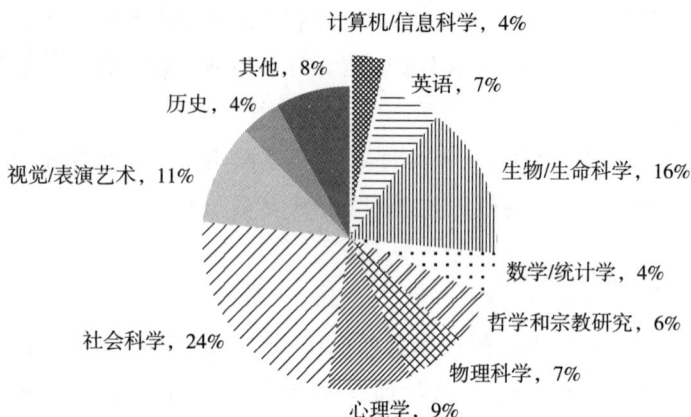

图 6.12　惠特曼学院 2020 届毕业生专业分布

惠特曼学院为学生提供多种参与研究的方式。

（1）亚当都柏林计划提供在美国或海外进行多元文化主义相关的学术研究或创造性工作。

（2）西雅图的弗雷德·哈钦森癌症研究中心每年提供 2 个名额给惠特曼学生，参加夏天为期 9 周的带薪的密集暑期本科生研究计划，研究领域包括基础科学、人类生物学、公共卫生、疫苗和传染病或临床研究。

（3）梅奥诊所生物医学科学研究生院每年也提供 2 个名额给惠特曼学生，参加暑期研究，学生有机会在任何梅奥诊所研究地点从事一系列研究项目。

（4）学校还有贝克曼学者计划，提供化学、BBMB、生物学或健康前教育领域的学生与教师进行的合作研究项目。

（5）学院每年春天都会在惠特曼本科生会议上展示学生的研究成果。学生可以展示在毕业论文和课外研究工作中学到的知识和发现。

（6）惠特曼学院和加州理工学院、哥伦比亚大学、华盛顿大学圣路易斯大学麦凯维工程学院和华盛顿大学工程学院都有"3+2"工程计划，学生可以在惠特曼学院完成 3 年的学习，然后在上述大学的工程学院完成 2 年的学习，之后可以从每所学校获得学位。

（7）惠特曼学院还与杜克大学有林业和环境管理课程的"3+2"计划，学生 5 年内可获得惠特曼学院学士学位和杜克大学环境管理硕士学位或 MBA 学位。

此外，惠特曼学院和华盛顿大学有"3+2"的海洋学计划，学生可获得惠特曼学院文学学士学位和华盛顿大学海洋学学士学位。

惠特曼学院在 45 个国家开展了 85 个校外项目，45%的学生选择了校园外的课程，38%的人毕业前在美国以外的地方学习了至少一个学期。

惠特曼学院提供"西方学期"计划，这是环境研究的实地研究计划，重点是研究美国西部面临的生态、社会和政治问题。每年秋天学校会安排一个政治学的教授，他会带上一对学生，利用 3 个半月的时间在美国西部研究当地历史文化、环境生态，然后进行写作、科研、参观、实习、公益服务，之后综合研究西部各种各样的问题，学校配了一辆很大的拖车，拖车上还有小型图书馆，学生只要带着必需品跟着教授走就行。

惠特曼学院每隔 6 个月会提供"美墨边境计划"。该计划于亚利桑那州和墨西哥索诺拉州进行，让学生接触关于移民、边境执法和全球化政治的事务。

"惠特曼在中国"为惠特曼校友提供了在西北工业大学、汕头大学或云南大学教授英语的机会。

惠特曼链接（Whitman Connect）是惠特曼的专有校友数据库，可按地点、行业、职业、专业、校园团体和活动等进行搜索。通过惠特曼链接，学生可以与校友沟通，获取更多的实习机会。

惠特曼学院实习资助数据库包含惠特曼学生过去多年的实习经历。学生可以按位置、专业和关键字进行搜索，找到合适的实习项目。这些实习可以为学生提供资金，让他们参加非营利组织、一些营利性组织和政府组织的无薪实习体验。

American Reads/America Counts（ARAC）实习计划，每学期有 20~30 名学生参加，帮助沃拉沃拉地区的小学生和中学生提高阅读和数学技能。

惠特曼社区研究员计划提供给大三、大四的学生，学生会在沃拉沃拉一个组织兼职工作一学年，以帮助解决该地区的一些社会、经济问题和文化挑战。

6.8.4　师资及教学

惠特曼学院的师生比例为 1∶8，学校的课程中有 68.3%的学生人数少于 20 人，没有超过 50 人的课程。学校专职老师有 167 名，其中 92%拥有博士学位或该领域的最高学位。

惠特曼学院所有学生都必须在第一年参加为期 2 个学期的课程——第一年研讨会 Encounters，该课程研究历史上的文化互动，让学生沉浸在深入的思考和变革性的对话中，并为学生打下文理通识的基础。

除了第一年研讨会，学生还必须在文化多元化、艺术、人文、定量分析、科学和社会科学领域完成相应的课程，以达到学校对通识教育的要求。

学校选课的课程目录：https：//www.whitman.edu/academics/catalog。

学校的选课要求：https：//www.whitman.edu/academics/general-studies。

6.8.5　申请条件

在 2020~2021 年申请季，惠特曼学院一共收到 4964 份申请，录取了 2687 位，录取率 54.1%，最后有 294 位新生正式入学。在 2020~2021 年申请季，有 193 位是 ED 早申请，其中 139 位被录取，录取率 72%。学校同时还为 39 位学生提供了待定席位，7 位接受待定，最后 0 位转正。

根据官网的报告，在所有的申请材料中，招生办认为最重要的是中学课程难度、GPA 和申请文书；其次是面试和推荐信；再次是班级排名、标化考试、课外活动经历、志愿者活动、工作经历等其他因素。学校对高中课程的要求是 4 年的英语和数学；3 年的科学和实验室科学；2 年的外语、历史和社会科学；1 年的艺术类课程。

中国学生可以参考的标化 75% 分数线是：SAT 1420 分（其中语法阅读 710 分），ACT 33 分（其中英语 35 分）。83% 的录取者在毕业班的班级排名是前 15%。学校对国际生的托福成绩要求最低是 85 分，雅思成绩是 7 分，Duolingo 成绩是 110 分。中国录取者的托福平均分是 102 分。惠特曼学院对英语水平的具体要求见 https：//www.whitman.edu/admission-and-aid/applying-to-whitman/international-students.

惠特曼学院每年都招转学生，2020~2021 年有 140 份申请，最后录取了 80 位，有 24 位入学。

6.8.6　毕业生就业方向

惠特曼学院对毕业生的统计显示，64% 的学生已就业，20% 的学生进入研究生院继续学习，6% 的学生接受了有奖学金的研究职位。

毕业生的就业方向主要是新闻，销售，教学，出版，广播和电视，广告，公共关系等。

惠特曼毕业生在毕业后进行继续教育的学位分布如图 6.13 所示。

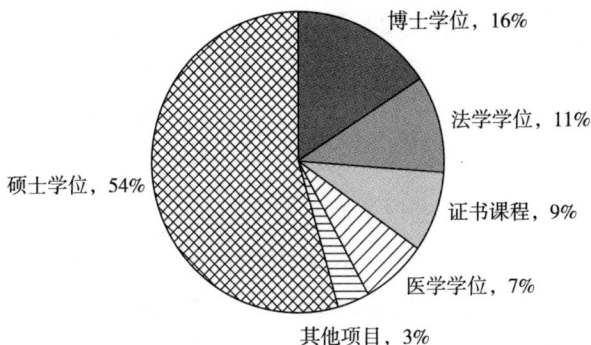

图 6.13 惠特曼毕业生继续教育的学位分布

惠特曼学院毕业生进入研究生院的目标学校包括：斯坦福大学，达特茅斯学院，哥伦比亚大学，芝加哥大学，杜克大学，剑桥大学，圣母大学等。

6.8.7 著名校友

惠特曼学院的知名校友包括：晶体管的共同发明者、诺贝尔物理学奖获得者 Walter Brattain；最早的量子力学研究者之一、物理学家 Vladimir Rojansky；质谱仪的发明者、普林斯顿大学物理系主任 Walker Bleakney；时间投影室的发明者、粒子物理学家 David R. Nygren；NASA 宇航员 Dorothy Metcalf Lindenburger；美国最高法院法官 William O. Douglas；通用电气公司首席执行官兼董事长 Ralph Cordiner；Western Wireless 创始人兼首席执行官 John W. Stanton；华盛顿大学亚洲法律项目的创始人 Dan Fenno Henderson 等。

Kathleen M. Murray 于 2015 年 7 月成为惠特曼学院第 14 任校长。此前，她是玛卡莱斯特学院的教务长兼系主任，在加入玛卡莱斯特学院之前，她在阿拉巴马州的伯明翰南部学院担任教务长 3 年。Murray 博士于 1979 年获得伊利诺伊卫斯理大学的音乐学士学位，然后于 1982 年获得了鲍林格林州立大学的钢琴表演音乐硕士学位，并于 1989 年获得了西北大学的钢琴表演和教学法音乐博士学位。

6.8.8 文化与生活

和很多西海岸的学校一样，政治、社会公正等也是惠特曼学生经常讨论的话题。不过这里最热门的还是体育和音乐活动，惠特曼校园内设有室内攀岩设施，学生可以通过攀岩获得课程学分。户外休闲爱好者还可以在独特的课程中获得学分，例如冰川登山、皮划艇或荒野技能等。

学校的图书馆和健身房都是 24 小时全天候开放。在学校的图书馆你会看到一个非常有趣的现象：图书馆是学校最安静最繁忙的地方，深夜学生还盘腿席地而坐，在图书馆的壁炉旁有一个小本子，最后从图书馆走的人会在那个小本子上签上自己的名字。

每年的 4 月，学校会选一天取消所有的课程，举行本科生的 Conference，来庆祝学生的学术成果。大一新生也要在活动中展示自己的学习成果、研究成果。

惠特曼学院有 120 多个俱乐部或组织，有 7 栋宿舍楼和 11 个特殊兴趣宿舍房，如亚洲研究之家（Asian Studies House），法国之家（La Maison Française），环境之家（Environmental House），艺术之家（Fine Arts House）等。大一学生一般会集中住在一起。

惠特曼学院是 NCAA 西北联盟（第三赛区）的成员，并拥有 9 支男女校队。超过 20%的学生参加校队运动。此外，70%的学生参加校内和俱乐部运动。

学校学生组织的清单：https：//whitman. presence. io/。

6.8.9 联系方式

招生办的邮箱：application@ whitman. edu，电话：001（509）527-5176 或 001（877）462-9448。

国际生联系邮箱：international@ whitman. edu。

中国学生招生官：Louise Karneus，Assistant Director of Admission。

邮箱：karneule@ whitman. edu，电话：001（509）524-4424。

惠特曼学院提供校园面试、校友面试和第三方面试。无法参加校园面试的中国申请者可以通过 InitialView 或者 Vericant 来面试并递交给学校，面试必须在申请截止前完成。

关于面试的要求：https：//www. whitman. edu/admission-and-aid/applying-to-whitman/international-students。

6.8.10 目标生源

惠特曼学院在《普林斯顿评论》的"年度最佳大学"评选中获得高分，包括教授获得高分，最佳大学剧院，每个人都参加校内运动，最佳教室体验，最幸福的学生，最佳生活质量等，如果你喜欢阳光充沛的小镇，能静心学习的环境，那么就来惠特曼学院吧。

西雅图汇集了美国各大公司，如星巴克、微软、亚马逊、波音、FEDEX。然而华盛顿州除了华大西雅图其实根本没有什么大学，所以就业压力要小很多，惠特曼学院的人文学科比较强。适合想好好提高英语能力，把文科学扎实一点，将来想在西雅图发展的学生。西雅图可能是目前全美最好找工作的地方了。

6.9　刘易斯和克拉克学院（Lewis & Clark College）

https：//www.lclark.edu/

刘易斯和克拉克学院基本情况如表 6.9 所示。

表 6.9　刘易斯和克拉克学院基本情况

U. S. News 美国文理学院 排行榜	成立年份	校园面积	本科生人数	男女比例	国际生比例	美籍亚裔生 比例
82	1867	134 英亩	1830 人	男：38% 女：62%	5.4%	4.3%
每年本科生 入学人数	师生比	录取率	学费/年	食宿/年	本科毕业生 年薪起薪中值	整体捐赠 金额
512 人	1∶11	79.8%	57404 美元	13946 美元	46200 美元	2.4 亿美元

6.9.1　历史和排名

刘易斯和克拉克学院是俄勒冈州波特兰市的一所私立文理学院。刘易斯和克拉克学院建于 1867 年，学院最初是由俄勒冈州的长老会在奥尔巴尼镇大学广场遗址成立的奥尔巴尼学院（Albany Collegiate Institute），1905 年改名为奥尔巴尼学院（Albany College），1939 年学校迁至波特兰，并于 1942 年更名为刘易斯和克拉克学院（Lewis & Clark College）。

刘易斯和克拉克学院包含三个学部，本科文理学部（The College of Arts and Sciences），教育与咨询研究生院（The Graduate School of Education and Counseling）以及法学院（The Law School）。

学校的核心价值观是：同情心（Compassion）、创造力（Creativity）和承诺（Commitment）。学校的教育目标是：To Seek Knowledge for Its Own Sake and to Prepare for Civic Leadership。

学院在 2022 U. S. News 的最有价值的学校中排名第 84。

6.9.2　位置和环境

刘易斯和克拉克学院位于俄勒冈州的波特兰市。俄勒冈州在西海岸，位于华盛顿州南部，加州北部，波特兰是俄勒冈州最大的城市，有 200 多万人口，有玫瑰之城的美称，是美国享有最多绿色空间的城市之一。波特兰最出名的企业是 Nike（耐克），很多其他运动服企业也集中在波特兰，比如 Columbia 和 Adidas（美国分公司）等。波特兰也是一个科技公司、创业公司、孵化器和风险投资公司集中的地方，俗称"Silicon Forest"（硅森林）。Intel 最大的半导体工厂也在这里。

刘易斯和克拉克学院校园面积 134 英亩，位于波特兰的帕拉蒂尼山（Palantine Hill）山顶上，校园离波特兰市中心只有 10 公里，学校有免费巴士从校园到波特兰市中心，为学生的学习、实习和工作提供资源和机会。

学校离波特兰国际机场约 25 分钟车程。

6.9.3　专业设置和学术活动

刘易斯和克拉克学院提供 29 个主修专业，30 个辅修专业，15% 的学生选择双专业，根据毕业生的学位统计，学校毕业生专业分布如图 6.14 所示。

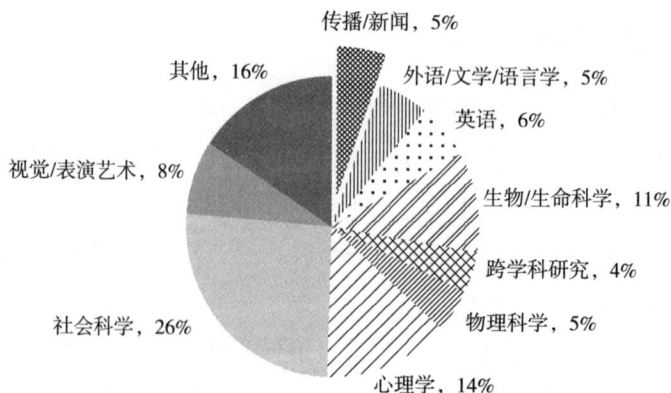

图 6.14　刘易斯和克拉克学院 2020 届毕业生专业分布

刘易斯和克拉克学院有 5 年制的"文学学士+教育学硕士"（MAT），和 6 年制的"文学学士+法学学位"（JD）的加速计划。

学生可以参加学校本科文理学部与教育与咨询研究生院的"教师衔接"（Teacher Pathways）项目，在 5 年内拿到文学学士学位以及教学艺术硕士学位（MAT）。

刘易斯和克拉克学院是波特兰唯一一所法学院所在地，也是全美排名第一的环境法专业。本科文理学部和法学院合作了"3+3 法律加速计划"，学生可以在 6 年获得本来 7 年才能获得的文学学士和法律学位。

刘易斯和克拉克学院和哥伦比亚大学、圣路易斯华盛顿大学和南加州大学都有"3+2"工程学科合作，学生在刘易斯和克拉克学院完成 3 年的学习，然后在上述大学的工程学院完成 2 年的学习，从每所学校获得学位。

刘易斯和克拉克学院还在纽约市提供校外课程，学习美术和戏剧课程。

60%的刘易斯和克拉克学生都参加过海外学习，每年约 300 名学生参加学院提供的超过 35 项海外和校外学习课程之一。大一学生不能参加海外学习。

6.9.4　师资及教学

刘易斯和克拉克学院文理学院的师生比例为 1∶11，平均班级人数 18 人，67.2%的课程班级人数少于 20 人。学校全职老师有 143 人，其中 92%拥有博士学位或该领域的最高学位。

刘易斯和克拉克学院的学生 4 年需要完成大约 32 门课程，课程大致分为三部分：通识教育、专业要求和选修课。

刘易斯和克拉克学院的通识教育要求包括：2 个第一年研讨会课程、书目研究与写作（Bibliographic Research and Writing）、世界语言、全球视角、历史视角、创意艺术、自然科学、体育与健康等方面的要求。

学校的通识教育中有个核心课程是探索与发现（Exploration and Discovery），学生必须用 2 个学期完成该课程，在完成之前，学生不能参加海外或校外课程。

学校选课的课程目录：https：//college. lclark. edu/catalog/。

学校的选课要求：https：//docs. lclark. edu/undergraduate/graduationrequire-ments/liberalarts/。

6.9.5　申请条件

在 2020~2021 年申请季，刘易斯和克拉克学院一共收到 5620 份申请，录取了 4486 位，录取率为 79.8%，最后有 512 位新生正式入学。在 2020~2021 年申请季，有 42 位是 ED 早申请，其中 39 位被录取，录取率为 92.8%。学校同时还为 159 位学生提供了待定席位，50 位接受待定，最后 8 位转正。

根据官网的报告，在所有的申请材料中，招生办认为最重要的是中学课程难度、GPA；其次是申请文书、推荐信、课外活动经历和志愿者工作；再次是面试、标化考试、特长等其他因素。学校对高中课程的要求是 4 年的英语和数学，3 年的科学和社会科学，2 年的实验室科学和外语，1 年的艺术课程。中国学生可以参考的标化 75% 分数线是：SAT 1363 分（其中语法阅读 700 分），ACT 31 分（其中英语 34 分）。学校建议国际生的托福成绩最低是 91 分，雅思成绩是 7 分，Duolingo 成绩是 115 分。

刘易斯和克拉克学院为托福达不到要求的国际学生提供了有条件录取，这是一个桥梁衔接课程，衔接课程的学生会逐步过渡到本科课程中。

学院对英语水平的具体要求见 https：//www. lclark. edu/offices/international/eng_prof/。

刘易斯和克拉克学院每年都招转学生，2020~2021 年有 218 份申请，最后录取了 133 位，有 37 位入学。

6.9.6　毕业生就业方向

刘易斯和克拉克学院对学校毕业生的统计显示，在毕业 6 个月内，72% 的学生已就业，24% 的学生进入研究生院或继续学习。

根据学校官网数据统计，毕业生去向涉及艺术类，商业金融类，教育类，政府类，通信技术类，健康科学类，服务类，非营利组织。

毕业生常见的雇主包括：耐克，日立，波特兰芭蕾舞团，太平洋西北国家实验室，SLAC 国家加速器实验室，Centria 医疗保健，弗雷德哈钦森癌症研究中心，回声通讯，费雪投资等。

毕业生进入研究生院的目标学校包括：南加州大学，华盛顿大学，剑桥大学，伦敦大学，克莱蒙特大学等。

6.9.7　著名校友

刘易斯和克拉克学院的著名校友包括：现任俄勒冈州州长 Kate Brown；科罗拉多州地方法院法官 Marcia S. Krieger；美国空军第一位女一星上将，也是美国各

军种中第一位女两星上将 Jeanne Marjorie Holm；阿拉伯联合酋长国国务部长
Ahmed Ali Al Sayegh；俄勒冈州立大学文学院院长、波特兰艺术博物馆版画和素
描策展人 Gordon Gilkey；普利策奖获得者 Matt Wuerker；白宫实习生、克林顿-莱
温斯基丑闻的当事人 Monica Lewinsky 等。

Wim Wiewel 博士是刘易斯和克拉克学院的第 25 任校长，于 2018 年 10 月任职。

Wiewel 博士拥有阿姆斯特丹大学的社会学和城市规划学位，以及西北大学的
社会学博士学位。他曾担任芝加哥伊利诺伊大学工商管理学院和城市规划与公共
事务学院的院长，是全美公认的城市规划专家。

6.9.8　文化与生活

因为资金雄厚，所以刘易斯和克拉克学院有 2 个特别好的图书馆，藏书非常
多，订阅了成千上万种电子期刊、书籍、研究数据库等，这些研究远远超出了谷
歌搜索范围，而且周末也都是 24 小时开放的。

学校还设有 232 个座位的 Proscenium 剧院；100 个座位的黑匣子剧院；电声
音乐工作室；里奇-克莱琴望远镜的天文台。

刘易斯和克拉克学院有超过 120 个学生组织和俱乐部，其中体育运动类的俱
乐部有 70 多个，学校每年有超过 50 次的户外活动，90%的学生都参加过学校的
户外活动。

刘易斯和克拉克学院有 15 栋宿舍楼，学校要求大一和大二学生都必须住在
校园内，学校有 2 个校内食堂：Fields Restaurant Room 和 Trail Room。此外，校
园内还有 2 家咖啡馆。学校提供 24 小时紧急电话，24 小时车辆和人员巡逻，夜
间护送服务等安全保障。

刘易斯和克拉克学院的运动队被称为开拓者队，运动队的颜色是橙色和黑
色，有 9 支男性和 10 支女性大学运动队，是 NCAA Division Ⅲ成员。

学校学生组织的清单：https：//college. lclark. edu/student＿life/engagement/
organizations/。

学校的校报是 The Pioneer Log，网址：https：//piolog. com/。

6.9.9　联系方式

招生办的官网：https：//college. lclark. edu/offices/admissions/。

本科学院电话：001（503）-768-7100。

国际学生：iso@ lclark. edu，电话：001（503）-768-7305。

负责国际学生的招生官：Paola Dennis，Administrative Specialist，International Students and Scholars。

邮箱：pdennis@ lclark. edu。

学校建议学生进行面试，如果无法到校园面试，可以在线预约。

关于面试的说明：https：//apply. lclark. edu/portal/interviews。

学校有适合高中生的夏校项目：

走读项目：https：//college. lclark. edu/programs/summer/high_school_students/。

写作项目：https：//college. lclark. edu/programs/fir_acres/。

6.9.10 目标生源

刘易斯和克拉克学院整体上文科社科和艺术都非常好，西海岸风景优美，很适合喜欢原汁原味的文理教育以及有创造力有想法的学生。有兴趣在教育、法律以及设计等职业方向发展的话，在这所学校能获得很多资源。

6.10 普吉桑大学（University of Puget Sound）

https：//www. pugetsound. edu/

普吉桑大学基本情况如表6.10表示。

表6.10 普吉桑大学基本情况

U. S. News 美国文理学院 排行榜	成立年份	校园面积	本科生人数	男女比例	国际生比例	美籍亚裔生比例
85	1888	97英亩	1898人	男：41% 女：59%	0.4%	6.7%
每年本科生入学人数	师生比	录取率	学费/年	食宿/年	本科毕业生年薪起薪中值	整体捐赠金额
615人	1：9	83.8%	55670美元	13950美元	49500美元	3.7亿美元

6.10.1 历史和排名

普吉桑大学由卫理公会圣公会于 1888 年在塔科马市中心创立。最初有 2 个城市汤森港（Port Townsend）和塔科马（Tacoma）争夺学校所在地，最终定在了塔科马。学校于 1890 年 9 月招收了第一批 88 名学生。

1914 年，该大学更名为"普吉特海湾学院"（College of Puget Sound），学校校园于 1924 年搬到了塔科马北端，1960 年，大学的名称从"普吉特海湾学院"（College of Puget Sound）改回"普吉特海湾大学"（University of Puget Sound），在此期间，学校开始扩张，成立了 Law Program，Evening Program，Vocational Program。渐渐这些新增加的 Program 占用了学校大部分的时间和资源，所以 20 世纪 70 年代，学校的教职员工集体作出"回归"（Liberal Arts Roots）的决定。学校重新专注于本科教育，逐步淘汰了除法学院和大多数研究生课程之外的所有校外课程。在此期间，图书馆馆藏被扩大，教师队伍大大扩大。

学校的核心是开发学生的潜力，所以比较看重学生的独立思考能力和创造能力，如果申请普吉桑大学的话，学生要突出自己是一个 Independent Thinker 和 Creator，这是学校筛选学生的时候比较看重的。

普吉桑大学在 2022 U. S. News 最佳本科教学学校中排名第 55。

6.10.2 位置和环境

普吉桑大学位于美国华盛顿州的塔科马市。塔科马是华盛顿州西边的一个港口城市，距西雅图 30 英里，半小时车程，气候宜人，属海洋性气候，四季温和。塔科马还拥有 46 英里的海岸线，市区内可以欣赏到雷尼尔山的壮丽景色，市中心还有博物馆和剧院，2018 年《日落杂志》（Sunset Magazine）将塔科马评为美国西北地区最佳居住地。

普吉桑大学校园面积 97 英亩，是华盛顿州仅有的 2 所独立学院之一，也是西北太平洋地区唯一一所设有音乐学院、商学院和领导力学院的大学，因为华盛顿州的文理学院并不是那么多，普吉桑大学给大家留下的印象就是该校学生非常开心、幸福感非常强，当然这一方面跟地理位置有关，海边气候宜人，四季温暖；另一方面也与学校一直重点培养学生的自信、综合能力、良好的判断力和求知欲分不开。

点路于 2019 年前往普吉桑大学探校，这里也是著名的"神奇数学"夏令营的线下营地。

6.10.3 专业设置和学术活动

普吉桑大学在 50 多个传统和跨学科的研究领域中提供 1200 多个课程，学校创新的跨学科计划包括：亚洲研究；环境政策和决策；性别研究；全球发展研究；国际政治经济学；拉丁美洲研究；神经科学等。根据毕业生的学位统计，学校毕业生专业分布如图 6.15 所示。

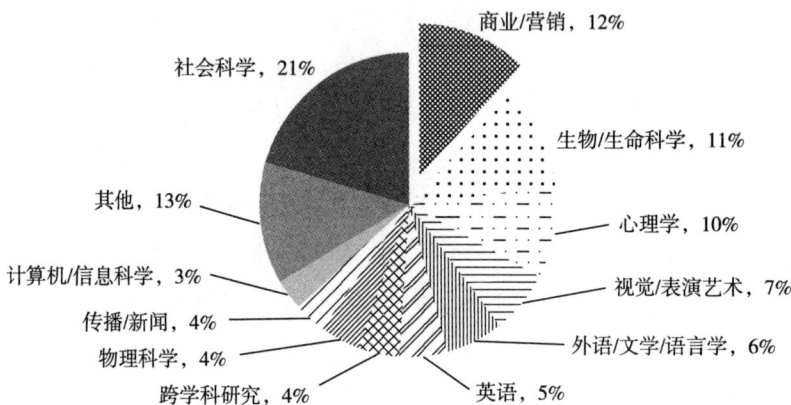

图 6.15 普吉桑大学 2020 届毕业生专业分布

在普吉桑大学，学生通过暑期研究项目和教师进行合作，进行高水平的研究工作。

科学和数学暑期研究计划提供在自然科学、物理科学、数学、计算机科学和运动科学方面开展的师生研究项目。

艺术、人文和社会科学暑期研究项目（AHSS）提供在艺术、人文和社会科学项目中的教师和学生进行的独立研究项目。

Agricola Grants 夏季计划提供学校教师与科学、社会科学和人文科学学生之间的原创合作研究项目。

Clare Boothe Luce 学者计划提供给化学（分析、无机、有机或物理）、计算机科学、地质学、数学或物理学学科的女性本科生。

普吉桑大学和华盛顿圣路易斯大学、哥伦比亚大学和南加州大学有合作的"3+2"工程双学位项目。学生在普吉桑大学完成 3 年的课程学习，在合作的工程学校完成 2 年的课程学习，获得普吉桑大学学士学位和合作学校的工程学学位。

普吉桑大学提供了 130 多个校外学习计划，非洲、亚洲、欧洲、拉丁美洲和加勒比地区、中东和大洋洲的许多国家都提供海外学习计划。课程可能在夏季、一个学期或整个学年中提供，学生的 GPA 不低于 2.5 才能申请海外学习。

普吉桑大学为大二学生提供了反思沉浸式大二体验（RISE）实习课程 Reflective Immersive Sophomore Experience（RISE）Internship，该课程通过反思性学习的视角，让学生参与一系列个人反思分析，以发现自己的优势并确定自己的兴趣，从而获得有意义的职业准备经历。让学生为申请和参与与职业相关的经历做好准备。

普吉桑大学为学生提供暑期奖学金实习计划，该计划为期 10 周，每周实习 28 小时，选中的学生在塔科马社区的非营利组织或公共部门组织进行实习，学生还会获得 4000 美元的奖学金。

6.10.4　师资及教学

普吉桑大学的师生比例是 1∶9，平均班级人数 17 人，63.4% 的班级人数少于 20 名。学校全职老师有 230 名，100% 的教师拥有所在领域的最高学位。

普吉桑大学本科核心课程的目标是增进每个学生对事物的理解力、探索能力、思想的交流能力、自我的认知能力，学生需要完成 8 个核心学习领域的核心课程，以达到学校通识教育的要求。

学生第一年必须完成 2 个学术研讨会（Seminar in Scholarly Inquiry），研讨会指导学生通过对感兴趣领域的深入探索，提高学生的学术能力。

大一~大三学生，要学习艺术、人文、数学、自然科学和社会科学 5 个核心领域的课程，这些核心领域使学生对社会、文化和世界的不同学科观点有更深入的理解。

大三~大四学生，要完成 Connections 课程，Connections 课程都是跨学科问题，可以培养学生在各种知识之间建立联系并加以整合的能力，加深对周围世界的理解，帮助他们更好地解决在现实生活中遇到的问题。

学校选课的课程目录：https：//www.pugetsound.edu/academics/academic-programs。

学校的选课要求：https：//www.pugetsound.edu/academics/undergraduate-curriculum-graduation-requirements。

6.10.5 申请条件

在 2019～2020 年申请季，普吉桑大学一共收到 5182 份申请，录取了 4343 位，录取率 83.8%，最后有 615 位新生正式入学。在 2019～2020 年申请季，普吉桑大学有 80 位是 ED 早申请，其中 65 位被录取，录取率 81.2%。学校同时还为 46 位学生提供了待定席位，14 位接受待定，最后 2 位转正。

根据官网的报告，在所有的申请材料中，招生办认为最重要的是个人品质、中学课程难度、GPA 和申请文书；其次是推荐信和课外活动经历；再次是班级排名、标化考试、面试、志愿者活动、工作经历等其他因素。学校对高中课程的要求是 4 年的英语，3～4 年的数学、科学和实验室科学，3 年的外语、历史和社会科学。

中国学生可以参考的标化 75% 分数线是：SAT 1370 分（其中语法阅读 690 分），ACT 30 分（其中英语 33 分）。64.2% 的录取者在毕业班的班级排名是前 15%。学校要求第一语言不是英语的学生提供托福、雅思或 Duolingo 成绩。学校建议国际生的托福成绩最低是 80 分，雅思成绩是 6.5 分，Duolingo 成绩是 105 分。学校对英语水平的具体要求见 https：//www. pugetsound. edu/how-apply-1/in-ternational-students/international-admission-checklist。

普吉桑大学每年都招转学生，2019～2020 年有 177 份申请，最后录取了 108 位，有 47 位入学。

6.10.6 毕业生就业方向

据学校官网数据统计，普吉桑大学毕业生在毕业 7 个月内，90% 的学生已就业或进入研究生院继续学习，毕业生的公司涉及艺术类，商业金融类，政府类，通信技术类，服务类，非营利组织等。

申请医学院的毕业生中有 80% 的学生被录取，学生进入研究生院的目标学校包括：麻省理工学院，哥伦比亚大学，斯坦福大学，加利福尼亚大学洛杉矶分校，纽约大学等。

6.10.7 著名校友

普吉桑大学的著名校友包括：原塔科马市市长 Bill Baarsma；1948 年冬季奥运会障碍滑雪金牌得主 Gretchen Fraser；波音公司首席信息官 Scott Griffin；全球

最大的域名托管公司之一 Verio 的创始人兼前首席执行官 Justin Lanioux Jaschke；Communique Public Relations 的联合创始人、《战略公共关系：利用公关力量的 10 项原则》的作者 Colleen Moffitt；微软 Windows 早期开创性的电脑游戏 SkiFree 的创造者 Chris Pirih；美国橄榄球联盟联合创始人 Milt Woodard；麻省理工学院和哈佛大学布罗德研究所的创意总监 Bang Wong。

Isiaah Crawford 教授在 2016 年 7 月成为普吉桑大学第 14 任校长，他曾在西雅图大学担任教务长兼首席学术官（2008~2016 年）、在芝加哥洛约拉大学（Loyola University）担任艺术与科学学院院长。Crawford 教授在华盛顿圣路易斯大学获得心理学学士学位，在德保罗大学获得临床心理学硕士和博士学位。他是一名持牌临床心理学家，他的研究重点是人格理论和社区心理学。他获得了无数国家奖项，其中 3 项来自美国心理学会。

6.10.8　文化与生活

普吉桑大学有 100 多个俱乐部和校内媒体，KUPS 90.1FM（The Sound）是一个由学生经营的大学广播电台，始于 1968 年。该广播电台每周 7 天，每天 24 小时广播，KUPS 曾被《普林斯顿评论》评为全美最好的大学广播电台之一。

Foolish Pleasures 是一年一度的学生电影节，展示由学生编写、导演、表演和制作的电影。

LogJam! 是全校范围的庆祝活动，秋季课程第一周结束时，在托德球场和活动草坪举行，当天俱乐部和学生组织会现场招新。

普吉桑大学的每个周五都叫酒红色星期五（Maroon Friday），校园里的人们穿着栗色或白色来展现学校的精神。

普吉桑大学要求大一、大二学生都住在校园内，大三和大四学生中有 30% 的人住在学院周边社区中，在校外的学生中，80% 住在离校园一英里以内的地方。

普吉桑大学运动队被称为"伐木者"，以"灰熊伐木工"作为吉祥物。学校有 23 个校运动队，参加了 NCAADivision Ⅲ西北会议。

所有的学生社团：https：//www. pugetsound. edu/student-life/student-activities/。

学校的校报是 The Trail，网址：http：//trail. pugetsound. edu/。

6.10.9 联系方式

普吉桑大学招生办的邮箱: admission@ pugetsound. edu, 电话: 001 (253) －879-3211。

国际生招生顾问: Hope Nelson, International Admission Counselor。

邮箱: henelson@ pugetsound. edu, 电话: 001 (253) －879-3977。

普吉桑大学的面试是可选的, 学校建议学生进行面试, 可以提供校园面试, 在线面试。鼓励国际生提交第三方面试 InitialView 或者 Vericant。

关于面试的说明: https: //www. pugetsound. edu/admission/apply/first-year。

6.10.10 目标生源

普吉桑大学最热门的还是计算机专业, 适合成绩一般, 想要城市的资源, 想学习热门学科将来在西雅图高科技公司发展的申请者。目前, 西雅图是美国就业率最高的城市之一, 尤其对计算机专业的学生来说。

6.11 维拉姆特大学 (Willamette University)

www. willamette. edu

维拉姆特大学基本情况如表 6.11 所示。

表 6.11 维拉姆特大学基本情况

U. S. News 美国文理学院 排行榜	成立年份	校园面积	本科生人数	男女比例	国际生比例	美籍亚裔生 比例
71	1842	61 英亩	1303 人	男: 43% 女: 57%	7.3%	5.3%
每年本科生 入学人数	师生比	录取率	学费/年	食宿/年	本科毕业生 年薪起薪中值	整体捐赠 金额
326 人	1:10	80.1%	44306 美元	13700 美元	46100 美元	2.46 亿美元

6.11.1　历史和排名

维拉姆特大学成立于 1842 年,是美国西海岸最古老的文理学院,也是最古老的大学之一。学校最初叫俄勒冈学院(Oregon Institute),目的是教育传教士的子女。1852 年学院更名为沃拉梅特大学(Wallamet University),1870 年改为现在的拼写 Willamette University。

虽然其名字里有"大学",学校有 2 个法学院、商学院的研究生院,但是本科院校仍然是一个原汁原味的文理学院。

维拉姆特大学在 2022 U. S. News 的最有价值的学校中排名第 93。

6.11.2　位置和环境

维拉姆特大学位于俄勒冈州的首府 Salem 市,校园的正北面是俄勒冈州议会大厦,Salem 市中心的大部分地区,包括国会大厦,曾经都属于大学的土地。

维拉姆特大学校园面积 61 英亩,学校还拥有 Salem 市以西 305 英亩的维拉姆特 Zena 森林,这里被学校师生用于教授学术课程、研究项目和进行各类娱乐项目。2021 年 6 月,该大学完成了与太平洋西北艺术学院的合并,太平洋西北艺术学院是西北地区最古老的艺术与设计学院,成立于 1909 年,校园位于波特兰市中心的北公园街区。

维拉姆特大学是一所典型的小型文理学院,校园非常美丽,校园的中心是一条小河(Mill Stream),校园内有 52 栋建筑。Salem 校区位于城市文化和经济中心的波特兰以南 48 英里处,离学院最近的国际机场是波特兰国际机场,车程约 1 小时。

6.11.3　专业设置和学术活动

维拉姆特大学有 50 多个专业项目,包括艺术科技与多媒体,电影,公共沟通与媒体,大数据科学,健康与健身以及可持续发展研究等实用的专业。学校还有汉语和日语研究专业。根据毕业生的学位统计,学校毕业生专业分布如图 6.16 所示。

维拉姆特大学每年颁发 75 个本科生研究奖学金,40% 的学生参与和教授合作研究项目。本科生的科研是维拉姆特大学学术的一个重要组成部分,这也是文理学院的优势所在。学校有一个 300 亩的森林和农场,完全由学生负责运营管

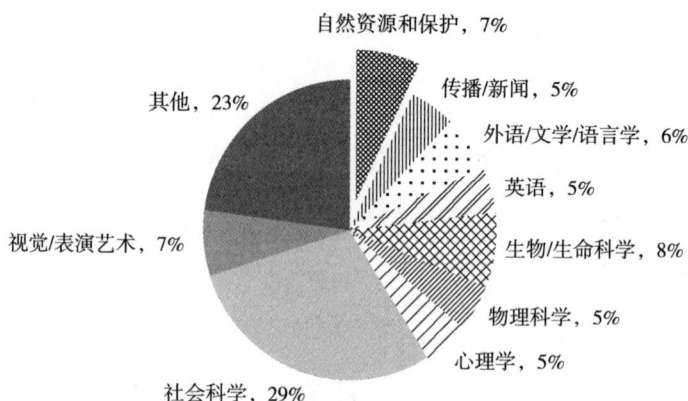

图 6.16 维拉姆特大学 2020 届毕业生专业分布

理，并进行研究学习，还有海外交换做历史研究的项目也非常热门。科学专业有专门的科学节，学校会请校外的老师和学生一起来听学生的研究汇报。对政治感兴趣的学生可以去俄勒冈州政府实习或者做调查研究。

学校和南加利福尼亚大学、哥伦比亚大学及华大圣路易斯有"3+2"的工程双学位项目，和杜克大学有"3+2"的林业双学位项目。

除了本科院以外，维拉姆特大学的研究生院分别是法学院和阿特金森。其中，法学院是西部最古老的法学院，管理研究生院全世界仅有的两个获得工商管理和公共行政管理（NASPAA）认证的 MBA 课程之一。

维拉姆特文理学院本科生院和阿特金森管理研究生院提供联合学位课程（BA/MBA），学生可以在 5 年内获得文科学士学位和工商管理硕士学位。

维拉姆特文理学院本科生院和法学院，也为学术合格的学生提供加速的 BA/JD 课程，学生可以在 6 年内获得文科学士学位和法学博士学位。

海外学习在维拉姆特大学很受欢迎，一半以上的学生会参加海外学习。学校提供了 40 多个国家的海外学习项目，学校和东京国际大学有交换项目。

维拉姆特大学近 70% 的本科生完成了一次或多次实习，学校独特的地理位置为学生进入州议会以及州、县和市政府提供了众多的实习机会。学生还通过塞勒姆和该地区各种各样的志愿服务项目参加社区实习计划。

6.11.4　师资及教学

学校的师生比例是 1∶10，76% 的课程是少于 20 人的小班。

学校的特色课程是 College Colloqium 大学研讨会，Colloqium 取自拉丁语，课程由所有专业老师来教授，是大一新生的必修课。在这个研讨会中，学生将学习如何参与学术性的讨论，如何选择一个自己感兴趣的话题并设计出学术研究的框架。教授大学研讨会课程的老师，也会成为学生的学术顾问。

维拉姆特大学的文理通识要求，学生除了完成研讨会之外，需获得 2 个以写作为主的课程学分，3.5 个与世界文化语言交流相关的学分，还要在艺术人文、数学、科学、社会科学 4 个领域分别获得至少 1 个学分。此外需完成本专业 12 个学分的必修课要求，并且不能在任何一个专业选择超过 14 个学分，就可以达到毕业要求了。

维拉姆特大学秉承了传统的文理学院的批判性思维训练，同时也比较重视实用和实践，学校花了很多精力打造了实践的环境，在课程中结合了职业和行业所需要的技能。学生参加实习也能算学分（不超过 3 个）。

学校选课的课程目录：https：//willamette. edu/arts-sciences/catalog/disciplines/index. php。

学校的选课要求：https：//willamette. edu/arts-sciences/catalog/graduation/index. php。

6.11.5　申请条件

在 2019~2020 年申请季，维拉姆特大学一共收到 4010 份申请，录取了 3215 位，录取率 80.1%，最后有 326 位新生正式入学。在 2019~2020 年申请季，维拉姆特大学有 28 位是 ED 早申请，其中 20 位被录取，录取率 71.4%。学校同时还为 29 位学生提供了待定席位，9 位接受待定，最后 9 位转正。

根据官网的报告，在所有的申请材料中，招生办认为最重要的是中学课程难度、GPA、班级排名、标化考试和申请文书；其次是推荐信和面试；再次是课外活动经历、志愿者活动、工作经历等其他因素。学校对高中课程的要求是 4 年的英语、数学、科学、外语、社会科学和艺术课程。

中国学生可以参考的标化 75% 分数线是：SAT 1340 分（其中语法阅读 690 分），ACT 31 分。81% 的录取者在毕业班的班级排名是前 15%。学校要求国际生提供托福、雅思或 Duolingo 成绩。学校建议国际生的托福成绩最低是 83 分，雅思成绩是 6.5 分，Duolingo 成绩是 105 分。学校对英语水平的具体要求见 https：//willamette. edu/arts-sciences/admission/apply/index. html。

维拉姆特大学每年都招转学生，2019～2020 年有 98 份申请，最后录取了 60
位，有 24 位入学。

6.11.6　毕业生就业方向

维拉姆特大学学生就业的雇主包括：波音公司，英特尔公司，微软公司，
NPR 国家广播电台，耐克公司，联邦银行，环境保护组织等。2008 年以来，学
校一共有 23 位 Full Bright 获奖的学生，13 位国家科学基金会研究奖学金获奖的
学生。

全校能拿到奖助学金的国际生有 11 人，总金额为 197700 美元，人均奖学金
金额为 17973 美元。

6.11.7　著名校友

维拉姆特大学的著名校友包括：2010 年诺贝尔经济学奖得主、西北大学教
授 Dale T. Mortensen 博士；现任俄勒冈州最高法院大法官 Virginia Lynn Linder；俄
勒冈州前州长 Theodore Thurston Geer；AT&T 贝尔实验室硅太阳能电池的共同发
明人 Gerald L. Pearson 和 Daryl Chapin；波音公司综合防御系统公司总裁兼首席执
行官 James Albaugh；金雅拓（Gemalto）数字安全公司的执行董事长 Alex
J. Mandl；美国骆驼产业创始人 Andrew Charles Tillman 等。

学校的校长是天体物理学家 Stephen E. Thorsett，2011 年 7 月上任之前，他在
加州大学圣塔克鲁兹担任科学学院的院长。在来到加州之前，他在普林斯顿和加
州理工任职。他本科毕业于卡尔顿学院，在普林斯顿大学获得物理硕士学位和博
士学位，因此切身感受到本科教育对自己学术发展的影响。他撰写或合著了 100
多篇科学出版物，专注于恒星演化的后期阶段。在他的众多成就中，共同发现了
已知最古老的行星，俗称"玛土撒拉行星"（The Methuselah Planet）。

6.11.8　文化与生活

维拉姆特大学有 100 多个学生社团，还有兄弟姐妹会的传统。维拉姆特大学
的社团中有很多与环保和可持续发展相关的学生组织，国家野生动物联盟组织赞
誉学校是全国最早开始在校园里推广可持续生活的大学。这里来自中国的国际学
生不多，老师和学生都非常友好。学校每年会组织约 120 次户外活动，超过一半
的学生参加皮划艇、露营、滑雪、远足、赏鲸等活动。

维拉姆特大学有 11 栋宿舍楼，学校要求大一、大二学生都必须住在校园。

学校是美国大学体育联盟 NCAA Division Ⅲ 的成员，校队被称作 Bearcats。学校有 20 支校队，其中 10 支男队，10 支女队。

学校学生组织的清单：https：//willamette. edu/offices/osa/orgs/list/index. html。

学校的校报是 Willamette Collegian，1875 年就开始出版。

6.11.9　联系方式

招生办的联系方式：bearcat@ willamette. edu，电话：（001）503-370-6300。

中国学生的招生官：Justin Strohmeyer，Senior Associate Director of Admission。

邮箱：jstrohmeyer@ willamette. edu，电话：001-503-370-6678。

Justin Strohmeyer 是社会学专业毕业的。

维拉姆特大学的面试是可选的，学院建议学生进行面试，学生可以在网上预约面试。

面试预约地址：https：//apply. willamette. edu/portal/daily _ virtual _ visits/index. html。

6.11.10　目标生源

维拉姆特大学的录取率比较高，环境也很棒，艺术和人文专业很强，攻读该专业的学生同时还可以在商学院和法学院选课。喜欢西海岸文理学院的优美环境，同时也比较务实重视实践的学生，可以选择这个学校。

附录一　U. S. News 文理学院排名前 80（2022）

（U. S. News National Liberal Arts College Ranking Top 80）

名次	学校	地址
1	Williams College	Williamstown, MA
2	Amherst College	Amherst, MA
3	Swarthmore College	Swarthmore, PA
4	Pomona College	Claremont, CA
5	Wellesley College	Wellesley, MA
6	Bowdoin College	Brunswick, ME
6	United States Naval Academy	Annapolis, MD
8	Claremont McKenna College	Claremont, CA
9	Carleton College	Northfield, MN
9	Middlebury College	Middlebury, VT
11	United States Military Academy	West Point, NY
11	Washington and Lee University	Lexington, VA
13	Davidson College	Davidson, NC
13	Grinnell College	Grinnell, IA
13	Hamilton College	Clinton, NY
16	Haverford College	Haverford, PA
17	Barnard College	New York, NY
17	Colby College	Waterville, ME
17	Colgate University	Hamilton, NY
17	Smith College	Northampton, MA
17	Wesleyan University	Middletown, CT

续表

名次	学校	地址
22	United States Air Force Academy	USAF Academy, CO
22	University of Richmond	Univ. of Richmond, VA
22	Vassar College	Poughkeepsie, NY
25	Bates College	Lewiston, ME
26	Colorado College	Colorado Springs, CO
27	Macalester College	St. Paul, MN
28	Harvey Mudd College	Claremont, CA
29	Soka University of America	Aliso Viejo, CA
30	Berea College	Berea, KY
30	Bryn Mawr College	Bryn Mawr, PA
30	Kenyon College	Gambier, OH
30	Mount Holyoke College	South Hadley, MA
30	Scripps College	Claremont, CA
35	College of the Holy Cross	Worcester, MA
35	Pitzer College	Claremont, CA
37	Oberlin College and Conservatory	Oberlin, OH
38	Bucknell University	Lewisburg, PA
38	Lafayette College	Easton, PA
38	Skidmore College	Saratoga Springs, NY
38	Whitman College	Walla Walla, WA
42	Denison University	Granville, OH
42	Franklin & Marshall College	Lancaster, PA
42	Occidental College	Los Angeles, CA
42	Thomas Aquinas College	Santa Paula, CA
46	DePauw University	Greencastle, IN
46	Furman University	Greenville, SC
46	Hillsdale College	Hillsdale, MI
46	Trinity College	Hartford, CT
50	Connecticut College	New London, CT
50	Dickinson College	Carlisle, PA
50	Union College (NY)	Schenectady, NY
50	The University of the South	Sewanee, TN

续表

名次	学校	地址
54	Gettysburg College	Gettysburg, PA
54	Rhodes College	Memphis, TN
54	Spelman College	Atlanta, GA
57	St. Lawrence University	Canton, NY
57	Wabash College	Crawfordsville, IN
59	Centre College	Danville, KY
59	Principia College	Elsah, IL
59	Wheaton College (IL)	Wheaton, IL
62	Bard College	Annandale on Hudson, NY
62	Lawrence University	Appleton, WI
62	Reed College	Portland, OR
62	St. Olaf College	Northfield, MN
66	Agnes Scott College	Decatur, GA
67	Muhlenberg College	Allentown, PA
67	St. John's College (MD)	Annapolis, MD
67	Virginia Military Institute	Lexington, VA
67	Wofford College	Spartanburg, SC
71	College of Wooster	Wooster, OH
71	Kalamazoo College	Kalamazoo, MI
71	Sarah Lawrence College	Bronxville, NY
71	Willamette University	Salem, OR
75	Beloit College	Beloit, WI
75	Hobart and William Smith Colleges	Geneva, NY
75	Juniata College	Huntingdon, PA
75	St. John's College (NM)	Santa Fe, NM
79	Bennington College	Bennington, VT
79	Gustavus Adolphus College	St. Peter, MN
79	Knox College	Galesburg, IL

附录二　理工和商科优秀的文理学院

有的家长认为文理学院是文科学校，有的商科和工程的学生认为学这些职业学院的学科就不能申请文理学院，下面就给大家列出理工和商科优秀的文理学院清单，顺序按照 U. S. News 的文理学院排名来：

1. 笔者推荐的 14 所理工科优秀的文理学院

学校	地址
Swarthmore College	Swarthmore, PA
Pomona College	Claremont, CA
Carleton College	Northfield, MN
Grinnell College	Grinnell, IA
Hamilton College	Clinton, NY
Harvey Mudd College	Claremont, CA
Scripps College	Claremont, CA
Bucknell University	Lewisburg, PA
Lafayette College	Easton, PA
Wabash College	Crawfordsville, IN
Lawrence University	Appleton, WI
Reed College	Portland, OR
College of Wooster	Wooster, OH
Earlham College	Kalamazoo, MI

2. 笔者推荐的 15 所经济商科优秀的文理学院

Williams College	Williamstown, MA
Amherst College	Amherst, MA
Wellesley College	Wellesley, MA
Claremont McKenna College	Claremont, CA

续表

Williams College	Williamstown, MA
Middlebury College	Middlebury, VT
Washington and Lee University	Lexington, VA
Hamilton College	Clinton, NY
Barnard College	New York, NY
Colgate University	Hamilton, NY
Wesleyan University	Middletown, CT
University of Richmond	Univ. of Richmond, VA
Bates College	Lewiston, ME
Skidmore College	Saratoga Springs, NY
Franklin & Marshall College	Lancaster, PA
Hillsdale College	Hillsdale, MI

后　记

　　本书摘录的 53 所文理学院，包含附录一 U. S. News 文理学院排名前 80 所中的 48 所，以及榜单外的 5 所有特色的文理学院。选择这些学院时一方面是根据地图上的不同地区来平衡数量，另一方面参考笔者多次在美国探校的线路和经验，探访过的学校就会出现在清单上。遗憾的是，很多值得申请的优秀的文理学院没有纳入清单，尤其是排名 40 名以后略去的比较多。并不是这些学校有任何逊色于清单上学校的地方，而是为了追求呈现一个完整的风貌，不得已要省略掉几所同样也很值得关注的文理学院，以方便介绍其他同样很有特色的学校。